Trajectory Analysis in Health Care

의학·보건학 연구자를 위한

궤적분석

데이비드 W. 홀러 지음
구호석 옮김

한나래
아카데미

의학·보건학 연구자를 위한 궤적분석

2019년 8월 20일 1판 1쇄 박음
2019년 8월 30일 1판 1쇄 펴냄

지은이 | 데이비드 W. 홀러
옮긴이 | 구호석
펴낸이 | 한기철

펴낸곳 | 한나래출판사
등록 | 1991. 2. 25 제22−80호
주소 | 서울시 마포구 토정로 222 한국출판콘텐츠센터 309호
전화 | 02−738−5637·팩스 | 02−363−5637·e−mail | hannarae91@naver.com
www.hannarae.net

Trajectory Analysis in Health Care
By David Hollar
First published in English under the title Trajectory Analysis in Health Care by David Hollar, edition: 1
Copyright © Springer International Publishing AG, 2018
This edition has been translated and published under licence from Springer Nature Switzerland AG.
Springer Nature Switzerland AG takes no responsibility and shall not be made liable for the accuracy of the translation.
Korean translation copyright © 2019 by Hannarae Publishing Co.

ISBN 978−89−5566−228−3 93510

이 책을 통해서 건강연구자, 역학자, 보건정책 입안자, 그리고 임상의들에게 비선형분석으로 알려진 궤적분석(trajectory analysis)을 소개하고자 한다. 이 학문은 여러 과학자들에 의해 발전했는데, 특히 그중 1800년대 후반 프랑스 수학자인 앙리 푸앙카레(Henri Poincare)와 알렉산드르 리아푸노프(Aleksandr Lyapunov)가 가장 크게 기여했다. 20세기 동안 과학은 양자역학과 유체역학의 수학적 기술과 함께 물리과학의 발전을 이끌어내었고, 20세기 후반에는 카오스 이론과 나노입자 및 결정의 결함 분석에까지 응용되었다.

　궤적분석은 연속적인 변화의 측정에 주로 의존하고, 미분방정식을 사용하여 측정한다. 임계전이를 넘는 위상전이가 언제나 적분되는 것은 아니지만 말이다. 수학은 최소한으로 적용하였지만 몇 가지 중요한 공식과 간단한 응용은 건강연구에서 중요하며, 건강연구에 적용 가능성을 보여준다. 건강연구와 역학이 현재 강력한 통계 도구를 많이 사용하고 있지만 괄목할 만한 변화가 없는 이유에 대해서 나는 끊임없이 르네 톰(Rene Thom)의 파국이론을 언급하곤 한다. 이 이론에서 그는 위상수학의 패턴, 과정 및 변화, 그리고 '점구름(clouds of points)'을 포함하는 비판적 통계분석을 강조하였다. 또한 사람의 생리(生理)현상과 행태에 관한 일관되고 종적인 연구자료가 부족하여 건강연구에 어려움이 많기도 하다.

　가장 중요한 것은 변화, 과정 및 분석, 특히 긍정적인 건강 변화를 위해 궤적분석을 사용하는 것으로, 시스템 관점을 강조한다. 1장에서는 건강과 환경에서의 비선형의 물리적 원리와 비선형동역학(nonlinear dynamics)의 보편성에 대한 개요를 설명한다. 2장은 건강연구의 요구 사항 중 특히 포괄적이고 다양한 변수들과 장기적인 건강 관리 조건, 영향 변수들, 궁극적 결과를 입증하기 위한 종적 분석에 대한 평가 필요성을 제시한다. 또한 변화하는 시스템의 비가역성에 대한 르네 톰의 파국이론과 일리야 프리고진(Ilya Prigogine)의 방법에 대하여 소개한다. 3장에서는 보건 연구에서의 중요한 문제, 재범(recidivism), 건강개입에 대한 반복적 쟁점에 대응하기 위한 비선형 접근법을 소개한다. 4장은 역학 방법에 대한 일반적인 개요를 소개한다. 이 방법들을 보다 포괄적으로 토의하기 위해 몇 가지 중요한 참고문헌과 교과서를 소개할 것이다. 5장에서는 두 가지 중요한 통계방법, 즉 구조방정식모형 및 계층적 선형모형을 사용하고 이러한 모형화에 이르는 다양한 변수 통계 회귀분석에서 경로계수 및 직·간접 변수 효과/관련성에 대한 시월 라이트(Sewall Wright)의 선구자적인 업적의 중요성을 논의한다. 6장에서는 프리고진의 연구 기여에 중점을 둔 과정과 궤적에 관련된 문제에 대해 자세히 설명한다. 7장은 모든 생명 과정과 더 나은 건강으로의 필수적인 전환을 위한 에너지 퍼텐셜의 중요성을 보여준다. 8장은 음의 확률과 과정 안의 변수들 사이에 있는 행동과 비행동 모두에 대해, 다양한 확률에 대한 다른 견해를 보여준다. 9, 10장에서는 카오스 이론, 시스템 관점, 생태학적 예들, 그리고 푸앙카레 되돌이 사상(Poincare's return map)에 대해 말한다. 11장에서는 건강행태를 시간이 지남에 따라 물리적 곡면뿐만 아니라 개념적 곡면에서도 작동하는 과정으로 간주하는 궤적분석의 위상학적 측면을 소개한다. 12장은 중요한 자코비안 행렬(Jacobian matrix)과 이 행렬의 고유값으로 직접적으로 궤적의 변화를 측정하는 리아푸노프 지수(Lyapunov exponents)를 설명한다. 이 방정식과 관련해서 13장에서는 랭킨–위고니오(Rankine–Hugoniot) 점프 조건(jump conditions)의 물리적 원리를 사용하여 건강행태의 변화에 필요한 위상 전환을 설명한다. 14장에서는 심장학과 신경과학의 중재에 적용된 비선형동역학의 사례를 소개한다. 15장은 또 다른 예로, 현재의 건강 시나리오에 궁극적으로 기여한 오랜 기간 동안의 비선형 영향의 보편성과 복잡성을 설명한다. 16장에서는 행위자기반모형화 플랫폼인 윌렌스키(Wilensky)의 프리웨어 넷로고(NetLogo)를 이용한 비선형 궤적 변화와 간단한 계산을 보여준다. 마지막으로, 17장에서는 의료서비스에 직접 적용되는 궤적분석의 8가지 중심 원리와 함께 전체 내용을 종합적으로 설명한다.

이 책에서 기술한 분석방법과 이론의 근거를 들기 위해 필자는 다양한 과학 분야의 비건강 참고자료를 많이 사용하였고, 이런 점들이 독자들에게 약간 어렵게 다가올 수도 있다. 하지만 그럼에도 불구하고 이 내용들이 매우 유익하고, 매혹적인 연구들을 자유롭게 탐험할 수 있는 기회가 될 것이라 믿는다. 아쉽게도 간결함과 명료함을 위해 싣지 못한 다른 훌륭한 저술들도 많이 있었다. 이 책을 통해 건강연구를 발전시킬 수 있는 많은 가능성과 다양한 주제들을 만나볼 수 있을 것이다.

2017년 1월 27일
노스캐롤라이나 모리스빌에서
데이비드 W. 홀러

나는 아내 페이지와 딸 브룩의 엄청난 도움에 감사한다. 딸 브룩은 나와 진정한 팀이 되어 뛰어난 일을 했다. 버지니아 딜과 좋은 동료인 바넷 파커 박사, 누르 올뷰랄 박사, 제니퍼 로랜드 박사에게도 감사드린다. 파이퍼 대학과 빌리 그래함 에반젤리스틱협회의 많은 동료들께도 감사드린다. 이 작품을 쓰는 여정은 1989년 3월 National Science Foundation Chautauqua SUNYStony의 맥스 드레스덴 교수가 강의한 〈Cellular Automata〉의 짧은 과정으로부터 시작되었으며, 박사 학위를 밟는 동안 더 많은 동기를 부여받았다. 버트 골드만 교수, 존 하티 교수, 마리 올슨, 샘 밀러 교수, 노스캐롤라이나 대학의 짐 랭카스터-그린즈버러와 이후의 라이트 주립 대학과 테네시 대학의 장애 및 어린이 유전자 공동연구도 영향을 주었다.

이 책을 쓰도록 격려해준 Springer의 편집자 자넷 킴과 원고 스타일링 및 교정을 진행한 파라마시반 비제이 샨커에게도 감사드린다. 이 모든 것이 가능하게 해주신 하나님께 감사드린다.

1941년 페니실린 발견 이후 현대의학은 하루가 다르게 발전하고 있습니다. 수많은 연구자들이 건강에 대한 해답을 찾기 위해 매진하며, 엄청나게 많은 인력과 비용을 들여 연구를 계속하고 있습니다. 앞으로도 의학 연구와 관련된 인프라 투자는 기하급수적으로 늘어날 것으로 전망됩니다.

새로운 치료약이 실제 진료에 사용되기까지는 많은 노력과 비용이 필요합니다. 하지만 이렇게 세상에 빛을 본 신약이라도 치명적인 부작용이 뒤늦게 알려져 일순간 사라지는 경우도 많습니다. 의학 연구의 또다른 한계는 중재효과의 불연속성 입니다. 이는 중재가 일어날 때만 건강행태가 바뀌고, 중재가 없어지면 다시 원래의 건강행태로 되돌아가게 되는 문제를 말합니다. 중재행동의 지지가 후속적으로 이뤄지지 못하면 더 이상 연구의 의미를 찾을 수 없는 것입니다. 현대의학은 신의 영역이라는 유전자 치료에까지 도전하고 있지만, 한편으로 만성질환의 유병률과 치료에 내성을 보이는 질병은 더 빠른 속도로 증가하고 있습니다. 이처럼 현대의학의 이론을 기반으로 한 연구는 점점 많아지지만, 건강을 유지하기 위한 정답과는 갈수록 거리가 생기는 듯합니다.

우리는 사람의 건강이 궤적 안에서 일정하게 반복되며 유지되고, 궤적을 벗어날 때 건강이 나빠진다는 사실을 알고 있습니다. 만성질환의 치료에 있어서도 건강한 생활습관의 유지가 가장 먼저 해야 할 일이라는 것도 알고 있습니다. 우리는 이 명확한 사실을 통해 의학 연구의 시작점에서부터 다시 고민해봐야 하는 것이 아닐까 생각합니다. 현대의학 연구들은 사용 가능한 변수가 한정되어 있고, 연구대상자들을 정확하게 관찰하여 연구의 틀을 벗어나지 않도록 하면서 바람직한 연구 결과를 도출하는 것도 어렵습니다. 그래서 더더욱 여러 통계기법으로 그 한계를 극복하려 합니다.

이 책을 처음 만나게 된 것은 기존 연구에 대한 의문점을 품고 새로운 건강 연구방법을 찾기 위해 여러 가지 문헌과 자료들을 찾아보면서부터입니다. 카오스 이론, 양자 이론, 불확정성 원리 등의 여러 물리적 법칙들이 건강에도 적용될 수 있다는 사실이 흥미로웠습니다. 이 책에서는 환자의 행태를 잘 관찰하면 질병의 시작을 알 수 있다는, 명확하지만 의학 연구에서 잘 적용되지 못하던 사실에 대한 해결점을 이야기하고 있습니다.

건강행태의 주체인 사람을 잘 관찰하는 것은 궤적분석의 시작입니다. 이것이 환자의 건강행태와 관찰 및 연구가 하나가 되도록 하는 노력의 시작점일 것입니다. 궤적분석은 빅데이터 기술의 발전으로 과거에는 어려웠던 자료 수집이 용이해지면서 이미 많은 산업 영역에서 활용되고 있습니다. 심장학과 뇌과학 분야에서는 벌써 오래전부터 궤적분석의 지표 중 하나인 리아푸노프 지수를 통해 여러 연구 성과를 내고 있습니다. 현재 많은 원격임상연구가 시도되고 있고, 각종 질병의 행태를 수집하는(궤적을 알아보는) 어플리케이션을 개발하여 다양한 영역에 궤적분석의 적용을 시도하고 있습니다. 이 책은 이처럼 새로운 연구방법으로써의 궤적분석과 그 활용 사례를 소개하여 궤적분석을 시작하려는 연구자와 건강에 대한 해답을 찾고자 하는 이들에게 의학 연구의 새로운 통찰력을 제공할 것입니다.

어떻게 하면 더 많은 연구자들에게 궤적분석에 대해 소개할 수 있을까 고민하다가, 역자가 젊은 시절부터 현재까지 많은 도움을 받았던 다양한 의과학서적을 펴낸 한나래출판사를 찾았습니다. 첫 방문 때의 들뜬 마음을 다른 연구자들과 공유할 수 있게 도와주신 한나래출판사 한기철 대표님과 조광재 상무님께 감사드립니다. 번역을 꼼꼼히 챙겨 봐주신 편집부에도 감사드립니다.

2019년 8월

구호석

contents

일러두기

- 외국의 인명과 지명 등은 현지 발음에 따라 우리말로 표기하고 괄호 안에 원어를 병기하였다. 다만 관행으로 굳어진 표기는 예외로 하였다.

- 본문에 나오는 각주는 모두 옮긴이 주이다.

- 본문에 참고문헌은 저자명과 발행년도로 간략하게 표기하고, 반복 인용된 참고문헌은 각 절마다 최초 한 번씩만 표기하였다. 상세한 참고문헌 정보는 각 장의 끝에 따로 실었다.

서론: 건강과 질병 분석에서
물리적 원리의 보편성

우주의 모든 사건은 에너지의 퍼텐셜 차이를 동반한다. 그 사건들은 태양으로부터의 광자와 전자기 에너지의 흐름, 번개, 세포 내의 역동적인 미토콘드리아 내부막을 가로지르는 생물에너지의 양성자 유발 전위차일 수 있다. 각 사건들 사이의 상호작용에 상관없이 사건에 의한 에너지 퍼텐셜 차이는 새 질서의 창조로 이어진다. 이 현상은 좀처럼 인지되지 않지만, 건강조건이 좋건 나쁘건 간에 모든 건강상태에 존재한다. 이 현상을 이렇게 인지하지 못하는 이유는 오만하고 독선적인 학문의 특성에 기인한다. 이 책에서는 역학 및 의료서비스를 위한 이러한 적용을 알아본다.

이러한 에너지 퍼텐셜 차이는 광범위한 규모의 모든 생물과 무생물의 측면에서 볼 때 비정상적인 것이 아니며, 기본적인 물리적 원리로서 가치가 있다. 레스네(Lesne)와 라구(Lague)는 위상전이 규모의 불변성에 관한 저서에서 피에르 퀴리(Pierre Curie, 1895)의 박사 논문을 인용하여 금속의 자기 상태와 일반 유체의 밀도를 비교하면, 자화의 세기 I는 밀도 D에 비례하고 자기장의 세기 H는 압력 P에 비례한다고 하였다.

$$f(I, H, T) \propto f(D, P, T) \qquad \text{[식 1-1]}$$

이 관계가 여전히 제대로 설명되지 않은 반면, 르네 톰(Rene Thom, 1972)과 같은 과학자들은 보기에 관련이 없어 보이는 패턴의 유사성(현실의 위상)을 이해하려고 시도했다. 이러한 유사성은 여러 수준에서 작동하는 기본적인 물리적 과정에 크게 의존한다. 더욱이 그러한 과정은 분자, 세포, 조직에서 높은 정밀도로 측정할 수 있는 반면, 생각하는 존재인 인간이 살고 있는 역동적이고 복잡한 사회 시스템에서는 평가하기가 훨씬 더 어렵다.

그럼에도 불구하고 우리는 질병, 역학, 공중보건, 건강행태까지 적용할 수 있는 몇 가지 물리적 원리를 확인했다. 이러한 원리에는 리아푸노프 지수(Lyapunov exponents)와 기타 카오스 관련 수학적 도구를 사용하여 측정되는 시간 의존적 현상의 되돌이 사상(return map, 역주: 푸앙카레 사상) 사용과 음의 확률 사용, 그리고 이 사건들의 종적이고 연속적인 과정과 관찰의 강조를 포함한다. 후자의 관점이 매우 중요한데, 너무 많은 역학 연구가 편의를 위해 임의적인 분류에 의존하였기 때문에 관련 변수들 간의 인과관계가 명확하지 않다. 많은 역학연구가 시간 순서에 따라 종속변수와 독립변수를 나열한 것이 아니기 때문에 문제점을 가지고 있다.

행태와 생리적인 과정은 주기적인 현상이다. 그것은 복합적으로 상호작용하는 주기에 의해 만들어지는데(예: 만프레드 아이겐과 페터 슈스터(Manfred Eigen & Peter Schuster, 1979)의 하이퍼사이클 모형(hypercycle model))[1] 멜라토닌 및 여러 호르몬 수치변화, 달 주기 및 태양 주기의 여러 단계와 관련된 활동일주기에 의해서 만들어진다. 우리는 마커스 펨 브리 교수 팀(Pembrey et al., 2006)이 발견한 개인의 질병이환율과 사망률은 동성 조부모 의 사춘기 이전의 영양 상태와 관련이 있다는 사실처럼 세대를 가로지르는 후성유전자의 효과까지 보고 있다. 이런 모든 관계는 또 다른 기본적인 물리적 현상을 일으키게 되는데, 즉 한 시스템이 다른 시스템에 영향을 주는 공명 현상으로 볼 수 있다.

질병의 이환 및 이상 행태는 종종 이러한 주기 및 공명에 대한 교란으로 발생한다. 정확한 심실 수축을 위해서 굴심방결절 및 방실결절은 특징적인 휴지(pause)와 PQRST 파로 서로 이어져 심장이 주기적으로 뛰게 된다는 것은 건강연구를 할 때에 중요한 한 가지 사실이다. 그리고 많은 요인들이 이 리듬을 방해하고 몸 전체에 영향을 가져올 수 있다. 심장은 또한 중추신경계와 중추신경계의 내부, 스트레스와 연관되고 교감신경 및 부교감신경의 작용에 영향을 받는다. 중추신경계는 그 자체로 전기적 활성도를 통해 추가적인 주기 현상을 나타내는데, 그 전기적 활성도는 수상돌기, 신경전달물질, 수조와 신경시냅스 및 수십만 개의 신경근 접합점을 가로지르는 호르몬 분비에 의해 이뤄진다. 빛, 궁극적으로는 태양/지구 자전에 의해 발생한 활동일주기를 가지는 이러한 생리적 시스템 내에서의 공명은 분자 및 세포 수준에서부터 우리 몸의 생리적 시스템에 이르는 모든 곳에서 발생한다.

행성 규모에서 목성의 위성인 이오, 유로파, 가니메데는 1:2:4 라플라스-라그랑주 (Laplace-Lagrange) 궤도공명을 나타내며, 위성과 목성 사이의 조력이 이오에 실질적인 화산 활동을 일으킨다. 지구의 달은 1:1 회전:궤도 공명을 나타내어 달의 한 면이 항상 지구를 향하도록 하는데(Zeebe, 2015), 바다에 대한 조석력의 영향은 거의 없다. 수성과 목성은 태양계 내부의 안정성에 영향을 줄 수 있는 영년이심공명을 보여준다(secular eccentricity resonance)(Batygin & Laughlin, 2008). 결과적으로 공명의 물리적 기본 원리는 생물학적(미시) 규모와 행성적(거시) 규모에서 모두 작용한다.

・・・・・・・・・・・・・・

1 《The Hypercycle: A Principle of Natural Self-Organization》은 만프레드 아이겐과 생물물리학자인 페터 슈스터가 지은 책이다. 이 책에서 저자들은 각각의 분자를 복제할 수 있는 효소 네트워크인 '초순환(hypercycle) 이론'을 주장했다. 이 이론에 의하면 초기 생명체는 계층구조에서 출현하며, 주기적인 반응들이 밀접하게 연결된 초순환 주기를 통해 생명체가 되고, 또 자기유지성격을 갖게 된다고 주장하였다. 이후 이 이론은 RNA의 자기복제시스템이 가능하다는 점을 증명하는 것으로 재확인되었다.

보건의료 연구자의 과제는 인간의 행태와 건강상태에 대한 측정과 모형에서 이러한 현상을 확인하고 적용하는 것이다. 어떤 조건은 공명패턴의 유지 또는 회복(예를 들어, 위상재설정 부정맥)을 필요로 하는 반면, 다른 조건은 바람직하지 않은 패턴을 파괴하려고 할지도 모른다. 톰(Thom, 1972)은 7가지 기본 파국을 식별하는 과정에서 복잡한 시스템의 자료와 위상패턴을 확인하는 것이 중요하다고 강조했다.[2] 그는 시스템 붕괴의 관점에서뿐만 아니라 새로운 질서 출현의 잠재성으로서의 파국을 연구했다. 특히 후자는 유기체의 형태학적 발달모형으로 증명되었다. 가장 중요한 것은 시스템 안정성의 주제가 초기의 파국뿐만 아니라 위상곡면(topological surface) 또는 다양체(manifold)와 같은 과정의 개념을 포함한다는 것이다.

미국의 '건강인(Healthy People) 캠페인 2010 및 2020'[3](국가보건통계청, 2012; 미국 보건인적자원부, 2010)에는 국가 데이터베이스(예: National Health and Nutrition Survey)의 다양한 측정 결과(예: 심혈관, 장애, 운동 및 영양)가 포함된다. 이러한 자료는 종적방향 관점에서 접근하고 있지만, 각 변수에 대한 다중 자료 지점은 거의 없다. 볼티모어 노화 종적 연구 외에도 갤러처와 호퍼(Gallacher & Hofer, 2011)는 인구 전체에 걸쳐 노화를 연구하기 위해 대규모로 저장되어 있는 종적 자료를 더 많이 사용할 것을 촉구했다. 앞서 벤슬로모와 쿠(Ben-Shlomo & Kuh, 2002)는 만성(질환)상태의 진행 과정을 보다 정확하게 측정하기 위해 다중 변수에 대한 보다 현실적이고 복잡한 개념 모형 역학 연구를 주장했었다. 이는 전문가와 다양한 학문적 영역을 통합하는 접근방식이었다. 네스와 스턴스(Nesse & Stearns, 2008)는 공중보건연구와 개입에 진화론을 적용할 것을 제안했으며, 루크와 헤리스(Luke & Harris, 2007)는 공중보건연구에서 여러 변수의 복잡한 관계를 연구하기 위해 네트워크 분석을 사용할 것을 제안했다.

'건강인' 캠페인에서는 새 질병의 발생과 이환을 줄이고, 이미 존재하는 질병의 이환과 다양한 방식으로 영향을 주는 장애의 확산을 줄이는 것이 매우 중요하다. 국민 전체에 대한 목표를 표방하더라도 지속적으로 변화하는 다층적인 인구집단 전반에 현저한 변화

---

2 파국이론: 안정정으로 보이는 상황이 외부의 작은 자극을 지속적으로 받을 때, 불안정이 증가하면서 큰 변화를 겪게 되는 현상을 파국이라고 한다. 이처럼 작은 변화가 행동의 급격한 변화를 가져오는 현상을 연구하고, 분류하는 이론을 말하며, 장기적으로 안정적인 평형상태는 리아푸노프(Lyapunov) 함수의 최소값으로 확인된다.

3 미국 보건 복지부가 정한 전국적인 건강 증진 및 질병 예방 목표의 프로그램. 이 프로그램은 1979년 국가 건강정책의 우선순위가 질병 예방에 중점을 두어야 한다는 주장을 시행하기 위해 처음 시작되었다.

를 반드시 가져와야 하는 것은 아니다. 그리고 그 목표는 현재의 지식과 건강상태에 대한 태도에 의해 제한적일 수 있다. 이는 건강상태에 대한 역학적 인과관계와 관련되었을지도 모를 많은 변수를 아직 완전히 파악하지 못했기 때문이다. 일반적으로 사용되는 비유는 빙산모형(iceberg model)으로 대부분의 빙산(즉, 문제)은 물밑에 있어 보이지 않는다는 의미이다. 때로는 문제에 영향을 미치는 요인이 현재의 과학적 접근방식을 뛰어넘을 수도 있고, 이론적으로만 존재할 수도 있다. 또 분석 중에 인식, 훈련 또는 고려가 부족하여 놓칠 수도 있다. 따라서 혁신과 시스템 사고는 건강문제를 연구하는 중요한 측면이다. 의사결정을 할 때는 포괄적이고 시스템 지향적이어야 하며 과학적 근거에 기반해야 한다. 그리고 기존 관점에 어긋나지 않는 새로운 관점을 기꺼이 받아들여야 한다.

따라서 우리는 자연 및 물리 과학의 기본 원칙, 단일 학문에서 생활 시스템, 건강, 생리현상 및 행태의 복잡성에 이르기까지 광범위하게 적용할 수 있는 원칙으로 공중보건연구와 역학활동을 활성화하기 위해 노력하고 있다. 그러나 건강연구에 대한 새로운 접근방식의 도입은 한계를 보여왔다. 일부 건강 분야에서는 수십 년의 발전을 이루기도 했지만, 그동안 건강연구에 대한 새로운 접근법의 적용 효과는 미미했다. 특히 건강행태, 비만, 선천적 장애, 약물 남용 등의 특정 요인은 증가하고, 암, 심장병, 폭력과 같은 주요 사망원인도 유병률이 증가하고 있으며, 항생제 내성 세균성 질병의 확대되고 바이러스 질병의 치료법도 발견하지 못했다. 이러한 사실을 생각하면 의학연구를 하는 데 있어 혁신과 기업가 정신은 필수적이다.

역학연구방법론은 생물학, 물리학, 교육연구 분야에서의 접근방식과 많은 공통점을 가지며 이러한 분야에는 유사한 연구 문제가 존재한다. 예를 들어, 연구조사의 엄격함은 많은 분야에서 요구된다(Ioannidis, 2005). 따라서 공중보건 연구자는 엄격하고 적절한 연구설계에 집중해야 한다. 많은 연구자들이 특정한 방법론에 숙달되어 있지만, 자료를 분석하고 올바른 연구 질문이나 가설을 검증할 수 있는 최선의 방법론을 적용하기 위해 연구 범위를 넓혀야 한다. 연구자들은 너무 자주 일련의 변수들을 성급하게 조합하고, 작고 다루기 쉬운 표본을 찾고, 빠르게 사전검사를 하고, 간단하게 개입 및 사후검사를 수행하며, 이후 연구 자료의 수집에서 어떤 것이 중재적 효과가 지속되는지를 확인하기 위해 필요한 몇 개월 후의 후속 자료를 수집하지 않는다. 그리고 연구 문제가 무엇이었는지, 어떻게 분석되어야 하는지에 대한 결정을 통계학자에게 넘겨버린다. 이는 파국을 부르는 분석방법이지만 어찌된 일인지 그런 연구들이 보조금 지원을 받고 실제로 출판된다. 더욱 짜증나는 것은 개입을 측정하지만 보건서비스 수혜자의 실제 결과를 결코 다루지 않는 '건강결과' 연구이며, 연구 결과가 사람들을 돕기 위해 어떻게 적용될 수 있는지에 대한 언급 없이 건강 변수 간의 중요한 관계를 보여주는 것이다. 또한 인과관계/관련성들의 증거가 제한되어 있음에도, 관련없는 주제가 공중보건연구와 통합되는 경향이 계속 증가하고 있다.

우리의 접근방식은 건강연구에 물리적 원리를 적용하는 것뿐만 아니라 과학 전반에 걸친 통섭의 필요성(Wilson, 1998)을 입증하는 것을 찾는 것이다. 또한 출판과 승진(Gold, 1975)이 유일한 목표인 평범한 연구 대신에 강력한 연구개념을 만들기 위해 여러 분야를 벤치마킹하고 경쟁우위를 확보하기 위해 힘쓰는 기업가적 전략의 활용도를 설명한다. 앞에서 언급한, 그리고 나중에 강조할 모든 생명공정의 에너지 퍼텐셜과 관련하여, 연구자는 문제에 대해 다양한 과학적 영역의 적용가능성을 고려하지 않고 한 분야에 너무 집중하는 경향이 있다. 예를 들어, 유기화학과 생화학은 많은 전문 학술프로그램, 특히 의과대학에서 요구되는 과정이지만, 강력한 임상 도구(예: 크렙스 사이클과 같은 생화학적 경로)로 생각되지 않고, 결코 사용되지 않을 학문으로서만 의미를 가지는 것처럼 보인다. 이런 터무니없는 소리는 사람들의 건강을 증진시키기 위해 필요한 혁신과 통섭의 부족을 보여준다. '건강인' 캠페인은 미국인들뿐만 아니라 전 세계를 목표로 한다. 그러므로 우리는 세포 호흡과 생화학적인 경로를 이해해야 한다. 이는 그러한 과정들이 지구상의 모든 생명을 유지하기 때문만이 아니라, 의료와 일반 의료 분야에서 진정하고 강력한 과정이기 때문이다. 고전적 갈락토오스혈증[4]의 새로운 선별 프로파일을 가지고 신생아를 보는 의사의 경우, 생화학 경로를 아는지 모르는지가 그 신생아의 생사를 가를 수 있다.

신학자이자 철학자인 프란시스 쉐퍼(Francis Schaeffer)[5]는 골드(1975), 윌슨(1998)과 비슷한 선상에서 종교개혁 시기에 비교해 르네상스 초기에 자연의 더 고귀한 목적을 위해

---

4 갈락토오스혈증은 갈락토오스를 포도당으로 전환시키는 능력이 손상되어 나타나는 유전성 탄수화물 대사 질환이다. 갈락토오스는 3가지 효소 반응의 단계에 의해 포도당으로 변환되는데, 이러한 과정 중의 필수 효소인 갈락토오스-1-인산염 우리딜 전이효소(galactose-1-phosphate uridyl transferase)가 부족해서 체내에 갈락토오스가 축적되어 발생한다. 임신한 여성의 경우 적혈구 내 갈락토오스-1-인산염 우리딜 전이효소의 활성 정도를 검사함으로써 보인자 여부를 확인할 수 있다. 소변 물질 검사는 소변에 있는 다양한 물질들이 금속성 시약과의 화학 반응을 검사하는 것으로 갈락토오스와 포도당을 검사할 수 있다.

5 토마스 아퀴나스는 은총과 자연을 상층부와 하층부로 나누었는데, 자연이 자율을 얻게 되자 은총을 잠식하기 시작하면서 절망하는 현대인이 나오게 된다. 르네상스 초기의 단절은 은총과의 단절이다. 종교개혁은 자연과 은총을 통일시키는 노력이다.

역사적 단절 현상이 있었다고 주장했다. 쉐퍼(1976)는 비록 르네상스의 명성이 전반적으로 문화적 쇠퇴와 의미 상실을 가져왔다고 말했지만, 서양근대화에서 종교개혁과 르네상스 모두는 과학, 기술, 그리고 사회 전반에 걸쳐 엄청난 발전을 이뤄냈다. 과학은 종교개혁 관점에서 보아도 사회적으로 중요한 역할을 하고 있었다. 그러나 과학이 단지 물질적인 목적을 넘어서는 것을 전달하지 못했고, 때로는 피상적인 시도에도 불구하고 거의 융합되지 않는 개별 학문으로 발전했다. 궤적분석에 대한 우리의 접근은 기본적인 원리에 대한 보편성과 공명, 그리고 카오스에서 발생하는 질서를 가지고 생물학적이고 행태적 과정에 대한 이해와 의미를 제공하는 의료에 대한 다방면의 새로운 적용을 보여주는 것이다. 조제프 푸리에는 1878년 《열 분석 이론》에서 수학의 의미를 다음과 같이 표현하기도 했다. 수학은 '우주공간의 통일성과 단순함을 입증하고, 모든 자연의 원인을 관장하는 변하지 않는 질서를 더욱 명확하게 한다'(Fourier, 2009; also cited in Bhatia, 2005, p. 116).

참고문헌

Batygin, K., & Laughlin, G. (2008). On the dynamical stability of the solar system. *The Astrophysical Journal, 683*(2), 1207–1216.

Ben−Shlomo, Y., & Kuh, D. (2002). A life course approach to chronic disease epidemiology: Conceptual models, empirical challenges and interdisciplinary perspectives. *International Journal of Epidemiology, 31*, 285–293.

Bhatia, R. (2005). *Fourier series.* Washington, DC: The Mathematical Association of America.

Eigen, M., & Schuster, P. (1979). *The hypercycle: A principle of natural self organization.* Berlin: Springer.

Fourier, J. (2009). *The analytical theory of heat.* New York, NY: Cambridge University Press.

Gallacher, J., & Hofer, S. M. (2011). Generating large−scale longitudinal data resources for aging research. *Journals of Gerontology Series B: Psychological Sciences and Social Sciences, 66B* (Suppl. 1), i172–i179.

Gold, A. (1975). After dinner talk: how not to do science. *Annals of the New York Academy of Sciences, 262*(1), 496–500.

Ioannidis, J. P. A. (2005). Why most published research findings are false. *PLoS Medicine, 2*(8), e124. http://dx.doi.org/10.1371/journal.pmed.0020124.

Lesne, A., & Laguës, M. (2012). *Scale invariance: From phase transitions to turbulence.* Berlin: Springer.

Luke, D. A., & Harris, J. K. (2007). Network analysis in public health: History, methods, and applications. *Annual Review of Public Health, 28*, 69–93.

National Center for Health Statistics. (2012). *Healthy people 2010 final review.* Hyattsville, MD: U.S. Department of Health and Human Services. PHS publication no. 2012–1039.

Nesse, R. M., & Stearns, S. C. (2008). The great opportunity: Evolutionary applications to medicine and public health. *Evolutionary Applications, 1*(1), 28–48.

Pembrey, M. E., Bygren, L. O., Kaati, G., Edvinsson, S., Northstone, K., Sjostrom, M., ⋯ the ALSPAC Study Team. (2006). Sex−specific, male−line transgenerational responses in humans. *European Journal of Human Genetics, 14*, 159–166.

Schaeffer, F. A. (1976). *How should we then live? The rise and deline of Western thought and culture.* Old Tappan, NJ: Fleming H. Revell Company.

Thom, R. (1972). *Structural stability and morphogenesis: An outline of a general theory of models.* New York, NY: W.A. Benjamin/Westview.

U.S. Department of Health and Human Services. (2010). *Healthy people 2020.* Washington, DC: Author. ODPHP publication no. B0132.

Wilson, E. O. (1998). *Consilience: the unity of knowledge.* New York, NY: Alfred A. Knopf.

Zeebe, R. E. (2015). Highly stable evolution of earth's future orbit despite chaotic behavior of the solar system. *The Astrophysical Journal, 811*(1), 9. http://dx.doi.org/10.1088/0004–637X/811/1/9.

종적 및 비선형동역학
의료에서 '궤적'분석: 기회와 필요성

■ **약어**

E_{Pl} 플랑크 에너지
$f(x(t))$ 시간 t에서의 변수 x의 함수
I_{Pl} 플랑크 길이
RNA 리보핵산
ROC(receiver operator characteristic curve) 수신기운용자특성곡선

20세기 과학은 사회를 변화시키고 사람들의 삶을 향상시키는 엄청난 발전을 가져왔다. 항생제, 백신, 영양분 강화 식품, 공중보건 관리는 공공 영역에 배포된 우주 프로그램의 기술적 혁신과 더불어 지구를 변화시켰다. 수천만 명의 사람들이 전쟁과 전체주의의 억압으로 죽음을 맞았지만, 그럼에도 불구하고 과학은 수천만 명의 생명을 구했고 수억 명의 사람들이 가난에서 벗어났다. 비록 적절한 연구의 부족이나 생산품 관리의 실수가 부정적인 결과를 가져오기도 했지만, 과학은 인간의 삶의 모든 측면에 긍정적으로 다가왔다. 새로운 기술은 잠재적 돌파구를 제공했지만, 최근 항생제 내성 박테리아와 많은 바이러스 치료에 대한 어려움은 약물 발견의 과정을 지연시켜왔다(Lewis, 2012; Novoselov et al.).

의료 분야의 궤적분석에는 사건의 순서와 개인의 건강결과에 기여하는 여러 변수의 확인(mapping)이 포함된다. 이와 같이 어떤 과정에서도 미래를 완벽하게 예측할 수 없기 때문에 '궤적'이라는 용어는 확률적이고 대략적인 의미에서 사용된다. 한 나무에서 다른 나무로 날아가는 홍관조(cardinal bird)를 보면서 우리는 대략적인 경로를 파악(mapping)할 수 있다. 하지만 바람에 따라 이동하는 새가 아래에 보이는 벌레에 갑자기 관심을 가져서 생기는 이동의 변화는 예측할 수 없다. 게다가 우리는 새의 심장박동수, 정신상태, 시력, 또는 기본적인 세포 과정의 변화를 높은 정밀도로 확인할 수 없다.

노벨상을 수상한 물리학자 일리야 프리고진(Ilya Prigogine, 1982)[1]은 시간의 화살에 대한 아인슈타인의 불만에 대해 논의했으며, 돌이킬 수 없는 과정(즉, 시간의 방향성)은 관찰 가능한 거시적인 고전물리학뿐만 아니라 플랑크 길이(Planck length, lPl$=1.62\times10^{-33}$cm) 또는 에너지($E_{Pl}=1.22\times10^{19}$ GeV(기가전자볼트))보다 낮은 차원인 미시적인 양자역학에서도 일관된다고 주장한다.[2] 프리고진의 1차적 요점은 '구조가 파괴되고', '시스템이 동요에 영향을 받지 않는' 고엔트로피 평형체계와 달리, '평형상태가 아닌' 불안정한 시스템, 특히 생명체계(living system)는 불안에 대응하여 안정적이거나 불안정적으로 될 수 있어 이전 구조로 다시 돌아갈 수 있다는 것이다. 확률, 엔트로피, 그리고 에너지가 이러

. . . .

1 프리고진은《확실성의 종말》에서 '새로운 합리주의'를 제시했다. 새로운 합리주의는 확실성을 향해 '시간의 화살'을 쏜다. 과학이 주장해온 확실성의 한계를 비판하는 것이다. 고전적인 관점에서의 자연 법칙은 확실성을 기반으로 하고 있지만, 이제 확실성은 우연 또는 추측의 영역으로 바뀌었다고 주장한다. 하나의 예로, 행성의 주기는 예측할 수 있지만 일기예보는 4일 이상을 예측하기 어렵다는 것이다. 프리고진은 확실성의 종말이 새로운 과학과 문화의 창출의 시발점임을 주장한다.

2 양자역학에 따르면 우리의 자연계는 연속적인 값이 아닌 불연속적인 값들의 합으로 이루어져 있다. 이 값들은 자연에서 우리가 생각할 수 있는 가장 작은 단위이며, 플랑크 단위(Planck unit)라 부른다.

한 사건들 전반에 걸쳐 중요하다.[3] 이러한 관찰과 함께, 노화 연구자인 레너드 헤이플릭(Leonard Hayflick, 2007, p. 2353)은 질병이 없는 6가지 노화의 원칙을 찾아냈다.

1. 노화는 성숙기에 성장을 멈추는 다세포 동물에서 발생한다.
2. 노화는 여러 종에서 비슷하다.
3. 노화는 생식기가 성숙된 후에 시작된다.
4. 노화는 이전에 야생에서 충분히 오래 살지 못한 가축에서 발생한다.
5. 노화는 유생물, 무생물 모두에서 일어난다.
6. 노화는 항상 분자의 '열역학 불안정'을 가져온다.

엄마 뱃속에서부터 노인이 될 때까지, 건강의 궤적을 단축하거나 연장하거나 복잡하게 만드는 주요 사건들이 항상 있지만 건강관리 정도와 사회경제적 조건들이 유사한 인구집단에서의 건강은 상대적으로 '예측 가능한' 궤적을 따른다. 프리고진이 강조했듯이 우리 모두는 다양한 사건과 방해를 경험하는 시스템을 대표하는데, 각각 발생 확률이 일정하며 신체 내의 시스템은 이러한 장애에 대해 서로 다른 방식으로 반응한다. 일반적으로 인체는 회복력이 높은데, 성장의 중단(즉, 조직의 교체와 구별되는)에서 시작하는 헤이플릭의 첫 번째와 세 번째 노화 원리가 있기 전까지는 더욱 그렇다. 이에 더하여, 프리고진의 의견과 일치하기도 하는 헤이플릭의 다섯 번째와 여섯 번째 원칙은 인간의 노화에 있어 확률, 엔트로피, 에너지의 역할뿐만 아니라 전 생애에 걸쳐 건강의 장애(즉 질병)를 보여준다. 모든 사람은 각자 특이한 유전 정보에 직접적 또는 간접적으로 후성유전자 형질을 남기는 신체적, 심리적 환경의 영향을 항상 받고 있다(Hollar, 2016a, 2016b; Pembrey et al., 2006).

. . . .

3   프리고진은 《카오스로부터의 질서》에서 과학의 결정론적 세계관이 무너지고 있다고 말한다. 물리학에서 확률론이 차지하는 비중이 매우 크다고 주장한다. 열역학에서 비평형상태의 계는 외부에서 유입되는 에너지의 양에 따라 평형에 가까워지거나 또는 멀어진다. 비평형상태의 계는 불안정하므로 끊임없이 요동한다. 작은 요동은 비선형 과정에 의해 바로되먹임(positive feedback)의 결과로 거대한 요동으로 증폭된다. 이런 방법으로 자기조직화(self-organization) 과정을 통해 새로운 질서가 만들어진다. 단순히 무질서가 증가된다고 알려진 엔트로피가 비평형 조건에서는 질서의 시작이 된다고 주장한다.

1 배경

지난 세기 동안 과학, 의학, 건강의 많은 발전에도 불구하고 진정한 인과관계를 확립하기 위한 복잡한 시스템의 연구와 평가에서는 대부분의 분야가 뒤처져 있다. 예를 들어, 인간 유전 정보 배열의 발견은 초기 단계였지만 주요한 돌파구로 알려졌었다. 다음 단계는 훨씬 더 어려워지게 되었는데 어떤 상황에서 유전자가 전사되고, 메신저 RNA가 수정되고 전사되며, 단백질이 서로 다른 분자와 어떻게 상호작용하는지, 그리고 세포와 세포 사이의 상태를 변화시키는 엄청나게 복잡한 방식은 무엇인지 해독하려고 노력해왔다. 우리는 프랑수아 자코브(Francois Jacob)와 자크 모노(Jacques Monod)가 대장균에서 락 오페론(Lac Operon) 전사 조절 시스템을 발견한 이후에 많은 진전을 이루었다.[4] 그러나 유전자 표현의 복잡한 후성유전자 통제와 생화학 경로를 이해하기 위해서는 더 많은 발전이 필요하다. 유기체의 세포 내 잠재적인 분자 상호작용의 배열을 이해하기 위해 미국 생명공학정보센터(NCBI: http://www.ncbi.nlm.nih.gov)에 있는 유전자 발현 경로 보관소와 OMIM 데이터베이스(http:// www.omim.org, NCBI와 연결됨), 또는 주요 생명공학 회사에서 제공하는 정보를 찾아야 한다.[5]

유전자 맞춤 치료법에 대해서는 많은 논의가 있지만 실제 임상에는 활용되고 있지 않다. 넘쳐나는 공중보건에 임상연구 문헌은 상대적으로 단기간의 변수 변경을 통한 간소한 중재적 연구에 계속 초점을 맞추고 있으며, 개인의 고유한 복잡성인 유전자와 후성유전자 일부를 반영하고 있고, 전 생애의 사회적, 환경적 경험을 반영하지 못하는 임의의 인구통계학적 내용만 반영하고 있다. 이런 방식의 연구에서는 사람들을 특정 방향으로 유도하는 결정적인 순간, 사건, 또는 심리적·생리적인 임계점을 알아낼 수 없다. 종종 임상의들이 원격 측정 자료의 수를 줄여야 한다고 말하는 것을 듣지만, 사실 중대한 인과관계 사건을 더 잘 이해하기 위해서는 더 많은 자료가 필요하다. 물론 기하급수적으로 증가하여 이미

---

4 락 오페론은 유전자의 표현 조절기구 중에서 가장 잘 알려진 것으로 자코브와 모노에 의해 제시되었다. 락토스 대사에 관여하는 3개의 Lac Z, Lac Y, Lac A를 암호화하고 있는 유전자군이다.

5 OMIM(Online Mendelian Inheritance in Man)은 존스홉킨스대학교의 빅터 맥쿠식(Victor A. McKusick) 교수와 동료들이 저술 및 편집한 인간 유전자 및 유전병 데이터베이스로 NCBI에서 개발되었다.

서버 용량을 넘어서는 자료를 감당하지 못하고 있으며, 더 적었으면 하는 욕망이 있기도 하다.

50여 년 전 노벨상 수상자인 니콜라스 틴버겐(Nikolaas Tinbergen)은 부적절한 세부 사항으로 넘쳐나지 않는, 책임감 있고 포괄적인 자료 수집의 필요성을 언급했다. 틴버겐(1963, p. 412)은 '설명이란 결코 무작위일 수 없다. 설명은 매우 선별적이고, 선택은 연구자가 염두에 두고 있는 문제, 가설 및 방법으로 만들어진다'고 말했다. 그리고 '동물계에서 행태의 다양성은 너무 방대해서 설명의 선택성은 점점 더 시급해질 것'이라고도 했다.

우리에게 필요한 것은 자료의 패턴을 조사하기 위해 고도로 숙련된 분석 전문가의 훈련, 고용과 더불어 개인 및 그룹 연구에 대한 여러 가지 변수와 측정 시점을 보다 효과적으로 수집, 저장 및 분석하고, 의료 개선으로 이어지는지를 확인하는 것이다. 후자의 관점에서 새로운 직업으로서 분석을 요구하고 있는데, 여기에는 다른 의료 전문가와 임상의가 환자를 도울 수 있도록, 수집된 자료를 실제 사용할 수 있게 변환하는 능력을 포함한다. 만들 등(Mandle et al., 2014)은 비용이 많이 필요한 전자 의무 기록의 효과에 대해 의문을 제기하고, 환자 결과를 개선하기 위해 사용자 친화적으로 만들 수 있다고 주장한다.

결국 의료서비스를 개선하기 위해서는 종적 자료 분석이 분명히 필요하다. 마찬가지로 연구자들과 의료인들은 대개 변수들이 서로 단순한 관계가 아니며, 관련성이 있는 경우에는 본질적으로 선형적이라는 것을 이해할 필요가 있다. 따라서 행태, 대사 및 임상 자료에 대한 보다 더 심층적인 연구를 하려면 복잡성과 역동성이 중요하다.

2 필요조건과 충분조건

종적 분석은 기준점 및 이후의 연속되는 시점에서 유사한 자료의 수집을 명백하게 포함한다. 마찬가지로 독립변수는 실제의 인과관계 평가를 위해 종속변수보다 우선해야 한다. 현재 이론을 지지하거나 반박하려면 모든 관련 변수가 종적 모형에 포함되어야 한다. 단순화된 모형은 쉽게 이용할 수 있는 자료에 의존하는데, 기존 자료의 2차자료 분석이 우세한 상황이고, 이런 2차자료는 관련 변수를 거의 포함하지 않는다. 그 결과 연구비용이나 시간이 부족하여 연구자나 학위취득자가 연구 문제를 조사하기 위해 종종 2차자료를 찾게 된

다. [6]

연구가설모형을 증명하려면 연구가설과 관련된 변수의 수를 최대화해야 하기 때문에 필요충분 조건의 개념(Rothman & Greenland, 1998)이 역학연구와 밀접하게 관련이 있다. 변수가 조건이나 결과의 '원인'은 아닐 수 있지만, 주어진 조건이나 결과에 기여해야 하는 경우에는 필요하기 때문에 충분한 수의 변수를 정하게 된다. 연구자는 종속변수를 설명하는 데 필요충분 조건을 만족하는 모든 변수를 포함시켜야 한다.

연구자와 의료인이 쉽게 접근할 수 있는 자료만 이용해서 인과관계를 잘못 해석할 수 있다. 이는 논쟁의 오류로, 종종 논리적인 것처럼 들리지만 결론을 도출할 때 오류를 일으킬 수 있다. 개인들은 자신의 실수에 동의하지 않는 누군가를 비난하는데, 그들이 그냥 '나쁘다'고 생각하기 때문이다. 부정확하다는 것이 잘못은 아니지만 그 비난은 인신공격의 오류라고 불린다.[7] 아리스토텔레스는 그의 책《분석론 전서(Prior Analytics)》와 기타 연구에서 오류의 예를 광범위하게 문서화했다. 크로스케리(Croskerry, 2003)와 레드엘미어(Redelmeier, 2005)는 의료 오류에 기여할 수 있는 의료서비스에서의 잘못된 인식들의 예를 문서화하였다

대니얼 카너먼(Daniel Kahneman, 2002)은 아모스 트베르스키와의 광범위한 작업을 통해 교육 정도와 직업의 차이에 상관없이 대부분의 사람들이 잘못된 인식과 좋지 않은 개인 의사결정 관행에 관여하고 있다는 것을 보여주었다(Tversky & Kahneman, 1974). 특히 카너먼은 인간은 적은 노력으로 신속하게 판단하기 위해 연관적, 직관적(유형 1)으로 인지하기 때문에 의사결정을 할 때 인지적 오류가 발생하기 쉽다고 주장했다. 이 현상은 모든 유형의 의사결정 과정에서 발생하며 연구 결과의 해석뿐만 아니라 연구설계를 하는 연구자나 보건 종사자에게 적용할 수 있다. 카너먼은 그릇된 추론을 피하는 것 외에도 노력, 규칙 및 더 큰 정신적 교류가 필요한 추론사고(유형 2)의 필요성을 강조했다.[8]

연구과정의 의사결정은 시험 가능한 과정의 현실적인 모형을 개발하기 위해 이러한

---

6 1차자료는 특정 목적을 위해 연구자가 직접 만드는 자료를 말한다. 2차자료는 기존에 만들어진 자료로 논문이나 책 등의 문헌자료와 국가기관에서 발행하는 통계자료를 말한다.

7 인신공격의 오류는 주장하는 사람의 인품이나 성격을 비난함으로써 그 사람의 주장이 잘못되었다고 하는 오류이다.

8 카너먼은 우리의 생각을 유형 1과 유형 2의 두 하위 시스템으로 나눈다. 유형 1 사고는 빠르고 직관적이며 무의식적인 사고이다. 대부분의 일상 활동은 유형 1 시스템(직관)을 많이 사용한다. 유형 2 시스템은 느리지만 계산적이고 의식이 있는 생각이다. 어려운 수학 문제에 대해 신중하게 생각할 때는 유형 2 시스템(이성)을 사용한다.

방법을 조합해야 한다. 쉽게 이용할 수 있지만 필요하거나 충분한 변수가 아닌 자료로 인한 잘못된 추론이나 성급한 연구 시도는 유의할지 알 수 없는 부정확한 모형으로 이어지고, 사람들을 돕기 위한 개입에 적용할 때 실패하게 된다.

[그림 2-1] (a)는 간단한 원인-효과 모형을 보여준다((a)는 (b)를 유발한다). 이러한 모형은 각각의 군을 비교하는 경우에 상관계수 또는 여러 가지 추론 통계 방법을 사용하여 알아볼 수 있다. 그러나 변수 (a)는 '그 자체로 필요충분한가?', '다른 변수들과 연관되어 있는가?', '같은 시점에 자료를 수집하면 (b)가 (a)보다 선행하는가?', '연구자가 관점을 한정하여 결과를 추측하는 오류를 범하게 되는가(즉, post hoc ergo propter hoc— 이 변수 후에, 그러므로 이 변수 때문에)?'[9]의 문제가 있다. 연구설계 중에도 수많은 문제가 발생할 수 있음은 명백하다. 타당성을 연구하기 위한 내부 위협에는 시험, 계측, 대상자 선택 및 선택 상호작용이 포함된다(Gay, 1992). 많은 역학연구가 확률 또는 위험비 분석을 사용하여 (a)와 (b)의 관계를 시험하고 종속변수에 대한 각 독립변수의 영향을 개별적으로 조사한다. 이 과정은 유감스럽게도 각 비교에 대한 통계적 유의성의 가능성을 부풀리게 되는데, 10개의 독립변수의 경우 최소 1개의 유의한 비교에서 발견될 확률인 1형 오류율은, 표준값 0.05에서 $(1-0.95^{10})=0.40!$까지 부풀리게 된다. 이러한 연구에서 본페르니(Bonferroni) 보정을 사용하는 것 외에도 연구자들은 다변량 회귀분석에서 여러 변수를 함께 검토하는 것을 고려해야 한다(4장 참조).

· · · · · · · · · · · · · · ·

9 '이 뒤에 따라서 이 때문에(post hoc ergo propter hoc)'는 어느 사상이 다른 사상의 뒤에 일어난 것을 파악하고, 앞의 사상이 원인이 되어 뒤의 사상이 일어났다고 판단하는 오류(인과의 오류)이다. 1종 오류는 귀무가설이 실제로 참이지만, 그럼에도 불구하고 귀무가설을 기각하는 오류이다. 즉, 실제 음성인 것을 양성으로 판정하는 경우이다. 거짓 양성 또는 알파 오류(α error)라고도 한다.

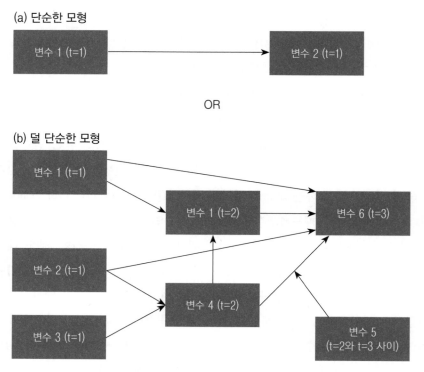

[그림 2-1] 인과 경로. 단순 비현실적 모형(임의 시간의 간략한 정보) vs 일시적 필요충분 모형

[그림 2-1] (b)는 현실 반영을 더 잘하는 덜 단순한 모형을 보여준다. '덜 단순한' 모형도 현실을 완전히 측정하지는 못하기 때문에 우리는 '복잡한' 대신에 '덜 단순한'이라는 용어를 사용한다. 이와 같은 보다 포괄적인 모형에는 세 번째 자료 수집에서 측정된 종속변수 6에 간접적 또는 직접적으로 기여하는 변수 1~5가 여러 개 있다. 변수 1은 시간 1과 2에서 측정되고, 변수 5는 시간 2에서 변수 4의 직접효과를 시간 3에서 변수 6으로 조절한다. 이론과 이전 연구에 기초한 여러 변수와 자료 수집 관점은 연구자가 시험할 수 있는 개선된 현실모형을 확립하는 데 도움을 준다.

3 종적 연구에서의 의사결정

카너먼과 트베르스키의 연구에 따르면 스웨츠와 그의 동료들은(Swets et al., 2000a, 2000b) 기본 통계 결정 행렬의 유용성을 설명했다(표 2-1). 민감도분석의 목표는 의사결정 진단을 최대한 현실과 일치시키는 것이다. 즉 연구자는 항상 그렇지는 않더라도 가장 정확한 예측 도구를 사용하고자 한다. 이 연구자와 의사결정자는 실제로 사실일 때, 어떤 것이 진실(또는 긍정)이라고 정확하게 말하고 따라서 '참양성(true positive)'을 달성하고자 한다. 마찬가지로 실제로 부정일 때, 어떤 것이 거짓(또는 부정)이라고 정확하게 말하고 따라서 '참음성(true negative)'을 달성하고자 한다.

그러나 현실과 맞지 않는 거짓 진술을 할 때 오류가 발생한다. 그들이 진정으로 진실을 말할 때, 또는 그 반대인 경우에 누군가는 당신에게 거짓말을 하고 있다는 결론을 내리는 것이 바로 각각 위음성(false negatives)과 위양성(false positives)의 예이다. 누구나 추측할 수 있듯이 훌륭한 의사결정자는 가능한 한 많은 정보를 수집하여 참양성과 참음성을 극대화하기 위해 노력한다. 그럼에도 불구하고 많은 개인들이 카너먼(Kahneman, 2002)이 주장한 유형 2 추론을 하지 못하거나, 또는 잘못된 논쟁/상황에 마주하면서 잘못된 의사결정 전략에 빠진다. 너무나 많은 선구자들이 그들의 거짓에 반하는 강력한 대안적 증거에도 불구하고 제한된 자료나 특정 이론에 너무 집중한 나머지 많은 사람들에게 나쁜 영향을 미치는 결정을 내렸다. 일부 선구자들은 적은 노력으로 극적인 개선을 가져오고 더 나은 프로그램을 만들어 운영할 수 있었지만, 소문에 영향을 받아 연구 및 정책을 추진하기도 했다.

[표 2-1] 현실을 비교한 민감도 표 vs 평가/측정

'현실' 평가/측정		'현실'	
		양성	음성
	양성	참양성	위음성 (type II error)
	음성	위음성 (type I error)	참음성(statistical power $1-\beta$)

강한 의사결정 기법은 종적 연구활동의 설계, 연구의 윤리적 행동, 연구 결과와 분석에 분명 중요하다. 이 모든 것은 연구를 추진하기 위한 정확한 정보와 여러 시점에서 자료를 수집하려는 의지로 시작되어, 측정된 현상이 어떻게 발생할 수 있는가에 대한 보다 정확한 궤적을 얻어내고 이렇게 얻어진 궤적을 일반적인 과학적 증거와 이론을 이용해서 평가한다.

스웨츠와 연구진은(Swets et al., 2000a, 2000b)은 녹내장 및 전립선암의 진단이 포함된 그들의 관점을 보여주기 위하여 몇 가지 임상 진단 사례를 조사했다. 그들이 발견한 것은 완벽한 검사법은 단 하나도 없다는 것이다. 왜냐하면 녹내장이 없는데 안압이 높은 개인도 있고, 녹내장이 있는 상태에도 낮거나 또는 정상인의 안압을 가진 환자들이 있기 때문이다. 마찬가지로 전립샘특이항원(prostate specific antigen) 값이 높거나 또는 전립선이 커져 있는 남성들이 모두 전립선암을 가지고 있는 것은 아니며, 반대로 전립샘특이항원 값이 정상이거나 정상 전립선 모양을 가진 남성들도 전립선암으로 진단받은 경우가 있다. 스웨츠는 연구자와 임상가는 진단 결정을 내리기 전에 일관성을 찾기 위해 여러 측정값을 삼각측량해야 한다고 했다. 다수의 신뢰할 수 있는 유효한 측정도구를 사용할 수 있는 경우 이 결과는 추론을 통해 완벽히 이해할 수 있다. 그러나 인터뷰나 심리적인 것과 같이 정확한 도구를 사용할 수 없는 경우에는 의사결정이 훨씬 더 어려워지게 된다.

의사결정 표의 민감도와 특이도는 수학적으로 다음과 같이 정의된다(Dawes, 1988, 2000; Rothman & Greenland, 1998; Swets et al., 2000b)

$$민감도 = 참양성 / (참양성 + 위음성) \qquad [식\ 2\text{-}1]$$
$$특이도 = 참음성 / (참음성 + 위양성) \qquad [식\ 2\text{-}2]$$

민감도와 특이도는 각각 0부터 1.0까지의 값을 가진다. 진단 장비의 반복 시험에 대한 이 두 값은 2차세계대전 동안 레이더 전문가들이 개발한 ROC(수신기운용자특성) 곡선 분석의 일환으로 서로 비교된다(그림 2-2). 임상진단을 위한 ROC 분석의 목적은 민감도와 특이도를 극대화하는 것이다. 따라서 위양성 및 위음성 조건의 수를 줄일 수 있다. [그림 2-2]를 살펴보면, 좋지 않은 시험(대각도)은 동전 던지기(50:50 확률)와 같은 의사결정이다. 곡선이 경사가 높을수록, 즉 1-특이도의 모든 값에 대하여 1.0 민감도에 근접할수록 더 나은 의사결정 도구가 된다.

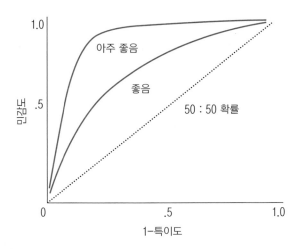

[그림 2-2] 민감도 분석을 위한 수신기운용자특성(ROC)곡선. 곡선이 경사가 가파를수록 의사결정 연구에 사용되는 진단 또는 기타 측정 도구가 더 좋아진다(자세한 설명 및 구체적인 적용 예는 Lalken & McCluskey, 2008; Swets et al., 2000a, 2000b; Wray, Yang, Goddard & Visscher, 2010 참조).

종적 분석을 수행하기 위해서는 연구를 의미 있게 만들기 위한 계획이 필요하다. 즉 연구종료 후 개입의 장기적 효과 평가, 관련 변수들을 통제하기 위한 확장된 측정, 모든 단계에서의 논리적 추론, 그리고 정확하고 정밀한 자료 수집이 연구과제 전반에 걸쳐 요구된다. 민감도(ROC) 분석은 서로 확증하기 위한 다층 측정 도구의 중요성을 보여준다.

4 비선형동역학

비선형동역학에서 우리는 시스템의 경로를 곡면에 위치한 점으로 측정한다. 경로의 점은 시간이 지남에 따라 변하므로 벡터로 나타낼 수 있다. 곡면의 각 점은 시스템의 가능한 상태를 나타내며 이러한 모든 상태에 대한 벡터는 벡터장을 구성한다. "모든 가능한 상태들의 집합은 시스템의 위상공간이라고 불린다(Tufillaro, Abbott, and Rilly, 1992, p. 11)." '시간의 화살'의 방향성 관점에서 보면 우리가 고려할 시스템은 현재 상태에서 미래 상태를 예측할 수 있기 때문에 반결정론적 시스템이다. 이 접근법은 세포의 화학 반응 및 주요 생리적인 과정에서 발생할 수 있는 가역적인 결정론적 사건 또는 시스템(즉, 과거 및 미래를 예측할 수 있는 것들)의 해석을 반드시 배제하지는 않지만, 삶은 엄격히 방향성을 가지고 돌이킬 수 없기 때문에 우리는 프리고진(Prigogine, 1982)과 헤이플릭(Hayflick, 2007)에 초점을 맞추고 따를 것이다.

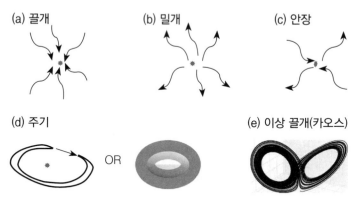

[그림 2-3] 벡터장의 운동 형태

앙리 푸앙카레(Henri Poincare)는 처음에 과정(process)을 기술한 되돌이 사상의 (return maps) 관찰에서 비선형동역학적 특성을 기술했다(3장 참조). 이러한 본뜨기(사상, 寫像)의 벡터장을 분석하려면 상미분방정식(ordinary differential equations)을 사용해야 한다. 점들의 상태를 변경하는 벡터장에 대해 푸앙카레는 (a) 싱크(끌개), (b) 소스(밀개)[10], (c) 안장, (d) 주기의 4가지 가능한 운동형식을 확인했다(Ruelle, 1989; Tufillaro et al., 1992). 이러한 4가지 유형의 동작은 시스템이 시간과 독립적으로 계속 진행될 경우 가능하다. 운동은 시간 의존적이기 때문에 이 4가지 형태는 수정되는데, 다섯 번째 (e) 이상끌개(카오스)를 더해서 5개가 된다. 5가지 동작은 [그림 2-3]과 같다.

5가지 운동이 보여주는 것은 주어진 조건이나 행태에서 방향의 변화 가능성이다. 시스템은 되돌리기 어려운 단일 지점으로 수렴될 수 있다. 반대로 시스템은 반전을 일으킬

- - - - - - - - - - - - - - - -
10 에드워드 로렌츠(Edward Lorenz)는 물을 데울 때 생기는 난류에 대해 연구를 하였고, 난류에서 얻어진 신호를 3차원 위상공간에서 기하학적으로 재구성한 결과 나비 모양의 끌개를 발견하게 되었다. 점 끌개는 끌개의 가장 간단한 형태로 좌우로 흔들리는 추를 예로 들 수 있다. 어느 한 위치에서 흔들림이 시작되더라도 종국에는 한 점으로 귀결된다. 로렌츠의 끌개는 나비 모양을 하고 있고, 초기에는 2개의 값이 차이가 없지만, 이후에 증폭되어 다른 결과를 가져오는 것을 '나비효과' 라고 하였다.

수 있고 똑같이 되돌리기 어려운 상황일 수도 있다. 시스템은 시스템에 작용하는 독립변수의 영향에 따라 안장 위상에서 끌개 및 밀개를 번갈아 나타낼 수 있고, 주기적으로 또는 준주기적으로(예: 여러 진동 지점) 지정된 지점의 주위를 돌 수 있으며, 일관성 있는 패턴이 없이 지점 간에 이동할 수 있다.

뤼엘(Ruelle, 1989)은 다음과 같은 형태에 따라 상미분방정식을 사용하여 시스템의 진화를 시연했다.

$$\mathrm{d}x(t)/\mathrm{d}t = f(x(t)) + \delta x(t) \qquad\qquad \text{[식 2–3]}$$

여기서 $\delta x(t)$는 시스템을 정상 궤적 $f(x(t))$에서 멀어지게 하는 관련된/공명을 일으키는 변수의 몇 가지 유형을 나타낸다. 뤼엘은 가설적인 '동일' 시스템에 대한 미분공명효과(differential resonance effects)가 카오스 운동을 포함하여 대단히 다른 궤적을 산출할 수 있음을 보여주었다(그림 2–4).

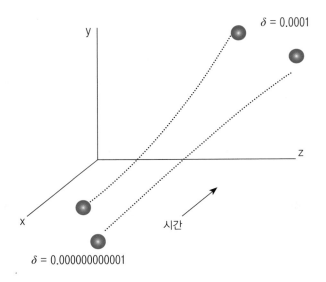

[그림 2–4] 초기 조건에 대한 민감도 의존성. 2개의 궤적 사이의 차이의 시작은 δ=0.000000000001이다.

페트로스키와 프리고진(Petrosky & Prigogine, 1993)은 큰 푸앙카레 시스템(즉, 관측 가능한 고전 시스템)에서 공명전환의 제거를 통해 무질서한 운동을 일으킨다는 것을 증명했다. 구체적으로 말해 시간 대칭성[11]이 깨져 현재에서 미래로의 방향성이 돌이킬 수 없는 과정을 만들어내고, 시스템은 실제 궤적 대신 통계적 앙상블(즉, 확률론적 기술)에 의해 더 잘 설명될 수 있다고 결론지었다. 그들의 발견은 살아있는 유기체를 포함하는 불균형 시스템에서는 의미 있는 심리적 동요가 행태를 카오스로 몰고 갈 수 있지만, 동요에 의한 소산(dissipative) 과정을 통해 안정성을 얻을 수 있다는 것을 암시한다. 따라서 시스템은 구동력(driving force)에 따라 안정성, 불안정성 및 카오스 상태 사이에서 진동할 수 있는 잠재력이 있다(예: 독립변수).

마찬가지로 르네 톰(Rene Thom, 1972)은 '일반적인 파국 지점'을 만약 '파국 집합 K와 중심 y의 볼 $b_r(y)$과 충분히 작은 반경 r의 교차점이 내부지점 없이 비어 있지 않은 준분석적 다면체를 포함하는 경우'에 4차원 공간 B×T의 y로 정의했다. 톰은 4차원 공간-시간 좌표에서 가장 주목할 만한 포물선적 제공형과 쌍곡적 제공형 내에서 다양체 M에 대한 7가지 기본 파국 s를 분류하였다.[12] 그리고 파국 지점(즉, 파국 집합 K의 지역)에 대한 지역적 변동은 시스템을 더 낮은 에너지, 다른 그리고 보다 안정한 상태로 붕괴시키는 첨단(cusps)과 같은 분기점(bifurcations)으로 이어진다. 이러한 분기점은 [그림 2-3]에 나타난 주기적, 비주기적 및 카오스의 행태 궤적과 같은 상태의 변화로 이어질 수 있다. 이와 같은 시스템도 민감한 초기 조건에 의해 촉발될 수 있다(그림 2-4).

기상 시스템에 대한 초기 조건의 민감한 의존성을 기술한 로렌츠(Lorenz, 1963)의 논문에서 안정과 불안정에 관계하는 힘에 대해 논의할 때, 로렌츠는 시스템을 '고유한 궤적이 각 점을 통과하며, 시간 경과가 Γ 영역에서 다른 영역으로의 연속적인 변형으로 정의될 때의 위상공간 Γ'로 정의하였다. 로렌츠는 다음의 사실을 더 강조했다. "시간 t_1의 P(t_1)에 충분히 가깝게 통과하는 다른 궤적은 $t \to \infty$일 때 P(t)에 가깝게 남는다면 궤적 P(t)는 P(t_1) 지점에서 안정적이라 불릴 것이다." 그러므로 어떤 시스템에 영향을 미치는 많은 힘을 고려할 때 안정적인 궤적을 유지하는 것은 매우 어려울 수 있다. 그럼에도 불구하고 생명 시스템은 구조와 기능이 붕괴하여 시스템이 감소하고 병원균에 대한 취약성을 초

---

11 (시간)대칭성이란 시공간을 기술하는 좌표계(coordinate system) 등을 '변환(transformation)'해도 달라지지 않는 성질을 말한다. 대칭은 물리학의 시간이나 공간에 따라 불변의 형태를 가지는 것이다.

12 7가지 파국: 접음형(fold), 쐐기형(cusp), 제비꼬리형(swallowtail), 나비형(buterfly), 쌍곡선배꼽형(hyperbolic umbilic), 타원배꼽형(elliptic umbilic), 포물선배꼽형(parabolic umbilic).

래하기 전까지 나머지 대부분의 수명 동안 매우 탄력적으로 다중중복시스템을 사용한다. 이러한 맥락에서 우리는 힘과 에너지를 촉진함으로써 바람직한 위상 상태 또는 안정된 공간을 유지할 수 있음을 알 수 있다(그림 2-3의 조건 참조). 자발대칭깨짐(spontaneous symmetry breaking)은 공명 상태의 위상이동을 포함한다(Petrosky & Prigogine, 1993).[13]

톰(Thom, 1972, p. 134)은 '이 공명경쟁은 가장 중요한 것으로 보이지만 수학적으로 연구된 적이 없다'고 결론지었다. 로렌츠와 페트로스키, 프리고진 모형과 유사한 톰의 공명경쟁 모형은 [그림 2-5]에 도시되어 있다. 볼(ball)로 대표되는 시스템은 다양한 수준의 열역학적 전위를 차지한다(예: 언덕 및 계곡). 일반적으로 시스템(계)은 항상 가장 낮은 기저퍼텐셜로 떨어지거나 또는 안정성을 가지는 중간 지점에 도달하려고 한다. 모든 방향에서 에너지 공급은 시스템을 더 높은 전위로 유지할 수 있다. 두 시스템이 서로 다른 전위에서 상호작용하는 경쟁 공명이 존재하는 경우 간섭은 파괴적이며 에너지를 방출할 수 있고, 시스템은 보다 낮고 안정적인 에너지 잠재력에서 공존하거나 병합된다.

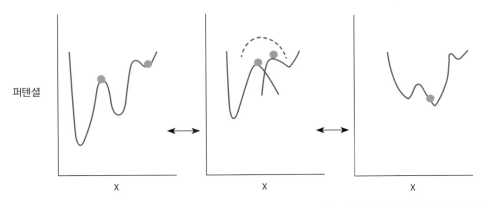

[그림 2-5] 위상의 공명 상태의 경쟁 개념. 시스템은 상쇄 충돌해서 에너지의 방출, 안정상태, 낮은 잠재력 위치로 이완된다.

---

13 자발대칭깨짐은 어떤 이론에 대칭이 있으나 그 특정한 바닥상태는 대칭을 보이지 않는 현상을 말한다. 모든 방향에서 대칭을 보이는 언덕 위에 있는 공은 모든 방향에 대해 대칭이다. 그러나 이 상태는 매우 불안정하고, 언제든지 공이 바닥에 떨어지면 대칭이 깨질 수 있다. 따라서 바닥상태는 대칭이 아니게 된다.

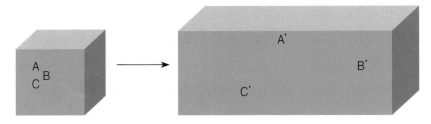

[그림 2-6] 궤적 변화. 궤적은 교란에 의한 다양체의 변형으로 변한다. 초기에 인접한 점 A, B, C는 시간이 지남에 따라 늘어나고 위상 상태가 분리됨에 따라 점들 사이의 해상도가 떨어지며, 푸앙카레의 시간 의존 궤적은 초기 조건으로부터 더 멀어진다(자세한 논의는 Ruelle, 1989, pp. 72-73 참조).

뤼엘은 위상공간에서의 궤적을 이동하여 시스템의 위상변화를 통해 동일한 개념을 확장한다. 초기 모형에서 구체의 이심 정도가 증가하면 초기에 인접한 두 점 사이의 구별 능력이 감소한다. [그림 2-6]과 같은 유사한 3차원 변형은 푸앙카레의 되돌이 사상(3장)과 안정성에 대한 로렌츠의 논의와 관련이 있다. 역학분석에서 궤적의 위상변화를 생물학적 시스템에 적용시키는 방법의 유용성을 증명함에 따라 다음 장에서는 이러한 개념을 확대할 것이다.

참고문헌

Croskerry, P. (2003). The importance of cognitive errors in diagnosis and strategies to minimize them. *Academic Medicine, 78*(8), 775–780.

Dawes, R. M. (1988). *Rational choice in an uncertain world*. San Diego, CA: Harcourt Brace Jovanovich.

Dawes, R. M. (2000). A theory of irrationality as a 'reasonable' response to an incomplete specification. *Synthese, 122*, 133–163.

Devaney, R. L., & Keen, L. (Eds.). (1989). *Chaos and fractals: The mathematics behind the computer graphics*. Providence, RI: Amercian Mathematical Society.

Eigen, M., & Schuster, P. (1979). *The hypercycle: A principle of natural self-organization*. Berlin: Springer–Verlag.

Gay, L. R. (1992). *Educational research: Competencies for analysis and application* (4th ed.). New York, NY: Merrill/Macmillan.

Glass, G. V., & Hopkins, K. D. (1984). *Statistical methods in education and psychology* (2nd ed.). Boston, MA: Allyn and Bacon.

Glass, L., & Mackey, L. (1988). *From clocks to chaos: The rhythms of life*. Princeton, NJ: Princeton University Press.

Hayflick, L. (2007). Entropy explains aging, genetic determinism explains longevity, and undefined terminology explains misunderstanding both. *PLoS Genetics, 3*(12), 2351–2354.

Hollar, D. W., Jr. (2016a). Epigenetics and its applications to children's health. In D. Hollar (Ed.), *Epigenetics, the environment, and children's health across lifespans* (pp. 1–20). New York, NY: Springer.

Hollar, D. W., Jr. (2016b). Lifespan development, instability, and Waddington's epigenetic landscape. In D. Hollar (Ed.), *Epigenetics, the environment, and children's health across lifespans* (pp. 361–376). New York, NY: Springer.

Kahneman, D. (2002). *Maps of bounded rationality: A perspective on intuitive judgment and choice (Nobel lecture on economic sciences)*. Stockholm: The Nobel Foundation.

Lalkhen, A. G., & McCluskey, A. (2008). Clinical tests: sensitivity and specificity. *Continuing Education in Anaesthesia, Critical Care and Pain, 8*(6), 221–223.

Last, J. M. (Ed.). (2001). *A dictionary of epidemiology* (4th ed.). New York, NY: Oxford University Press.

Lewis, K. (2012). Recover the lost art of drug discovery. *Nature, 485*, 439–440.

Lorenz, E. N. (1963). Deterministic nonperiodic flow. *Journal of the Atmospheric Sciences, 20*, 130–141.

Mandl, K. D., Kohane, I. S., McFadden, D., Weber, G. M., Natter, M., Mandel, J., ⋯ Murphy, S. N. (2014). Scalable collaborative infrastructure for a learning healthcare system (SCILHS): Architecture. *Journal of the American Medical Informatics Association, 21*, 615–620.

Novoselov, K. S., Fal'ko, V. I., Colombo, L., Gellert, P. R., Schwab, M. G., & Kim, K. (2012). A roadmap for graphene. *Nature, 490*, 192–200.

Pembrey, M. E., Bygren, L. O., Kaati, G., Edvinsson, S., Northstone, K., Sjostrom, M., ⋯ The ALSPAC Study Team (2006). Sex–specific, male–line transgenerational responses in humans. *European Journal of Human Genetics, 14*, 159–166.

Petrosky, T., & Prigogine, I. (1993). Poincaré resonances and the limits of trajectory dynamics. *Proceedings of the National Academy of Sciences of the United States of America, 90*, 9393–9397.

Prigogine, I. (1982). *Only an illusion (The Tanner lectures on human values)* (pp. 35–63). Delhi: Jawaharlal Nehru University.

Redelmeier, D. A. (2005). The cognitive psychology of missed diagnoses. *Annals of Internal Medicine, 142*, 115–120.

Rothman, K. J., & Greenland, S. (1998). *Modern epidemiology* (2nd ed.). Philadelphia, PA: Lippincott–Raven.

Ruelle, D. (1989). *Chaotic evolution and strange attractors*. New York, NY: Cambridge University Press.

Shaw, R. (1981). Strange attractors, chaotic behavior, and information flow. *Zeitschrift für Naturforschung A, 36a*, 80–112.

Swets, J. A., Dawes, R. M., & Monahan, J. (2000a). Better decisions through science. *Scientific American, 283*(4), 70–75.

Swets, J. A., Dawes, R. M., & Monahan, J. (2000b). Psychological science can improve diagnostic decisions. *Psychological Science in the Public Interest, 1*(1), 1–26.

Tao, L., Hu, W., Liu, Y., Huang, G., Sumer, B. D., & Gao, J. (2008). Shape–specific polymeric nanomedicine: Emerging opportunities and challenges. *Experimental Biology and Medicine, 236*, 20–29.

Thom, R. (1972). *Structural stability and morphogenesis: An outline of a general theory of models*. New York, NY: W.A. Benjamin/Westview.

Tinbergen, N. (1963). On aims and methods of ethology. *Zeitschrift für Tierpsychologie, 20*, 410–433.

Tufillaro, N. B., Abbott, T., & Reilly, J. (1992). *An experimental approach to nonlinear dynamics and chaos*. Redwood City, CA: Addison–Wesley.

Tversky, A., & Kahneman, D. (1974). Judgment under uncertainty: Heuristics and biases. *Science, 185*, 1124–1131.

Wray, N. R., Yang, J., Goddard, M. E., & Visscher, P. M. (2010). The genetic interpretation of area under the ROC curve in genomic profiling. *PLoS Genetics, 6*(2), e1000864. doi:10.1371/journal.pgen.1000864.

chapter

03

의료개입연구에서
재범(재발)의 문제

예방적 건강프로그램과 다른 건강개입 프로그램의 주요한 문제들 중 하나는 개인 또는 조건이 처치 이전의 상태로 돌아가는 재범(재발)의 문제이다. 종종 이러한 상황은 치료과정 동안 적절한 운동, 영양 및 약물순응도 부족을 포함하여 의료전문가와 보건교육자가 제공한 지침을 준수하지 않아서 발생한다. 알려지지 않은 많은 이유로 인해 체내에서 발생하는 상태나 우연한 사건들을 포함해, 행동조절을 넘어서는 상태, 병리적인 상태, 또는 이차상태(질병 또는 관심상태)가 발생/재발할 가능성이 더 높다. 점점 증가하는 생물심리사회적 건강연구 문헌은 가족과 친구 그리고 동료 사회의 지지 부족, 주변 환경이나 지역사회에 포함될 수 있는 능력과 사회활동에 참여할 수 있는 능력이 건강결과에 심각한 영향을 미칠 수 있음을 보여준다(Hollar, 2013; Hollar & Lewis, 2015; Seeman, McEwen, Rowe & Singer, 2001; Seeman, Singer, Ryff, Love & Levy-Storms, 2002). 실제로 세만 등(Seeman et al., 2001, 2002)은 3명 미만의 친구를 가진 사람들이 3명 이상의 친구를 가진 사람들에 비해 질병이환율과 사망률이 현저히 증가한다는 것을 보여주었다. 이러한 연구 결과는 스트레스에 대한 일반적응증후군에 대한 셀리에(Selye, 1950)의 기술을 따르고, 세만 등은 이를 '알로스타 부하'라고 불렀다.[1]

1 주기적 행태

조건의 재발 및 실제 행태 재발의 발생을 알아보기 위해 공명 비교로 다시 돌아가보자. 주어진 시스템이나 행태는 특징적인 주기적 또는 파동적 행태를 가진다(그림 3-1 a). 이 현상은 예측 가능한 방식으로 반복되어 연구자가 각 발생에 대한 특징적인 진폭과 빈도를 파악하여 이후 시점에서 신뢰성 있게 측정할 수 있다. 심전도를 보면 심박수는 특정 진폭과 주파수를 가진다. 내부 목성 위성의 궤도 공명 패턴은 내부 위성이 더 빠르게 궤도에 진입한 후 외부 위성의 주파수를 지나치는 방향으로 진행함에 따라 특징적인 주파수를 갖는다. 계절에 따른 날씨 주기는 전반적으로 상위 대기와 제트 기류의 태양과 달 운행에 기반

---

1   알로스타 부하는 만성 스트레스의 부작용이 누적된 탈진 상태를 말한다. 인체가 외부 변화에 대응하여 안정 상태로 돌아가지 못하고 지속적으로 발생하는 삶의 부정적인 경험에 적응해버리는 경우 발생한다.

한 반주기적 형태이다. 그러나 특정 지역은 시간에 따라 다양한 형태를 가지므로 한 주간의 날씨는 부분적으로만 예측할 수 있다. 대부분의 시스템이 초기 조건에 민감하게 의존하도록 많은 시스템은 혼돈이 지배한다(Ruelle, 1989). 일부 시스템은 다른 것보다 혼돈에더 저항적이기도 하다.

인간의 행태는 수면 주기, 식사 패턴, 특정 활동에서의 참여와 같이 반복될 수 있다.[그림 3-1] (a)를 다시 보면 주기는 시간 경과에 따라 예측 가능한 높은 점과 낮은 점으로사인파와 같은 형태에서 반복될 수 있다. 주기적인 행태는 단일 스펙트럼 고점을 가지며푸리에(Fourier) 분석(Bracewell, 1986, 1989; Loy, 2006)[2]이라고 불리는 음악 주파수 같은,수학적 과정에 의한 고조파 주파수로 나눌 수 있다. 푸리에 분석은 여러 시점에 걸친 참가자의 행태나 조건에 대한 반복적인 종적 자료가 명확하게 필요하긴 하지만, 많은 통계 및수학적 소프트웨어 프로그램에서 이용할 수 있다.

[그림 3-1] (a)는 단일 최대 진폭을 갖는 주기 1과 번갈아 반복되는 두 가지 행태 고점이 있는 주기 2의 두 가지 주기 유형을 보여준다. 동작은 번갈아 가면서 반복하는 최고조에 달한다. 주기 2는 복수의 관련 행태 또는 동일한 동작의 두 가지 다른 수준을 나타낼수 있다. 복잡한 건강연구자와 가장 관련이 있는 것은 주기 1부터 주기 2까지의 행태변화이며, 이는 [그림 3-1] (b)에 표시된 분기 장애이다. 우리는 7~12장에서 분기점의 수학에대해 탐구할 것이다.[3] 그러나 여기서 가장 중요한 점은 혼돈(disturbance)이 시스템을 상당히, 때로는 영구히 변경할 수 있다는 것이다. 일부 순환 시스템(예: 심장파 패턴, 뇌파 패턴)은 분명히 유지되어야 하므로 이상한 리듬을 만들고 또 없애는 혼돈은 연구해서 비정상적인 리듬을 되돌리거나, 또 생기지 않게 할 수 있다. 그러한 과정이 윤리적이며 환자에게 해를 입히지 않는다면 바람직하지 못한 행태(예: 약물 남용, 다양한 정신 건강상태)는 잠재적인분기 동요에 의해 아마도 안정되고 건강한 수준으로 대체될 수 있다. 따라서 [그림 3-1]은개선된 건강결과를 위해 본뜨기(사상, 寫像)하거나, 이해 및 규제하고자 하는 궤적분석의중심 개념을 보여준다.

---

2 푸리에 분석: 주기적인 피동운동에서 수학적 규칙을 찾아내어 아주 복잡한 파동운동도 다른 여러 진폭의 사인파를가진 성분으로 나눌 수 있다. 이런 과정을 푸리에 분석이라고 한다.

3 분기(bifurcation): 동역학계 이론에서 특정 매개변수의 값에서 동역학계의 양상이 완전히 바뀌는 현상을 말한다.

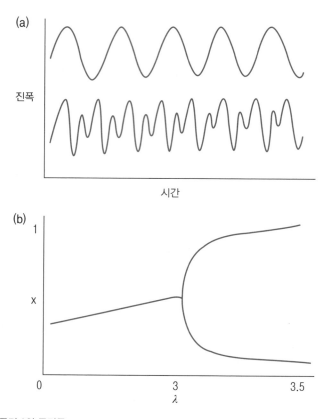

[그림 3-1] 주기 1과 주기 2의 주기들

(a)에서 분기는 주기 1에서 주기 2로 이동한다. (b)에서 주기 동안 x는 고정점을 가리키고, λ는 리아푸노프 지수를 나타 낸다. 궤적의 확장 동안은 항상 양의 값이다.

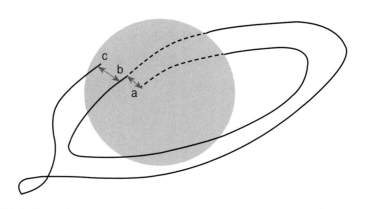

[그림 3-2] 푸앙카레 되돌이 사상

다양체의 a점에서 시작해서 주기를 지나 평형점인 b로, 그리고 두 번째 궤적으로 돌아가 다시 이후의 평형점인 c로 이 동한다.

[그림 3–2]의 푸앙카레 되돌이 사상(Poincare return map)은 무작위 노이즈, 혹은 시스템에 대한 기타 장애로 인해 약간 변경되기는 했지만, 이와 유사한 방식으로 시간이 지남에 따라 반복되는 과정을 보여준다. 원은 곡면이나 다양체[4]를 나타내며, 아마도 측정 장치를 나타낸다. 과정이 시작되고 일정 시간 후에 시작 지점 가까이로 돌아간다. 반환점의 차이는 자코비안(Jacobian) 행렬이라고 하는 경로와 수학적 구조에 따라 결정된다(9장과 12장에서 설명할 것이다). 분명히 출발점 가까이 되돌아오는 궤적은 수렴되어 있고 전반적인 행태는 변화가 거의 없는 반면, 멀리 있는 반환점은 다른 행태를 나타낸다. 다시 말해, 연구자들은 바람직한 행태를 한 점으로 모으는 요인과 바람직하지 않은 행태를 더 안정적인 경로로 확산시키는 요인에 관심을 가졌다.

건강행동개입에서 종종 치료개입을 제거한 후에 재발이나 반복되는 행태가 발생한다. 그러한 반복 행태의 예로는 약물, 특히 항생제를 복용하는 환자, 체중 감량을 시도하는 개인, 임신 중 흡연과 음주, 위험한 행동을 하는 청소년, 금연이나 금주를 시도하는 개인, 운동 프로그램을 시도하는 일이 있다. 대부분의 경우 사람들은 목표에 도달하지 못한다. 치료나 교육적 개입에 대한 실험연구들은 인간의 건강행태에서 종종 개선점을 보여주지만, 안타깝게도 그러한 많은 프로그램들은 건강행태가 장기적인 효과가 있는지 여부를 결정하기 위한 적절한 사후 평가를 제공하지 않는다. 후속 연구에서는 지속적인 개입이 없을 때 개인들이 나쁜 습관으로 돌아간다는 것을 발견한다. 약이든 행태/교육에 의해서든 반드시 같은 방식으로 치료에 반응하는 두 개인은 없겠지만, 많은 개인들은 그들의 성과를 이뤄내기 위해 지속적인 지원이 필요하고, 그들도 건강을 개선하려는 의지를 가지고 있어야 한다. 우리는 생물심리사회모형[5]과 단계적변화론모형[6]에서 사회적 지지와 개인이 처해 있는 환경이 건강행태에 상당한 영향을 미친다는 것을 알 수 있다.

· · · · · · · · · · · · · · · · ·

4 다양체(多樣體) 혹은 매니폴드(manifold)는 국소적으로 유클리드 공간과 닮은 도형이다. 원은 모든 점에 대해서 국소적으로는 직선과 같은 구조를 가지고 있다. 그러므로 원은 1차원 다양체이다. 선, 원, 구와 같은 기하학적 도형을 1개의 공간에서 보았을 때 다양체라고 한다.

5 생물심리사회모형(biopsychosocial models)은 정신과 신체가 모두 건강과 질병에 결정적으로 영향을 미친다는 관점에서 하나의 논리적인 모형을 제시한 것이다. 기본적인 가정은 건강과 질병이 생물학적, 심리적, 사회적 요인들의 상호작용의 결과라는 것이다.

6 단계적변화론모형(stage of change models: transtheoretical model)은 한 개인이 건강행동을 어떻게 시작하고 유지하는가에 대한 행동 변화의 과정을 설명하는 모형으로, 건강과 관련된 행동의 변화가 성공과 실패라는 이분화된 범주가 아니라 일련의 과정을 거쳐 변화한다는 점을 전제로 한다.

2 단계적변화론모형

프로차스카와 동료들(Prochascas, DiClemente & Norros, 1992)은 개인의 행태변화에 동기를 부여하기 위한 단계적변화론모형을 개발했다(그림 3–3 a). 이 모형은 공중보건과 행태연구과학자들이 개인의 행태를 바꾸는 프로그램의 개발을 돕기 위해 고안되었다. 이 모형은 역학모형에서 일반적인 잠복기와 함께 시작되고, 가지고 있는 문제가 오랜 기간 동안 지속될 수 있지만 개인들은 문제점을 알지 못하거나, 또는 문제점의 중요성을 과소 평가한다. 또한 생물심리사회모형의 관점에서 보면, 개인의 사회적 환경은 행태에 도움이 되지 않거나 반응을 유발하지 않는다. 물론 '문제'의 존재는 종종 다른 사람에 의해 정의되며 중요하지 않을 수 있고, 문제를 찾아내는 다른 사람들의 의도에 따라 타당한 문제가 아닐 수도 있다.

그럼에도 불구하고 단계적변화론모형의 다음 단계는 개인이 문제를 인식하도록 돕는 것이다. 그런 다음, 행태를 변화시키는 방법을 고려하도록 동기를 부여한다(그림 3–3 a). 이러한 각 문제는 상당한 장애물이 될 수 있으며, 이를 극복하기 위한 마지막 두 단계는 변경의 조치와 유지 관리이다. 사람들은 하루 동안 해야 하는 운동, 체중 감량 또는 집안일에 대해 생각할 수 있다. 행태의 변화를 시작하려는 노력들은 산발적이거나, 때로는 성공적일 수 있으며, 이후 개인의 흥미를 끌려는 수많은 상황에 의해 멈추게 될 수도 있다.

심리치료를 지향한 프로차스카와 동료들(Prochascas, DiClemente & Norros, 2013)은 전체 변경주기에 영향을 미치는 다양한 접근 방법을 설명했다. 자기평가, 재평가 운동, 역할 연습, 개인 지지 운동, 자극적인 노출을 피하기 위한 개인 환경의 조정, 문제행태를 다른 행태로 바꾸기, 자기행동계약, 보상 등이 그것이다. 여러 가지 유형의 행태변화 문제를 다루는 치료사가 이러한 다양한 방법과 또 다른 접근법들을 시행한다.

(a) 단계적변화론모형

계획전 단계
(precontemplation) → 계획 단계
(contemplation) → 준비 단계
(preparation) → 행동 단계
(action) → 유지 단계
(maintenance)

평가/관찰

(b) 코터의 변화관리 8단계 모형(여기서는 5단계만 표시)

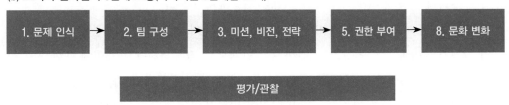

1. 문제 인식 → 2. 팀 구성 → 3. 미션, 비전, 전략 → 5. 권한 부여 → 8. 문화 변화

평가/관찰

[그림 3-3] 단계적변화론모형

존 코터의 '변화관리 8단계 모형'[7](Kotter, 1995; 1996; Kotter & Rathgeber, 2005; 2016)은 기업이나, 환자 안전을 위한 공공정책에서 많이 사용된다. [그림 3-3] (b)에 요약된 코터의 모형은 비록 조직/그룹 수준이지만, 전이적 모형을 강하게 반영한다. 이는 문제가 존재하거나 명확하게 정의하고 해결해야 하는 긴급한 시기에 시작한다. 팀을 구성하고 팀의 사명, 비전 및 전략을 설정하여 문제를 공격해야 한다. 코터의 접근방식은 헌신적인 팀을 강조함으로써 항상 상호지원의 필요성을 나타내는 장점이 있다. 코터의 모형은 후퇴가 있을 것을 인정하지만, 그럼에도 불구하고 지속성을 강조하여 조직에 혁신적인 변화를 일으켰다.

불행하게도 행태변화모형은 여러 가지 다양한 환경에서 시도되고 평가되었으며, 종종 다른 결과를 가져왔다. 그러한 모형들은 엄격한 무작위 임상시험을 거친 적이 거의 없다. 이러한 접근법에 대한 연구가 긍정적인 결과를 가져왔을 때에도 장기적인 관찰의 부재는

· · · · · · · · · · · · · · · · ·

7 변화관리 8단계 모형: 존 코터가 주장한 모형으로, 조직의 변화관리를 수행한 회사들을 분석해서 성공한 8가지 원인을 제시하였다. 1단계 – 위기감 조성, 2단계 – 변화추진팀 구축, 3단계 – 비전의 개발, 4단계 – 의사소통, 5단계 – 변화 실천 독려, 6단계 – 성과 가시화 단계, 7단계 – 평가와 변화과정 조정, 8단계 – 성과 공유이다.

변화의 유지 관리가 실제로 발생했는지 의문을 갖게 한다. 변화에 대한 지지가 철회된 많은 연구에서 대부분의 연구 참가자들은 개입 이전의 행태로 되돌아가는 모습을 일관되게 보여준다. 행태 구조의 타당성과 많은 필요충분한 변수도 고려해야 한다(4장 참조). 코터 (Kotter, 1995; 1996)는 기업의 70% 이상이 혁신적인 변화가 부족해서 실패했다고 지적한다. 우리는 지속적이지 않고 변화하는 경제 상황에 적응하지 못하면 실패할 것을 알고 있다. 적절한 시기와 기회는 중요한 요소일 수 있으므로 측정 가능한 변수들의 어떤 명확한 조합도 조직의 성공에 대하여 유효한 모형을 제공하지 못한다.

개인은 물론이고 심지어 조직도 너무 많은 변수에 따라 달라지기 때문에 개입은 대부분의 참가자들에게 어느 정도의 기간까지 일반적으로 작용하지만 개개인에 대한 지속성은 다를 것이다. 개인과 조직 모두 매우 고정된 행태 패턴과 문화를 가질 수 있으며, 이는 변화에 상당한 저항력을 가질 수 있다. 심지어 변화가 필요하다는 사실을 보여주는 경우에도 말이다. 각 개인의 고유한 유전자적 프로파일과 후성유전자적 프로파일은 이 점을 설명하는 하나의 중요한 사실을 나타낸다. 이러한 이유로 개인 및 그룹 수준에서 성과 변화의 궤적을 알아내는 데 필요한 많은 추가 요소에 대하여 동의를 얻어 가능한 한 더 큰 자료를 수집해야 한다.

우리는 [그림 3–3]에 표시된 두 모형에 대한 평가와 관찰을 포함했는데, 이 접근법은 종종 적절하게 구현되지는 않지만 연구자나 지도자가 과정을 수정하고 개선할 수 있도록 해주기 때문에 필요하다. 이 접근법으로 측정된 변수 사이의 귀납적/비귀납적인 관계를 측정할 수 있기 때문에 의료서비스 접근의 궤적측정에도 해당된다. 귀납적 경로는 하나의 변수에서 다른 변수로의 일측방향이다. 비귀납적 경로는 여러 경로를 따라갈 수 있으며 관계의 관점에서 가역 경로일 수도 있다. 이러한 모형의 다기능성(4장 참조)을 통해 보건정책 의사결정자가 예측 능력을 기를 수 있는 모의실험을 개선할 수 있다.

3 교육, 인종, 사회경제학

많은 공중보건연구는 나쁜 건강결과를 예측할 때에 특히 인종, 성별, 교육 수준에 초점을 맞춘다. 그리고 때로는 사회경제적 지위의 역할에 초점을 맞추기도 한다. 이러한 접근은 건강차이와 건강증진 연구 노력의 핵심이다. 불행히도 이러한 많은 연구들은 기본적인 인구통계와 상호 연결되는 개인적이고, 사회적이며, 환경적인 여러 상황변수들을 고려하기는 하지만 인구통계학적 경계를 넘어서 탐색하지는 않는다. 이 연구들의 많은 부분이 인종, 교육 수준, 십대 출생률, 편부모 가정과 부정적 건강결과의 상당한 연관성을 보여주지만 그 변수들은 서로 간에 강한 상관관계를 갖는 경향이 있다. 더더욱 이들은 사회경제적 지위와 강하게 연계되어 있다. 따라서 공중보건의 빈약한 결과의 대부분은 낮은 사회경제적 계층과 관련되는 경향이 있으며, 건강 및 긍정적인 건강결과의 가능성을 증가시키는 건강관리, 기회 및 환경에 대한 접근성이 낮은 사회경제적 계층에서 더 낮다.

이와 동시에, 사람들은 그들의 유전자/후성유전자 개요에서 특징적이다. 이러한 측면은 사회경제적 계층에서 발생하는 유전적 및 대사적 건강조건의 변화를 초래한다. 또한 특정 위험환경에 대한 노출과 선택된 행태들은 사회경제적 차이를 넘어설 수 있다. 서로 다른 영역에 걸친 여러 가지 요인은 주어진 건강개입에 사람들이 어떻게 반응할 수 있고 그렇지 않을 수 있는지에 영향을 미친다. 교육 및 약물치료 개입은 변화를 촉진하는 데 도움이 될 수 있지만, 개인의 통제하에 있는 수많은 경험과 요인들은 긍정적인 변화나 부정적인 변화를 초래할 수 있다.

4 생물심리사회모형

마찬가지로, 포괄적인 생물심리사회모형(biopsychosocial model)은 공중보건 연구설계와 정책에 많이 활용되었다. 이러한 모형은 신체 구조와 기능에 관련된 특정 조건만 식별하는 전통적인 의료 모형의 한계를 넘어서 확대된다. 블룸의 건강모형(Blum, 1983; Longest & Darr, 2014, p. 5)은 개인의 건강에 기여하는 요인과 변수의 광범위한 배열을 통합하고 의료

서비스 및 단계적변화론모형에서 사용되는 대부분의 생물심리사회모형을 대표한다. 블룸의 모형은 건강과 그 다양한 구성 요소(예: 평균 수명, 건강행태 등)에 영향을 주는 유전, 환경, 생활습관 및 보건서비스를 유발하는 인구, 문화 및 천연자원을 포함한다.

블룸의 모형에 대한 변형으로서 국제 기능·장애·건강분류(the international classification of functioning, ICF 세계보건기구, 2001)는 장애인의 건강과 기능에 대한 지지 모형을 제공하기 위해 기존의 장애의학모형을 확장했다(그림 3-4). 국제 기능·장애·건강 분류는 개인의 상태 또는 장애에 대한 개인적, 사회적 환경 변수(예: 개인과 고용주의 태도)의 영향뿐만 아니라 일상생활능력(activities of daily living, ADLs)[8]과 일상생활도구활용능력(instrumental activities of daily living, IADLs)을 통해 평가되는 사람의 기능적 능력에 대한 변수도 포함하고 있다. 국제 기능·장애·건강분류의 상태는 신체 기능, 신체 구조, 활동과 참여, 환경이라는 4개의 광범위한 영역에 걸쳐 분류된다. 특정 조건이 여러 영역에 영향을 미칠 수 있지만 하위 코드는 영역 내의 특정 분야에 해당한다. 국제 기능·장애·건강분류 코드는 의료상태, 급성 또는 만성질환이 있는 장애인에게 적용하기 위한 것이며, 의료비 청구를 위한 ICD-9 및 ICD-10 의료 코드로 연결할 수 있다. ICF는 유아, 청소년, 청년 및 성인용 버전에 대해서도 유사한 코딩이 포함된다.

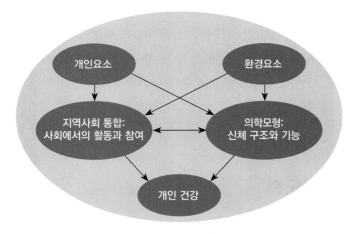

[그림 3-4] 생물심리사회모형: 국제 기능·장애·건강분류(WHO 인용)

. . . .

8   일상생활능력(activities of daily living, ADL): 자신을 돌보는 데 필요한 기본적인 일상생활과 사회생활을 유지하기 위한 복합적인 일상생활을 독립적으로수행하는능력. 1)신체적 ADL: 대소변 가리기, 화장실 사용하기, 세수하기, 목욕하기, 식사하기, 옷 입기, 걷기, 이동하기 등 기본적인 육체기능을 의미. 2) 도구적 ADL: 물건 구입, 전화 사용, 돈 관리, 길 찾기, 약 복용 등 여가생활, 상황 대응 정도의 복잡한 기능을 의미.

예를 들어 시력이 낮은 것은 신체 기능 코드 b210('보기 기능')에 따라 분류된다. 이 상태는 0~4 척도로 평가될 수 있다(0='문제 없음', 4='완전한 문제'). 따라서 이 예에서 심각한 시력 문제(즉, 50~95% 기능 제한)의 경우 b210.3으로 열거될 수 있다. 추가적으로 심각한 시력 문제가 신체 구조를 포함한 다른 영역의 문제를 포함하는 경우인 b220.353은 b220-'안구구조', 0.3-'심각한 문제', 0.05-'불연속성', 그리고 0.003-'양쪽(안구)'이다. 이 상태는 활동과 참여 분류에 영향을 줄 수 있는데, 가능한 상태로는 d110.3('보는 것', '매우 어려움'), d475.4('운전', '완전 문제') 및 d485.2('후천적 및 일 유지', '중증도 어려움')의 활동과 참여 분류에 영향을 줄 수 있고, e310+3('즉시 가족 지원', '하위 조정자') 그리고 e330.2('권한자 지원', '중간 정도의 문제 장애')가 있다.[9]

결과적으로, 국제 기능·장애·건강분류와 같은 생물심리사회모형과 도구는 건강상태나 건강행태의 많은 시스템 요소를 지속적으로 평가하고 관리하기 위한 통계도구로서 구동력이 촉진제(즉, 긍정적 도우미)인지 또는 장벽(즉, 부정적 방해물)인지 정밀한 평가도구로서 역할을 할 수 있다. 따라서 생물심리사회모형은 단순히 건강문제와 관련 요인에 대한 질적인 평가를 제공할 뿐만 아니라 4장에서 다룰 경로분석회귀모형에 매우 중요하다. 생물심리사회모형은 양성 또는 음성으로 구동력의 강도에 대한 순위 지정 방법을 제공할 수 있다. 이 모형은 연구자와 임상의가 치료 변수의 최적의 형태를 확인하는 데 도움을 준다. 그리고 이 최적의 형태는 치료 또는 행태 치료를 유지하기 위한 사회적 지원 조치와 장기적인 생애의 방향 지원을 포함하여 부정적 조건으로의 복귀를 방지하는 데 도움이 될 수 있다.

· · · · · · · · · · · · · · · ·

9 ICF 사이트: http://apps.who.int/classifications/icfbrowser/

5 재범(재발)에서의 건강정보이해능력

라찬과 파커는 건강정보이해능력(health literacy)을 '개인이 바람직한 건강결정을 하기 위해 필요한 기본적인 건강정보와 서비스를 획득, 처리, 이해할 수 있는 정도'라고 정의했다(Hernandez, 2009, p. 1; Ratzan & Parker, 2000). 미국 보건인적자원부(2008)는 미국 성인 7700만 명이 건강에 대한 지식이 부족하다고 추정하였다. 이 수치는 미국 성인 인구의 1/3이 넘는 수치이며, 보건연구자들은 이 통계 결과를 건강치료 프로그램 및 개입을 따르지 못하는 원인으로 꼽았다.

건강정보이해능력은 광범위하게 정의된다. 가장 지엽적인 정의는 건강지침이나 처방을 따르는 능력을 건강정보이해능력으로 평가하는 것이다. 그러나 건강인지능력/문맹의 정도를 건강정보이해능력으로 평가하는 것은 너무 지엽적이다. 생물심리사회모형이 없는 경우, 모든 변수와 상황적 요인을 다루지 못하면 건강문제에 대한 단순한 설명으로밖에 이어질 수 없으며, 그것은 '건강정보이해능력'이라는 광범위한 주제를 포괄할 수 없다. 홀라와 로렌드(Hollar & Rowland, 2015)는 건장정보이해능력에 대한 보다 정확하고, 유효하며, 일관된 정의가 확립되어야 한다고 주장하면서 다양한 건강상태와 관련된 의약품, 절차, 그리고 다른 치료법에 초점을 맞추었다. 국제 기능·장애·건강분류에 생물심리사회모형을 사용하면 환자를 포함한 전체 의료팀을 의사결정 과정에 참여시킬 수 있다. 홀라와 로렌드는 치료과정에 참여하는 모든 개인의 의사소통 및 신뢰 개선을 통해 전반적인 건강정보이해능력이 향상될 수 있다고 하였다. 이러한 접근방식은 참여행동연구(participatory action research)를 반영하며 연구 참여자들도 연구설계에 관여한다.

궤적분석은 다양한 시점을 포함하는 포괄적인 자료 수집을 통해 긍정적인 건강상태와 행태를 유지하는 변수와 요인을 확인함으로써 나쁜 습관을 반복하는 재발의 문제를 해결할 수 있다. 궤적을 작성하는 것은 지원이 제한되거나 연구 말미에 치료가 중단될 때 긍정적인 행태 감소에 대처하면서 조건이나 행태를 부정적인 상황으로부터 멀어지게 하는 촉진자를 평가할 수 있게 해준다.

6 사례

많은 연구자가 환자의 결과(상태 또는 성과, outcome)에 대한 간단한 후속 연구를 조사해왔다. 베이컨과 에이프라마르(Bacon & Aphramor, 2011)는 체중 감량 프로그램에 참여하는 비만 또는 높은 체질량지수를 가진 개인은 대개 단기적인 체중 감량을 경험하지만 곧 체중이 다시 늘고, 그 과정이 순환된다고 지적했다. 게다가 그들은 몇 번의 임상실험 검토를 통해 이 주기적인 반복이 건강을 나쁘게 하는 경향이 있음을 발견했다. 이는 자존감 상실, 섭식장애 및 또 다른 2차적인 건강상태를 포함한 결과로 저자들은 체중중립접근활동(weight-neutral control activities)이 더 유익할 수 있다고 결론 내렸다. 홀라와 무어(Hollar & Moore, 2004)는 고등학교 입학부터 12년 동안 4번의 경과 관찰 기간에 이르기까지 장애인에 대한 종적 국가 자료를 분석한 결과, 이 대상자들이 약물 사용과 열악한 교육 및 고용 결과에 대한 위험이 증가했음을 발견했다.

생리적 수준에서 중요한 시간생물학(chronobiological) 연구는 수면 장애, 시차, 작업 변화뿐만 아니라 암 관리, 우울증 감소, 알츠하이머의 진행을 포함한 행태와 관련된 일주기 변화를 관리하는 데 멜라토닌의 효과를 보여주기 위해 종적 자료를 활용해왔다(Burke et al., 2013; Kostoglou-Athanassiou, 2013). 버크 등(Burke et al., 2013)은 특히 밝은 빛 노출과 같은 개입을 포함하거나 포함하지 않고 멜라토닌을 투여하여 활동일주기에서 위상 변동의 비선형동역학적 역할을 보여주었다.

가네시 등(Ganesh et al., 2011)은 스텐트 삽입에 의해 영향을 받아 동맥 변화를 겪은 환자의 혈액샘플에서 유전자 표현의 변화를 종적으로 관찰하여 세포 성장 형태에서 의미 있는 변화를 발견했다. 헨리, 와이먼, 핀도르프(Henly, Wyman, Findorff, 2012)는 중재적 시술의 효과를 더 잘 이해하기 위해 환자 건강의 변화에 대하여 포괄적인 종적 연구를 했다. 생식세포 및 후손의 건강에 대해 사춘기 전 기근의 세대를 넘어서는 후성유전자의 영향을 입증하기 위한 다세대수명, 질병이환율 및 사망률에 대한 펨브레이 등(Pembrey et al., 2006)의 연구는 진정으로 종적인 '인과관계'와 건강 형태에 대하여 주목할 만한 결과를 나타내었다.

7 주기적 형태로 고정된 행태

궤적분석의 개념은 개인이 행태를 바꿀 수 없는 이유와 상관없이, 우리가 개인 수준에서 혹은 (또 다른 방법으로) 인구 수준에서 자료 수집에 대한 개별 동의를 통해 이러한 행태를 추적할 수 있다고 주장한다. 행태는 시간이 지남에 따라 반복되며, 이러한 반복되는 행태에 대한 의사결정, 행태, 생물학 또는 사회적/환경적 기여자/예측자가 있다. 그리고 우리는 잠재적으로 촉진자와 행태 과정의 전반적인 계획/모형을 식별할 수 있다.

우리는 [그림 3-1] (a)에 따라 많은 행태들이 주기적이거나 반주기적일 것이라고 가정한다. 행태의 궤적을 결정하는 것을 찾는 연구자는 단면의 자료 수집을 위해 임의의 시점에 의존할 수는 없다. 많은 시점과 사건이 시간의 연속성을 따라 궤적을 따르고 관련된 예상 변수가 원인의 임계치 역할을 하는 인과적 궤적과 잠재적 '주요' 사건에 대해 평가될 수 있도록 해야 한다.

많은 '정상' 행태들은 주기적이다. 따라서 우리는 정상 궤적을 다른 주기나 혼란의 순환으로 나누는 촉진자[그림 3-1] (b)에 관심이 있다. 우리는 또한 그러한 분기를 일으키는 요인 외에도 바람직한 행태를 유지하는 변수에도 관심이 있다. 바람직하지 않은 행태 상태(질병 또는 관심 있는 상태)가 있는 경우에는 행태를 특정 주기에 고정시키는 변수, 그리고 단계적으로 행태를 거의 정상에 가깝거나 개선된 상태로 바꿀 수 있는 사건이나 계기, 또는 심지어 의약품을 찾으려고 한다. 심리적인 상태의 경우에도 변수는 본질적으로 생물학적이고 인지적인 요소가 될 수 있다. 심혈관 질환, 조직 손상, 암과 같은 건강상태에 대한 생물학적 변수를 알아내는 데에 대부분의 연구가 진행될 것이다. 글래스와 맥키(Glass & Mackey, 1988)는 대부분 생물학적 조건 및 촉진/장애 변수의 다양한 예를 제공한다.

8 틴버겐의 4가지 질문과 윤리

인간 심리학에서는 거의 사용되지 않지만 니콜라스 틴버겐의 4가지 원칙(Tinbergen, 1963)은 인간 행태에 대한 우리의 종적 궤적분석과 관련이 있다. (a) 인과관계(즉, 메커니즘), (b) 생존값(즉, 함수/적응), (c) 개체발생론(즉, 발달과정), (d) 진화(즉, 계통발생론). 원인과 개체 발생은 행태에 대한 근접(즉, 즉각적인) 설명을 나타내는 반면, 생존값과 진화는 행태에 대한 궁극적이고(즉, 포함) 포괄적인 설명을 나타낸다. 우리는 행태를 이해하려고 할 때 이 4가지 질문을 각각 구체적이고 개별적으로 다루는 포괄적인 가설들을 개발해야 한다 (MacDougall-Shackleton, 2011).

이전의 나쁜 건강행태로 되돌아가는 개인의 경우, '좋은' 건강행태를 계속 유지하는 것 대신에 다시 나쁜 행태들로 돌아가는 기전(변수들)이 있어야 한다. 이는 심리적(예: 우울증, 신뢰의 결여)일 수 있으며, 동료 지지가 열악하거나 사회경제적인 문제가 원인일 수 있는데, ICF 및 기타 생물심리사회적 도구를 사용하여 측정할 수 있다. 마찬가지로 궤적분석은 추진력과 관련된 행태의 개발을 평가하기 위해 실시된다. 이 추진력은 행태의 변화를 가져오는 데 중요한 것이다.

행태에 대한 궁극적인 설명에 의문을 가질 때, 나쁜 건강행태의 존재가치를 고려한 건강연구는 거의 없다. 나쁜 건강행태가 한 분야에서 사람의 건강에 해로울 수 있지만, 연구자가 고려하지 않은 심리적인 측면이나 개인 건강 측면에서는 도움이 될 수도 있다. 마찬가지로 진화론은 인간 표현형(phenotype)의 광범위한 변화가 환경에 의해 선택되며, 한 환경에서 생존가치를 부여하는 행동이나 특성이 다른 환경에서는 치명적일 수 있고 그 반대의 경우도 있다고 주장한다. 따라서 나쁜 행태는 연구자에게 알려지지 않은 존재 가능한 다른 환경의 세계에서 어떤 이점이 있을 수 있다.

이러한 문제에 대한 고려는 연구자가 과학적 과정의 특성과 주어진 공중보건연구의 문제에 접근하는 데 필요한 절차를 보다 포괄적으로 평가하는 데 도움이 될 수 있다. 인간의 엄청난 다양성과 행태에 영향을 미치는 많은 원동력 때문에 우리는 재발(recidivism)을 완전히 이해하지 못할 수도 있다. 궤적분석은 이러한 연구를 보다 효과적이고 지속적인 개입에 적합하도록 도울 수 있다. 또 다른 리뷰에서 칼훈, 코너, 밀러, 메시나(Calhoun et al.,2015)도 약물 남용에 연루된 부모로부터 아동과 청소년 결과에 영향을 미치는 요인을 평가하기 위한 엄격한 임상시험과 종적인 후속연구가 부족하다는 것을 발견했다. 대부분의 기존 연구는 개선된 육아 관행에 초점을 맞추는 프로그램이 효과적일 수 있다고 지적했다. 하지만 이러한 결과는 아동 건강과 행태 결과에 영향을 미치는 다중상관관계 요인들을 확인하는 데 엄격함이 부족해서 아직 결론을 내리지 못하고 있다.

9 분기의 문제

바람직하지 않은 조건이나 행태의 주기적인 평형상태를 깨기 위해 우리는 시스템을 교란해야 한다(그림 3-1 a, 그림 3-2). 그러한 교란은 자연상태에서 활성화될 수도 있어 세포의 화학적 상태, 신경의 전기신호 이동 또는 인지과정이 다른 패턴이나 방향으로 변화하도록 구동될 것이다. 그러한 변화를 [그림 3-5]에서 볼 수 있다. 그림에서 동기유발자극이 행태양식을 한 수준에서 다른 수준으로 이동시키는 것을 볼 수 있다. 우리는 화학에서 물질이 고체에서 액체로, 액체에서 기체로, 또는 그 반대로 이동하면서 위상전이(transition)나 위상변화(shift)가 일어난다는 것을 알고 있다. 그리고 이러한 이동은 전환장벽을 통과하기 위해 상당한 에너지 투입, 또는 에너지 손실(방향)을 수반한다. 이와 유사하게, 우리는 효소가 화학 유사성(analogies)을 이용하여 스스로 발생할 확률이 낮은 화학 반응의 활성화 에너지를 낮추는 촉매 역할을 한다는 것을 알고 있으며, 따라서 종종 효소가 결핍될 때보다 백만 배 이상으로 진행에 도움을 준다. 실제로 이 과정을 돕는 것은 화학 반응 물질 형태에 맞는 효소구조이고, 때로는 미네랄이나 비타민 같은 보조인자의 도움을 받고, 때로는 아데노신 삼인산 같은 에너지분자결합이 깨지는 경우도 있다.

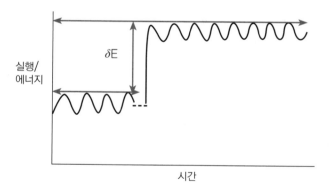

실행/
에너지

δE

시간

[그림 3-5] 점프

　　마찬가지로, 우리는 시스템을 대체 양식으로 효과적으로 점프시켜야 한다. 이것은 7장~11장에서 자세히 기술할 위상변화이다. 점프는 집중적인 교육적 개입, 사회적 지원, 환경적 재건, 그리고 행태변화를 위한 장기간의 강화, 때로는 약물복용을 증가시켰다가 나중에 감소시키는 수준을 포함한다. 생물학적 상태의 경우, 위상재설정은 신경 및 심장/근육 상태를 포함할 수도 있다. 그러나 종종 특정 세포에 대한 정밀 약물전달 또는 전반적인 여러 조직에 대한 약물전달을 포함할 것이다.

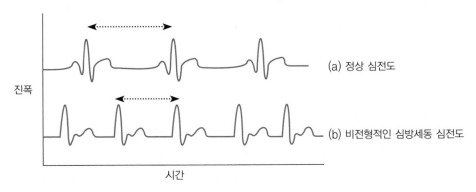

[그림 3-6] 전형적인 심방세동 심전도 vs 비전형적인 심방세동 심전도

　[그림 3-6]은 (a) 정상과 (b) 심방세동 심전도를 비교한 것이다. 정상 심전도는 굴심방결절 및 방실결절을 따라 심장의 전형적인 전기적 자극을 측정해 심실이 수축과 동시에 피를 몸 전체로 보낸다. 반복되는 3중파(QRS)를 따르는 특징적인 전기 형태를 'PQRST파'라고 부르고 R파가 3중파에서 중간 스파이크가 된다. 각각의 심장박동 사이에 상대적으로 휴지 간격이 있어야 하고, 그러고 나서 뇌로부터의 전기자극은 몇십억 번이나 일생 동안 반복된다. 비전형적인 심방세동 패턴 [그림 3-6] (b)은 심실에 대한 전기활성조기수축이 형성되어 심장근육의 충돌/카오스적 자극을 유발한다. 패턴은 특징적으로 P파가 없고, 박동 사이의 시간 간격은 번갈아, 그리고 주기적으로 길이에 따라 증가하거나 감소할 수 있다.

　심방세동이나 다른 심장자극 질환의 교정은 심장을 혈류량(Glass & Mackey, 1988)에 따른 심실압력을 최적으로 유지하기 위해 개선된 주기로 이동해야 하는데, 인공적인 전기자극을 포함할 수 있다. 더 많은 예가 14장에서 자세히 설명될 것이다. 궤적분석의 이러한 위상변화는 생물학적이고, 행태주기에 대한 직접적인 개입을 나타낸다. 점프는 건강에 좋지 않은 궤적를 바꿀 수 있는 한 번의 기회를 나타낸다. 상대적으로 완전한 인과궤적(high R^2)과 이러한 변수에 대한 민감한 장애의 영향을 이해하는 것이 매우 중요하다. 이러한 이해를 통해서 생리적 행태에서의 중재적인 점프가 올바르게 구현될 수 있다.

참고문헌

Bacon, L., & Aphramor, L. (2011). Weight science: Evaluating the evidence for a paradigm shift. *Nutrition Journal, 10*, 9. http://www.nutritionj.com/content/10/1/9.

Blum, H. K. (1983). *Expanding health care horizons: From general systems concept of health to a national health policy* (2nd ed.pp. 34–37). Oakland, CA: Third Party Publishing.

Bracewell, R. N. (1986). *The Fourier transform and its applications* (2nd ed.). New York, NY: McGraw–Hill.

Bracewell, R. N. (1989, June). The Fourier transform. *Scientific American, 260*(6), 86–95.

Burke, T.M., Markwald, R.R., Chinoy, E.D., Snider, J.A., Bessman, S.C., Jung, C.M., & Wright, K.P. Jr. (2013). Combination of light and melatonin time cues for phase advancing the human circadian clock. *Sleep, 36*(11), 1617–1624.

Calhoun, S., Conner, E., Miller, M., & Messina, N. (2015). Improving the outcomes of children affected by parental substance abuse: A review of randomized controlled trials. *Substance Abuse and Rehabilitation, 6*, 15–24.

Devaney, R. L. (1989). Dynamics of simple maps. In R. L. Devaney & L. Keen (Eds.), *Chaos and fractals: The mathematics behind the computer graphics* (pp. 1–24). Providence, RI: Amercian Mathematical Society.

Ganesh, S. K., Joo, J., Skelding, K., Mehta, L., Zheng, G., O'Neill, K., ···, Nabel, E. G. (2011). Time course analysis of gene expression identifies multiple genes with differential expression in patients with in–stent restenosis. *BMC Medical Genomics, 4*, 20. doi:10.1186/1755–8794–4–20.

Glass, L., & Mackey, M. C. (1988). *From clocks to chaos: The rhythms of life*. Princeton, NJ: Princeton University Press.

Henly, S. J., Wyman, J. F., & Findorff, M. J. (2012). Health and illness over time: The trajectory perspective in nursing science. *Nursing Research, 60*(Suppl 3), S5–S14.

Hernandez, L. M. (2009). *Measures of health literacy: Workshop summary*. Washington, DC: The National Academies Press.

Hollar, D. (2013). Cross–sectional patterns of allostatic load among persons with varying disabilities, NHANES: 2001–2010. *Disability and Health Journal, 6*, 177–187.

Hollar, D., & Lewis, J. (2015). Heart age differentials and general cardiovascular risk profiles for persons with varying disabilities: NHANES 2001–2010. *Disability and Health Journal, 8*, 51–60.

Hollar, D., & Moore, D. (2004). Relationship of substance use by students with disabilities to longterm educational and social outcomes. *Substance Use & Misuse, 39*(6), 929–960.

Hollar, D., & Rowland, J. (2015). Promoting health literacy for people with disabilities and clinicians through a teamwork model. *Journal of Family Strengths, 15*(2), Article 5. http://digitalcommons.library.tmc.edu/jfs/vol15/iss2/5.

Kostoglou–Athanassiou, I. (2013). Therapeutic applications of melatonin. *Therapeutic Advances in Endocrinology and Metabolism, 4*(1), 13–24.

Kotter, J. (1995, March–April). Leading change: Why transformation efforts fail. *Harvard Business Review*, OnPoint 4231, Reprint No. 95204.

Kotter, J. (1996). *Leading change.* Boston: Harvard Business School Press.

Kotter, J., & Rathgeber, H. (2005). *Our iceberg is melting: Changing and succeeding under any conditions.* New York, NY: St. Martin's Press.

Kotter, J., & Rathgeber, H. (2016). *That's not how we do it here!* New York, NY: Penguin Publishing Group.

Longest, B. B., & Darr, K. (2014). *Managing health services organizations and systems* (6th ed.). Baltimore, MD: Health Professions Press.

Loy, G. (2006). *Musimathics: The mathematical foundations of music.* Cambridge, MA: MIT Press.

MacDougall–Shackleton, S. A. (2011). The levels of analysis revisited. *Philosophical Transactions of the Royal Society of London. Series B, Biological Sciences, 366*(1574), 2076–2085.

Pembrey, M. E., Bygren, L. O., Kaati, G., Edvinsson, S., Northstone, K., Sjostrom, M., ⋯ the ALSPAC Study Team (2006). Sex–specific, male–line transgenerational responses in humans. *European Journal of Human Genetics, 14*, 159–166.

Prochaska, J. O., DiClemente, C. C., & Norcross, J. C. (1992). In search of how people change: Applications to addictive behaviors. *American Psychologist, 47*, 1102–1114.

Prochaska, J. O., Norcross, J. C., & DiClemente, C. C. (2013). Applying the stages of change. *Psychotherapy in Australia, 19*(2), 10–15.

Ratzan, S. C., & Parker, R. M. (2000). Introduction. In C. R. Selden, M. Zorn, S. C. Ratzan, & R. M. Parker (Eds.), *National Library of Medicine Current Bibliographies in Medicine: Health Literacy. NLM Pub. No. CBM 2000-1.* Bethesda, MD: National Institutes of Health, U.S. Department of Health and Human Services.

Ruelle, D. (1989). *Chaotic evolution and strange attractors.* New York, NY: Cambridge University Press.

Seeman, T. E., McEwen, B. S., Rowe, J. W., & Singer, B. H. (2001). Allostatic load as a marker of cumulative biological risk: MacArthur studies of successful aging. *Proceedings of the National Academy of Sciences of the United States of America, 98*(8), 4770–4775.

Seeman, T. E., Singer, B. H., Ryff, C. D., Love, G. D., & Levy–Storms, L. (2002). Social relationships, gender, and allostatic load across two age cohorts. *Psychosomatic Medicine, 64*, 395–406.

Selye, H. (1950). Stress and the general adaptation syndrome. *British Medical Journal, 1*, 1383–1392. doi:10.1136/bmj.1.4667.1383.

Tinbergen, N. (1963). On aims and methods of ethology. *Zeitschrift für Tierpsychologie, 20*, 410–433.

Tufillaro, N. B., Abbott, T., & Reilly, J. (1992). *An experimental approach to nonlinear dynamics and chaos.* Redwood City, CA: Addison–Wesley.

U.S. Department of Health and Human Services (2008). *America's health literacy: Why we need accessible health information.* An issue brief from the U.S. Department of Health and Human Services. Retrieved Sept 10, 2015, from http://health.gov/communication/literacy/issuebrief/.

World Health Organization. (2001). *International classification of functioning, disability and health.* Geneva, Switzerland: World Health Organization.

역학 방법

역학적인 방법들은 수백 년 동안 개발되고 시행되어왔다. 이러한 방법론은 임상의와 연구자들이 질병의 범위와 치료 방법을 평가하는 데 도움이 되었다. 역학 개념들은 적어도 그리스 물리 철학 시대까지 거슬러 올라간다(Fears, 2004; Tountas, 2009). 로마제국 시기에는 극심한 전염병이 기록되었다(Sabbatani & Fiorino, 2009). 가장 유명한 초기 역학연구로는 감염된 런던 우물에 대한 존 스노우의 콜레라 확산 지도(Snow, 1849; 2002), 그리고 파스퇴르의 탄저균과 광견병에 대한 연구, 로버트 코흐의 연구 등이 있다(Davis et al., 2008; Longest & Darr, 2014, pp. 338-341; Madigan, Martinko, & Parker, 2000).

역학이 질병과 건강상태의 원인, 분포, 조절을 연구하려고 함에 따라, 그것은 생태학, 유기체의 분포와 번식에 대한 연구(Krebs, 1978)와 딘버겐의 진화동태학의 4가지 원리를 반영하게 된다(3장 8절 참조). 특히 공중보건역학은 산모와 아동 건강, 역학, 전염병 치료, 전염성 질병 등을 포함한 많은 특수 분야에 집중되어 있으며, 새로운 의료 기기, 치료법, 또는 의약품도 역학 접근법을 사용한다.

1 연구의 종류

역학연구의 유형은 실험에서부터 비실험까지의 영역일 수 있다. 분명히 실험적 연구는 연구 참여자의 대표 표본과 함께 필요충분한 '인과관계' 효과를 수립하는 데 있어 가장 엄격하다. 실험연구에는 임상시험, 현장시험연구, 지역사회중재연구, 집단무작위연구를 포함하고, 집단무작위연구는 다음 중 하나를 포함한다. (a) 사전사후검사설계, (b) 사전검사 통제, 또는 더욱 엄격한 (c) 무작위복수대조군 실험설계(Gay, 1992, pp. 320-323; Rothman & Greenland, 1998, pp. 67-69). 대조적으로 준실험적연구에는 비등가대조군설계, 시계열설계 및 평형설계(Gay, 1992년)가 포함된다. 마지막으로, 비실험적연구에는 단일사례연구 또는 코호트 연구, 대조군 없는 단일군/코호트 사전사후검사설계, 단면연구, 생태학적 연구, 그리고 비례 질병이환율/사망률 연구가 포함된다(Fletcher et al., 1996; Gay, 1992; Last, 2001; Popper, 2002; Rothman & Greenland, 1998; Rothman et al., 2012).

이러한 연구 중에 어떤 것들은 궤적분석을 하기 위한 다중자료 시점을 가진 종적 형태일 수 있다. 종적 형태는 시험의 순서효과와 치료군/대조군의 존재로 결정된다. 더 많은 시험설계로 인해 연구타당도에 내적 및 외적 위협은 더 적어진다(5장 참조).

1-1 실험연구

1) 순수실험설계

사전사후검사설계(pretest–posttest control group)는 무작위로 두 그룹으로 나뉘어지며, 바람직하게는 '맹검법'으로 배정된 후(즉, 연구대상자와 연구원은 실험이 끝날 때까지 군 배정을 알지 못한다), 연구와 관련된 종속변수의 사전검사로 이어진다(예: 설문지, 인구통계학적 면담, 신체적, 정신적, 생화학적 척도 등). 종속변수는 연구자가 변경할 수 없다. 사전검사 직후의 어느 시점에서, 각 집단의 개인은 서로 다른 개입치료를 받는데, 대조군은 표준치료를 받고, 시험군은 연구자가 조작하는 독립변수를 포함하는 새로운 치료를 받는다. 이후에 시간 경과에 따른 즉각적인 (또는 지연된) 치료 효과를 포착하기 위해 개입치료 직후에 (사전검사와 동일한) 예비검사를 하고 이후에 여러 번 사후검사(posttest)를 한다(Fletcher et al., 1996; Gay, 1992; Rothman & Greenland, 1998; Rothman et al., 2012). 타당도에 대한 위협을 피하기 위해 개입 전후의 예비검사와 사후검사 시기가 중요하다(5장 참조).

통제집단 사후검사설계(posttest only control group design)는 사전검사가 없는 것 말고는 사전사후검사설계(pretest–posttest design)와 동일하다. 분명한 한계는 중재를 시행하기 전부터 각 연구 참여자의 종속변수에 대한 기본 정보가 부족하고, 치료군과 대조군의 유의한 차이를 가져오는(또는 가져오지 않는) 종속변수를 포함하는 데에도 유의한 차이가 있는 것이다. 이 설계는 연구에 알려지지 않은 외적 변수의 효과에 대한 더 많은 질문을 제기한다는 점에서 사전사후검사설계보다 약하다.

가장 엄격한 실험설계는 사전사후검사설계의 효과를 측정할 수 있는 사전사후검사설계와 통제집단 사후검사설계의 특징을 더한 솔로몬 4집단 설계[1]이다. 내적 및 외적타당도[2]에 대한 대부분의 위협(5장 참조)이 통제된다. 4개의 그룹이 무작위로 선택되어 두 그룹은 사전검사를 받고 다른 두 그룹은 사전검사를 받지 않는다. 사전검사 그룹 중 하나와 사전검사를 받지 않은 그룹 중 하나는 표준치료, 대조치료를 받는 2개의 대조군과 마찬가지로 실험적 개입을 받는다. 그리고 모든 그룹은 사후검사를 받는다.

생리적, 심리적, 지식, 태도와 다른 행태의 궤적에 대한 중재개입의 긍정적, 부정적 또는 중립적인 효과를 결정하기 위해 개입 후 몇 년까지 여러 시점에서 반복적으로 사후측정을 통해 솔로몬 4집단 설계를 더 강화할 수 있다. 이 엄격한 설계는 무작위 임상시험에서 널리 사용된다. 임상연구는 일반적으로 특정조건 또는 공통조건을 중점적으로 진단받아온 연구대상자를 모집한 다음 무작위로 배정된 군의 대조 및 실험치료를 한다. 목표는 실험적 개입치료가 일차적 환자 상태와 관련된 부정적인 이차 질환의 발생, 또는 일차적 환자 상태로 인해 발생하는 합리적인 확률(즉, 위험)을 예방하거나 감소시키는지 여부를 객관적으로 결정하는 것이다. 연구대상자는 사전검사 및 사후검사 기간에 자료 수집과 함께 개입 과정에서 필요한 모든 절차를 준수하는 것이 중요하다. 또한 연구자는 윤리

. . . .

1   솔로몬 4집단 설계는 무작위복수대조군 실험설계라고도 한다.

무작위 복수 대조군 실험설계(Solomon four-group design)

장점	단점
• 사후조사만 받는 두 집단 추가로 시험효과 배제: 사전조사에 노출됨으로 인한 경화 비뚤림 배제	• 표본의 크기가 커야 함 • 비용 부담 가중 • 탈락

2   내적타당도는 실험결과로 나타난 종속변수의 변화가 독립변수에 의한 것인지 아니면 다른 원인으로 인한 것인지 판별하는 것이다. 외적타당도는 한 연구에서 나타난 결과가 일반화될 수 있는지 판별하는 것이다.

적인 관점에서 치료가 NIH(national institutes of health) 및 미국 식품의약품안전청(united states food and drug administration, FDA)에서 진정으로 유익하고 안전하다고 밝혀진 경우에만 연구 절차에 따라 대조군에게 중재개입을 제공해야 한다.

2) 현장시험연구

현장시험연구는 두 가지 주요 예외가 있는 임상시험과 매우 유사하다. (1) 연구대상자는 연구의 초점이 되는 특정 상태를 가지고 있지 않다. (2) 실험군과 대조군 간에 대상자 특성이 긴밀하게 일치해야 하고, 표본 크기는 인구기반연구를 위해 상당히 커야 한다. 현장시험연구의 목적은 질병이나 질병의 발병률(예: 인구의 새로운 질병 발생률), 대상인구집단에 대한 예방적인 건강중재의 효과 및 일반인구 건강과 같은 영역에서의 건강감시 효능을 실험적으로 결정하는 것이다(Rothman & Greenland, 1998; Rothman et al., 2012). 현장시험연구는 연구자와 정책입안자가 국가, 지역 또는 인적 요인에 의해 확인된 지리적 영역에 있는 사람들을 대상으로 건강 프로그램을 적극적으로 계획할 수 있도록 하는 정보를 제공한다.

3) 지역사회중재연구

지역사회중재연구(community intervention trials)는 특정 지역, 정부관리 지역, 또는 특정 단체(예: 학교, 교회 등)의 사람들에게 건강개입을 관리하는 것을 포함한다. 특정 공동체 또는 집단은 중재개입치료를 받고, 다른 공동체 또는 집단은 표준(대조)치료(일상적인 치료)를 받는다. 그럼에도 불구하고 3가지 실험연구는 모두 이런 집단 접근에 적용된다.

4) 집단무작위연구

집단무작위연구(group randomized trials)는 참여 지역사회가 신중하게 연구대상자를 확인하고 무작위로 선정하여 대조 또는 실험적 치료를 받았다는 점에서 지역사회중재연구의 확장이다. 마찬가지로, 연구는 연구자와 연구대상자 모두가 어떤 군이 치료를 받는지를 자료 수집과 분석이 끝날 때까지 알지 못한다. 따라서 그룹 무작위 연구는 현장시험연구와 지역사회중재연구의 통합을 의미한다.

1-2 준실험적연구

준실험적연구(quasi-experimental studies)에는 비동등성대조군연구, 시계열연구 및 평형설계가 포함된다(Gay, 1992).

1) 비동등성대조군연구

이 준실험적연구는 2개 이상의 그룹에 대한 연구대상자의 무작위 선택을 포함하는데, 한 군은 대조군으로 사용된다. 치료군은 실험적 개입을 받거나 여러 군이 다양한 유형이나 다양한 수준의 치료를 받는다. 연구자는 모든 군에 대해 사전, 사후검사를 한다. 그러므로 비동등성대조군연구(non-equivalent control group design)는 실험적 사전사후검사설계와 유사하지만, 다양한 군에 대한 연구대상자의 무작위 선택이 없고, 각 군이 짝을 이루지 않아서 차이가 날 수 있다. 결과적으로는 연구대상자의 퇴행과 같은 내적타당도에 위협을 줄 수 있는 것을 포함해서 평균과 연구선택편견의 상호작용을 가져올 수 있다.

2) 시계열설계

시계열설계(time series designs)는 역학연구에서 널리 사용된다. 이 접근법은 치료중재 전과 후에 시차를 둔 시간 간격으로 여러 번의 사전, 사후검사를 포함한다. 연구설계는 단일군 또는 여러 군으로 운영될 수 있다.

3) 평형설계

평형설계(counterbalanced designs)에는 동일한 수의 복수의 대상군 및 치료법이 포함되며, 각 군은 비록 순서는 달라도 모든 치료법을 다루어야 한다. 예를 들어, 그룹 1은 치료 A, B, C, D를 받을 수 있다. 그룹 2는 치료 B, A, C, D를 받을 수 있다. 그룹 3은 치료 B, C, A, D를 받을 수 있다. 각 치료 사이에 사전 및 사후검사가 발생할 수 있다. 이 방법을 사용하면 모든 군이 모든 치료를 받을 수 있다. 그러나 이 접근법의 한계는 연구타당도에 대한 외적 위협, 특히 검사-치료 상호작용, 연구대상군을 통한 선택효과 및 여러 치료법의 상호작용이 포함된다는 것이다. 평형설계는 실제 실험설계에서 단 두 가지의 치료법(예: 대조 및 실험)을 사용하는 경우보다 간단하게 작동하고, 연구자의 실험적 치료법이 연구대상자들에게 유익한 것으로 밝혀지면 대조군이 실험적 치료를 받게 된다. 이러한 접근법은 때로는 연구윤리 지침에 따라 무작위 시험의 결과에서 사용된다.

2 비실험적연구

비실험적연구(non-experimental studies)에는 단일사례연구 또는 코호트연구, 대조군이 없는 단일군/코호트 사전사후시험설계, 정적 집단/코호트 비교, 환자대조군연구, 단면조사연구, 생태학연구, 비례 질병이환율/사망률 연구 등이 포함된다(Gay, 1992; Rothman & Greenland, 1998; Rothman et al., 2012).

2-1 단일사례연구/코호트연구

단일사례연구 또는 코호트연구(one-shot case/cohort studies)는 단일군 치료와 사후검사를 포함한다. 그러한 연구는 목표가 특정 행태모형의 치료 또는 도구를 구성하고 검증하는 것이라면 수행될 수 있다. 일반적으로 이러한 단일군은 표본 크기가 커야 하며 전체 모집단을 대표해야 한다. 무작위 선택은 대표표본을 가질 가능성을 분명히 강화하지만 단일군은 무작위로 선택되거나 선택되지 않을 수 있다. 일부 연구자들은 유사한 사례를 다른 연구자들에게 알리기 위해 개별 임상 사례를 모아서 포괄적인 연구로 진행한다. 아동 발달에서 장 피아제는 파리 어린이들을 임의(편의적) 표집(convenience samples)[3]하여 다른 연구자들에게 알려서, 인지 발달 단계를 더욱 발전시킨 것으로 유명하다(Miller, 1989). 이 접근법은 개별 연구대상자에 영향을 미치는 성숙과 역사적 사건들을 포함한 타당도에 대한 내적위협에 의해 제한된다.

....

3 편의적 표집: 조사 시점 및 장소 등이 연구가 진행되는 데에 편리하게 표본을 선택하는 것이다. 편의적 표집을 통한 표본은 모집단에 대해 대표성이 떨어진다.

2-2 단일군/코호트 사전사후설계(one group/cohort pretest-posttest design)

이 연구설계는 단일사례/코호트 연구에 사전검사만 추가한다. 단일사례 연구처럼 이 연구는 연구대상자의 성숙과 역사에 의해 제한된다. 그러나 그것은 내적타당도의 저해요소인, 검사, 검사기구, 통계적 회귀(매우 높거나 낮은 점수를 얻은 피험자의 점수는 후속 검사를 하는 동안 표본이나 모집단의 평균 점수에 회귀하는 경향이 있다)에 의해 더욱 약화된다. 게다가 사전검사의 추가는 사전사후검사 상호작용 효과로 인한 외적 연구타당도에 위협을 줄 수 있다(Gay, 1992).

2-3 정적집단비교

정적집단비교(static group comparisons)는 여러 군이 있고, 각각 특정 개입으로 치료된 후 사후검사로 측정된다는 점을 제외하면 단일사례/코호트 연구와 유사하다. 내적타당도에 대한 특정 사건의 영향은 제거되었지만 상당수의 개인이 연구에서 탈락하는 경우 사망과 함께 개인의 성숙효과[4]가 발생할 수 있다. 무작위 선택이 없다면 선택편향과 선택/치료 상호작용이 발생할 수 있다(Gay, 1992). 일반적으로 표본의 20% 이상이 응답하지 않거나 연구탈락하게 되면, 인구통계학적 측면에서 연구대상자/응답자와 크게 다르지 않다는 것을 확인하기 위해 연구자는 의무적으로 이들을 다시 표본선택해야 한다.

2-4 환자대조군연구

환자대조군연구(case-control studies)는 연구대상 집단의 확인(identification)을 포함하고 다음으로 두 집단의 대조군과 노출/증상이 있는 환자를 선택하기 위해 인구 집단을 표본선택한다. 두 집단을 선택하면 전체 모집단 상태의 비율과 진행을 결정할 수 있다. 표본선

. . . .

4 성숙효과(maturation effect): 인간의 특성은 시간이 경과함에 따라 자연적으로 성장하게 되는데, 이러한 자연적인 성장들이 마치 실험의 효과인 것처럼 나타날 수 있다.

택 규칙에 따라, 타당도에 대한 위협에는 잠재적 선택편향, 연구 중 사망(탈락) 및 역사적 오염[5]/성숙효과가 포함된다.

2-5 단면조사연구

단면조사연구(cross-sectional studies)는 주어진 시간에 한 집단 내의 상태 유병률(질병 또는 관심 있는 상태)의 결정을 포함한다. 그들은 한 시점에서 다음 시점으로의 인과관계를 진정으로 측정하지 않는다. 대신, 상태유병률의 고정된 시간(frozen time) 관점을 나타낸다. 예를 들어, '건강인 캠페인 2010, 2020'에서는 국민건강영양조사(NHANES, 2년마다 미국 인구에서 무작위로 뽑은 약 1만 명의 연구대상자)와 같은 전국적인 대표집단에 대한 상태 유병률의 단면 측정이 포함된다.

2-6 생태학적 연구

생태학적 연구(ecologic studies)는 학교, 시스템, 정부 기관, 군, 주, 지역 등과 같은 지정된 학습단위에 대한 집계수/추정치를 조사한다. 전형적인 예로 자치군 건강순위(University of Wisconsin, 인구건강협회; www.countyhealthrankings.org)를 사용한 질병상태에 대한 지리정보시스템 공간의 회귀분석이 포함된다(Hollar, 2016b).

· · · · · · · · · · · · · · · ·

5 역사적 오염(historical contamination): 연구기간 동안 천재지변 등의 특정한 사건이 일어나는 경우 연구 결과가 다르게 나타날 수 있다.

2-7 비례 질병이환율/사망률 연구

비례 질병이환/사망 연구(proportional morbidity/mortality studies)는 이미 사망한 사람이나 특정 상태의 환자/참여자를 대상으로 한다. 통계적 측정은 특정 지역 또는 전체 인구에 대한 사망/질병이환 원인의 비율을 결정하는 것이다. 사망 원인에 관한 결정은 부검이나 사망 진단 분류에 따라 오류가 발생할 수 있으며, 이는 사망평가 시간에 입력된 전문가 또는 여러 인과관계 요소의 수준에 따라 달라질 수 있다.

3 인구통계학적 고려(demographic considerations)

많은 공중보건에 역학연구가 무수한 집단 분류에 근거하여 건강격차를 해결하려고 하는 반면, 그중 일부는 명백하고(예를 들어, 성별) 다른 것은 다소 자의적이며(예를 들어, 장애 종류, 인종/민족), 복잡한 유전적, 환경적, 개별행태적, 사회경제적인 건강을 둘러싼 상황에 따른 문제를 포괄적으로 고려해서 분석하는 경우는 거의 없다. 현재 인간유전체 학문의 발달은 제한된 지역조직 표본마다 개인화된 DNA 마이크로어레이(microarray) 분석으로 평가될 수 있는 수백 개의 유전자 패턴으로 제한되어 있다. 그런데 이는 심지어 같은 조직 내에서라도 지역마다 다를 수 있다. 이 같은 평가는 제한적이고, 비용이 많이 들며, 종종 보험 적용이 되지 않고, 보통 공격적인 암과 같은 특정 조건에 초점을 맞춘다. 그럼에도 불구하고 각 개인의 진정한 고유성을 더 잘 평가하기 위해서는 개인 맞춤 유전자가 필요하다. 더욱이 일란성 쌍둥이는 [그림 2-4]와 후성유전자 환경의 영향에 따라, 수명 전반동안 서로 다른 세포와 조직에 걸쳐서 복잡한 방식으로 유전자 표현의 변화를 점진적으로 축적하게 될 것이다. 국제 기능·장애·건강분류(ICF; WHO, 2001)는 생물학적 환경과 환경적인 경험의 맥락 안에서 개인에 대한 다양하고, 고유한 환경을 반영하려는 생물심리사회모형[그림 4-1]을 보여준다. 국제 기능·장애·건강분류모형은 개인의 최적의 독자적인 영위 활동에 대한 장벽과 촉진제 역할을 하는 개인 및 환경 상황 요소, 사회 활동 및 참여까지 고려하고 있다.

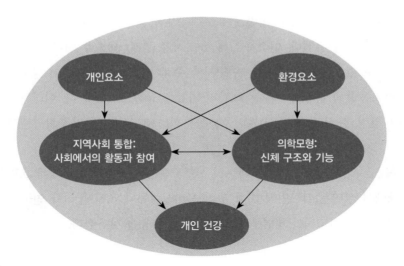

[그림 4-1] 생물심리사회적 국제 기능·장애·건강분류는 의학상태, 개인, 환경의 관련 요소를 포함한다. 사회 참여와 독립적 사회 활동의 특정한 차이의 집합을 넘어서는 유전자와 개인의 기능 차이를 포함한다.

심지어 인종/민족은 개인 간의 광대한 유전적/후성유전자의 차이를 고려할 때 임의적인 개념을 나타낸다. 카발리 스포르자, 메노치, 피아차(Cavalli-Sforza, Menozzi&Piazza, 1994; Cavalli-Sforza, 2001 참조)는 인간군과 인류 역사의 과정에 '인종'의 극적인 조합을 입증하기 위해 여러 유전자 시스템, 특히 6번 염색체의 고도의 다형적 주조직적합성복합체를 본뜨기(사상, 寫像)해왔다. 현실적인 관점에서 보아도 지난 수천 년 동안 인간 집단은 역동적으로 이동해왔기 때문에 모든 집단은 다문화/다인종이 되었다(Cavalli-Sforza, 2001; Gurdasani et al., 2015; Nei and Roychoudhury, 1972; Tishkoff et al., 2009).

4 분석방법

실험적 연구와 비실험적 연구에서 다루는 연구유형에 이용되는 여러 가지 통계 패키지가 있다. 다른 여러 통계 공급업체가 건강역학 접근법을 사용하여 시장에 진입했지만, 정량적 분석을 위한 주요 통계 패키지에는 SAS, STATA 및 SPSS가 있다. NVIVO는 정성적 분석을 위해 널리 사용되는 분석 패키지이지만 여기에도 다른 경쟁 소프트웨어 옵션이 있다.

정량검사는 범주형 자료(예: 성별, 인종, 사회경제적 범주)에 교차비, 상대위험비율 및 로지스틱 회귀분석을 활용했다. 연속자료(예: 혈압, 체중, 콜레스테롤 수치)에 대해서는 추가 통계분석을 할 수 있다. 이러한 분석은 연구자가 주제나 오류를 분류하여 설문지와 인터뷰에 대한 개별 응답에 편향되지 않는 객관적 자료를 강점으로 만든다. 이러한 연속자료의 분석에는 t-검정, 분산분석(ANOVA), 공분산분석(ANCOVA) 및 다중회귀분석이 포함될 수 있다.

궤적분석을 위한 시계열모형과 계층적 선형모형은 연속자료의 분석에 효과적인 도구이다. 이 책에서 설명된 접근법에 대해 우리는 비선형동역학 및 물리학 연구에서 가져온 부분미분방정식 및 자코비안 행렬분석의 단순화된 응용을 사용한다.

5 요약

역학자는 연구를 계획할 때 활용할 여러 가지 연구조사방법을 사용한다. 연구대상자를 각 군에 배정하기 위한 연구 설정은 접근방식과 최종 분석방법을 결정한다. 연구타당도를 위해 그룹을 적절히 지정하고 적절한 자료 수집 및 후속 자료의 수집을 보장하기 위해 주의를 기울여야 하지만, 그렇지 않은 경우가 너무 많다. 이러한 문제를 해결하기 위해, 궤적분석은 종적 연구의 여러 측정 시점에서 발생하는 비선형 효과를 확인할 것이다.

참고문헌

Cavalli–Sforza, L. L. (2001). *Genes, peoples, and languages.* Berkeley, CA: University of California Press.

Cavalli–Sforza, L. L., Menozzi, P., & Piazza, A. (1994). *The history and geography of human genes.* Princeton, NJ: Princeton University Press.

Davis, S., Trapman, P., Leirs, H., Begon, M., & Heesterbeek, J. A. P. (2008). The abundance threshold for plague as a critical percolation phenomenon. *Nature, 454,* 634–637.

Fears, J. R. (2004). The plague under Marcus Aurelius and the decline and fall of the Roman Empire. *Infectious Disease Clinics of North America, 18*(1), 65–77.

Fletcher, R. H., Fletcher, S. W., & Wagner, E. H. (1996). *Clinical epidemiology: The essentials* (3rd ed.). Baltimore, MD: Williams & Wilkins.

Gay, L. R. (1992). *Educational research: competencies for analysis and application* (4th ed.). New York, NY: Merrill. Gay, L.R. (later edition?).

Gurdasani, D., Carstensen, T., Tekola–Ayele, F., Pagani, L., Tachmazidou, I., Hatzikotoulas, K., ··· Sandhu, M. S. (2015). The African genome variation project shapes medical genetics in Africa. *Nature, 517*(7534):327–332.

Hollar, D. (2016a). Epigenetics and its applications to children's health. In D. Hollar (Ed.), *Epigenetics, the environment, and children's health across lifespans* (pp. 1–20). New York, NY: Springer.

Hollar, D. (2016b). Evaluating the interface of health data and policy: applications of geospatial analysis to county–level national data. *Children's Health Care, 45*(3), 266–285. http://dx.doi.org/10.1080/02739615.2014.996884.

Krebs, C. J. (1978). Ecology: *The experimental analysis of distribution and abundance* (2nd ed.). New York, NY: Harper & Row.

Last, J. M. (2001). *A dictionary of epidemiology* (4th ed.). New York, NY: Oxford University Press.

Longest, B. B., & Darr, K. (2014). *Managing health services organizations and systems* (6th ed.). Baltimore, MD: Health Professions Press.

Madigan, M. T., Martinko, J. M., & Parker, J. (2000). *Brock biology of microorganisms* (9th ed.). Upper Saddle River, NJ: Prentice Hall.

Miller, P. H. (1989). *Theories of developmental psychology,* 3rd ed. New York: W.H. Freeman and Company.

Nei, M., & Roychoudhury, A. K. (1972). Gene differences between Caucasian, Negro, and Japanese populations. *Science, 177,* 434–436.

Popper, K. (2002). *The logic of scientific discovery.* New York, NY: Routledge.

Real, L. A., Henderson, J. C., Biek, R., Snaman, J., Jack, T. L., Childs, J. E., ⋯ Nadin–Davis, S. (2005). Unifying the spatial population dynamics and molecular evolution of epidemic rabies virus. *Proceedings of the National Academy of Sciences of the United States of America, 102*(34), 12107–12111.

Rothman, K. J., & Greenland, S. (1998). *Modern epidemiology* (2nd ed.). Philadelphia, PA: Lippincott–Raven Publishers.

Rothman, K. J., Greenland, S., & Lash, T. L. (2012). *Modern epidemiology* (3rd ed.). Philadelphia, PA: Wolters Kluwer/Lippincott, Williams & Wilkins.

Sabbatani, S., & Fiorino, S. (2009). The Antonine plague and the decline of the Roman Empire. *Le Infezioni in Medicina, 17*(4), 261–275.

Snow, J. (1849). *On the mode of communication of cholera*. London: John Churchill.

Snow, S. J. (2002). Commentary: Sutherland, Snow and water: the transmission of cholera in the nineteenth century. *International Journal of Epidemiology, 31*(5), 908–911.

Tinbergen, N. (1963). On aims and methods of ethology. *Zeitschrift für Tierpsychologie, 20*, 410–433.

Tishkoff, S. A., Reed, F. A., Friedlaender, F. R., Ehret, C., Ranciaro, A., Froment, A., et al. (2009). The genetic structure and history of Africans and African Americans. *Science, 324*, 1035–1044.

Tountas, Y. (2009). The historical origins of the basic concepts of health promotion and education: the role of ancient Greek philosophy and medicine. *Health Promotion International, 24*(2), 185–192.

World Health Organization. (2001). *International classification of functioning, disability and health (ICF)*. Geneva: Author.

경로계수의 방법

시월 라이트(Sewall Wright, 1918; 1920; 1921; 1934; 1960a; 1960b)는 여러 독립변수와 종속변수 간의 직간접적 관계를 연구하기 위한 포괄적인 접근 방법으로서 경로계수의 방법을 개발했다. 이 접근법은 전통적인 회귀분석을 바탕으로 가정된 모든 필요충분조건을 통합하고 더 나은 일시적인 '인과관계'의 상관성을 다룬다. 라이트(Wright, 1934, p. 193)는 이 방법이 종속변수와 독립변수의 상관행렬로부터의 진정한 인과관계 추론을 다루지는 않지만 시험 모형에서 가능한 관계에 대한 질적 해석을 허용한다고 강조했다.

1 배경

고전적인 단순선형회귀모형에는 하나의 독립(예측변수 또는 조작변수) X 변수가 포함되며, 다른 종속(결과)변수 Y가 포함된다.

$$Y = a + BX + e \hspace{4cm} \text{[식 5-1]}$$

여기서 a는 절편, B는 회귀계수 또는 기울기, e는 다른 변수의 잔차이다. 자료는 큰 표본에 대한 X 및 Y 변수들 모두의 개별 또는 상황에 대해 수집되어 모형에 입력된다. 분석은 X와 Y 사이의 상관관계의 제곱인 변동계수(R^2)라고 하는 통계량인 X 변수에 의해 관련되거나 설명될 수 있는 Y값의 비율변동을 추정한다. 잔차 e는 모형이 설명할 수 없는 Y의 변동을 나타낸다. R^2과 e는 합쳐서 1.00 또는 100%가 되어야 한다(Pedhazur, 1982).

고전적인 선형회귀모형은 변수를 포함한 다음의 9가지 가정과 모형을 시험하는 데 사용된 연구설계를 준수해야 한다. 첫째, X는 연구가 복제된(replicated) 경우 값이 다시 사용되는 고정변수이다. 둘째, X는 오류 없이 측정된다. 셋째, 독립변수 X에 대한 종속변수 Y의 회귀는 선형으로 가정한다. 넷째, Y값은 다를 수 있으며 각 값에는 정규(가우스)분포에 대한 발생 확률이 할당될 수 있다. 다섯째, 측정된 각 Y값에 대한 오류는 다른 측정값과 독립적이다. 여섯째, 각 Y 측정의 오차평균은 0이다. 일곱째 가정은 등분산성인데 각 X 측정값에 관계없이 오차분산이 일정하게 유지된다. 여덟째와 아홉째 가정은 오류가 X와 연관되지 않고 정규(가우스)분포를 따른다는 것이다(Pedhazur, 1982, p. 33-34).

일부 역학자는 너무 자주 일련의 독립적인 단일 독립체를 참조한다. 단일종속변수 선형회귀모형(또는 등가 오즈비 분석)을 다변수로 지칭하는데 이는 부정확하다. 진정한 다변량 회귀모형은 둘 이상의 독립변수에 대한 종속변수 회귀분석을 포함한다.

$$Y = a + B_1X_1 + B_2X_2 + \ldots + B_nX_n + e \qquad \text{[식 5-2]}$$

각 B는 각 독립변수에 대한 해당 회귀계수(기울기)를 나타낸다. 독립변수와 종속변수 사이의 관계가 선형일 경우 동일한 9개의 가정이 유지되며, 변동계수는 전체 모형과 각 기여 독립변수에 대해 계산할 수 있다.

공중보건 역학자는 일반적으로 다변량 회귀분석을 할 때에 당연하게 생각하는 것이 있다. 회귀분석을 할 때에 종적, 반복된 측정 및 내포된 자료를 포함한 단일 예측변수들이 모두 포함되었다고 간주한다는 점이다(Hidalgo & Goodman, 2013). 그러나 페드하쥬르(Pedhazur, 1982, p.8)는 우리가 사용하는 다변량 구분은 단지 과학 분야에 따라 달라지며, '다변량분석기법을 다중회귀분석의 확장'으로 간주하는 문체상의 논점을 나타낸다고 주장한다.

다변량 회귀분석의 힘은 많은 독립변수를 동시에 평가하는 데 있으며, 이것은 필요충분 조건이 많이 포함된 건강 및 행태 상황을 대표해서 분석할 수 있다(Rothman & Greenland, 1998). 필수 독립변수는 종속변수(결과)가 발생하기 위해 반드시 발생해야 하는 변수이다. 이 독립변수와 함께 다른 독립변수가 필요할 수도 있다. 결과적으로 종속변수의 발생을 '초래(cause)'하기 위한 독립변수의 조합은 필요충분 조건을 나타낸다. 예를 들어, 흡연 그 자체가 폐암을 유발하지는 않을 수도 있다. 흡연은 개인 유전자 위험요소, 기타 환경노출, 흡연 중 흡입 깊이 등과 같은 필요조건과 결합하며 암을 유발한다.

다변량 회귀모형은 다양한 독립변수가 서로 상관관계일 가능성을 고려할 때 경로계수 방법으로 직접 유도된다. 따라서 우리는 독립변수가 종속변수에 미치는 영향뿐만 아니라 독립변수의 상호작용 효과도 고려해야 한다. 이 접근방식은 연구자가 건강상태와 행태가 어떻게 발생하는지에 대한 보다 현실적인 시나리오에 도달하고 다양한 경쟁모형을 시험하는 데 도움이 된다. 이러한 접근방식은 과학적 과정의 연역적모형(Popper, 2002; Rothman & Greenland, 1998)과 건강행동의 생물심리사회모형(Blum, 1983; World Health Organization, 2001)과 일치한다. 코타리(Kothari, 1975, p.5)는 '단순한 사실은 관련된 이론적 틀 없이는 어떠한 측정도, 실험이나 관찰도 가능하지 않다는 것(Prigogine, 1982, p.59 참조)'이라고 말했다

2 경로계수[1]

독립변수와 종속변수 사이의 다중 상호작용은 [그림 5-1]에 나타나 있다. 종속변수는 변수 5이며 4개의 독립변수는 직접적 또는 간접적으로 변수 5에 기여한다. 5개 변수 사이에는 9개의 직접 회귀경로가 있다.

    (a) 각각 독립적인 종속변수의 B_{51} B_{52} B_{53} B_{54}
    (b) 독립변수에 대한 B_{31} B_{32} B_{41} B_{42} B_{43}.

그 결과 종속변수를 예측하는 4가지 직접 회귀경로계수가 있다. 그러나 직접경로는 독립변수가 종속변수에 미치는 전체 효과는 아니다. 동시에 독립변수 간의 대화형 회귀경로를 고려해야 한다. 각 독립변수가 종속변수에 미치는 간접적인 영향은 다음과 같다.

변수 1: $B_{21}B_{52} + B_{31}B_{53} + B_{41}B_{54} + B_{31}B_{43}B_{54} + B_{21}B_{32}B_{53} + B_{21}B_{42}B_{54} + B_{21}B_{32}B_{43}B_{54}$
변수 2: $B_{32}B_{53} + B_{42}B_{54} + B_{32}B_{43}B_{54}$
변수 3: $B_{43}B_{54}$

각 독립변수의 총 효과는 변수의 직간접 효과의 합계와 동일하다. 또한, 나머지 오류는 종속변수에 대한 부분 상관관계와 3개의 중간변수 2, 3, 4에서 계산할 수 있다. 회귀경로계수는 모든 5개 변수의 상관행렬과 변수의 표준편차로 계산된다.

---

1   경로계수(path coefficient)는 독립변수가 종속변수에 얼마나 직접적인 영향을 미치고 있는지를 나타내는 지수이다.

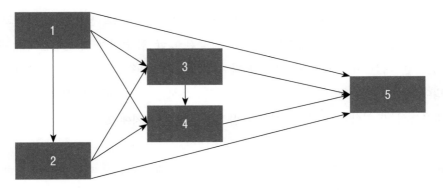

[그림 5-1] 이론적 경로분석모형, 독립변수 1~4에 대한 결과 종속변수 5의 회귀. 화살표에 의해 직·간접 경로 회귀계수가 표현되었다.

경로모형(그림 5-1)은 연구자가 가설을 세울 수 있는 변수들 사이의 가능한 많은 관계들 중 하나를 나타낸다. 논리적이며 뒷받침된 모형을 시험하기 위해 연구자가 이전의 연구 결과를 바탕으로 진행하는 것이 매우 중요하다. 마찬가지로 변수 간의 관계는 지정된 경로에 대해 일시적으로 정렬된 순서를 따라야 한다. 상관성은 양의 상관성 또는 음의 상관성을 보일 수 있다.

[그림 5-1]과 같이 모형에 나타난 다중회귀경로는 경로분석의 강도를 나타낸다. 일반적인 다중회귀모형은 다음과 같다.

$$변수\ 5 = B1(변수\ 1) + B2(변수\ 2) + B3(변수\ 3) + B4(변수\ 4) + 오류 \quad [식\ 5\text{-}3]$$

우리는 이 접근방식에서 가장 강력한 예측변수와 4개의 독립변수(예: 변동계수, R^2)에 의해 설명되는 종속변수의 대략적인 변동에 대한 관점을 얻을 수 있다. 그러나 경로분석은 표준 회귀모형을 훨씬 능가하여 여러 변수 간의 복잡한 상호작용에 대해 보다 진실하게 표현하므로 현실을 보다 정확하게 측정할 수 있다.

라이트(Wright, 1960a; 1960b)는 우리가 [그림 5-1]의 변수 3에서 변수 4까지의 경로뿐만 아니라 변수 4에서 변수 3까지의 경로를 지정한 경우와 같이 경로분석모형에서 상호영향을 더 자세히 설명할 것이다. 라이트(Wright, 1960b, p.433)는 폐포의 이산화탄소와 호흡 깊이 사이의 상호작용을 통해 호흡의 항상성 모형을 구체적으로 조사했다. 또한 라이트(Wright, 1960a, p.190)는 경로분석이 선형관계 방법론이라고 보았지만, 비선형변수는 분석 전에 벡터나 로그변환과 같은 방법을 사용하여 선형적으로 변환될 수 있다고 보았다. 앞서 언급했듯이, 톰(Thom, 1972)과 연구자들은 평균, 표준편차 및 선형관계를 자동으로 계산하는 대신 비선형패턴을 포함한 자료패턴의 중요성을 강조했다. 경로분석은 선형 접근법이 제한되는 반면, 더 강력하게 확장된 경로분석은 비선형패턴을 포함할 수 있다.

궤적분석 및 역학에서 경로모형의 관련성은 다음 관측치에 있다.

a) 경로모형을 사용하면 과거에서 현재, 심지어 미래 시나리오까지 변수에 대한 방향성을 측정하고 검사할 수 있다.
b) 관련 필요조건과 충분조건의 통합은 문제의 해결을 위해 현실적인 개입이 구현될 수 있도록 모형의 타당도를 강화하여 조건과 행태를 재편성한다.
c) 어떤 시스템에 관련된 무수한 변수들 사이의 복잡한 상호관계를 이해하는 것은 목표한 개입을 위한 지식과 변수의 식별을 촉진한다.

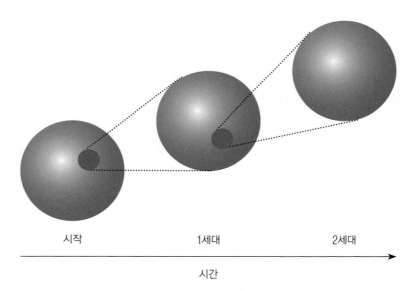

시작   1세대   2세대

시간

[그림 5-2] 시스템의 순간적 진화. 등방성 전위로부터 시작하여 더 작은 단위만 '생존'하고 다음 세대를 만든다(1세대). 1세대의 작은 단위는 2세대를 만든다. 이 과정은 후속 반복에서 특성이 점진적으로 잠기는 과정을 보여준다.

관측 1과 관련하여, [그림 5-2]는 초기 사건('시작' 구체)이 등방성[2] 가능성을 제공하고 미래 사건에 대한 변수들 간의 상호작용을 제공하는 시스템의 시간적인 전개를 설명한다. 그럼에도 불구하고 특정 사건, 의사결정 또는 불규칙적인 잡음은 이러한 가능성의 일부만을 실현한다('1세대' 구체). 다시 말하지만, 1세대 또한 등방성이지만 일부 가능성만이 실제로 발생하고 미래에까지 무한히 남는다. 그 결과로, 개인의 상태나 행태의 특정한 궤적 흐름의 차단도 점차적으로 감소하게 될 뿐만 아니라, 절대 발생하지 않을 외부의 상황이나 영향으로 궤적 흐름이 차단되는 것도 감소한다. 제외된 일부 조건은 존재 궤적 내에서 돌연변이를 통해 다시 나타날 수 있다. 작가 스타니스와프 렘(Stanislaw Lem)의 에세이 〈오즈비(Odds)〉는 주어진 사건들의 발생과 차단 현상에 대한 천문학적으로 작은 인간 고유성의 확률을 묘사했는데, 이는 사건의 확률에 대한 통계적 관점에 반한다.

수학적으로 [그림 5-2]는 다음과 같은 반복 방정식으로 나타낼 수 있다.

$$\mathbf{E_n} = f(\mathbf{E_{n-1}}) \qquad\qquad \text{[식 5-4]}$$

위의 공식에서 E_n은 개인/상태들의 집합에 대한 모든 현재 상황들의 현재 행렬을 나타내고, E_{n-1}은 이전 기간에 대한 동일성을 나타내고, X_n은 선택 요소의 비례 행렬을 나타낸다. 여기서 선택 요소는 E_n을 생성하기 위해 E_{n-1}의 요소에 작용한다. X_n 행렬은 연구자가 건강상태나 개별 건강결과에 영향을 미치는 요인/변수들을 식별하여 해당 조건, 또는 개인의 미래 궤적에 미치는 영향을 이해하도록 한다. X_n에서 제로 요소는 E_n에서 특정 요소를 제거한다.

이는 두 번째와 세 번째 관측치, 즉 건강상태와 행태를 다루는 데 필요한 충분조건의 식별로 이어지며, 이러한 변수 간의 복잡한 상호작용의 적용과 일치한다. 경로모형은 원인과 결과의 궤적 관점에서 이러한 관계를 조사한다. 연구자는 가설 논쟁을 위해 과학적으로 제어된 변수의 조작을 통해 검사할 논리적 모형을 지정하는 것이 중요하다. 그러나 대부분의 공중보건연구는 실제 실험 접근방식과는 대조적으로 이전에 수집된 자료의 사후 분석에 의존한다(예: 무작위대조군 시험). 클리프(Cliff, 1983)와 메시크(Messick, 1988)는 연

---

[2] 등방성이란 어느 대상의 성질과 분포가 방향에 의존하지 않는 것이다.

구모형의 개발과 시험에서 내용, 동시성, 구성 및 예측 가능한 타당성을 포함하여 다양한 타당성 유형에 대한 포괄적인 설명을 제공했다. 유효하고 신뢰가 가는 연구모형은 경로분석의 다음 단계인 구조방정식모형을 포함하여 경로 및 궤적분석에서 중요한 역할을 수행한다.

3 구조방정식모형

구조방정식모형(SEM)은 공분산구조의 분석이라고도 하며 모형개발, 시험 및 검증에 대한 보다 포괄적인 통계 접근방식을 나타낸다. 구조방정식모형은 이론개발, 모형 사양 및 테스트 단계에서 측정된 변수뿐만 아니라 잠복요인을 고려한다는 점에서 수학 및 통계 모형화에 대한 새로운 인과적 접근방식을 제공한다. 이론적으로, 연구자들은 이러한 잠복요인을 제거하거나 포함하기 위해 가설이 되는 상호관계 요인 및 변수의 귀무가설 모형을 제시한 다음 이러한 측정변수에 대한 자료를 수집한다. 수집된 자료는 모든 측정변수의 공분산행렬을 통해 잠복요인 구조의 귀무가설 모형에 적용되며, 구조방정식모형은 잠재된 자료 변수의 공분산 및 가설에 대한 부하 적합성을 검정한다. 따라서 구조방정식모형은 이전의 특정 모형 및 대안(비교모형)에서 복합관계에 대한 검증된 검사를 가능하게 한다.

[그림 5–3]은 일반 구조방정식모형을 보여준다. 13개의 측정변수는 직사각형으로 표시되고, 타원으로 표시된 것은 특정 잠재변수를 의미한다. 6개 변수는 2개의 독립적인 잠재변수인 'ξ'로 외생변수라 불린다. η_1은 두 가지 외생변수 및 실제 결과인 잠재변수 η_2 사이의 매개변수이지만 7개의 변수는 'η'로 표시된 두 내생적 종속변수라 불린다. 각 변수에는 관련 잔차 용어인 외생변수의 경우 'δ'와 내생변수의 경우 'ε'이 있다. 오류의 기여는 해당 변수를 지향하는 회색 화살표로 표시된다.

대조적으로, 각 잠재변수에 대한 하중은 잠재변수에서 각 하중변수로 향하는 점선 화살표로 표시된다. 이 화살표는 경로 회귀계수이며 그리스 기호 람다(λ)로 지정되지만 [그림 5–3]에는 표시되지 않았다. 따라서 경로 회귀계수 λ_{11}, λ_{12}, λ_{13}은 잠재변수 ξ_1에 대한 변수 1, 2, 3의 회귀강도를 설명한다. 이 λ 오차는 후반부에서 설명한 리아푸노프 지수 λ와 혼동되지 않아야 한다.

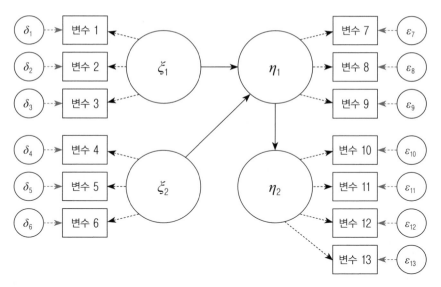

[그림 5-3] 일반 구조방정식모형

4개의 잠재변수 사이에는 3가지 경로의 회귀계수가 있다. 2개의 감마(γ) 계수 γ_{11}과 γ_{12}는 각각 2개의 외생잠재변수 ξ_1과 ξ_2에 대한 매개변인(mediator) 외생잠재변수 η_1의 회귀를 설명한다. 결과 외생잠재변수 η_2에서 매개변인 내생잠재변수 η_1로의 최종 직접 회귀경로는 베타계수(이 경우 β_{21})로 표시된다. 또한 이 예에서 각 내생변수 η에는 ζ_1 및 ζ_2의 잔차가 있다. 이러한 추가적인 주요 기호는 혼란을 피하기 위해 [그림 5–3]에 표시하지 않았다.

결과적으로 우리는 연구자가 특정 측정변수와 연관시킨 '보이지 않는' 가설 잠재변수의 전체적인 모형을 가지고 있다. 분명히 이러한 잠재변수는 관련 변수와 논리적으로 결합되어야 한다. 연구자는 [그림 5–3]과 같은 개념 모형을 작성하고 외생과 내생 잠재변수 사이의 오차항, 변수/요인 상관관계, 직접 회귀경로(즉, λ와 β)를 지정한다. 전체 구조방정식모형은 3개의 방정식으로 요약될 수 있으며, 그중 2개는 측정된 변수를 설명하고, 1개의 조합된 구조방정식은 잠재변수를 설명한다. 내생변수(Hayduk, 1987, p. 91; Hayduk, 1996 참조)의 경우 다음과 같은 측정이 뒤따른다.

$$\mathbf{y} = \mathbf{\Lambda}_y \mathbf{\eta} + \mathbf{\varepsilon}$$ [식 5–5]

y는 측정된 내생변수의 벡터이며, Λ_y는 각 변수에 대한 회귀경로계수의 잠재변수에 대한 행렬이며, η는 내생잠재변수의 벡터이며, ε는 각 내생 변수의 잔차벡터이다. 마찬가지로 외생변수(Hayduk, 1987, p. 91)의 경우 측정 모형은 다음과 같다.

$$\mathbf{x} = \Lambda_x \xi + \delta \qquad \text{[식 5-6]}$$

여기서 x는 측정된 외생변수의 벡터, Λ_x는 잠복요인의 각 변수에 대한 회귀경로계수의 행렬, ξ는 외생잠재변수의 벡터, δ는 각 외생변수에 대한 잔차의 벡터이다.

마지막으로 완전한 구조방정식모형은 외생잠재변수와 내생잠재변수들 사이의 관계를 검토한다(p. 91).

$$\eta = \beta\eta + \Gamma\xi + \zeta \qquad \text{[식 5-7]}$$

여기서 η는 구조방정식모형에서 시험 중인 내생잠재변수의 벡터이며, β는 잠재변수들 사이의 베타 회귀경로계수 행렬이다. Γ는 외생잠재변수에서 내생잠재변수에 이르는 감마 회귀경로계수의 행렬이며, ξ는 내생잠재변수의 벡터이다. ζ는 각 내생잠재변수들과 관련된 모형 오차 벡터이다.

구조방정식모형의 개발은 연구자가 개념 모형을 구상하고 연구 문헌에 제공된 증거에 기초한 요소를 구축하는 것으로 시작한다. 변수와 잠재변수 간의 관계는 다른 연구자들이 발견한 것과 일치해야 하며, 또는 상충되는 연구가 있을 경우 해결되지 않은 관계를 다루어야 한다. 최적의 경우 각 잠재변수는 3~5개의 하중변수를 가져야 한다. 그러나 모형을 신중하게 지정한 경우 이 숫자는 더 적거나 더 클 수 있다. 적절한 통계적 검증이 이루어지지 않을 경우 모형의 검증이 실패할 수 있기 때문에 측정 모형의 표본 크기가 매우 중요하다. 경험에 비추어 볼 때 최소 표본 크기는 변수 수의 20배는 되어야 한다. 연구자는 이분형, 다항형 또는 연속점수가 매겨진 변수와 같은 특정 자료 문제를 식별하고 자료 분석이 시작될 때 이러한 변수의 종류와 개수 문제를 일관되게 해결해야 한다. 특히 이산형 변수와 연속형 변수의 경우 유의한 분석결과를 얻기 위해 적절한 상관계수(예: Pearson, 삼분법 등)를 사용해야 한다. LISREL 및 Amos와 같은 구조방정식모형화 프로그램은 주로 모형을 시험하기 위해 측정된 변수의 공분산행렬에 의존하지만, 상관행렬이면 충분할 것이다.

외생변수는 진정한 인과관계를 제공하기 위해 내생변수보다 선행되어야 한다. 이상적이기는 하지만 이러한 접근법은 거의 시행되지 않기 때문에 실제 인과관계의 해석이 제한된다. 대부분의 구조방정식모형 연구가 순서를 따르지 않는 주된 이유는 연구 디자인이나 연구대상자 부족 때문에 많은 연구들이 한 자료에서만 나오는 경우가 많거나, 연구 목표가 심리적 구성개념[3]에 대한 설문조사를 검증하는 것이기 때문이다. 대부분의 국가를 대표하는 연구는 단일 자료 수집 연구이며, 1988~2000년의 국가교육 종적 연구, 볼티모어의 노화 종적 연구 등과 같은 종적 연구는 제외한다. 로스먼과 그린란드(Rothman & Greenland, 1998, pp.24–27)는 인과관계에 대한 9가지 기준을 다음과 같이 확인했다. (a) 시간순서, (b) 상관강도, (c) 반복된 관찰, (d) 단일효과 생성, (e) 용량 반응관계의 존재, (f) 가능한 가설, (g) 관련성의 일관성, (h) 실험적 증거, (i) 비교 가능한 상황의 유추.

모형 사양은 중요하다. 모든 관련 변수는 개념 모형에 포함되어야 하고, 마찬가지로 관련없는 변수는 제외해야 한다. 변수는 모형에 포함되기 전에 선형성 또는 비선형성에 대해 적절하게 평가해야 한다. 첫 번째 항목의 경우, 연구가 모든 관련 변수를 측정하지 않는 경우, 즉 초기 연구설계의 부실로 인한 연구의 공통적 위험, 변수에 대한 정확한 측정 부족, 자료 누락 등의 경우나, 특히 기존 자료 집합에 대한 임시 SEM 연구의 경우, 다른 사람이 준비한 경우에는 관련 변수의 포함을 달성할 수 없을 수도 있다. 공중보건연구에서는 불필요하게 많은 연구들이 유전적, 사회적, 환경적 변수들을 무시하면서 일반적인 인구학적 변수들로 제한하여 시행된다. 많은 수정된 연구들이 자료 구성의 2차 분석에서 의미 있는 결과를 얻으려 했다. 일부 연구자들은 그러한 변수가 연구 문헌에서 지원되지 않더라도 탐구 목적으로 원래 목적과 무관한 변수를 포함시키려고 한다. 연령 또는 상황에 따라 비선형패턴에서 변화하는 변수는 동력 벡터를 수정하여 조정해야 한다. 단, 톰의 제안(Thom, 1972)에 따라 이 장의 후반부에서 비선형 방법론을 설명한다. 이러한 문제를 해결하지 못하는 부정확하게 수정된 모형의 결과는 적합성이 떨어지고, 따라서 독립변수와 종속변수 간의 관계를 설명하지 못하는 모형이 된다. 페드하쥐르(Pedhazur, 1982, p.230)는 '아무리 화려한 통계적 곡예라도 잘못된 이론을 사용하거나, 이론을 간략하게 사용함으로써 야기될 수 있는 피해를 돌이킬 수는 없다'고 언급했다.

---

3 심리적 구성개념(psychological construct): 성격, 동기, 불안, 스트레스, 자신감, 정서 등을 말한다.

마찬가지로 모형 식별도 중요하다. 식별된 모형은 모든 변수가 상호 연결되어 있거나 추정된 매개변수의 수가 모형 방정식의 수와 같다(Pedhazur, 1982, p. 615). 저인지모형은 모수 추정치의 집중 해석을 산출하기에 충분한 정보나 가변 관계가 없는 반면, 고인지모형에는 수렴에 대한 제약이 너무 많이 포함되어 있다. 고인지 식별이나 저인지 식별을 피하기 위해 연구자들은 개념적 모형(예: 그림 5-3)을 세심하게 준비해야 하며, 어떤 변수가 특정 잠복요인에 기여하는지 명확히 지정해야 한다. 또한 여러 효과를 평가하기 위해 필요에 따라 다른 변수에 부하(load)할 수 있는 변수를 확보해야 한다. 따라서 연구설계 중 이론에 기반하여 신중하게 개념 모형을 준비하는 것은 모형 식별을 보장하기 위한 가장 중요한 단계이다. 자료 분석 중 이후 단계에는 가정된 인자에 대한 가변 부하에 대한 최대우도 요인추출법, 비직각회전(oblique rotation) 분석(Gorsuch, 1983)과 구조방정식모형의 분석 전 항목별 신뢰성 분석이 포함된다. LISREL과 같은 프로그램 또한 측정 모형 평가를 위한 사전 구조방정식모형의 평가(즉, PRELIS)를 포함한다. LISREL은 식별 문제를 보고하며, '±0.9를 초과하는 추정치 사이의 상관관계는 식별 문제를 나타낼 수 있을지 모른다'(Hayduk, 1996, p. 142).

[그림 5-3]은 내생잠재변수 η_1이 외생잠재변수 ξ_1과 ξ_2 사이의 관계를 내생결과잠재변수 η_2와 일치시키기 때문에 매개(mediational)모형이다. 구조방정식모형의 회귀경로는 η_1을 통과한 다음 η_2로 이동한다. 대체 모형 사양은 잠재모형 또는 변수가 2개의 잠재변수 사이의 회귀경로계수 강도를 조정하는 조절모형(moderational model)일 수 있다. 경로분석모형(그림 5-1)도 변수 1과 2에서 변수 5로의 직접 및 간접 경로로 인해 변수 3과 4의 부분적인 중간모형이지만, 또한 매개모형이기도 하다. 매개모형은 다른 두 변수 또는 요인 사이의 특정 회귀경로에 작용하는 변수를 나타낸다. 따라서 매개변수는 선행변수와 결과변수 사이의 실제 관계에 책임이 있는 반면, 조절변수는 관계의 강도에만 영향을 준다.

모형 사양, 식별 및 기타 고려 사항이 주어진 경우 연구자들은 구조방정식모형을 사용하여 하나 또는 여러 개의 경쟁가설개념모형(hypothetical conceptual models)을 시험할 것이다. 모형은 변수, 잠복요인 및 각 모형의 표준/변수 규격 간의 관계에 따라 달라질 수 있다. 다시 말해, 모든 모형은 이론에 근거해야 한다. 일반적으로 구조방정식모형은 본질적으로 확인할 수 있으므로 변수와 요인 간의 관계에 대한 현재 이론을 검증한다. 일반적으로 구조방정식모형화는 이론이 덜 개발되고 변수/요인 관계가 덜 명확할 경우 탐색 분석에 적합하지 않다. 단, 탐사 및 확인 요인 분석이 동일한 제한 모형에서 인자 분석을 먼저 사용한 후 SEM 2차 분석(즉, 가변/요인 관계의 변화 없음)을 큰 규모의 표본을 이용해 주의 깊게 수행할 수 있다(Hollar, 2016; Marsh et al., 2009).

탐색적 요인 분석 또는 확인 요인 분석의 경우 예비 요인 분석은 일반화된 최소제곱합 또는 비직각회전(oblique rotation)이 있는 최대우도 요인추출법을 활용해야 한다 (Gorsuch, 1983). 요인 패턴 및 구조물 행렬은 각 귀무가설의 잠재변수와 관련된 하중 강도의 확인을 위해 연구할 수 있다. 마찬가지로 고유값이 1보다 큰 잠복요인에 대한 변동계수 (R^2)의 강도는 각 요인의 부척도 모형별로 중요한 지표를 나타낸다. 요인 분석을 함께 하기 위해 이 초기 평가에 각 요인의 변수 집합 간의 관계 강도에 대한 신뢰성 분석을 사용할 수 있다. 분석에 포함되거나 제거될 때 항목별 크론바흐 알파[4]가 증가하는 변수는 전체 이론적 개념 모형에 심각한 영향을 미치지 않는 경우 모형에서 제거할 수 있다. 요인 및 신뢰성 분석은 구조방정식모형의 분석 전에 모형 식별을 개선하고 가설을 세울 수 있는 잠복요인 전체의 변수 관계를 더 잘 이해하는 데 유용할 수 있다.

구조방정식모형의 적합도 측정에는 카이제곱(χ^2), χ^2/자유도(χ^2/df) 및 모형 간의 χ^2 차이가 포함된다. χ^2 평가는 유의하지 않아야 한다. χ^2/df 비율은 5보다 작지만 1보다 커야한다. 모형 간 χ^2 차이는 유의성을 가져야 한다. 적합도지수(GFI)는 NNFI(non-normed fit index, tucker-lewis index)라고도 하며, 0.90 이상이어야 한다. 근사치 오차평균제곱 (RMSEA)과 평균제곱근잔차(RMSR)는 0.05 미만이어야 한다(Browne & Cudeck, 2012; Hayrne, 1998). 이 통계자료를 사용하여 연구자는 개념 모형의 강도를 실제 수집된 모형과 비교하여 시험한다. 구조방정식모형이 강력한 모형을 지원한다고 하더라도, 모든 모형은 부정확하며 단지 현실을 더 명확하게 설명하기 위한 것일뿐이라는 점을 명심해야 한다 (Box, 1976, p. 792). 또한 클리프(Cliff, 1983)는 우리가 이러한 모형을 신중하게 해석해야한다고 했다.

· · · · · · · · · · · · · · · · ·

4 크론바흐 알파는 신뢰도계수(reliability coefficient) 또는 coefficient Alpha라고 부르기도 하는 데 다양한 항목들에 내적 일관성(internal consistency)이 있는지를 측정한다.

4 계층적 선형모형

구조방정식모형과 마찬가지로, 연구자는 계층적 선형모형을 사용하여 중첩효과(예: 다른 위치의 영향을 받는 변수 등)로 시간의 궤적 패턴을 설명할 수 있다. 브라이크와 라우덴부쉬 (Bryk & Raudenbush, 1992)는 개인 행태들의 분산 값은 한 그룹 내에서보다는 그룹 간에 더 작을 수 있고, 더 큰 그룹 내에서 더 작을 수 있는 분산도 그룹의 크기에 따라 다를 수 있다는 문제를 보여주었다. 특히 일부 교란변수는 '선형(조절) 모형의 오차항으로 사라지면서 변수들 간의 상관관계가 발생한다 … 이 교란변수에는 그룹과 개인의 차이가 있는 요인이 있다'(Bryk & Raudenbush, 1992, p. xiv).

브라이크와 라우덴부쉬는 계층적 선형모형을 개발하면서, 예를 들어, 수준 1의 개인 그룹에 대한 종적 반복 측정, 수준 2의 개인 그룹, 수준 3 그룹의 더 큰 복합체를 서로 연결하는 다단계 계층적 모형을 강조하였다. 수학적으로 계층적 선형모형 회귀분석모형은 다음과 같이 나타낼 수 있다(Singer & Willet, 2003, pp. 50–51, pp. 97–99).

$$\text{Level 1} : Y_{ij} = \pi_{0i} + \pi_{1i}\left(\text{TIME}_{ij}\right) + \varepsilon_{ij} \qquad \text{[식 5–8]}$$

여기서 Y_{ij}는 시간 j에서 개별 i에 대한 종속(예후)변수 값을 나타낸다. 변수 π_{0i}는 Y-인터셉트(즉, 시작 시간 0에서의 Y값)를 나타내며, π_{1i}는 개별 i의 개별 시간 점수(즉, 변동)를 변수 기준으로 한다. 대수의 표준 경사 해석에서 π_{1i}는 독립변수의 단위 증가량 1개당 종속변수 Y의 변화량(양수, 음수 또는 중성)이다(이 경우 TIME). 늘 그렇듯이 ε_{ij}는 잔차를 나타낸다.

1단계 내의 두 번째 단계 모형의 경우는 다음과 같다.

$$\text{Level 2} : \pi_{0i} = \gamma_{00} + \gamma_{01}(\text{VAR1})_i + \gamma_{02}(\text{VAR2})_i + \ldots + \gamma_{0n}(\text{VAR}n)_i + \zeta_{0i}$$
$$\pi_{1i} = \gamma_{10} + \gamma_{11}(\text{VAR1})_i + \gamma_{12}(\text{VAR2})_i + \ldots + \gamma_{1n}(\text{VAR}n)_i + \zeta_{1i}$$

$$\text{[식 5–9]}$$

여기서 π_{0i}와 π_{0i}는 각각 개별적인 절편과 기울기에 대한 1단계 모형의 값이다. 매개변수 γ_{00}은 1단계 인터셉트의 평균이다. 변수 γ_{01}은 독립변수 1(Singer & Willett, 2003, p. 53)

에서 '1 단위 차이에 대한 1단계 π_{0i} 절편의 평균차이'이며, 마찬가지로 독립변수 2에 대한 변수 γ_{02}, n번째 독립변수에 대한 γ_{0n}이 평균차이이다. 마찬가지로, 변수 γ_{10}은 1단계 기울기의 평균이며, γ_{11}은 독립변수 1(p.53)에서 '1 단위 차이에 대한 1단계 π_{1i} 절편의 평균차이'이다. 마찬가지로 독립변수 2에 대한 매개변수 γ_{12}, n번째 독립변수에 대한 γ_{1n} 등이 절편의 평균차이이다. 매개변수 ζ_{0i}와 ζ_{1i}는 각각 절편과 기울기의 2단계 잔차를 나타낸다. 따라서 2단계 모형의 경우 1단계는 시간 경과에 따른 각 연구대상자의 반복 결과 측정에 대한 기본 방정식을 제공하며, 이 방정식은 2단계 모형의 2개의 방정식의 예측 위치, 하나는 절편으로부터의 방정식, 다른 하나는 경사로부터의 다른 방정식에 의해 지원된다. 1단계 모형의 경우 Y_{ij} 의존변수는 연구를 위해 서로 다른 시점에 측정된 다양한 참여자들의 HDL/LDL 콜레스테롤 비율일 수 있다. 2단계에서 독립변수 1은 개인의 성별일 수 있고 독립변수 2는 높은 사회경제적 지위를 들 수 있다. 이렇게 하면 4개 그룹에 걸쳐 구성된 HDL/LDL 비율의 다중 그룹화를 달성할 수 있다.

이제 이러한 상황은 일반화 선형모형(GLM) 반복측정분산분석(repeated measures ANOVA)과 크게 다르지 않다. 계층적 선형 모형은 2단계 또는 더 높은 단계 – 이웃, 군, 지역과 같은 변수와 같이 시간에 따른 다층 효과를 검사할 때에는 계층적 선형 모형으로 분석할 수 있는 범위를 벗어난다. 게다가 싱어와 윌렛은 기준 출발점을 0으로 표준화하여 TIME 변수를 선형으로 변환하는 것이 중요하다고 강조한다.

싱어와 윌렛(pp. 193–199)은 불연속 사건(예: 불연속성)에 대해 종속변수 Y_{ij}에 상당한 영향을 미치는 독립변수의 급진적이거나 점진적인 변화에 대처하기 위해 계층적 선형모형 (hierarchical linear models, HLM)을 어떻게 수정할 수 있는지를 보여준다. 예를 들어, 물질 사용에 대한 다음과 같은 가상의 1단계 모형이 있다고 가정하면,

$$\text{Level 1: SUD}_{ij} = \pi_{0i} + \pi_{1i}\left(\text{TIME}_{ij}\right) + \varepsilon_{ij} \qquad \text{[식 5–10]}$$

추가적인 1단계 변수 예방(예: 행태를 중지하거나 실질적으로 감소시키는 대체 또는 예방 프로그램)을 도입하면 변수를 이분법 (0 = 치료하지 않음, 1 = 치료함)으로 코딩한다.

$$\text{New Level 1: SUD}_{ij} = \pi_{0i} + \pi_{1i}\left(\text{TIME}_{ij}\right) + \qquad \text{[식 5–11]}$$
$$\pi_{2i}\left(\text{PREVENT}_{ij}\right) + \varepsilon_{ij}$$

예방 이분법 변수의 도입은 치료가 유효하고 효과적이라고 가정할 때 치료를 받는 개인(즉, 예방 = 1)의 물질사용장애(SUD)가 눈에 띄게 감소할 수 있다.

이에 더해서, 싱어와 윌렛(p. 197)은 TIME 변수를 경과 시간(예: ELAP–T) 변수에 연결하는 명확하게 지정된 모형의 중요성을 강조하였다. 이렇게 함으로써 종속변수는 연속 TIME 및 ELAP–T 변수 모두에 대해 동일한 시점에서 값을 측정할 수 있으므로 기울기의 차이를 확인할 수 있게 되었다.

$$\text{Alternative Level 1: } SUD_{ij} = \pi_{0i} + \pi_{1i}(TIME_{ij}) + \qquad \text{[식 5–12]}$$
$$\pi_{2i}(ELAP - T_{ij}) + \varepsilon_{ij}$$

불연속적인 변화를 보이는 두 가지 갑작스럽고 점진적인 모형의 조합도 통합될 수 있다. 이전 모형은 치환 및 중단이 있는 경우에도 선형의 변형을 보여준다. 브라이크와 라우덴부쉬(Bryk & Raudenbush, 1992), 싱어와 윌렛은 비선형 응용 사례를 제공했다. [식 5–10] 1단계의 2차, 입방 표현은 다음과 같다(Singer & Willett, 2003, pp. 214–216; Eigen & Schuster, 1979, pp. 28–32 참조).

$$\text{Quadratic Level 1: } SUD_{ij} = \pi_{0i} + \pi_{1i}(TIME_{ij}) + \pi_{2i}(TIME_{ij})^2 + \varepsilon_{ij} \quad \text{[식 5–13]}$$
$$\text{Cubic Level 1: } SUD_{ij} = \pi_{0i} + \pi_{1i}(TIME_{ij}) + \pi_{2i}(TIME_{ij})^2 +$$
$$\pi_{3i}(TIME_{ij})^3 + \varepsilon_{ij}. \qquad \text{[식 5–14]}$$

연구자는 구조방정식모형과 마찬가지로 이론과 연구 문헌을 기반으로 연구설계 과정에서 다층적 선형모형의 변수 구성, 불연속성 및 선형성/비선형성을 신중하게 지정해야 한다. 싱어와 윌렛(pp. 193–199)이 기술한 불연속모형은 2장에서 설명한 재범(재발)의 문제에도 적용될 수 있다. 행태에서도 긍정적인 또는 부정적인 '점프'가 더 정확하게 표현되고, 연구될 수 있다. 이 접근법은 결과를 예측하고 관련 개입을 제공하는 보다 현실적인 모형을 달성하기 위한 궤적분석과 일치한다.

5 사례

의료 및 임상연구를 포함하여 연구 문헌에 구조방정식모형을 사용한 예가 많이 있다. 스탱거 등(Stanger et al., 2002)은 부모와 가족 문제가 아버지(91명)와 어머니(120명)의 아동에 대한 내면화와 외향화 문제에 미치는 영향을 연구했다. 독립변수의 경우 잠복요인 부모 문제는 검증된 중독심각도지수(McLellan et al., 1985)에 의해 측정된 마약, 의학 및 정신의학 문제를 포함하는 반면, 잠복요인 가족 문제는 가족 간 의사소통, 역할, 정서적 행태, 검증된 가족평가장치(Epstein, Baldwin, & Bishop, 1983)에 의해 측정된 행태통제를 포함한다. 아동 잠복요인의 경우 내면화 문제는 사회적 고립, 신체적 불만 및 불안/우울을 포함하는 반면, 외향화 문제는 검증된 아동행태 검사목록(Achenbach, 1991)에 의해 측정된 주의 문제, 공격적인 행태 및 비행 행태를 포함했다.

스탱거 등(Stanger et al., 2002)은 아동의 내면화/외향화의 전체 모형을 세심하게 준비했고 경쟁적으로 제약되거나 제약되지 않은 모형을 시험했다. 두 가지 외부 잠복변수인 부모 및 가족 문제는 강한 상관관계가 있는 반면에, 잠재된 두 내생적 변수인 아동 내면화/외향화 행태들에 대해서는 가족 문제만이 유의한 회귀경로계수를 가지고 있었다. 자녀의 내면화/외향화 행태 문제를 크게 예측할 수 있는 가족 문제에서 아버지와 어머니 모형이 각각 시험되었다. 흥미롭게도 부모 문제와 가족 문제 사이의 연관성은 아버지에게서는 약했지만 어머니에게서는 높았다. 이 연구는 세심하게 계획되고 시험된 모형의 힘을 보여주었고, 다른 모집단을 대상으로 할 수 있는 적절한 치료와 개입을 구현하기 위한 정보를 실무자에게 제공했다.

마찬가지로 계층적 선형/다단계 모형은 행태과학 연구에 광범위하게 적용되었고, 특히 학생들이 교실, 학교 및 학군 내, 또는 학군 간에 높거나 낮은 성과에 노출될 수 있는 교육 환경에서 다양한 설계를 도입하였다. 또한 이러한 연구모형들을 통해서 궤적분석 접근법과 일치하는 일시적인 변화를 평가할 수 있다.

라우덴부시와 브라이크(Raudenbush & Bryk, 1986; Bryk & Raudenbush, 1992)는 시카고에서 60만 명 이상의 학생들의 학업 성취도에 대해 조사한 것으로 유명한 콜먼 보고서(Coleman et al., 1966)를 광범위하게 재분석했다. 보고서에서 카톨릭학교의 성취도가 공립학교보다 더 높지만, 사회경제적 지위가 높아지면 성취의 기울기는 공립학교가 더 가파르게 나타났다. 이는 카톨릭학교에서의 학업 성취가 경제적 지위와 관계없이 사회적으로 평등하다는 것을 보여준다. 몇몇 연구자들은 콜먼 보고서가 추가적인 교란변수를 다루지 않았다고 주장했다. 궤적의 관점에서 평가하면, 라우덴부시와 브라이크는 학교 유형 간 학업 성과 변화의 절편과 기울기를 결과측정으로 사용할 수 있었고, 기울기와 절편 사이의 오차는 상관관계가 있다는 생각을 적절하게 다루었다.

리와 브라이크(Lee & Bryk, 1989)는 카톨릭학교와 공립학교를 대표하는 고등학교를 비교했다. 두 가지 계층의 모형을 사용하여 학력, 소수집단의 격차(저소득 가정과 부유한 가정의 차이), 사회경제적 차이, 그리고 학업 성과의 차이가 학생 수준과 학교 수준에서 학업 성취에 영향을 미치는지 조사하였다. 그들은 학문적 배경이 학업성취 정도와 양의 상관성을 보이는 것을 발견했고, 이 상관성은 카톨릭학교와 공립학교의 사회경제적 차이에서도 관찰되었다. 소수집단의 격차는 학업성취에 있어서 더 나쁜 영향을 주었고, 카톨릭학교에서는 소수집단의 격차가 학업성취에 영향을 주는 정도가 덜했다(Bryk & Raudenbush, 1992; Lee & Bryk, 1989).

구조방정식모형과 계층적 선형모형 모두 결과변수에 대한 다중 독립변수 및 이들의 상호작용 효과를 더 잘 평가할 수 있다. 이 시스템은 시간효과, 그룹중첩, 계층 간의 가변적 상호작용 및 상관관계, 비선형효과 및 선형효과, 그리고 경사도와 절편 사이의 궤적 경사 변화를 측정하기 위한 종적 자료 측정 시점의 측면에서 상당한 융통성을 제공한다.

6 행위자기반모형

행위자기반모형(ABM)은 개별기반모형(IBM)이라고도 하며, 복잡한 시스템과 새로운 행태와 패턴을 탐지할 수 있는 과정을 모의실험한다. 행태는 다음과 같이 모형에 기술된 행위자와 변수에 비해 특이하고, 행위자나 가변적 특성에서 예측할 수 없으며, 모형에서 지정된 행위자 및 기타 요소의 '단순한 합이 아닐 때' 발현된다. 그림과 레일스백(Grimm & Railsback, 2005, p. 14)은 모의실험 모형이 행위자기반모형/개별기반모형이 될 수 있는 4가지 기준을 다음과 같이 식별했다. (a) 설명된 '생명주기'의 복잡성 입증, (b) 모형 행위자가 사용하는 현실적인 '자원역학' 제공, (c) 모형화된 모집단에 대한 '실수 또는 정수'의 특성화, (d) 행위자 연령에 기초한 행위자 특성의 현실적인 차이 표현, 행위자기반모형은 복잡한 종 상호작용, 분포 및 인구와 환경 특성에 대한 반응의 변화를 관찰한 생태학적 모형에서 강점을 가지고 있었다. 수백 개의 상호검토 연구논문들이 행위자기반모형을 활용했다. 늘어난 컴퓨터와 그래픽 플랫폼은 이러한 행위자기반모형을 지원했다. 행위자기반모형의 역사는 수학과 물리학의 초기 컴퓨터 모의실험에 큰 영향을 받았다.

드레스텐과 윙(Dresden & Wong, 1975)은 최초의 세포 자동 모의실험 중 하나인 존 콘웨이의 생명 게임의 수학적 기초를 설명했다. 콘웨이의 간단한 프로그래밍 게임은 사용자가 매트릭스의 인접한 점유 세포의 수를 기초로 생존, 사망 또는 번식에 대한 특정 의사결정 규칙을 적용할 수 있게 한다. 이 시스템은 연구자/프로그래머에 의해 설정된 초기 사양을 기반으로 확장, 지속 가능성, 또는 붕괴로 발전할 수 있다. 따라서 이 모형은 로트카–볼테라(Lotka–Voltra)의 포식자–피식자 주기와 같은 고전적인 생태학적 모형을 포함하여 모의실험 능력을 향상시키기 위한 추가 모형과 소프트웨어 개발의 기초가 되었다.

길버트와 트로이츠(Gilbert & Troitsch, 2005)는 건강모형으로 확장할 수 있는 사회과학적 응용을 위한 많은 모의실험 프로그램에 대해 설명했다. 그들은 인기 있는 매–도브–도바이어(hawk–dove–law abider) 모형의 STELLA 소프트웨어 모형과 그것의 적용과 같은 관련 예시와 코드를 제공했다. 주요 모의실험 프로그램으로는 넷로고(NetLogo), Swarm, STELLA, MIMOSE, POWERSIM, SIMPLE, SIMPLEX 등 여러 가지 로봇, 신경망, 시스템 다이내믹스 등이 있다. 이러한 모형을 사용하여 변수와 인구 관계의 가설을 연구하는 그룹 모의실험 소프트웨어 플랫폼은 진행 중인 모형을 시각화하고 그룹변수 궤적을 플로팅할 수 있는 정교한 그래픽 기능을 개발했다. 넷로고(NetLogo)(Wilensky, 1999)와 같은 일부 프로그램은 미래 예측 패턴의 모형을 위한 실제 자료를 가져올 수 있다.

윌렌스키(Wilensky, 1999)는 넷로고를 노스웨스턴대학(http://ccl.northwestern.edu/netlogo/)에서 제공하는 프리웨어로 개발했다. 인터페이스에는 새 모형, 제어, 디스플레이 및 출력 기능을 생성하기 위해 조작할 수 있는 소스코드와 함께 실행할 수 있는 광범위한 모형 라이브러리가 포함된다. 다소 길지만 사용자 친화적인 프로그래밍 매뉴얼도 웹사이트에서 이용할 수 있다. [그림 5–4]에서 협력 게임(Wilensky, 1997)을 볼 수 있다. 그림과 레일스백(Grimm & Railsback, 2005)은 SORTI, PSPCþ3 및 Swarm을 포함한 많은 강력한 행위자기반모형 플랫폼에 넷로고를 포함시켰다.

행위자기반모형은 실제 현장의 수집 자료와 비교하여 제한적이지만, 기존에 수집된 자료, 현재 가설화된 변수 및 광범위한 현장 관찰자료를 사용할 수 없는 경우에 이론을 시험할 수 있는 강력한 모의실험 도구를 연구자에게 제공한다. 가장 중요한 것은 행위자기반모형이 연구설계 과정을 강조하고 있으며 이를 지원하기 위한 예비 탐사로 활용할 수 있다는 점이다. 실제 자료 수집 및 분석을 위한 연구 프로그램을 수립한다. 다른 모든 모형과 마찬가지로, 행위자기반모형은 연구자가 준비한 사고 및 배경 작업만큼만 예측할 수 있다.

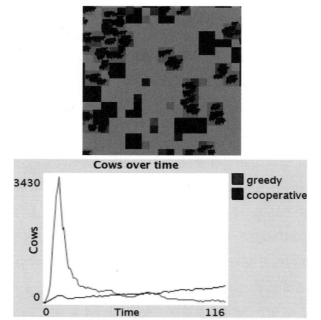

[그림 5-4] 행위자기반모형의 실험예제 실행. 넷로고 5.0.4, 윌렌스키의 행위자기반모형을 사용.

7 비선형성

고전적 회귀분석(Pedhazur, 1982)의 선형성을 가정한 경우, 가변 관계의 선형성 위반을 시험하여 연구자가 조사 중인 가설 모형을 수정하는 데 필요한 조치를 취하도록 할 수 있다. 예를 들어, 많은 약물은 낮은 복용량의 낮은 효과와 매우 높은 복용량의 낮은 효과로 선량–반응의 곡선 관계를 가지고 있다. 임상 연구는 의사가 환자의 상태에 따라 정확한 복용량을 처방할 수 있도록 적절한 관계를 확립해야 한다. 마찬가지로, 대부분의 섭취할 수 있는 물질은 측정 가능한 치사량 LD50을 가지고 있다. 생리 기전이 이해되지 않고, 초보자가 집에서 시도해서는 안 되지만, 매우 낮은 수준의 특정 '독성' 화학 물질과 방사선은 실제로 성장, 활력 및 면역 기능을 촉진하는 호르미시스(hormesis)[5]라는 비정상적인 건강 현상을 일으킨다.

비선형 상황의 경우, 종적 자료의 궤적분석을 추구하는 연구원은 모형의 선형변수를 사용하여 조정된 '선형' 방식으로 작동하도록 비선형변수를 적절하게 조정해야 한다. 이러한 접근법에는 비선형변수의 로그 또는 2차 변환이 포함된다. 전환 방법론은 표준회귀분석, 구조방정식모형, 계층적 선형모형 및 행위자기반모형에 대한 자료 준비의 일부이다. 비선형변수는 연구대상자에게 제시되어야 하지만 선형변수가 관련될 경우 분석에 적합하게 수정되어야 한다. 비선형변수와 가변 관계는 현실을 모형화하려는 시도의 일환으로 기대된다.

8 원인 추정 및 복잡성

조심스럽게 계획된 연구과정은 한 변수가 모든 상황에서 실제로 다른 변수를 유발한다는 사실을 '증명'하지는 않지만 '원인 및 효과' 변수 관계를 뒷받침하는 증거를 확립할 수 있다. 변수 사이의 타당하고 분석적으로 지원되는 연관성의 유효성 연구를 통해 연구 결과가 도출된다. 강한 연광성은 연구자, 임상의사 및 정책 입안자에게 의사결정을 위한 '증거'를 제공한다(2장 참조). 구조방정식과 계층적 선형모형에 관한 절에서 설명한 잔차와 마찬가지로, 일부 외부 변수는 항상 우리의 개념 모형에서 누락될 것이며, 일부 변수는 특정 개인에게 고유한 것일 수 있다. 결과적으로 이상한 값을 버리지 않는 것이 중요하지만 대신 이러한 개인이 어떻게, 그리고 왜 다른지 조사해야 한다.

. . . .

5   호르미시스(Hormesis) 효과란 유해한 물질이라도 소량이면 인체에 좋은 효과를 줄 수 있다는 것이다.

마찬가지로 통계적으로 유의한 결과가 반드시 둘 이상의 변수 사이의 연관성이 유의하다는 것을 의미하지는 않는다. 때로는 작은 표본 크기와 치료의 효과가 결과를 편향할 수 있다. 비대표적이거나 작은 표본은 항상 실험의 통계적 파워에 영향을 미치므로 연구자가 직접 검증력분석(Cohen, 1988; Faul, Erdfeler, Lang, and Buch)을 수행하는 것이 중요하다.

건강조건에서 궤적과 경로의 복잡성은 생화학적인 경로에 의해 가장 분명하게 입증된다. 유전자 연구와 생화학 분야의 발전으로 단백질과 다른 분자 사이에 실험적으로 입증 가능한 인과관계가 수천 개나 발견되었다. 지속적인 발견은 이러한 모형들에 새로운 관계를 더한다. 노화와 관련되고, 유리기(free radical) 손상으로부터의 세포 보호와 관련된 생화학적 경로는 [그림 5–5]에 표시된 시르투인(Sirtuin)경로이다. 이 모형은 명확성을 위해, 추가적인 경로 요인들을 배제하여 단순화하였다. 활성산소종(반응성산소종)은 DNA를 손상시키기 때문에 DNA 복구(repair) 단백질을 양성 피드백한다. DNA 복구 단백질인 폴리 ADP-리보오스 폴리메라아제(poly-ADP-ribose polymerase)는 니코틴아마이드 아데닌 디뉴클레오타이드(NAD+) 의존성 탈아세틸화 효소인 시르투인 1[6]을 증진시키는 필수성분인 니코틴아마이드 아데닌 디뉴클레오타이드의 산화 형태를 사용한다. 시르투인 1 탈아세틸화효소(Sirtuin 1 deacetylase)는 히스톤 단백질을 변형시켜 유전자 발현을 위해 불활성 염색체 부위를 제거한다. 니코틴아마이드 아데닌 디뉴클레오타이드는 시르투인 1의 필수적이고 충분한 반응기이다(Guarente, 2014; Rodgers et al., 2008). 마찬가지로 레스베라트롤 및 폴리페놀은 적포도와 많은 채소(예: 정향, 블루베리)에서 발견되는 화합물로서, 필요한 조건이지만 충분하지는 않다. 칼로리 제한 케톤 생성 식이요법, 아미노산 트립토판 및 니코틴아마이드 모노뉴클레오타이드는 시르투인 1 활동의 간접적인 효과/촉진제이다. 그다음 시르투인 1은 미토콘드리아 유전자의 전사를 유도하는 연속적인 반응 경로를 유발하여 적절한 미토콘드리아 기능을 유도한다(Guarente, 2014; Picard et al., 2015).

· · · · · · · · · · · · · · · ·
6 시르투인 1: 암과 노화의 연결된 작용 기전에 중요한 역할을 하는 것이 효모에 존재하는 휴지정보 조절자 2(silent information regulator 2, SIR2)이고, 포유류에서는 시르트1(SIRT1) 유전자이다.

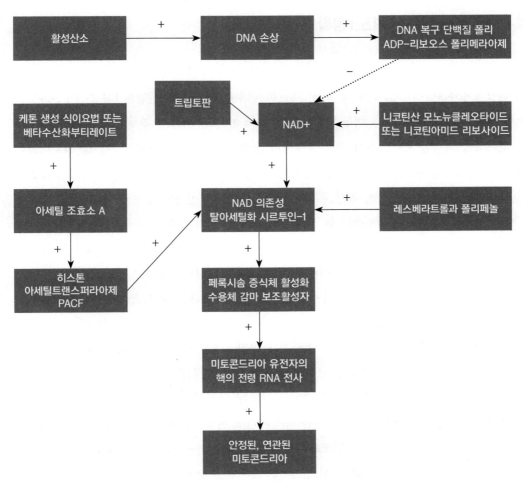

[그림 5-5] NAD⁺시르투인 경로(Guarente, 2014, p. 706; Lerin, Gerhart-Hines & Puigserver, 2008, p. 48).
폴리 ADP-리보오스 폴리메라아제(PARP: poly-ADP-ribose polymerase)를 제외한 모든 요인이 다른 요인에 긍정적인 영향을 준다. 이는 시르투인 1 및 이후 과정에 필요한 NAD⁺를 고갈시킨다.

9 타당도 및 신뢰도(정확도 및 정밀도)

건강결과와 관련된 이론적이고 측정 가능한 변수를 포함하면 실험의 타당도와 신뢰도를 달성하는 데 도움이 된다. 너무 많은 연구자들이 이 두 용어를 잘 혼동하고 있다. 타당도는 정확도를 의미한다. 즉, 측정 대상과 유사한 상관변수가 아니라 실제 측정 대상과 비교한다는 의미이다. 당면한 상황에 대한 참양성과 참음성이 포함된 의사결정 매트릭스(표 2-1)를 생각해보라. 예를 들어, 외상 후 우울증을 측정하고 싶다면, 불안 이외의 심리 상태를 측정하기 위해 미리 시험된 적절한 설계와 측정 도구를 가지고 있는지 확인해야 한다.

　　신뢰도는 정밀도라고도 부르는데, 이는 반복되는 측정에도 어느 정도 동일한 결과를 얻게 되는 것을 의미한다. 하지만 여러분이 잘못된 목표를 겨냥하고 있는 것일 수도 있기 때문에 신뢰도가 타당도를 의미하지 않을 수도 있다. 하나의 예로서, 만약 우리가 자부심이라고 불리는 것을 일관되게 측정하는 멋진 도구를 가지고 있다고 가정하자. 그러나 실제로는 (자부심이 아닌) 자부심과 밀접하게 관련된 사고방식을 정확하게 측정하고 있을 수도 있다는 것이다. 마이어스-브릭스[7] 설문과 유사하게 개인의 성격을 분석한다고 주장하는 설문이 많이 있다. 그러나 비록 개인이 설문에 무작위로 응답할 때조차도, 그 설문들 중 몇 가지는 대략적인 성격 속성만을 측정하기도 한다. 마찬가지로 신체 언어 해석을 지지하는 사람도 있지만 폴 에크먼(Paul Ekman, 1992)은 전문적인 훈련을 하더라도 약 80%의 정확도만 달성하고 20%는 오류를 낼 수 있다고 주장한다. 수십 년 동안 그리고 심지어 오늘날에도, 윤리학자들은 해밀턴의 법칙[8]이 개인의 이타적인 행태를 설명했다고 주장했다. 그러나 노박, 타르니타, 윌슨(Nowak, Tarnita & Wilson, 2010)은 대부분의 진(眞)사회적 종들이 이론상 반수이배성(haplodiploid)(즉, 꿀벌(apis mellifera)) 결정이 아닌 배수배수성(diplodiploid)을 이용한다는 것을 증명하면서 거센 비난을 받았다. 게다가 '모두가 반수이배성인 7만 마리 이상의 기생체 및 apocritan hymenoptera(예: 말벌 종) 중 어느 것도 진

. . . .

7 마이어스-브릭스 인벤토리(Meyers-Briggs Inventory)는 C.G.Jung의 심리유형론을 근거로 하여 캐서린 쿡 브릭스(Katharine Cook Briggs)와 이사벨 브릭스 마이어스(Isabel Briggs Myers)가 보다 쉽고 일상생활에 유용하게 활용할 수 있도록 고안한 자기보고식 성격유형지표이다.

8 해밀턴의 법칙(Hamilton's rule)은 자연선택이 이타 행동을 선호할 조건으로, 유전자를 공유한 친족 사이에서 협동 행동이 많이 일어난다는 법칙이다.

사회적이지 않다(pp. 1057–1058)'는 주장은 유전적 관련성과 이타주의에 대한 해밀턴의 법칙에 대해 철저히 의문을 제기한다. 노박, 타르니타, 윌슨은 유전자적 관련성이 아닌 '어떤 것'이 비사회적 행태의 비용/이득비보다 더 크다고 결론지었다.

타당성에 대해 심사숙고 하는 것은 신중하게 계획해야 한다. 사무엘 메시크(Samuel Messick, 1988)는 (a) 안면 타당도, (b) 내용 타당도, (c) 구성 타당도, (d) 동시 타당도, (e) 예측 타당도 등 유형 및 접근방식에 대한 광범위한 논문을 제공했다. 이러한 유형을 강도가 증가하는 순서로 정렬해보자. 안면 타당도는 가장 쉽고 때로는 적절하다. 즉, 이 지표는 액면 그대로의(예: 객관적 시청자에게 분명함) 개념을 진정으로 평가하는 것으로 보인다. 내용 타당도는 종종 특정 구성 요소를 식별하는 데 필요한 특정 기준과 조치에 대한 합의에 도달한 전문가 패널에 의해 결정된다. 구성 타당도는 심리적 구성을 나타내기 위해 이론에 의해 예측되는 다양한 변수와 요인 부하를 평가한다. 요인 분석 및 구조방정식모형은 구조의 유효성을 평가하는 데 종종 사용된다. 동시 타당도는 이미 검증된 기존 측정 도구와 새로운 측정 도구를 연관시킴으로써 설정된다. 측정 도구가 행태(즉, 높은 민감도 및 특이성)를 정확하게 예측하므로 예측 타당도가 가장 강력하다. 예를 들어 공격적 행태를 측정하는 도구는 실제 사회에서 그러한 행위를 제한하거나 제거하고자 할 때 중요하다. 윤리적인 문제가 있을 수 있지만, 공격적 행태를 측정하는 도구는 실제로 공격적인 행위를 예측하기도 한다.

측정 도구를 시험하는 방법은 보완적이지만 특별히 다르거나 복잡하지는 않다. 그렇지만 연구자는 신뢰도를 측정하는 것만으로 연구 준비를 변경해야 한다(Crocker & Algina, 1986; Messick, 1988). 유사한 측정 항목의 신뢰도는 크론바흐 알파(Cronbach 's alpha)[9]를 통해 평가된다. 의사결정 유형 연구는 다양한 평가자가 있는 경우에 사용된다. 다양한 평가자 합의의 결맞음은 계수 κ 또는 내부 상관계수를 사용하여 평가할 수 있다(Crocker & Algina, 1986). 타당도 조사를 위한 요인 분석(Gorsuch, 1983)은 구조물 또는 하부 구조물에 측정변수의 하중을 평가하는 데 사용된다. 경로분석, 구조방정식모형, 계층적 선형모형 및 일반화 선형모형 반복 측정은 측정변수가 예측 유효성을 위해 주어진 건강결과를 예측하는지 시험할 수 있다.

· · · · · · · · · · · · · · · · ·

9　신뢰도계수라고도 불리며, 다양한 항목들에 내적일관성(internal consistency)이 있는지를 측정한다.

실험설계 타당도는 또한 외부 및 내부 연구타당도로 구성되며, 연구설계의 유효성에 위협이 될 수 있는 설계 약점이 존재한다(Gay, 1992). 타당도에 대한 내부 위협에는 연구대상자(예: 편의 표본) 선정의 편향, 연구 절차 및 재시험에 순응하는 것을 포함하여 연구대상자의 성숙, 호손 효과(예를 들어, 관찰된다는 사실로 인한 연구대상자의 행태변화), 연구대상자들에게 영향을 미치는 역사적 사건들, 연구대상자 행태의 모집단 자연회귀, 측정 장비 문제들이 있다. 타당도에 대한 외부 위협에는 연구 표본이 전체 인구를 대표하는지 여부와 검사 및 치료 간의 상호작용, 연구참여자의 선택 및 연구에서 사용된 다른 검사들이 있다. 연구타당도 및 실험설계에 대한 자세한 내용은 게이(Gay, 1992)의 논문에서 찾을 수 있다.

10 요약

경로계수 방법의 최종 결과는, 일부는 미미해 보일 수 있지만 많은 변수들이 주어진 건강 및 행태 결과에 직접적, 또는 간접적으로 기여할 수 있음을 깨닫는 것이다. 마찬가지로 우리가 하거나 하지 않는 어떤 결정이나 조치는 다른 사람들에게 즉각적이고 직접적인 영향과 장기간의 잠재적이고 간접적인 영향을 준다. 펨브리 외 연구진(Pembrey et al., 2006)이 입증한 조부모가 손자의 질병이환율/사망률에 미치는 세대 간 영양상태의 후성유전자 영향은 우리가 매일 만드는 보편적이고 무한한 상호작용 중 두드러진 하나의 예를 보여준다.

참고문헌

Achenbach, T. M. (1991). *Manual for the child behavior checklist/4–18 & 1991 profile.* Burlington, VT: University of Vermont Department of Psychiatry.

Blum, H. K. (1983). *Expanding health care horizons: From general systems concept of health to a national health policy* (2nd ed.pp. 34–37). Oakland, CA: Third Party Publishing.

Box, G. E. P. (1976). Science and statistics. *Journal of the American Statistical Association, 71*(356), 791–799.

Browne, M. W., & Cudeck, R. (1993). Alternative ways of assessing model fit. In K. A. Bollen & J. S. Long (Eds.), *Testing structural equation models* (pp. 136–162). Newbury Park, CA: Sage.

Bryk, A. S., & Raudenbush, S. W. (1992). *Hierarchical Linear Models: Applications and data analysis methods.* Newbury Park, CA: Sage.

Byrne, B. M. (1998). *Structural equation modeling with LISREL, PRELIS, and SIMPLIS: Basic concepts, applications, and programming.* Mahwah, NJ: Laurence Erlbaum Associates.

Cliff, N. (1983). Some cautions concerning the application of causal modeling methods. *Multivariate Behavioral Research, 18*, 115–126.

Cohen, J. (1988). *Statistical power analysis for the behavioral sciences* (2nd ed.). Hillsdale, NJ: Lawrence Erlbaum.

Coleman, J. S., Campbell, E. Q., Hobson, C. J., McPartland, J., Mood, A. M., Weinfeld, F. D., et al. (1966). *Equality of educational opportunity.* Washington, DC: National Center for Education Statistics. Report Number OE-38001.

Crocker, L., & Algina, J. (1986). *Introduction to classical and modern test theory.* Forth Worth, TX: Harcourt Brace Jovanovich.

Dresden, M., & Wong, D. (1975). Life games and statistical models. *Proceedings of the National Academy of Sciences of the United States of America, 72*(3), 956–960.

Eigen, M., & Schuster, P. (1979). *The hypercycle: A principle of natural self-organization.* Berlin: Springer.

Ekman, P. (1992). Facial expression of emotion: New findings, new questions. *Psychological Science, 3*, 34–38.

Epstein, N. B., Baldwin, L. M., & Bishop, D. S. (1983). The McMaster Family Assessment Device. *Journal of Marital Family Therapy, 9*, 171–180.

Fassinger, R. E. (1987). Use of structural equation modeling in counseling psychology research. *Journal of Counseling Psychology, 34*, 425–436.

Faul, F., Erdfelder, E., Lang, A. G., & Buchner, A. (2007). G*Power 3: A flexible statistical power analysis program for the social, behavioral, and biomedical sciences. *Behavior Research Methods, 39*, 175–191.

Gay, L. R. (1992). *Educational research: Competencies for analysis and application* (4th ed.). New York, NY: Merrill.

Gilbert, N., & Troitzsch, K. G. (2005). *Simulation for the social scientist.* Berkshire: Open University Press/McGraw Hill.

Gorsuch, R. L. (1983). *Factor analysis* (2nd ed.). Hillsdale, NJ: Lawrence Erlbaum.

Grimm, V., & Railsback, S. F. (2005). *Individual-based modeling and ecology.* Princeton, NJ: Princeton University Press.

Guarente, L. (2014). Linking DNA damage, NAD+/SIRT1, and aging. *Cell Metabolism, 20,* 706–707.

Hamilton, W. D. (1963). The evolution of altruistic behavior. *The American Naturalist, 97*(896), 354–356.

Hayduck, L. A. (1987). *Structural equation modeling with LISREL: Essentials and advances.* Baltimore, MD: Johns Hopkins University Press.

Hayduck, L. A. (1996). *LISREL issues, debates and strategies.* Baltimore, MD: Johns Hopkins University Press.

Hidalgo, B., & Goodman, M. (2013). Multivariate or multivariable regression? *American Journal of Public Health, 103*(1), 39–40.

Hollar, D. (2016) Validation of a new instrument to evaluate gradients of empathy. *Journal of Psychoeducational Assessment.* doi:10.1177/0734282915623882.

Hollar, D., Paxton, A., & Fleming, P. (2012). Exploratory validation of the fruit and vegetable neophobia attitudes instrument among elementary grade students. *Appetite, 60,* 226–230.

Kothari, D. S. (1975). *Some thoughts on truth.* New Delhi: Anniversary Address, Indian National Science Academy, Bahadur Shah Zafar Marg.

Lee, V., & Bryk, A. S. (1989). A multilevel model of the social distribution of high school achievement. *Sociology of Education, 62,* 172–192.

Lem, S. (1978). Odds. *The New Yorker, 54,* 38–54.

Long, J. S. (1983). *Covariance structure models. An introduction to LISREL.* Newbury Park, CA: Sage.

Marsh, H. W., Lüdtke, O., Muthen, B., Asparouhov, T., Morin, A. J., Trautwein, U., et al. (2010). A new look at the big five factor structure through exploratory structural equation modeling. *Psychological Assessment, 22,* 471–491.

Marsh, H. W., Muthen, B., Asparouhov, A., Lüdtke, O., Robitzsch, A., AJS, M., et al. (2009). Exploratory structural equation modeling, integrating CFA and EFA: Application to students' evaluations of university teaching. *Structural Equation Modeling, 16,* 439–476.

McLellan, A. T., Luborsky, L., Cacciola, J., Griffith, J., Evans, F., Barr, H. L., et al. (1985). New data from the Addiction Severity Index: Reliability and validity in three centers. *Journal of Nervous and Mental Disorders, 173*, 412–423.

Messick, S. (1988). Validity. In R. L. Linn (Ed.), *Educational measurement* (3rd ed.). New York, NY: American Council on Education, Macmillan.

Nowak, M. A., Tarnita, C. E., & Wilson, E. O. (2010). The evolution of eusociality. *Nature, 466*, 1057–1062.

Pedhazur, E. J. (1982). *Multiple regression in behavioral research: Explanation and prediction* (2nd ed.). Fort Worth, TX: Harcourt Brace College Publishers.

Pembrey, M. E., Bygren, L. O., Kaati, G., Edvinsson, S., Northstone, K., Sjostrom, M., ··· The ALSPAC Study Team (2006). Sex-specific, male-line transgenerational responses in humans. *European Journal of Human Genetics, 14*, 159–166.

Picard, M., McManus, M. J., Gray, J. D., Nasca, C., Moffat, C., Kopinski, P. K., ··· Wallace, D.C. (2015). Mitochondrial functions modulate neuroendocrine, metabolic, inflammatory, and transcriptional responses to acute psychological stress. *Proceedings of the National Academy of Sciences of the United States of America 112*(48):E6614–E6623. www.pnas.org/cgi/doi/10.1073/pnas.1515733112.

Popper, K. (2002). *The logic of scientific discovery.* New York, NY: Routledge.

Prigogine, I. (1982, December 18). *Only an illusion (The Tanner lectures on human values)* (pp. 35–63). Delhi: Jawaharlal Nehru University.

Raudenbush, S., & Bryk, A. S. (1986). A hierarchical model for studying school effects. *Sociology of Education, 59*(1), 1–17.

Rodgers, J. T., Lerin, C., Gerhart-Hines, Z., & Puigserver, P. (2008). Metabolic adaptations through the PGC-1α and SIRT1 pathways. *FEBS Letters, 582*, 46–53.

Rothman, K. J., & Greenland, S. (1998). *Modern epidemiology* (2nd ed.). Philadelphia, PA: Lippincott–Raven Publishers.

Singer, J. D., & Willett, J. B. (2003). *Applied longitudinal data analysis: Modeling change and event occurrence.* New York, NY: Oxford University Press.

Stanger, C., Kaman, J., Dumenci, L., Higgins, S. T., Bickel, W. K., Grabowski, J., et al. (2002). Predictors of internalizing and externalizing problems among children of cocaine and opiate dependent parents. *Drug and Alcohol Dependence, 66*, 199–212.

Thom, R. (1972). *Structural stability and morphogenesis.* New York, NY: W.A. Benjamin.

Wilensky, U. (1997). NetLogo cooperation model. Center for Connected Learning and Computer-Based Modeling, Northwestern Institute on Complex Systems, Northwestern University, Evanston, IL, http://ccl.northwestern.edu/netlogo/models/Cooperation.

Wilensky, U. (1999). *NetLogo*. Evanston, IL: Center for Connected Learning and Computer-Based Modeling, Northwestern Institute on Complex Systems, Northwestern University. http://ccl. northwestern.edu/netlogo/.

World Health Organization. (2001). *International classification of functioning, disability and health*. Geneva: World Health Organization.

Wright, S. (1918). On the nature of size factors. *Genetics, 3*, 367–374.

Wright, S. (1920). The relative importance of heredity and environment in determining the piebald pattern of guinea pigs. *Proceedings of the National Academy of Sciences of the United States of America, 6*, 320–332.

Wright, S. (1921). Correlation and causation. *Journal of Agricultural Research, 20*, 557–585.

Wright, S. (1934). The method of path coefficients. *Annals of Mathematical Statistics, 5*(3), 161–215.

Wright, S. (1960a). Path coefficients and path regressions: Alternative or complementary concepts? *Biometrics, 16*(2), 189–202.

Wright, S. (1960b). The treatment of reciprocal interaction, with or without lag, in path analysis. *Biometrics, 16*(3), 423–445.

안정성 및 회복성/
건강조건의 비가역성

■ **약어**

DNA(deoxyribonucleic acid) 디옥시리보핵산
FDA(U.S. Food and Drug Administration) 미국 식품의약국
ICF(International Classification of Functioning, Disability and Health) 국제 기능·장애·건강분류
WHO(World Health Organization) 세계보건기구

대부분의 생리적 과정은 인간 수명 중 수십 년 동안 매우 안정적이다. 굴심방결절 심박조절기의 신경 자극은 다른 신체 시스템의 교감 및 부교감 신경 피드백을 벗어난 작은 편차로 수년 동안 약 1초마다 1회씩 심장박동을 안정적으로 뛰게 한다. 심장박동 속도는 스트레스, 운동, 그리고 교감신경과 부교감신경계의 이완 자극에 의해 조절된다. 소화기계는 부드러운 근육과 신경내분비 되먹임 기전을 통해 음식을 안정적으로 이동시키고 영양분을 흡수하며 간혹 위의 바이러스나 살모넬라 박테리아 감염으로부터 신속하게 회복하거나 위상재설정을 하기도 한다. 우리는 수면/기상 주기 및 인지/의식 수준의 규칙적인 일과를 통해 매일 활동을 수행한다.

따라서 복잡한 인체는 분자, 세포, 조직 및 세포 밖의 매트릭스 수준에서 무수한 되먹임 기전을 통해 탁월한 안정성과 회복력을 나타낸다. 이후 설명될 내용과 같이, 이러한 시스템은 효율적인 에너지 및 구조 형성을 위한 조직화된 정보와 화학 공정을 수반한다는 점에서 평형과는 거리가 먼 조건에서 작동한다(Nicolis & Prigogine, 1981). 순수한 평형 시스템은 무작위적이고 에너지, 정보 등의 균등 분포와 혼돈을 일으킬 수 있다. 살아있는 생명체 내의 과정은 복잡한 구조, 정보 흐름의 구성, 세포와 조직 유지를 위한 정보의 신뢰할 수 있는 복제, 그리고 전체 유기체의 생식을 필요로 한다. 정보의 구획화와 에너지 및 분자를 필요한 위치에 따라 결합하는 것은 놀랍도록 효율적이다.

1 비가역적인 변화와 시간의 화살

그럼에도 불구하고 오류는 최적 기능에서 점진적으로, 갑작스럽게, 또는 장기적으로 벗어난 결과를 초래한다. 이러한 현상은 환경 및 후성유전자 변화가 연령에 따라 위험 임계값을 초과하여 축적되고 이러한 변화로부터 회복하는 신체 능력이 감소됨으로 인해 수명 주기 중 어느 시점에서나 발생할 수 있다. 엘스켄과 프리고진(Elskens & Prigogine, 1986; Prigogine, 2002)은 이러한 사건들을 일시적인 '대칭적 파괴'와 '시간의 화살'로 묘사했다.

시간의 화살은 적어도 우리가 관찰할 수 있는 시스템의 경우에는 물리학의 대칭이 깨져 있다는 사실을 의미한다. 이 명백한 진술은 열역학 제2법칙[1]에서 비롯되는데, 이는 잠재적 상태의 불가피한 붕괴를 에너지 바닥상태(ground state)로 유지하는 엔트로피의 법칙이고, 여기에는 정보의 무작위 분포의 최대 엔트로피가 존재한다. 바닥상태에서는 조직화(organization)가 되지 않는다.[2]

다른 시스템들은 다양한 속도로 바닥상태로 이동하는 반면 대부분 가우스 또는 정규 분포(예: 벨 곡선)의 범주에 속한다. 선진국에 살고 있는 개인의 경우 평균적으로 80~90년의 생애 동안 노화와 사망이 발생한다. 개가 장수할 수 있는 기간은 훨씬 더 짧고, 상자거북은 더 길다. 다른 비유로, 해변의 파도는 단 몇 초 동안만 지속되지만, 지진으로 인해 생긴 잔물결의 풍경은 바람과 물의 침식을 견뎌내면서 수천 년 동안 지속될 수 있는 유사한 사인파를 나타낸다.

결과적으로 시간은 앞으로 나아간다. 이전 순간에 시스템의 모든 정보 내용을 정확하게 재구성하지 않으면 뒤로 이동할 수 없다. 그렇게 하려면 시스템의 모든 측면을 측정하기 위해 현재는 달성할 수 없는 엄청난 용량과 에너지가 필요할 것이다. 더욱이 하이젠베르크(Heisenberg)의 불확정성 원리[3]에 따르면, 관찰 행동이 우리가 이 과제를 성취하는 것을 방해할 것이다.

활성화 에너지를 낮추기 위해 효소에 의해 촉매된 화학 반응은 반응제의 조합을 수 초 안에 수천 개의 최종산물로 변환할 수 있다. 그 반응은 효소 없이는 천 년이 걸려도 저절로 일어나지 않을 수 있다. 상호작용 시스템과 에너지의 결합은 7장에서 논의될 의료 및 궤적분석의 중요 개념인 생활 시스템의 구성과 복잡성에 필수적이다.

그럼에도 불구하고 화학 반응은 되돌릴 수 있는 시스템이다. 반응 방향은 반응제의 농도, 사용 가능한 에너지, 촉매 효소 기능, pH, 온도, 이온화 방사선 등과 같은 여러 요인에 따라 반응물질의 형성을 천천히 또는 강하게 진행시킬 수 있다. 그러나 반응의 산물

. . . .

1 열역학 제2법칙(second law of thermodynamics)은 열적으로 고립된 계의 총 엔트로피가 감소하지 않는다는 법칙이다.

2 열역학 제2법칙은 시간이 지나면서 무질서도가 증가하게 된다는 자연계의 보편적인 사실을 보여준다. 무질서도가 최고가 되는 바닥상태에서는 분자들이 항상 붕괴된다고 말한다. 비생명체인 원자나 분자에서부터 생명체로 진화하는 자기 조직화가 가능하다는 진화론과는 반대되는 이론이다.

3 불확정성 원리는 양자역학에서 맞바꿈 관측량이 아닌 2개의 관측가능량을 동시에 측정할 때, 둘 사이의 측정 정확도에는 물리적 한계가 있다는 원리이다. 즉 양자의 위치와 속도를 동시에 둘 다 확정할 수 없다는 것이다.

은 대체 효소와 이러한 동일한 요인의 변화에서(원래의 조합에 포함된 정확한 원자는 아니지만) 주어진 원래 반응제의 형성에 역행할 수 있다. 그 과정에서 반응은 균형을 이룰 수 있는데, 일부 반응제는 생산물로 변화하기도 하고, 몇몇 산물은 다시 반응물로 변화한다(그림 6-1). 살아있는 세포의 생화학적 반응을 보면 평형상태가 아닌 생체 과정이 이 균형을 이용한다(서문과 7장 참조). 다양한 실험실 검사 결과에 대해 다른 표준 범위를 생각해보면 알 수 있다. 수년간 정보 시스템(즉, DNA)의 점진적인 유전적 및 후성유전자 변화는 이러한 과정에서 노화와 궁극적인 구조/시스템 붕괴로 이어진다. 더 심각한 사건(예: 질병이나 부상)은 어떤 나이에도 이러한 점진적인 과정을 방해하거나 가속화할 수 있다.

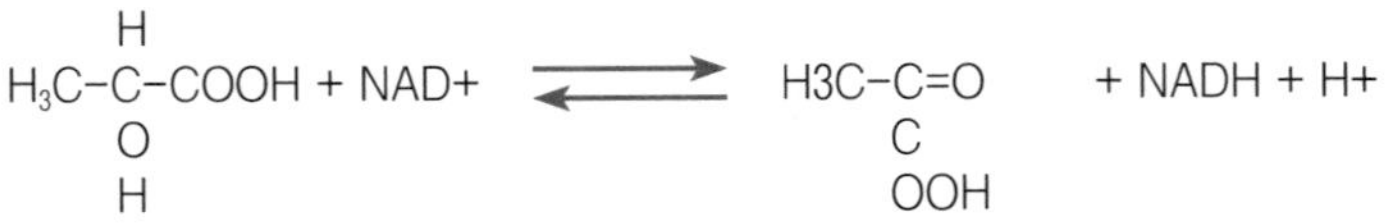

$$H_3C-\overset{\overset{\displaystyle H}{|}}{\underset{\underset{\displaystyle H}{|}}{C}}-COOH + NAD+ \rightleftarrows H3C-\underset{\underset{\displaystyle OOH}{C}}{C}=O + NADH + H+$$

유산물   피루브산

[그림 6-1] 표준 화학 반응. 최종-해당 과정 산물 유산물은 산화된 니코틴아미드 아데닌 디뉴클레오티드(NAD+)와 반응하고, NADH로 환원되고 동시에 피루브산을 형성하는 큰 분자이다. 이것은 구연산 주기 및 에너지의 호기성 생산을 위해 내부 미토콘드리아 막을 통해 수송된다. 여기에 표시된 특정 반응은 세포질의 pH에 따라 오른쪽 또는 왼쪽으로 이동할 수 있다.

건강 관리를 위해 이러한 사건들은 의료 프로그램이 예방하거나 치료하려고 시도하는 많은 조건에서 나타난다. 우리는 인간의 신체에서 생화학 반응(주기적), 환경과 후성유전자 변화(일방향), 행태변화(주기), 그리고 환자 행태 결정의 결과(방향)를 통해 발생하는 유사한 유형의 상황들을 발견한다. 예방 활동은 특정한 질병의 발생 가능성이나 시간을 줄임으로써 주어진 환자의 사건 진행 과정을 변화시키며, 앞으로 일어날 수 있는 일을 막아서 미래의 경로를 바꿀 수 있다(8장 참조). 이것이 건강정책과 개입의 주된 목표인 미래를 바꾸는 일이다. 예방 활동, 프로그램, 치료, 그리고 다른 개입들이 긍정적인 결과를 낳기 바란다. 대안적인 미래/궤적이 존재하지 않기 때문에 우리는 결코 확신할 수 없다. 기초 및 응용 연구에서 건강결과에 대한 가장 잘 입증된 증거를 보유하고, 정책 개발에서 적절한 의사결정을 내리고 모든 사람에게 공평한 치료를 제공하는 것은 긍정적인 결과를 가져와야 한다.

의사결정(2장), 실험검증 및 경로계수 방법(5장)은 모든 개인에게 최적의 결과를 제공하는 의료 프로그램과 의학적 치료를 적용하는 데 필수이다. 그럼에도 불구하고 우리는 취하지 않은 조치와 그에 대한 긍정적이거나 부정적인 결과에도 경로계수 방법이 적용된다는 것을 알아야 한다(8장 참조). 또한 정치의 간섭, 잘못된 의사결정 발견법(예: 오류, 3장 참조), 나쁜 과학은 공중보건을 끔찍한 결과로 이끌 수 있다. 엄격하고 광범위한 미국 식품의약국(FDA) 승인 과정을 견뎌낸 약품조차도 부정적인 부작용을 일으킬 수 있다.

그 결과 우리는 더 나은 과학과 정책으로 개선을 위해 노력하는 불완전한 시스템을 가진다. 많은 조건들이 치료될 수 있고, 사람들은 비교적 정상적인 수준으로 돌아갈 수 있다. 최초의 물리적 상황이나 설계를 넘어서는 어떤 조건들은 반전되거나 개선될 수 없다. 따라서 사건의 궤적과 시간의 화살은 세포 내에서 분리된 화학 반응을 제외하고, 현재의 패턴을 확립한 과거의 사건 및 비사건에 의존하여 앞으로 이동한다(그림 5-2).

2 기능 수준

우리는 특정 건강조건에서 모집단 평균으로부터 추정된 기능(functioning)의 수준을 설정할 수 있다. 일부 개인은 다른 어떤 유전자/후성유전자와 환경에의 노출로 인해 그러한 기능의 정상적인 분포에서 벗어날 수 있다. 예를 들어, 국제 기능·장애·건강분류(ICF; 세계보건기구, 2001)를 통해, 우리는 면역 반응(ICF b435)이나 건강 전문가의 개별적 태도(e450)처럼 다양한 건강 변수를 조사할 수 있다. 이러한 조건 중 한 가지 또는 두 가지 모두가 건강 개선을 방해하는 경우, 우리는 그들을 다음과 같이 평가할 수 있다.

0. b435.0 또는 e450.0: 건강 향상을 위한 장벽 없음(0~4%)
1. b435.1 또는 e450.1: 건강 향상을 위한 어느 정도의 장벽(5~24%)
2. b435.2 또는 e450.2: 건강 향상을 위한 중간 장벽(25~49%)
3. b435.3 또는 e450.3: 건강 향상을 위한 심각한 장벽(50~95%)
4. b435.4 또는 e450.4: 건강 향상을 위한 완전한 장벽(96~100%)

반대로, 이러한 두 가지 조건 중 한 가지 또는 모두가 건강을 증진시키기 위해 도움이 되는 경우, 긍정적인 기여도에 대해 다음과 같이 평가할 수 있다.

0. b435.+0 또는 e450.+0: 건강 향상을 위한 조력자 없음(0~4%)
1. b435.+1 또는 450.+1: 건강 향상을 위한 어느 정도의 조력자(5~24%)
2. b435.+2 또는 450.+2: 건강 향상을 위한 적당한 조력자(25~49%)
3. b435.+3 또는 450.+3: 건강 향상을 위한 엄격한 조력자(50~95%)
4. b435.+4 또는 450.+4: 건강 향상을 위한 완전한 조력자(96~100%)

수백 가지의 신체 기능, 신체 구조, 사회 활동 및 참여와 환경요소에 대해서도 마찬가지다. 세계보건기구의 국제 기능·장애·건강분류 코딩 시스템은 방해자에 대해 음의 점수를 평가할 수 있다. 따라서 완전한 방해자에서 완전한 조력자에 이르기까지의 점수는 연속성을 가지고 있다. 이 점수에 대한 확률은 8장에서 다룰 것이다.

국제 기능·장애·건강분류는 단지 장애인의 기능이나 장애 정도를 평가하기 위한 것이 아니다. 이 분류는 언제든지 모든 사람들의 전체적인 건강 평가에 적용할 수 있다. 모든 사람들은 하루 동안 단식을 하거나 충분한 수면을 취하지 않는다는 간단한 조건만으로도 매일 다양한 건강 및 정신적 평가에서 오르내림을 경험한다. 사실상 모든 사람들이 일생을 사는 동안 적어도 신체 구조나 기능의 일시적인 급성 장애와 어느 정도의 만성 장애를 겪을 것이다. 국제 기능·장애·건강분류의 제작자는 ICD-9 및 ICD-10 진단/청구서 코드를 보완하기 위한 도구를 고안하고 있다. 국제 기능·장애·건강분류 모형(그림 4-1)을 사용하여 건강행태의 감시 시스템을 개발할 수 있다. 이 시스템은 스마트폰과 기타 기술 어플리케이션으로도 이용할 수 있을 것이다. 그 목표는 인간의 성과를 극대화하고 건강의 다양한 측면에 영향을 미치는 생리적, 환경적/개인적 요인들에 대한 방해물을 최소화하는 것이다. 방해물(자)을 최소화하기 위한 노력은 적절한 때에 추진되지만, 이전 상태로 되돌릴 수는 없다. 모든 사람들이 최적의 기능을 유지하기 위해 치료 또는 교정을 받는 것이다.

3 기능에 대한 장애 측정

프리고진(Prigogine, 1977)은 평형률 근처에 시스템을 방해하는 것으로 다음을 보여주었다.

$$S = S_0 + \delta S + 0.5\delta^2 S \qquad \text{[식 6-1]}$$

여기서 S는 동적 시스템의 총 엔트로피이고, S_0는 초기 엔트로피이고, δS는 엔트로피의 1차 부분 파생 또는 변화이며, $\delta^2 S$는 2차 엔트로피 변화이다. 글랑스도르프와 프리고진(Glandsdorff & Prigogine, 1971)은 $\delta^2 S$가 시스템의 변동을 완화시키는 평형 부근의 리아푸노프 함수라는 것을 보여주었다. 게다가 $\delta^2 S$의 시간 파생산물 $\delta/\delta t$는 엔트로피 생산량과 동일하며, 뤼엘(Ruelle, 1989)에 의해서도 언급된 현상이다. 프리고진(Prigogine, 1977; 2002)은 비평형지점 부근의 이질적인 변동은 위의 엔트로피 방정식과 헬름홀츠(Helmholts) 자유 에너지 방정식에 이어 '질서의 원천'인 '소산 구조'로 이어졌다고 주장했다.

$$F = E - TS \qquad \text{[식 6-2]}$$

여기서 F는 자유 에너지, E는 내부 에너지, T는 온도, S는 시스템 전체 엔트로피이다. 평형에서 F~0 및 E는 TS의 균형을 맞춘다. 저온에서는 E가 우세하지만 고온에서는 TS가 우세하다(Lesne & Laguës, 2012).

시스템의 특성에서 방향성이 있고 불가역적인 변화는 방해가 시스템에서 와류 또는 원환체들의 변동을 일으키는 비평형 임계점에서 발생한다. $\delta^2 S$가 음수이면 시스템은 안정적이지만 양의 값이면 혼란스러울 수 있으며 그중 큰 값은 변동을 줄인다. 또한 레센과 라그(Lesne & Laguës, 2012)는 결맞음 길이 ξ가 '시스템에서 순서 매개변수의 상관관계 범위'(p.37)이며 '순서 매개변수가 변경될 수 있는 최소거리'(p.65)라고 주장했다. 결맞음 길이[4]가 임계점 근처에서 수렴된다. 임계점 부근의 3차원 소용돌이(dimensional vortex)에 대해 레센과 라그는 결맞음 길이를 다음과 같이 추정했다(pp. 68, 98).

$$\xi \sim \exp\left(1.5t^{-0.5}|\right) \qquad \text{[식 6-3]}$$

$$\xi(t) = \xi_0 t^{-\upsilon} \qquad \text{[식 6-4]}$$

여기서 υ는 (p. 180)에 해당하는 스케일링 매개변수이다.

$$\upsilon = \log b / \log \lambda_1 \qquad \text{[식 6-5]}$$

매개변수 b는 시스템의 차원 위치(dimensional site) 수를 나타내며 λ_1은 $\delta^2 S$의 리아푸노프 지수이다. 따라서 리아푸노프 지수가 온도에 따라 달라진다. 톰(Thom, 1972, p. 48)은 그의 파국이론(catastrophe theory) 모형에서 '시스템의 공식 온도는 $T = (\delta S/\delta x)-^1$이고, 기하학적으로 온도는 초곡면의 평균곡률의 에너지 초곡면에 대한 평균의 역수'라고 강조했다. 시스템을 곡면으로 가정하면 온도는 엔트로피의 역수이며, 따라서 되돌릴 수 없는 위상변화에 대한 임계 지점 근처에서 리아푸노프 지수의 결맞음 길이 및 감소가 포함된다.

마지막으로, 프리고진(Prigogine, 2002, p. 299)은 다음과 같은 시스템 동적 특성을 포함하는 비가역적 위상 변동에 관련된 관계를 요약했다.

a) 시스템 결합은 단위 사이의 상호작용, 공명 또는 상관관계를 유도한다.
b) 공명과 상관관계는 통합성을 방해한다.
c) 비통합성은 시스템의 '비가역성 및 확률론적 설명'으로 이어진다.
d) 비통합성은 정체를 중단시킨다.

하일리(Hiley, 2012)는 이 상황을 경로계수 및 궤적과 관련하여 과거와 미래의 방

---

4 결맞음(coherence): 파동의 위상이 시간이나 공간적으로 정렬되어 있는 정도.
결맞음 길이(coherence length): 광원에서 나오는 빛의 위상이 공간적으로나 시간적으로 고른 성질의 결맞음을 가진 상태로 전파되는 길이.

향 교차를 '진행(process)' 또는 '유행(becoming)'이라고 주장한다. 구체적으로, 그는 파인만(Feynman, 1948)의 물리학적이고 생물학적인 논증을 불러일으킨다, 파인만은 순간을 미래로부터의 정보를 담고 있는 다중 경로의 공역 파동함수와, 교차하는 과거의 정보를 담고 있는 다중 경로의 파동함수 합으로 기술했다. 그리고 실제로 발생한 제한적인 과거 사건에 기초하고, 미래를 향하고 있는 현재의 잠재력에 중점을 두고 있는 코프만(Kauffman's, 2000)의 강조도 기술하였다. 후자의 포인트는 [그림 5-2]에 나타나 있다. 하일리(Hiley, 2012)의 관점은 양방향의 되돌릴 수 있는 시간의 외관을 가지고 있지만, 그의 주안점은 현미경에 나타나는 가시적인 현상이 아닌 양자 수준에 있다.

따라서 건강 시스템과 궤적분석의 경우, 우리는 이전의 생물학적 사건과 행태적 사건의 교차점에 관심이 있으며, 미래의 잠재력은 현재에 도달한 사건/경로 및 의사결정, 지식, 상상력 및 기술을 기초로 할 때에 한계가 있다. 의사결정과 지식을 얼마나 잘 구현하느냐는 우리가 수집하는 건강 자료, 특정 개인, 조건 및 환경에 대한 정보의 포괄성과 유효성, 후속 정책 형성 및 효과적인 개입, 특정 치료 및 추적 프로그램, 개선된 개인 건강결과를 위한 긍정적인 변화 치료 및 후속 조치 동안 지속적인 관찰 및 되먹임 평가들에 달려 있다. 따라서 의료과정 자체는 다양한 잠재적 경로를 갖는 궤적이며, 이 궤적은 세심하게 계획된 경우 바람직한 의료결과를 가져올 수 있다. 또한 많은 개입은 각 의료 수혜자의 고유한 유전자, 후성유전자, 환경, 사회 특성에 따라 몇 개월 또는 몇 년 동안 주의 깊고 지속적인 응용을 필요로 한다.

하일리의 과거와 미래의 모형이 되는 방향 교차점은 개인(예: 환자, 가족 구성원, 임상의사, 연구자, 정책 입안자), 환경, 분자 및 세포 현상 등 모든 궤적에 적용된다. 이러한 모든 상호작용을 측정하는 것은 불가능하다. 역학은 우리에게 일반적으로 긍정적인 결과를 산출하는 강력한 원인과 효과적인 치료 프로그램을 제공할 수 있지만, 관련없는 많은 요인들로 인해 일부 개인에게는 부정적인 결과가 뒤따를 수 있다. 인간의 행태는 인간 상호작용의 영향을 받으며, 뇌에 있는 수조 개의 시냅틱 연결에서 비롯되기 때문에, 행태모형으로 개인과 집단의 행태를 예측하기는 어렵다.

4 인간 발달

아동·청소년 및 성인의 정신사회 발달모형은 인간 행태를 '단계'로 기술한다(Erikson, 1968; Feshbach & Feshbach, 1969; Hoffman, 1976; Kagan, 1984; Miller, 1993; Newman & Newman, 1991; Vygotsky,1978). 그러한 모형은 신경인지 발달의 중요한 변화와 관련이 있는 심리적, 정신적 능력 변화의 대략적인 패턴을 추정한다. 대부분의 심리사회적 모형에서 변화는 6가지 인지적 차원으로 귀결된다. 그것은 역량, 자기코드화, 기대치, 가치, 목표와 계획, 그리고 자기통제 전략이다(Newman & Newman, 1991). 이러한 잠복요인들은 종종 자기 개념과 동기 부여를 포함한 다른 명칭으로 불린다.

심리사회적 발달은 생명에 중점을 두고 있다. 그것은 타고난 행태, 고전적 조건, 조작적 조건, 사회적 학습, 인지 행태주의를 포함한다(Newman & Newman, 1991, p. 114). 선천적 반응과 다른 행태는 임계 반응(Skinner, 1935)의 자극-조절 훈련과 약리학적 중재를 통해 다른 경로를 따라 방향을 바꿀 수 있다. 반면에 대부분의 행태는 개인의 신경인지 및 정서 발달을 혼란스럽게 하는 긍정적이고 부정적인 경험을 오랫동안 방해함으로써 훨씬 더 복잡해지며 유전적 특이성과 결합한다. 이미 논의된 바와 같이 이들은 수혜자가 치료요법을 적절하게 따른다면 단방향성이고 돌이킬 수 없는 개입이다. 행태는 반대 방향이 아닌 다른 경로로 변경된다.

대부분의 유아와 아동의 경우, 인지 및 감정 발달은 처음 6개월 동안 미소, 즐거움, 웃음, 기쁨과 함께 발생하며, 2년 동안 긍정적인 자기평가 및 탐험을 동반한다(Newman & Newman, 1991). 그럼에도 불구하고, 부정적인 양육과 다른 부정적인 환경 경험들은 극단적인 개입으로도 극복하기 어려울 수 있는 장기적인 이상 행동으로 갈 수 있다. 그러한 행동들은 분노, 공포, 수치심의 극단으로 이어질 수 있다.

이후 행태 발달 단계는 아동과 청소년이 서로 다른 속도로 발전하지만 대략적인 연령대에 따라 정리된다. 에릭슨(Erikson, 1980)은 신뢰, 자율성, 정체성, 친밀감 단계, 그리고 청렴을 포함한 8단계를 제안했다(Miller, 1993 참조). 마찬가지로, 히스(Heath, 1977)는 상징주의부터 시작해서 다른 사람들을 인식하고, 대인관계를 발전시키고, 정신적/감정적으로 안정되고, 자율적이 되는 연속적인 단계를 제안하였다. 이러한 발달 단계는 지성, 가치, 자아개념, 그리고 개인적인 관계의 영역에 걸쳐 평가된다. 콜버그(Kohlberg, 1976)는 보상대 처벌, 사회적 승인, 법률, 계약, 윤리 등 사회 내에서 증가하는 책임의 단계를 거치는 어린이와 청소년 발달의 6단계 도덕적 판단을 제안했다.

그렇지만 하일리(Hiley, 2008)의 프로세스 양자모형은 피아제와 인헬더(Piaget & Inhelder, 1967)가 이웃에서 만난 아이들에 관한 연구를 인용했다. 이 연구는 아이의 마음이 개별적으로 우선 순위에 대한 인식에 따라 물리적인 거리가 아닌 마음의 거리를 실제 거리로 판단한다는 것을 발견했다. 하일리의 주장은 하이젠버그의 불확정성 원리가 관찰 사실이 결과에 영향을 미친다는 것을 증명하는 것처럼, 생각이 양자 체계에서 나오는 과정이라는 것이다. 피아제, 에릭슨, 콜버그의 이론 및 다른 저명한 인간 발달이론들은 확률론적 관점에서 평가할 수는 없지만, 주로 사회적이고 문맥 지향적이다. 개인과 집단행태에 대한 행태 및 정보처리 접근방식이 변화했지만, 구체적이고 보편적인 행태에 영향을 미치는 복잡한 유전자, 후성유전자, 사회와 환경 요인의 확인은 거의 이루어지지 않았다.

예를 들어, 공격적인 행태를 생각해보자. 세계보건기구(World Health Organization, 2002)에 따르면 폭력은 세계 보건에 심각한 위협이 되고 있다. 우리는 미묘하고 심리적인 폭력과 명백한 신체적 폭력에 대해 다각적인 관점에서 접근할 수 있다. 신에게 반하는 인간의 능력, 즉 적대적인 환경에서 생존을 위해 진화한 적응력과 신경학적 불균형 등의 관점으로 폭력에 접근할 수 있다. 노벨 문학상 수상자인 알렉산드르 솔제니친(Aleksandr Solzhenitsyn, 1973, p. 147)은 이렇게 표현했다. "권력은 수천 년 동안 잘 알려진 독이다. 그러나 더 높은 영역을 알지 못하는 사람들에게는 치명적인 독이며, 그들에게는 해독제가 없다 … 선과 악을 나누는 경계는 모든 인간의 마음을 찢는다"(p. 168). 7억 년 동안 일어난 후생동물의 진화를 보고 있자면, 고등교육을 100년 연장한다고 해서 인간과 다른 동물의 신경계에 내재된 침략의 생존 본능을 되돌릴 수 있을지 의문이다(Lorenz, 1966).

더욱이 권위에 의한 복종을 연구한 밀그램(Milgram, 1965)의 도발적인 모의 전기 충격 실험에서 확립된 것처럼 공격성에 대한 허용 능력은 매우 강하다. 마찬가지로, 공감은 인간과 고등 영장류에게만 있는 독특한 속성처럼 보이지만 실제 사례를 보면 사회적 상황과 압력에 따른 것으로 보인다(Hollar, 2016). 방어를 제외한 침략을 절제하는 것은 사회문화적 기관 내의 모든 세대에게 다시 가르쳐서 뿌리내려야 하는 현상이다. 세계보건기구의 문서에서 알 수 있듯이 이에 대한 간단한 해결책은 없으나, 공격적 신경인지 성향의 변화는 분명히 존재한다.

따라서 자신의 건강과 다른 사람들의 행태에 해를 끼치는 공격성과 다른 행태를 통제하기 위한 필요충분 요소들을 평가해야 한다. 다시 말하지만, 되돌릴 수 없는 결과와 관련된 행태들은 효과적인 기전에 의해 변화되도록 해야 한다. 이러한 접근법은 초기의 바람직하지 않은 행태와 바람직한 행태를 포함한 대안행태 사이의 엔트로피, 또는 리아푸노프의 궤적변수를 증가시킴으로써 바람직하지 않은 행태의 방향을 전환해야 한다. 동시에, 이것은 개인의 행태와 바람직한 행태 사이의 결맞음 또는 유사한 패턴(즉, 결맞음 길이)을 증가시키는 것을 포함한다.

$$\lambda = \delta^2 S^{\sim} \xi^{-1}$$ [식 6-6]

그러므로 행태가 바람직한 경우 λ를 최소화하여 급격한 궤적의 변화를 방지해야 한다. 마찬가지로, 결맞음 길이 ξ는 연속성과 바람직한 행태를 일치시키기 위해 최대화되어야 한다. 생화학 반응의 경우, 적절한 반응제, 에너지 공급, 촉매 및 지지 매트릭스를 통해 이를 달성할 수 있다. 마찬가지로 행태개입의 경우, 임시적이거나 짧은 개입이 아니라 후속 조치가 있는 적절한 장기지원이 발생해야 한다. 대부분의 행태개입의 경우 결맞음을 유지하고 궤적으로부터의 편차를 최소화하기 위해 지지와 관찰은 장기간 지속되어야 한다. 이는 인력 문제, 시간, 돈, 자원의 문제, 환자 추적, 환자, 가족 및 동료의 개입을 준수하려는 의지 부족과 다른 환자에 대한 과중한 의무 탓에 드물게 이루어진다.

이 행태가 바람직하지 않은 경우 궤적 변화를 개선 조건으로 유도하도록 λ를 조작해야 한다. 따라서 바람직한 동작과 변경사항이 일치하도록 결맞음 길이 ξ를 줄여야 한다. 생리학적 시스템에서 이러한 접근방식은 단계적 이동을 통해 수행되며(11장과 13장 참조), 특정 시스템에 대한 에너지 구동 충격(예: 심근경색) 또는 표적 약물(예: 우울증 약물)을 포함한다. 그러한 충격은 일시적이거나 장기적일 수 있으며, 행태 조건의 경우 더 그러하기 때문에 후속 관찰과 개입이 필요한 경우가 많다.

행태변화에 대한 한 가지 접근법은 유형 2 추론을 요구하는 의사결정 교수법을 도입하는 것이다(2장 참조). 죄수의 딜레마[5]와 내쉬 균형[6] 상황은 개인들 간의 협력을 촉진하

---

5   죄수의 딜레마: 개인이 최적의 선택을 한다고 하더라도, 협력하지 않는 상황에서는 최적의 선택을 가져오지 못하는 경우(내쉬균형의 최악의 상황)를 말한다.

6   내쉬균형: 상대방의 전략을 보고, 자신에게 최적인 전략을 선택하는 것.

는 것으로 보인다. 그러나 프레스와 다이슨(Press & Dyson, 2012)은 이전 움직임과 기억의 반복으로 판단하는 죄수의 딜레마 시나리오의 경우, 특정 전략을 가진 한 명의 참가자가 그 값의 범위 내에서 다른 참가자의 점수의 값을 설정할 수 있다는 것을 보여주었다. 이러한 발견으로 인해 의사결정자들은 사회적 협력 상황에서, 심지어 공정한 게임에서도 그들 자신과 다른 사람의 결과에 대해 '불공평한' 이점을 확립할 수 있다는 것을 암시한다. 따라서 자원이 한정되었을 때에 의사결정자들이 인간의 변덕을 좋게 보려고도 하고, 속임수도 쓰려고 하는 것은 자연스러운 경향일 것이다. 최선의 의사결정 시나리오에서도 개인의 편견은 잘못된 결정과 결과를 초래할 수 있다(Swets et al., 2000; 표 2-1).

애들러와 포스너(Adler & Posner, 2006)는 개인의 행태변화에 대한 대안적 관점을 제시했다. 그들은 개별효용선호곡선을 두 가지 대안적 행태 사이에 관련 지을 수 있는 파레토 분석[7]의 접근방식을 지지했다. 그들 주장의 본질은 만약 대안 A가 사회적 지지로 시행된다면, 대안 B를 지지하는 사람들은 질 것이라는 것이다. 해결책은 대안 B의 지지자를 얻기 위한 현 상황에 대한 차익 이점을 결정한 다음 이 차이를 사용하여 패배자들에게 보상을 제공하고, 따라서 패배자들이 대안 B로 전환하도록 격려하는 것이다. 이 접근법이 실제로 일관적으로 적용되는지는 논란의 여지가 있지만, 이는 건강하지 않은 행태를 변화시키기 위해 개인에게 장기적인 지원과 장려금을 제공하는 개념을 지지한다. 예측 이론에 대한 트베르스키와 카너먼(Tversky & Kahneman)의 실험에도 불구하고 행태를 변화시키기 위해 개인을 처벌하는 것은 대부분 실패할 가능성이 높다.

파레토 분석은 인구증가 및 자원 매개변수를 평가하는 로트카-볼테라 두 종의 경쟁 모형[8]을 반영한다. 인구증가율은 일반적으로 누가 승리하는지를 결정한다. 그러나 각 종이 스스로 규제한다면 두 종은 균형을 이루고 공존할 수 있다. 이런 점에서 상태와 행태를 통제하기 위한 자원과 치료법을 제공받는 개인들은 덜 바람직한 조건보다 선호되는 조건들 사이에서 균형을 이룰 가능성이 더 높다.

엘리어트 애런슨의 사회심리학팀(Stone, Aronson, Crain, Winslow, & Fried, 1994)은 성

· · · · · · · · · · · · · · ·

7 파레토 최적상태: 자원배분을 할 때 다른 사람에게 손해 없이는 또 다른 사람이 이익을 가져갈 수 없을 때, 이 조건을 만족하는 배분 상태를 말한다.

8 로트카-볼테라 경쟁(Lotka-Volterra competition, LVC) 모형은 1950년대 중반에 생태계에서 동일한 먹이를 두고 경쟁하는 생물체 간의 상호작용을 설명하기 위해 제시된 이론이다.

병에 대한 보호장비를 사용하는 대학생 수를 크게 늘리기 위해 위선 접근법을 사용했는데, 그들이 약속을 지키도록 심리학적으로 '묶는(유도된)' 계약서에 기본적으로 서명하도록 했다. 이러한 접근법은 다른 공중보건 및 사회훈련 노력으로 확대되었다. 다시 말해, 방향성은 있지만 되돌릴 수 없는 변화는 개선된 행태에 적용할 때 긍정적인 생각과 의사결정을 위한 궤적을 조작하는 데 사용할 수 있다. 행태의 대부분은 인간에게 '내재'되거나 부정적인 초기 삶의 경험에 강하게 영향을 받을 수 있지만, 종적 지지와 결합된 긍정적인 전략은 행태문제를 가진 많은 사람들을 도울 수 있으며, 사회 전반에 도움이 될 것이다. 또 다른 예로, 미셸 등(Mischel et al., 2011)은 지연된 보상과 관련하여 어린 시절의 자기관리 능력이 성인기의 안정성 및 성공과 강력하게 동반되는 경향이 있음을 설명했다. 우리는 잘못된 것을 바꾸기 위해 사람들을 초기 단계로 되돌리거나 재설정할 수는 없다. 따라서 우리의 목표는 대신 그들의 행태 궤적을 주어진 시간 안에서 더 나은 방향으로 이동시키는 것이다.

위의 설명은 신경인지 발달 심리학에 관한 방대한 문헌에 표면적으로만 닿아 있지만, 명백한 사실은 각각의 인간에게 고유한 유전자/후성유전자가 존재한다는 것이다. 생리적 또는 생화학적 개조 수준에서도 치료/개입의 결과는 본질적으로 확률적일 것이다. 이것이 논쟁의 여지가 있지만 우리가 많은 사람들이 주장하는 양자 접근법을 이용하는 이유이다(Hiley, 2008; Wheeler, 1962, 1989; Zurek, 1998).

5 요약

결맞음 길이(ξ)와 역지배적인 리아프노프 지수(λ)는 원래 양자 시스템의 맥락에서 정의되었지만, 쥬렉(Zurek, 1998)과 뤼엘(Ruelle, 1989)은 λ가 엔트로피의 척도라고 주장했다. 또한 그는 태양계와 같은 거시 시스템을 양자 형태로 작동시킬 수 있도록 결맞음 길이 ξ를 임계점과 시스템의 크기로 분리한다. 시스템의 존재에 대한 파동함수는 중요한 ξ를 지나서 나타나고, 어떤 지역에서는 가장 큰 리아푸노프 지수 (및 엔트로피) λ를 줄이기 위해 압축되며 커진다. 임계 결맞음 길이에 대한 크기 비율이 매우 큰 시스템의 경우 결맞음 시간이 매우 커질 것이고 안정성은 엔트로피가 계속 만들어지면서 커지겠지만, 평형상태에서 멀어질 때는 프리고진의 관측과 일치하게 될 것이다.

　　다음 장으로 넘어가면서, 이 두 변수는 행태와 생리적 위상변화 실험을 위한 궤적지도에서 두드러지게 나타날 것이다. 평형상태에서 멀어지고, 중요 지점에서 생성된 프리고진과 톰의 수학적 질서에 따라 양자 간의 시간대에서 감소하거나 손실되는 행태/과정(Hiley, 2012)의 출현이 있다. 이런 행태/과정에 대한 건강 및 의료 개입은 궤적변화를 위한 경계를 설정하는 조절기 역할을 하므로 합리적인 한계와 '시간의 화살' 내에서 λ를 유지하게 된다. 이는 의료 분석에 대한 새로운 사고방식을 의미하고, 연구자들은 카너먼(Kahneman, 2003)이 언급했던 유형 2 추론을 사용하여 생각해야 하는데, 이것은 양자 선에 따라 생각해야 한다는 휠러(Wheeler, 1989)의 조언과 일치한다.

참고문헌

Adler, M. D., & Posner, E. A. (2006). *New foundations of cost-benefit analysis*. Cambridge, MA: Harvard University Press.

Elskens, Y., & Prigogine, I. (1986). From instability to irreversibility. *Proceedings of the National Academy of Sciences of the United States of America, 83*, 5756–5760.

Erikson, E. H. (1968). *Identity: Youth and crisis*. New York, NY: W.W. Norton & Company.

Erikson, E. H. (1980). *Identity and the life cycle*. New York, NY: W.W. Norton & Company.

Feshbach, N. D., & Feshbach, S. (1969). The relationship between empathy and aggression in two age groups. *Developmental Psychology, 1*(2), 102–107.

Feynman, R. P. (1948). Space–time approach to non–relativistic quantum mechanics. *Reviews of Modern Physics, 20*(2), 367–387.

Glandsdorff, P., & Prigogine, I. (1971). *Thermodynamics of structure, stability and fluctuations (Chapter 5)*. New York, NY: Wiley–Interscience.

Heath, D. (1977). Academic predictors of adult maturity and competence. *Journal of Higher Education, 48*, 613–632.

Hemelrijk, C. K. (2002). Self–organization and natural selection in the evaluation of complex despotic societies. *Biological Bulletin, 202*, 283–288.

Hiley, B. J. (2008). *Quantum reality unveiled through process and the implicate order*. London: TPRU, Birkbeck College, University of London.

Hiley, B.J. (2012, November 9). Process, distinction, groupoids and Clifford algebras: An alternative view of the quantum formalism. arXiv:1211.2107v1 [quant–ph].

Hoffman, M. L. (1976). Empathy, role–taking, guilt and development of altruistic motives. In T. Lickona (Ed.), *Moral development and behavior: Theory, research, and social issues*. New York, NY: Holt, Rinehart & Winston.

Hollar, D. (2016). Validation of a new instrument to evaluate gradients of empathy. *Journal of Psychoeducational Assessment*. doi:10.1177/0734282915623882.

Kagan, J. (1984). The idea of emotion in human development. In C. E. Izard, J. Kagan, & R. B. Zajonc (Eds.), *Emotions, cognition, and behavior* (pp. 38–72). New York, NY: Cambridge University Press.

Kahneman, D. (2003). Maps of bounded rationality: psychology for behavioral economics. *The American Economic Review, 93*(5), 1449–1475.

Kauffman, S. A. (2000). *Investigations*. New York, NY: Oxford University Press.

Kohlberg, L. (1976). Moral stages and moralization: The cognitive developmental approach. In T. Lickona (Ed.), *Moral development and behavior*. New York, NY: Holt, Rinehart & Winston.

Lesne, A., & Lagües, M. (2012). *Scale invariance: From phase transitions to turbulence.* Berlin: Springer.

Lorenz, K. (1966). *On aggression.* New York, NY: MJF Books.

Milgram, S. (1965). Some conditions of obedience and disobedience to authority. In I. D. Steiner & M. Fishbein (Eds.), *Current studies in social psychology.* New York, NY: Holt, Rinehart & Winston.

Miller, P. H. (1993). *Theories of developmental psychology* (3rd ed.). New York, NY: W.H. Freeman.

Mischel, W., Ayduck, O., Berman, M. G., Casey, B. J., Gotlib, I. H., Jonides, J., ···, Shoda, Y. (2011). 'Willpower' over the life span: Decomposing self–regulation. *Social, Cognitive, and Affective Neuroscience, 6,* 252–256.

Nash, J. A. (1950). Equilibrium points in n–person games. *Proceedings of the National Academy of Sciences of the United States of America, 36,* 48–49.

Newman, B. M., & Newman, P. R. (1991). *Development through life: A psychosocial approach* (5th ed.). Pacific Grove, CA: Brooks/Cole Publishing Company.

Nicolis, G., & Prigogine, I. (1981). Symmetry breaking and pattern selection in far–from–equilibrium systems. *Proceedings of the National Academy of Sciences of the United States of America, 78*(2), 659–663.

Piaget, J., & Inhelder, B. (1967). *The child's conception of space.* London: Routledge and Kegan Paul.

Press, W. H., & Dyson, F. J. (2012). Iterated prisoner's dilemma contains strategies that dominate any evolutionary opponent. *Proceedings of the National Academy of Sciences of the United States of America, 109*(26), 10409–10413.

Prigogine, I. (1977). *Time, structure and fluctuations (Nobel Lecture on Physics).* Stockholm: The Nobel Foundation.

Prigogine, I. (2002). Dynamical roots of time symmetry breaking. *Philosophical Transactions of the Royal Society of London A, 360,* 299–301.

Ruelle, D. (1989). *Chaotic evolution and strange attractors.* New York, NY: Cambridge University Press.

Skinner, B. F. (1935). The generic nature of the concepts of stimulus and response. *Journal of Genetic Psychology, 12,* 40–65.

Smith, R. L., & Smith, T. M. (1998). *Elements of ecology* (4th ed.). Menlo Park, CA: Addison–Wesley Longman.

Solzhenitsyn, A. I. (1973). *The Gulag Archipelago: An experiment in literary investigation, I–II.* New York, NY: Harper & Row.

Stone, J., Aronson, E., Crain, A. L., Winslow, M. P., & Fried, C. B. (1994). Inducing hypocrisy as a means of encouraging young adults to use condoms. *Personality and Social Psychology Bulletin, 20*, 116–128.

Swets, J. A., Dawes, R. M., & Monahan, J. (2000). Better decisions through science. *Scientific American, 283*(4), 70–75.

Thom, R. (1972). *Structural stability and morphogenesis.* New York, NY: W.A. Benjamin/ Westview.

Tversky, A., & Kahneman, D. (1974). Judgment under uncertainty: Heuristics and biases. *Science, 185*(4157), 1124–1131.

von Neumann, J., & Morgenstern, O. (1953). *Theory of games and economic behavior.* Princeton, NJ: Princeton University Press.

Vygotsky, L.S. (1978). *Mind in society: The development of higher psychological processes* (M. Cole, V. John–Steiner, S. Scribner, & Souberman, E. (Eds.)). Cambridge, MA: Harvard University Press.

Wheeler, J. A. (1962). *Geometrodynamics.* New York, NY: Academic Press.

Wheeler, J.A. (1989). *Information, physics, quantum: The search for links.* Proceedings of the 3rd International Symposium on the Foundations of Quantum Mechanics, Tokyo (pp. 354–368).

Wilson, E. O. (1998). *Consilience: The unity of knowledge.* New York, NY: Alfred A. Knopf.

World Health Organization. (2001). *International classification of functioning, disability and health.* Geneva: Author.

World Health Organization. (2002). *World report on violence and health.* Geneva: Author.

Zurek, W.H. (1998, February 20). Decoherence, chaos, quantum–classical correspondence, and the algorithmic arrow of time. arXiv:quant–ph/9802054v1.

chapter

07

에너지 수준과 퍼텐셜

■ **약어**

ATP(adenosine triphosphate) 아데노신 삼인산
DNA(deoxyribonucleic acid) 디옥시리보핵산
MRSA(methicillin resistant staphylococcus aureus) 다재내성 황색포도상구균
RNA(ribonucleic acid) 리보핵산

우리 중 많은 사람은 학교에서 배운 과학 사례로 거대한 댐에 의해 가두어진 강의 위치 에너지[1]에 대해 이야기할 수 있다. 이 사례에서 중력은 위치 에너지를 운동 에너지로 전환시키는 힘으로 작용하는 반면, 댐은 그와 반대 방향으로 작용하거나 음의 힘으로 작용한다. 결과적으로 표준 위치 및 운동 에너지 방정식을 갖게 된다.

$$E_p = mgh \qquad \text{[식 7-1]}$$
$$E_k = 0.5\,mv^2 \qquad \text{[식 7-2]}$$

여기서 m은 킬로그램 단위의 질량을 나타내고, g는 중력($9.81\,\text{ms}^{-2}$/해면 높이)으로 인한 가속도이며, h는 지면 위 질량의 높이(예: 해수면 높이 또는 댐의 바닥), v는 속도(ms^{-1})이다. 댐의 구조물과 곡률 설계에는 강의 엄청난 중량을 견딜 수 있는 강한 강도와 누적된 수량을 완화하기 위한 방출점이 반드시 필요하다.

1 에너지는 생명 과정, 건강과 변화의 중심에 있다

모든 생명 과정은 생리적이고 분자적인 수준에서 운동을 위한 에너지의 변환을 포함한다. 우리는 건강을 효율적인 에너지 전달에 의해 구동되는 최적의 기능으로 정의할 수 있다. 질병이 신체의 에너지와 자원을 마비시킨다는 것은 분명하다. 바이러스는 특히 더 많은 바이러스를 복제하기 위해 세포 신진대사를 중단시킨다. 마찬가지로, 병원성 박테리아는 조직을 손상시키는 독소를 방출하며, 몸은 면역 반응을 위해 상당한 에너지를 발생시켜야 한다. 특정 유전자 또는 신진대사 상태는 생화학 경로 또는 미토콘드리아 에너지 생산의 효율적인 기능을 변화시킨다. 운동부족과 영양부족이 신체 기능의 약화로 이어진다. 중추신경계 부위의 생화학적인 불안정성은 다양한 정신 조건의 신경내분비 불균형 특성뿐만 아니라 수조 개의 시냅스 전체에 걸쳐 비효율적이거나 비정상적인 신경전달이 발생할 수 있다.

---

1   위치 에너지는 힘이 작용하는 공간에서 물체의 상태에 따라 갖는 에너지를 일컫는 말이다.

공중보건은 예방과 관찰에 중점을 두고 있지만, 의료는 특히 질환 치료에 집중했다. 따라서 건강과 역학은 행태, 사회, 그리고 건강의 '거시적' 측면에 초점을 맞추었다. 의학은 건강의 생리적, 생화학적, 세포적/분자적 측면에 초점을 맞추고 있다. 두 분야의 의료 전문가에게 두 가지 모두에 대한 이해와 통합은 건강관리를 향상시켜 건강결과를 개선하기 위해 필요하다. 따라서 보건정책 전문가들이 더 나은 건강결과를 논의할 때, 그들은 심각하게 건강상태의 분자생물학적/생화학적/생물에너지학적인 측면을 다룰 필요가 있다.

거시규모 및 미시규모에서 위치 에너지와 운동 에너지 외에도 우리는 고유한 양자 관점인 알버트 아인슈타인의 질량 에너지 방정식을 추가하여 핵 온도에서 질량의 변형에 의해 방출될 수 있는 엄청난 에너지를 설명할 수 있다.

$$E_\mathrm{m} = mc^2 \hspace{4cm} \text{[식 7–3]}$$

여기서 c는 빛의 속도를 나타낸다(약 3×10^8 ms^{-1}).

아인슈타인의 관계식은 살아있는 시스템의 생물에너지 또는 신체 시스템, 건강행태, 개인 및 환경 사이의 잠재적인 관계와는 거의 관련이 없다. 위치 에너지와 운동 에너지의 관계는 우리가 일상생활과 대부분의 생리적 과정에서 접하는 가장 거시적인 고전적 수준뿐만 아니라 플랑크 길이 $l_\mathrm{h} = 1.62 \times 10^{-35}$m(또는 플랑크 에너지 $E_\mathrm{h} = 1.22 \times 10^{19}$ GeV, Levy-Leblond & Balibar, 1990)보다 작은 초아원자 거리에서의 미시적 양자 세계와 관련이 있다.

2 양자 대사(quantum metabolism)와 건강

여전히 데이비스, 데메트리우스, 투진스키(Davies, Demetrius & Tuszynski, 2011; 2012)는 고령화의 특징인 분자 및 유전자 불안정성에 대해 헤이플릭(Hayflick, 2007)이 강조한 것처럼, 암과 미토콘드리아 장애는 양자 수준 또는 적어도 양자형태로 작동할 수 있다고 이론화했다. 데이비스 외 여러 학자들은(Davies et al., 2012) 세포당 1.9×10^{14}개의 원자와 세포당 약 1×10^3개의 미토콘드리아가 미토콘드리아당 1.9×10^{11}개의 원자의 에너지를 생산하고, 이는 대략 추정된 인체의 3×10^{13}개 세포의 에너지를 위한 아데노신 삼인산의 생산을 위한 일정한 생물학적 플랑크 상수와 거의 비슷하다(Hollar, 2016 참조). 미토콘드리아는 대부분의 세포 과정의 핵심이다. 그것은 자신의 유전 정보뿐만 아니라 세포핵 염색체에 유전 정보의 상당 부분을 전이시킨 주변 세포와 독립적으로 번식하며, 전자 운반체와 수소 양이온을 매개로 하여 $\delta p \approx 220mV$(즉, 양성자 구동력)의 생물에너지 퍼텐셜 우물[2]을 펌핑해서 생성하고, 즉 세포 에너지 분자인 아데노신 삼인산을 재사용한다(ATP; Nicholls & Budd, 2000; Picard, Shirihai, Gentil, & Burelle, 2013). 양자적 접근에 뒤이어 하일리(Hiley, 2012)는 현상이 나타나는 물리적 시스템에서 공정의 중요성을 주장하였는데, 이는 생태계를 위해 점점 더 많이 탐구되고 있는 접근법이다. 그리고 그는 뉴턴의 중력상수 값($G = 6.673889 \times 10^{-11}$ Nm^2 kg^{-2})이 5.9년 주기로, 또는 11년 태양 주기의 1/2에 걸쳐 지구의 회전율에 따라 변동하는 경우 양자 현상이 거시적 고전 시스템에 적용될 수 있다고 제안했다(Beninca, Ballantine, Ellner & Huisman, 2015; Grimm & Railsback, 2005).

미토콘드리아는 우리가 생물체에서 신뢰성 있게 측정할 수 없는 복잡한 에너지 기관인 반면에, 생명에 대한 중요성에 있어서는 우리의 관심을 요한다. 건강은 세포, 조직, 그리고 전체적인 개인의 건강을 증진시키는 미토콘드리아의 기능에 달려 있다. '어려운' 과학 분야와의 연계는 의료 지식에 대한 과학 지식의 혁신적인 적용이나 지식을 향상시키는 데 별로 도움이 되지 않는다. 에너지 퍼텐셜은 삶에 대한 모든 상호작용을 정의하므로 신체 내의 변화하는 에너지 상태는 수명의 궤적에 대한 건강 수준을 반영한다.

우리는 인간 관계의 에너지 및 표면에 대한 새로운 관점과 경로계수를 설명할 때, 이러한 개념을 3가지 생물학적 관점에서 함께 묶는다.

1. 열역학, 에너지 연구, 에너지 변화 및 '균형상태에 있는 시스템의 열, 작업 및 특성 사이의 관계'(Lay, 1963, p. 1)
2. 위상, 연속적인 변형을 견뎌내는 물체의 특성 연구(Henle, 1979, p. 1)
3. 생물학적 곡면과의 접촉에서 마찰, 윤활, 마모 및 구조설계에 대한 연구(Dowson, 2012, p. 9)
4. 생태학, '생물의 분포와 수량을 결정하는 상호작용 연구'

. . . .

2 퍼텐셜 우물은 변위에 따른 위치 에너지의 그래프에서 극솟값(local minimum)을 말한다. 물체가 퍼텐셜 우물의 바닥에 정지해 있는 경우에는 에너지 변화가 없는 채로 우물의 바닥에 남아 있다.

5. 치명적인 이론, 물리적 전이점 주변에서 발생하는 지역적 변동의 기초가 되는 현상 연구

우리는 열역학을 사용하여 순수 운동학/잠재적 이분법과 생활 시스템의 정보 내용으로부터 생명 시스템 내의 에너지 변화를 측정한다.

3 시스템 위상과 생태학

지질 2층 세포막이든, 해안 하구든, 건물이든 관계없이 모든 생명 과정은 곡면(surface)에 포함되고 발생하기 때문에 위상(topology)과 관련이 있다.[3] 실제로 심리학적 과정과 사고도 이론적 다양성에 따라 본뜨기될 수 있다(Hiley, 2012). 접촉 곡면 사이에 세포, 조직, 행태 및 인간 상호작용이 발생하기 때문에 위상과 관련이 있다. 대부분의 경우 번개는 생명체에 중요한 질소 기반 분자를 생성하기 위해 대기 질소와 산소 사이에 강력한 반응을 일으키는 과정에서 음의 영역(한 표면)과 양의 지면(두 번째 표면) 사이의 잠재적 차이가 누적되어 발생한다(Uman & Krider, 1989). 이와 유사한 과정이 내부 미토콘드리아 막 전체에서 일어난다.

생태학은 초원, 하구, 열대우림 지역의 시스템 역학을 설명할 수 있는 것처럼, 세포, 장기들, 바이러스들, 분자들 사이의 세포 내 및 세포 간 경쟁과 협력에 적용될 수 있는 유기체 간의 상호작용을 조사한다. 마지막으로, 파국이론은 이러한 모든 학문을 실제적인 현상의 출현으로 연결한다. 그렇게 하기 위해서 파국이론은 시스템 상호작용과 시스템 운동으로 이끄는 근본적인 수학적 특성뿐만 아니라 물리적 요인까지 포함하게 된다. 전통적인 공중보건과 의학은 전통적인 분야(예: 역학, 미생물학, 내분비학, 심장학, 비뇨기학 등)를 통해 주어진 건강조건의 물리적 현상을 검토한다. 그러나 우리의 접근법은 건강 상태뿐만 아니라 건강결과로 이어지는 필요충분한 요인의 궤적을 풀기 위한 보완적인 기본 시스템 접근

· · · · · · · · · · · · · · · ·

3 위상수학(topology)에서 다양체(manifold)란 국소적으로 유클리드 공간을 닮은 공간을 말한다. 다변수 미적분학에 등장하는 곡선과 곡면의 개념을 높은 차원으로 일반화한 것으로 이해할 수 있다. 1차원 다양체를 곡선, 2차원 다양체를 곡면이라 부른다.

법을 포함한다. 따라서 우리는 근시안적인 문제가 아닌 최종적인 원인에 관심이 있다.

우주의 모든 생명과 모든 물리적인 사건들은 이러한 가능성을 유지하기 위해 강력한 퍼텐셜과 추진력에 의해 예측된다. 지구[4]는 성간 거리가 넓고 주위가 진공[5]으로 되어 있어서 닫힌계(closed system)일 수 있지만, 에너지와 물질 둘 다 소통이 있는 열린계(open system)[6]이다. 우리 태양계의 경우, 태양은 압도적인 추진력으로 2.4×10^{39} MeV s^{-1}의 에너지와 1.8×10^{38} 중성미자의 s^{-1}을 동위원소적으로 방출한다(즉, 모든 방향으로, Rolfs & Rodney, 1988, p.491 토의 참조). 약 64×10^9 중성미자 cm^{-2}는 매초 지구 곡면을 통과하지만, 이는 지구상의 모든 생명체를 움직이는 소멸 에너지이다. 게다가 태양, 행성, 1조 개의 혜성, 그리고 다른 궤도를 도는 물체들은 2.5×10^{17}km의 거리에서 16.5km$\times s^{-1}$의 상대속도로 은하계의 중앙 블랙홀 특이성을 중심으로 250×10^6년 이상 공전하고, 66×10^6년의 주기성으로 은하게 면 위 아래로 진동한다. 후자는 은하의 과거에서 온 알려지지 않은 외부 동력들에 의해 영향을 받은 것이 분명하다.

지구 곡면에 도달하는 작지만 상대적으로 상당한 비율의 에너지 중 일부는 광합성 박테리아 및 조류/식물 엽록체의 틸라코이드[7] 막에 흡수되며 천연 반도체 엽록소, 카로티노이드 및 크산토필은 일련의 결합된 산화/환원 반응을 유발한다. 그리고 이산화탄소/산소, 포도당 및 세포 내 다른 대사성 사이클링 반응에 대한 니코틴아미드 기반 보조인자를 궁극적으로 감소시킨다. 틸라코이드가 태양 에너지를 흡수하지 않으면 동물, 원생동물 및 진균류가 식물과 서로에게서 포도당과 대사 산물을 빼앗아서 대사작용과 역방향 세포 호흡작용(퀴논과 시토크롬 사이의 다시 산화/환원 전위)을 일으켜 에너지 분자 아데노신 삼인산염(ATP)과 진핵 미토콘드리아 또는 박테리아 세포막에서의 궁극적인 에너지 방출을 한다. 두 공정 모두에서 퀴논과 시토크롬은 전자를 높은 전위에서 낮은 전위로 이동시켜 최종적으로 복잡한 단백질 F1 ATP에이스[8]에 의한 아데노신 삼인산염의 재생을 촉진시키는 양성자 유발 전위차로서의 역할을 하며, 진핵세포의 내부 미토콘드리아 막을 가로지르는 수소 양이온 경사를 생성한다. 따라서 살아있는 시스템은 생존하기 위해 잠재적인 경사도와 연결된 사이클링 시스템을 따라 에너지를 순환시키고(Eigen & Schuster, 1979), 이로 인해 궁극적으로는 태양(구동자)과 함께 서로 움직인다.

인간과 다른 유기체 내에서 이 결합은 세포와 조직 기능, 근육 활동, 혈액의 생성, 뼈, 연골 매트릭스, 조직의 분화, 궁극적으로는 신경계 활동 등을 담당하는 끝없는 생화학적 경로를 계속 만든다. 그것은 결국 건강과 건강한 행태를 정의하는 생리적인 기능과 신경학적 활동에서 그들 자신을 드러낸다. 이 거대한 시스템은 지구상의 생명의 발전과 창조의 경이로움을 나타낸다. 특히 우리는 역동적인 시스템의 상호작용, 마찰, 마모, 시스템 고장 및 엔트로피(즉, 열역학 제2법칙)와 카운티 보건 과정의 엄청난 결과들을 다루어야 한다.

4 파국

톰(Thom, 1972, p.42)은 4차원 공간 B×T에서 점 y로 '보통의 파국 지점'을 다음과 같이 정의하였다. "파국집합 K와 중심 y의 볼 $b_r(y)$ 및 충분히 작은 반경 r의 교차점이, 모형으로서 내부 점이 없는 비어 있지 않은 내장된 준분석적 다면체 및 개방형 볼 $b_r(y)$를 열기 위한 과정의 제한을 가져온다면, 충분히 작은 r에 대해 모두 동형이다." 이것은 가능한 모든 과정을 설명하는 구의 작은 영역(그림 7-1, 그림 5-2 참조)이 불안정하며, 그 순간에 모든 가능한 과정의 영역 내에서 상대적인 안정성을 가지는 다른 영역에 대한 시스템 붕괴를 일으킨다는 것을 의미한다. B의 3차원은 시간 T에 따라 변하는 곡면 또는 다기관(11장 참조)을 나타낸다.

톰은 일반 시공 R^4 좌표(즉, B×T) 내에서 다양체 M에 대한 7가지 기본 비상유형을 분

---

8 ATP에이스(ATPase, adenylpyrophosphatase)들은 아데노신 삼인산(ATP)을 분해하여 ADP와 자유 인산염의 생성을 촉매하는 효소의 한 부류이다. 이 탈인산화 반응은 효소가 이용하는 에너지를 방출한다.

류하였다. 특히 파동의 이동과 유사한 포물선적 및 쌍곡적 제공형에 초점을 맞추었는데, 이 두 가지 모두 파국 지점에 대한 지역적 변동을 통해 시스템을 다른 잠재 상태로 붕괴시키는 분기점 또는 끝(cusps)점을 초래한다.

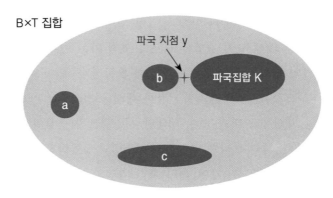

[그림 7-1] 안정성(즉, b)과 불안정성(즉, K)의 상호작용 영역들에 대한 톰의 기술

위에서 설명한 바와 같이, 파국이론의 목적은 숨겨진 파국의 본질을 모형화하기 위해 파국 또는 임계전이점(즉, 우리가 보는 것처럼 해석되고 육안으로 볼 수 있는 현실)의 주변 지역 변동을 이해하는 것이다(Hiley 2012; Thom, 1972). 톰은 상호작용하는 여러 시스템을 더 낮고 더 안정적인 위치 에너지 상태로 분해하기 위한 파국 지역(그림 2-5 참조) 사이의 경쟁을 기술했다. 그는 태아 발생에서 형태발생적 양식의 개발을 위한 예측 모형을 시도했는데(Thom, 1972, pp. 161-199), 이 접근법은 궁극적으로 예측의 과정을 기술하는 데 실패했다. 그럼에도 불구하고 파국이론은 생리적인 과정, 특히 생리적인 리듬의 주기적 과정(예: 뼈의 재형성)과 혈관의 안정/탄력성 및 혈류역학에서 연령과 관련된 치명적인 탄력성 감소, 그리고 암과 기회감염을 감시하는 면역체계 붕괴에 대한 이해를 높이는 데 적용할 수 있다.

파국 지점의 개념에 대해 더 자세히 설명하기 위해 톰(Thom, 1972, p. 18)은 연속적이고 불연속적인 과정을 중요하게 구분했다. 불연속적인 과정은 B×T 집합의 한 지점에서 변화를 설명하는 수학적 함수 또는 파생 함수 중 하나가 불연속을 경험할 때에 나타난다. 즉, 과정은 급격한 이동이나 한 단계에서 다른 단계로의 변화를 경험한다. 예외없이 이 과정은 에너지의 교환을 필요로 한다. 그래서 불연속은 일반적으로 열역학 제2법칙에 따라 에너지의 방출과 함께 더 낮고 안정된 에너지 수준으로의 치명적인 붕괴를 수반한다. 혹은, 특정 임계점에서 에너지를 투입하면 과정이 보다 안정된 에너지 수준으로 '점프'할 수 있다. 예를 들어 액체에서 기체 상태로의 물의 증발은 임계 온도 $100^{\circ}C$에서의 강한 에너지 투입을 수반하며, 임계 온도에서 물리적 특성 및 과정의 구조적 변화를 수반한다.

　　이러한 구조적 변화는 많이 알려져 있지 않지만 의료에서 궤적분석의 중요성을 반영한다. 최적의 기능을 위해 생리적 시스템은 좁은 범위 내에서 유지되어야 한다. 육체적으로나 행태적으로 건강을 유지하는 것은 붕괴나 점프를 포함한 치명적인 변화를 예방하는 것이다. 비정상적인 행태와 생리적 문제 발생의 예방에는 이러한 과정을 단계별로 다른 안정적인 수준으로 변경하는 것이 포함된다(11장에서 논의될 것이다). 그러한 예방에는 에너지의 투입이 수반될 수 있지만, 장기간에 걸쳐 교정된 안정적 수준에서의 생리적 및 행태적 과정을 유지하는 결합 개입이 수반되기 때문에, 바람직한 과정이나 바른 행태의 결맞음(coherence)이나 공명(resonance)을 필요로 한다.

5 역동적인(energetic) 점프와 간섭

2장에서 논의한 바와 같이, 물질 사용/남용, 비만 등을 줄이기 위한 대부분의 행태적 개입은 다양한 이유로 인해 장기적인 결과가 좋지 않다. 가장 주목할 만한 것은, 개입과 공명/결맞음의 힘을 유지하지 못하면 빠른 재발로 이어지거나 원래의 나쁜 행태로 되돌아간다는 것이다. 이는 (부정맥 치료와 같이) 갑작스런 재자극, 분명한 종적 방향의 연속 자극(인공심박동기)처럼 일반적으로 반응하는 생리적인 점프개입의 경우에는 반드시 그렇지 않다. 행태개입은 개인의 의사결정, 환경적 영향, 환경과 관련된 교육과 지식의 수준, 목표 설정, 신경내분비학의 복잡성과 개개인의 동기 및 행태에 미치는 영향 때문에 훨씬 더 어렵다. 대부분의 행태개입은 교육 또는 약물치료의 방법이다. 행태개입은 일반적으로 일관되거나 일관되지 않은 장기적인 관계의 가족, 동료 및 기타 사회적 지원을 필요로 한다. 또한 교육적 개입은 실제 기본 조건에 대한 구체성이나 타당성이 부족할 수 있다(5장 참조). 약물치료적 개입은 특정 신경전달물질 또는 유전자 치료를 목표로 할 수 있다. 그러나 여러 신체 조직을 가로지르는 세포 생화학 경로의 복잡성으로 인해 예측할 수 없는 연속 2차 사건을 유발할 수 있다.

점프의 에너지 원리를 설명하기 위해 원자의 전자 궤도는 특정 에너지 수준에서 정량화된다. 원자의 보어 모형은 번개와 마찬가지로 전자가 빛 자체의 속도에 근접하는 속도로 핵 주위를 돌고 있는 시스템이다. 에너지 1단계의 바닥상태(ground state)는 가장 안정적인 지점이며, 모든 시스템(예: 댐에 모여 있는 물)이 도달하려고 시도하는 0의 위치 에너지 지점이다. 이것은 열역학 제2법칙인 엔트로피의 법칙이다. 엔트로피의 법칙은 분리된 시스템이 구조에서 임의성 또는 평형성, 구조의 부족과 정보의 무작위적인 균등한 분포를 나타낸다. 에너지의 입력으로 정보는 자기 조직화되고, 겉으로 보기에 혼란스럽고 평형과는 거리가 먼 지점에서 구조화될 수 있다(Petrosky & Prigogine, 1993).

에너지 단계가 가장 낮은 두 전자는 0인 바닥상태에 있다. 전자 궤도(1초)는 이 상태에서 상대적으로 구(球)면이다. 두 번째 에너지 단계는 최대 8개의 추가 전자(2s2p2p2p)를 수용할 수 있으며, 각 전자는 더 높은 에너지 단계에서 궤도를 유지한다. 2개의 전자가 있는 두 번째 에너지 수준은 핵으로부터 더 먼 거리에 있는 구형인 반면, 나머지 6개의 전자는 타원형 패턴을 가진 궤도이다(Sommerfeld, 1916). 마찬가지로 세 번째 에너지 단계는 원형과 점차적으로 더 타원형의 궤도(그리고 강력한 궤도)를 가진 18개의 전자(3s3p3p3p3d3d3d3d3d)를 수용한다.

전자가 바닥상태에서 더 높아지고 더 타원형의 에너지 수준으로 이동하려면 전자는 외부에서 에너지를 얻어야 하며, 어쩌면 광자와 충돌할지도 모른다. 전자가 낮은 에너지 수준으로 전환되려면 에너지가 방출되어야 한다. 원자에는 이러한 전자 전환에서 발생하는 전자기 에너지의 방출에 기초한 특징적인 방출 스펙트럼이 있으며, 이는 계속해서 동적으로 발생한다. 순수 원소 가열에 대한 스펙트럼 관측 및 기록으로 이러한 스펙트럼을 발생시킨다. 예를 들어, 외부 에너지 수준에서 지면 에너지 1단계로 전환되는 전자는 자외선 스펙트럼 범위 내의 다양한 파장에서 전자기 에너지를 방출한다. 자외선 전자기 에너지 스펙트럼 파장(예: 라이만 자외선의 스펙트럼)은 다음과 같은 디오판틴 방정식(Coulan & Dodd, 1991)을 사용하여 계산할 수 있다.

$$1/\lambda = R\left[(1/k^2) - (1/n^2)\right]$$ [식 7-4]

여기서 λ는 파장을 나타내며(이 책의 다른 부분에서 나오는 리아푸노프 지수가 아님), R은 뤼드베리(Rydberg) 상수($1.0973732 \times 10^7 \, \text{m}^{-1}$), k는 목표 에너지 수준을 나타낸다(라이만 스펙트럼 시리즈의 경우 $k=1$). n은 다른 모든 에너지 단계(라이만 스펙트럼 시리즈에 적용되는 경우 $n=2, 3, 4$ 등)를 나타낸다.

전자 전환의 목표 에너지 수준이 두 번째 에너지 수준(바닥상태 위)인 경우, 방출된 에너지는 가시광선(즉, 발머 스펙트럼 시리즈)이 된다. [식 7–4]는 $k=2$를 제외하고 순차적인 파장의 계산에 적용되며, 외부 에너지 수준은 적용 가능한 경우 $n=3, 4, 5$ 등이 된다. 동일한 원리를 파셴(Paschen) 적외선 스펙트럼 시리즈($k=3$ 및 $n=4, 5, 6$ 등)에 적용할 수 있다.

이러한 전환의 일반적인 양식은 전자가 더 짧을수록 '바닥' 또는 '낮은' 에너지 상태로, 외부 에너지 수준에서 더 높은 에너지 수준으로 전환될수록 스펙트럼 파장은 길어지고 따라서 에너지가 낮아진다는 것이다. 뤼엘(Ruelle, 1989, p. 72)은 타원 모형을 사용하여 초기 궤도 경로에서 증가된 편차 또는 엔트로피를 설명하였다. 평형점 뤼엘의 모형(그림 2–6)은 최대 엔트로피가 있는 0(zero) 바닥상태나 이심상태가 초기 조건과의 차이를 추정하는 경우 모두에 적용할 수 있다. 이는 또한 원자의 미시적 환경에서, 또는 안정적이고 바람직한 생리적인 시스템의 유지에서 달성하고자 하는 위상변화 전환뿐만 아니라 전자 공명 상태의 단계 이동 전환과도 일치한다.

뤼엘의 모형은 푸앙카레의 되돌이 사상(Poincare return map)[9](그림 2–2)에 적용되며, 시간 경과에 따라 이전 지점 또는 이전 지점의 근처로 순환하고 돌아오는 행태나 과정의 궤적을 분석한다. 생리적으로 이것은 활동일주기, 심장박동, 식사에 의한 일일 포도당/인슐린 순환, 신경 장애 또는 인간의 의사결정과 일상에서 반복되는 양식을 설명할 수 있다.

뤼엘은 궤적을 설명하는 수학적 함수의 리아푸노프 지수에 대해서 본뜨기에서 벗어나는 정도를 정량화하는 작업을 계속했다. 리아푸노프 지수는 고유값의 실제 부분이며, 수학 함수의 제로에 대한 해답이다. 뤼엘(Ruelle, 1987)은 또한 리아푸노프 지수가 시스템의 프랙탈 차원[10]과 콜모고로프(Kolmogorov) 엔트로피와 동등하다는 것을 보여주었다. 따라서 리아푸노프는 동적 시스템의 변화를 측정하는 역할을 한다. 여기에는 평형상태가 아닌 안정적인 시스템 및 시스템을 다른 에너지 상태로 전환하는 위상변화가 포함된다.

· · · · · · · · · · · · · · · ·

9 푸앙카레의 되돌이 사상은 끝개(attractor)에서 한 차원을 없애버리고, 연속적인 선을 점의 집합으로 나타내어(본질적인 운동은 대부분 보존할 수 있다는 가정) 좀 더 알아보기 쉬운 것으로 바꾸는 것이다. 계의 상태를 연속적으로 관찰하는 것이 아니라, 표본을 뽑아 조사하는 것과 같다.

10 프랙탈 차원(fractal dimension)은 수학에서, 특히 프랙탈 기하학에서 공간에 패턴을 얼마나 조밀하게 채우는지를 나타내는 비율이다.

그것은 또한 평형상태가 아닌 시스템에서의 파국 사건에 대한 중요한 지점들을 본뜨기한다.

전기, 번개, 미토콘드리아 등은 생물과 무생물의 모든 수준에서 규칙적인 과정을 추진하는 기초 물리 과정의 보편성을 보여준다. 헤이플릭(Hayflick, 2007)은 노화를 6가지 범주에서 생물과 무생물의 과정으로 열거하기도 한다. 이 6가지 분류에는 분자 불안정성과 살아있는 유기체 기원 유전 정보가 중요한 사건으로 포함되어 있다. 따라서 열역학이 이러한 사건의 중심이다. 위상 및 생물종학은 생물에너지 사건에 대한 외부 및 내부 미토콘드리아 막과 같은 곡면의 경계 조건을 도입한다. 생태학은 생물 시스템에 특정한 다른 개체들 간의 시스템 관계를 도입한다. 파국이론은 이러한 보완적 시스템 접근에 걸친 모든 근본적인 행태에 대한 수학적 기초를 제공한다.

원자 예와 태양으로 돌아가서, 아이겐과 슈스터(Eigen & Schuster, 1979)의 결합 에너지 사건의 초고주기 모형은 생명체와 생체 분자에 필수적인 탄소의 생성에 필수적인 삼중알파과정[11]으로 더 설명할 수 있다. 이 과정은 2개의 알파 입자(즉, 2개의 전자에서 분리되는 헬륨 핵)를 융합하기 위한 수만 도의 항성 온도를 포함하며, 따라서 헬륨 핵은 스스로 붕괴하지 않는다면 불안정한 베릴륨 핵을 형성한다. 두 번째 충돌은 들뜨게(excited) 되지만, 보다 안정적인 상태의 정확한 공명 주파수(7.65MeV)를 갖는 3개의 알파 복합체를 형성한다. 이것은 탄소가 형성되는 메커니즘이다(Rolfs & Rodney, 1988, pp. 386–389). 전자 에너지 수준과 마찬가지로 요소의 원자핵은 다른 요소와의 원활한 상호작용을 위한 공진 수준의 다양한 위치 에너지의 소비 상태를 가질 수 있다.

삼중알파과정에서 탄소 생성 상황은 독특하다. 7.65MeV 탄소 공명이 약간 낮거나 산소 7.12MeV 공명이 약간 더 높았더라면 두 공명이 일치했을 것이고, 삼중알파과정에서 형성된 모든 탄소가 나중에 산소로 변환되지 않았을 것이다. 산소 공명 수준이 낮으면 일부 탄소–산소 전환을 허용하지만, 수준이 불안정하여 많은 산소 복합체가 다시 탄소로 붕괴되어 비핵 및 초신성으로부터 공간에 흩어져 있을 때 이들 요소 사이에 균형이 유지된다(Hoyle, 1981; McGrath, 2009; Rolfs & Rodney, 1988).

전자 궤도 및 원자핵의 운동 상태에서 이 공명 과정은 양자 수준에서 위치 에너지의

---

[11] 삼중알파과정(triple alpha process)은 3개의 헬륨 원자핵(알파 입자)이 탄소로 변화하는 핵융합 과정이다.

역할을 더 잘 보여준다. 이러한 공명성은 5장에서 설명한 거시적 과정의 상관관계뿐만 아니라 양자 일관성과도 같다. 이는 과정과 과정을 둘러싼 환경 간의 불투명한 과정으로, 특정 상태/조건과 연관될 수 있는 영역을 확장하고 압축할 수 있는 임계 일치 길이를 초과한 거시적 과정의 크기에 따라 궤적을 변화시킨다(Zurek, 1998).

6 건강의 안정성과 불안정성

건강 측정 및 결과와 관련된 생리적인 과정과 행태의 안정성과 불안정성은 극단적 균형 사건(Petrosky & Prigogine, 1993)에 있는 상태의 일관성과 관련이 있다. 일관성에서 벗어나 신체 시스템이 이상을 보이면 엔트로피 또는 최대 리아푸노프 지수가 나타난다. 치료는 공명 작용을 통해 안정적인 에너지 수준을 회복하려고 시도한다. 외부 동력(예: 심박동기, 약물, 동료의 지지)으로 과정 및 동작을 조정한다.

　　육안으로 확인할 수 있는 물리적 과정의 경우, 이러한 원칙은 세포기관, 조직, 전체 유기체 및 유기체 시스템의 막과 매트릭스에 걸쳐 정보와 에너지의 구획화에 적용된다. 당뇨, 암, 심지어 노화와 같은 조건들은 신체 과정에 대한 시간적 궤적뿐만 아니라 이러한 과정을 지원하는 곡면/구조물의 물리적/시간적 붕괴에 기인한다(Davies et al., 2011; 2012; Hayflick, 2007; Picard et al., 2013; Thom, 1972). 이 붕괴는 과정과 구조를 시간의 경과에 따라 누적하여 생리적인 감소에 기여하는 다양한 공명 패턴으로 이동시키는 외부 구동력으로 작용한다. 6장에서 설명한 것처럼 이러한 과정은 가역적이지 않다(즉, '시간의 화살', Petrosky & Prigogine, 1993; Prigogine, 1977; 2002). 그러나 의학적·생리적 개입은 질병 상태를 고려한 변경된 궤적을 다양하게 포함할 수 있으며, 개입은 질병의 진행을 포함하는 변경된 궤적에 경계를 설정할 수 있다.

　　그럼에도 불구하고 면역결핍 및 운동부족, 영양부족, 후성유전자적 영향/환경 영향 등으로 인해 경계가 약해져 가벼운 염증이 심각해지고 생명을 위협하여 패혈증을 초래할 수 있다. 건강상태가 양호할 경우에는 신체 시스템의 생물에너지는 안정되어, 급성 또는 만성 질환에 대한 발생 확률은 낮아지고, 질병이 나타나기 위한 임계값은 더 높아질 것이다. 노화, 심각한 부상, 신체 능력의 감소로 한계점은 완화되어 기회주의적 감염이 치명적일 가능성이 증가하고, 면역, 신경내분비, 에너지 비축량이 줄게 된다. pH 균형, 림프구 재생, 모세관 및 동맥벽의 무결성 등과 같은 구조물의 취약성은 말기 암 환자, 노인, 심지어는 공격적인 MRSA(즉, 다재내성 황색포도상구균)에 감염된 젊은 개인에게서도 며칠 이내에 치명적으로 붕괴될 수 있다.

생태계의 관점은 건강과 질병에 대한 이러한 활발한 상호작용이 모든 합리적이고 충분한 조건을 고려해야 한다는 것이다(Beninca et al., 2015). 위에서 설명한 바와 같이 인체의 3×10^{13}개의 세포에는 약 3×10^{16}개의 미토콘드리아가 들어 있으며, 이 세포들은 후성유전자 발달을 바탕으로 특정 조직구조와 기능으로 구별된다. 게다가 인간의 몸은 적어도 신체 표면에 있는 이 많은 박테리아 세포들과 상호작용하고, 일부에서는 세포들 간에 상호작용을 한다. 환경 박테리아, 곰팡이, 원생동물, 기생충, 미세 절지동물에 노출되거나, 영양, 마모 및 전자기 방사선 및 환경 화학 물질에 지속적으로 영향을 받게되면 신체 시스템의 조절과정이 매우 복잡하게 된다. 신체 표면에 있는 대부분의 박테리아는 무해하지만 일부(예: 대장균)는 기회주의적 감염을 일으킬 수 있다. 비세포 수준에서 바이러스는 세포를 파괴하거나 세포 DNA에 삽입하여 유전자 조절을 방해할 수 있다.

결과적으로 우리의 몸은 복잡한 다종 생태계를 대표하며, 종들 간의 경쟁뿐만 아니라 신체의 세포/조직 간의 협력/경쟁을 대표한다. 유전자 요소 및 내생성 레트로바이러스(잠재적으로 유전 정보의 20% 이상)와 결합된다고 해도, 세포 내의 유전자, RNA, 단백질 간의 상호작용은 세포 외의 경쟁만큼이나 복잡하다(Claus & Liebert, 2014; Löower, Löower, & Kurth, 1996).

예방과 치료에 대한 대중의 건강 반응은 본질적으로 포괄적이다. 세포 내 및 세포 내 신체 시스템의 거대한 복잡성은 아주 미세한 부분일지라도 조절할 수가 없다. 대부분의 의약품은 세포 내부와 세포 간의 분자 상호작용의 광범위한 네트워킹을 고려할 때 특정 유전자/후성유전자 배경을 가진 개인에게 여러 가지 부작용을 일으킨다. 이러한 복잡성과 엔트로피(시스템의 확률적 소음)의 열역학적 사실을 감안할 때, 우리의 건강정책과 개입은 절대로 완벽할 수 없다. 그럼에도 불구하고 우리는 개인의 건강궤적을 개선하기 위해 생각하는 다학제간 시스템을 사용하여 의료 및 건강 관리에 대한 접근법을 최적화할 수 있다.

따라서 역학 평가는 우리가 개발하려고 시도하는 다른 측정 도구와 마찬가지로 가장 근사치를 구하는 것이다. 그러므로 결정 행렬과 ROC 곡선(표 2-1 및 그림 2-2 참조)은 결과를 예측하기 위해 여러 측정 장치의 값을 가지고 삼각측량을 하는 데 유용한 도구이다

(Swets, Dawes & Monahan, 2000; 2장 참조). 개개인의 유전자, 행태, 환경의 영역에 걸친 여러 요인에 대한 종적 분석은 건강 개선에 중요하다. 또한 개인의 동의하에 윤리적으로 수행되는 종적 관찰을 통해서 가장 양질의 건강과 생물에너지 및 수명을 달성할 수 있다.

경로계수 궤적은 이러한 학제 간 원칙을 진전시켜 개인 및 모집단 건강의 적절한 평가가 포괄적이고 현실적이 되도록 한다. 5장에서 논의했듯이, 이 궤적은 방향이다. 궤적은 임시 경로(temporal line)의 이전 요인 및 사건에 따라 달라지는 제한된 결과로 이어진다. 이론적으로 모든 존재는 상호작용과 에너지 영역의 교환이다. 노벨상을 수상한 물리학자 리처드 파인만의 유명한 인용문(Gleick, 1992, pp. 5, 283)에 따르면, 이론적으로 모든 존재는 상호작용과 에너지 장의 교류이며, 이러한 생물에너지 상호작용은 과거와 미래의 교차점을 나타낸다(Hiley, 2012; Prigogine, 1977; 2002). 우리가 8장에서 보게 될 것처럼, 심지어 비사건들도 잠재적으로 이러한 사건들에 영향을 미칠 수 있다.

공중보건 연구자들과 전염병학자들의 도전은 건강연구에 더 큰 영향을 주고 향상된 결과를 촉진시키기 위해 다학제간 시스템 관점을 채택하는 것이다. 연구는 표준 인구통계, 기본적인 자기보고 인터뷰 또는 일상적인 검사 조치를 훨씬 넘어서야 한다. 모든 것이 측정될 수 없지만 유전체나 알로스타 부하의 측정 및 미국심장협회 위험요소평가의 측정은 객관적인 건강증진에 대한 지속적이고 윤리적인 관찰의 시작이 될 수 있다(Hollar, 2013; Hollar & Lewis, 2015).

7 요약

모든 과정은 모든 단계의 에너지를 필요로 한다. 생활 체계와 건강은 시스템, 조직된 정보와 에너지의 동반상승효과, 그리고 장애 이후 안정상태로 돌아가기 위한 회복력으로 유지되는 평형상태가 아닌 안정성에 의해 정의된다. 건강이 나빠졌을 때 적절한 개입에는 역동적인(energetic) 점프가 수반되며, 이 경우 시스템 에너지가 낮은 단계에서 더 높은 단계로 이동한다. 건강 증진을 위해서는 실제 에너지든, 자원이나 장치, 또는 의약품의 지원이든지 여부와 상관없이 에너지를 유지·관리하여 '점프'단계에 머물러야 한다.

참고문헌

Anderson, J. D., Schubert, G., Trimble, V., & Feldman, M. R. (2015). Measurements of Newton's gravitational constant and the length of day. *Europhysics Letters, 110*(1), 10002. doi:10.1209/0295–5075/110/10002.

Bash, F. (1986). Present, past and future velocity of nearby stars: The path of the sun in 108 years. In R. Smoluchowski, J. N. Bahcall, & M. S. Matthews (Eds.), *The galaxy and the solar system.* Tucson: University of Arizona Press.

Beninca, E., Ballantine, B., Ellner, S. P., & Huisman, J. (2015). Species fluctuations sustained by a cyclic succession at the edge of chaos. *Proceedings of the National Academy of Sciences of the United States of America, 112*(20), 6389–6394.

Bracewell, R.N. (1988). *Spectral analysis of the Elatina varve series.* Stanford, CA: Center for Space Science and Astrophysics, Stanford University, CSSA–ASTRO–88–13.

Claus, C., & Liebert, U. G. (2014). A renewed focus on the interplay between viruses and mitochondrial metabolism. *Archives of Virology, 159,* 1267–1277.

Coughlan, G. D., & Dodd, J. E. (1991). *The ideas of particle physics: An introduction for scientists* (2nd ed.). New York: Cambridge University Press.

Davies, P., Demetrius, L. A., & Tuszynski, J. A. (2011). Cancer as a dynamical phase transition. *Theoretical Biology and Medical Modelling, 8,* 30. http://www.tbiomed.com/content/8/1/30.

Davies, P., Demetrius, L. A., & Tuszynski, J. A. (2012). Implications of quantum metabolism and natural selection for the origin of cancer cells and tumor progression. *AIP Advances, 2,* 011101. http://dx.doi.org/10.1063/1.3697850.

Dowson, D. (2012). Bio–tribology. *Faraday Discussions, 156,* 9–30. discussion 87–103.

Eigen, M., & Schuster, P. (1979). *The Hypercycle: A principle of natural self-organization.* Berlin: Springer.

Frisch, P. C. (1993). G–star astropauses: A test for interstellar pressure. *The Astrophysical Journal, 407,* 198–206.

Gleick, J. (1992). *Genius: The life and science of Richard Feynman (1992).* New York: Vintage.

Grimm, V., & Railsback, S. F. (2005). *Individual-based modeling and ecology.* Princeton, NJ: Princeton University Press.

Hayflick, L. (2007). Entropy explains aging, genetic determinism explains longevity, and undefined terminology explains misunderstanding both. *PLoS Genetics, 3*(12), 2351–2354.

Henle, M. (1979). *A combinatorial introduction to topology.* New York: Dover.

Hiley, B.J. (2012, November 9). *Process, distinction, groupoids and Clifford algebras: An alternative view of the quantum formalism.* arXiv:1211.2107v1 [quant–ph].

Hollar, D. (2013). Cross–sectional patterns of allostatic load among persons with varying disabilities, NHANES: 2001–2010. *Disability and Health Journal, 6,* 177–187.

Hollar, D., & Lewis, J. (2015). Heart age differentials and general cardiovascular risk profiles for persons with varying disabilities: NHANES 2001–2010. *Disability and Health Journal, 8,* 51–60.

Hollar, D. W., Jr. (2016). Lifespan development, instability, and Waddington's epigenetic landscape. In D. Hollar (Ed.), *Epigenetics, the environment, and children's health across lifespans* (pp. 361–376). New York: Springer Nature.

Hoyle, F. (1981, November). The universe: Past and present reflections. *Engineering and Science, 8–12.*

Krebs, C. J. (1978). *Ecology: The experimental analysis of distribution and abundance* (2nd ed.). New York: Harper & Row.

Lay, J. E. (1963). *Thermodynamics: A macroscopic-microscopic treatment.* Columbus, OH: Charles E. Merrill.

Levy–Leblond, J.–M., & Balibar, F. (1990). *Quantics: Rudiments of quantum physics.* New York: North–Holland.

Lower, R., Lower, J., & Kurth, R. (1996). The viruses in all of us: Characteristics and biological significance of human endogenous retrovirus sequences. *Proceedings of the National Academy of Sciences of the United States of America, 93,* 5177–5184.

McGrath, A.E. (2009, February 17). *Lecture 3: The mystery of the constants of nature.* Aberdeen, Scotland: The 2009 Gifford Lectures.

Nicholls, D. G., & Budd, S. L. (2000). Mitochondrial and neuronal survival. *Physiological Reviews, 80*(1), 315–360.

Petrosky, T., & Prigogine, I. (1993). Poincaré resonances and the limits of trajectory dynamics. *Proceedings of the National Academy of Sciences of the United States of America, 90,* 9393–9397.

Picard, M., Shirihai, O. S., Gentil, B. J., & Burelle, Y. (2013). Mitochondrial morphology transitions and functions: Implications for retrograde signaling? *American Journal of Physiology: Regulatory, Integrative and Comparative Physiology, 304,* R393–R406.

Prigogine, I. (1977, December 8). *Time, structure and fluctuations (Nobel Lecture on Physics).* Stockholm: The Nobel Foundation.

Prigogine, I. (2002). Dynamical roots of time symmetry breaking. *Philosophical Transactions of the Royal Society of London A, 360,* 299–301.

Rolfs, C. E., & Rodney, W. S. (1988). *Cauldrons in the cosmos: Nuclear astrophysics.* Chicago: University of Chicago Press.

Ruelle, D. (1987). *Chaotic evolution and strange attractors.* New York: Cambridge University Press.

Ruelle, D. (1989). *Chaotic evolution and strange attractors*. New York: Cambridge University Press.

Sommerfeld, A. (1916). Zur quantentheorie der spektrallinien. *Annalen der Physik, 356*(17), 1–94.

Swets, J. A., Dawes, R. M., & Monahan, J. (2000). Psychological science can improve diagnostic decisions. *Psychological Science in the Public Interest, 1*(1), 1–26.

Thom, R. (1972). *Structural stability and morphogenesis: An outline of a general theory of models*. New York: W.A. Benjamin/Westview.

Uman, M. A., & Krider, E. P. (1989). Natural and artificially initiated lightning. *Science, 246*, 457–464.

Zurek, W.H. (1998, February 20). *Decoherence, chaos, quantum-classical correspondence, and the algorithmic arrow of time*. arXiv:quant–ph/9802054v1.

음의 확률과 경로적분

■ **약어**

ATP(adenosine triphosphate) 아데노신 삼인산
pCO₂ 이산화탄소 백분율
pO₂ 산소 비율

명확하지는 않지만 인간상태에 대한 의미 있는 인용문은 유명한 신학자 디트리히 본회퍼 (Dietrich Bonhoeffer)에게서 나왔다. "신은 우리를 죄 없는 사람으로 여기지 않을 것이다. 말하지 않는 것은 말하는 것이다. 행동하지 않는 것은 행동하는 것이다." 본회퍼의 믿음과 일치하는 행동과 비행동은 모두 인간의 상태에 영향을 미치는 결과를 초래할 수 있다. 궤적과 경로계수(5장)의 경우, 본회퍼의 진술은 인간의 의사결정의 모든 측면에 적용되며, 우리가 정의를 추구하도록 한다. 이는 대안적 경로의 발생을 배제하는 경우, 부정적 작용 (즉, 작용하지 않음)이 긍정적 작용과 마찬가지로 긍정적이거나 부정적인 효과를 발생시킬 수 있음을 보여준다(그림 5-2 참조). 인간 상호작용의 거대한 규모에서도 이 현상은 상호작용 경로와 그 확률에 대한 양자미시규모 이론을 반영한다(Bohm, 1987; Feynman, 1948; Feynman & Hibbs, 1965; Hiley, 2012).

1 의료 분석 및 의료 오류

건강 관리는 명확한 생화학 및 진단검사에서부터 덜 명확한 행태 과정에 이르기까지 과학적 근거에 있어 매우 다양하고 수많은 절차와 과정을 포함한다. 다양한 과정과 절차에 대한 성공 효과와 정도가 계속적인 평가 대상이지만 의사결정과 안전예방 대책에는 많은 문제가 있다. 미국 의학원(The Institute of Medicine, Kohn, Corrigan & Donalson, 1999)은 매년 약 10만 명의 미국인이 의료 오류로 인해 불필요하게 사망할 가능성이 있다고 추정했다. 이 연구는 진단 오류, 시스템적 과정의 비효율성, 팀워크 부족, 커뮤니케이션 부족, 환자와 후속 검사 실패 등을 이러한 오류의 구체적인 주요 원인으로 식별했다. 콘, 코리건, 도널드슨(Kohn et al., 1999, p.3)은 '아무런 행동도 하지 않는 것(비행동)의 순환고리를 끊기 위해 이 보고서를 작성했다'고 주장했다.

많은 의료 오류는 카너먼(Kahneman, 2002)이 노벨상 강연(2장 참조)에서 설명한 것처럼 의사결정 과정에서의 개인적인 경험으로 인한 편향과 관련된 오진에 기인한 것일 수 있다. 크로스커리(Croskerry, 2003)와 리델마이어(Redelmeier, 2005)는 오진과 오류를 유발하는 추론과 잘못된 사고에서 구체적인 '지름길'을 확인했다. 그들은 또한 카너먼의 주장에 따라 인지적 전략과 동료 검증을 편파적인 방법에 대한 시정 조치로 제안했다.

미국 의학원 보고서(Kohn et al., 1999)는 미국 전역에서 많은 환자안전계획(예: TeamSTEPPS®, Hollar & Rowland, 2015)을 창안했다. 안전 및 효율성 계획은 감염전파를 최소화하기 위한 올바른 진단 및 절차의 모든 가능한 측면을 다루기 위해 고려되었다. 그럼에도 불구하고 마카리와 다니엘(Makary & Daniel, 2016)은 의료 오류로 인해 1999년에서 2013년까지 매년 약 25만 1,000명의 미국인이 불필요하게 사망한 것으로 추정했다.

마카리와 다니엘의 보고가 맞다면 환자안전을 향상시키기 위한 많은 노력이 실패했을 수 있다. 그럼에도 불구하고, 의료는 유익하고, 해롭지 않은(즉, '해치지 않음') 관리를 제공하기 위한 행동과 비행동 과정을 다루기 위해 훨씬 더 힘든 과제에 직면한다. 장단기 건강결과에 영향을 줄 수 있는 복잡한 사회적, 후성유전자적 및 기타 환경요인이 주어진다면 각 개인의 보살핌에 영향을 미치는 문맥적·환경적 요소에 더 큰 주의를 기울일 필요가 있다(그림 3-4 참조). 결과적으로 생략적 과오[1]는 수행적 과오[2]만큼 심각할 수 있다.

2 인구 건강 분포

모집단 건강 측정은 [그림 8-1]에 나온 것처럼 가우스(즉, 정규분포)를 가정하는 경우가 많다. 단순하게 모집단 체온의 평균이 98.6°F(즉, 37.0°C, 310.15K)라고 가정한다. 건강한 사람들 중 약 68%는 평균으로부터 정상 체온의 +/-1 표준편차(즉, 10분의 1도)를 갖는다. 건강한 사람들 중 약 96%는 평균으로부터 정상 체온의 2 표준편차(즉, 추가로 10분의 1 정도를 가질 것이다). 또한, 어떤 개인에게 있어서 이러 조건은 생리적 균형을 유지하기 위해 보상하는 신체 시스템(예: 들숨/날숨, 땀)으로 연령 및 기타 요인에 따라 매일 달라질 수 있다. 따라서 어떤 개인은 주어진 측정 시간에 체온이 떨어질 수 있다. 모든 인간의 누적분포는 이런 특정 변수에 대한 가우스 분포를 형성한다(그림 8-1).

---

1 생략적 과오(omission error)는 필요한 직무 또는 절차를 수행하지 않는 것이다.

2 수행적 과오(commission error)는 필요한 직무 또는 절차를 불확실하게 수행하는 것이다.

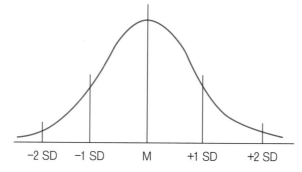

[그림 8-1] 가우스, 또는 정규분포(M=표본의 평균, SD=표준편차). 곡선의 상승과 하강은 개인/사건의 증가와 감소를 나타낸다.

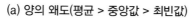

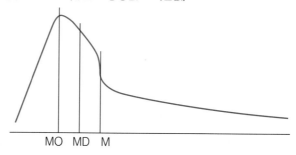

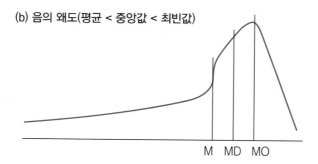

[그림 8-2] 분포의 왜도

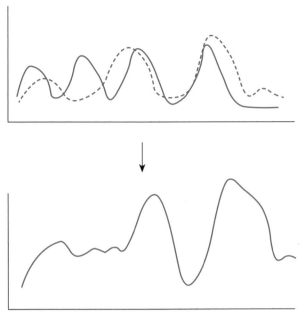

[그림 8-3] 상호작용, 상관관계 및/또는 결합 분포의 중첩

　　같은 상황이 혈액 pH, 사구체여과율, HDL 콜레스테롤 등과 같은 다른 변수들에 대해서도 동일하게 나타날 것이다. 특정 생리적인 상태(예: 심한 운동) 또는 유전자를 검사한 경우, 해당 변수에 대한 '정상' 가우스 분포에서 평균값이 높거나 낮게 치우쳐 있는 하위 모집단을 만날 수 있다(그림 8-2). 다양한 인간 집단들이 겹칠 때(그림 8-3) 일반적으로는 가우스 정규분포가 나타난다.

3 위상파(상태)와 음의 확률의 중첩

이러한 중첩의 원칙은 파동 행태와 고조파 시스템(예: 해양파) 분석의 기본이다. 개인의 경우 측정된 행태는 주어진 시간에 특정한 값을 제공할 수 있지만, 누적적으로 모든 개인은 측정값의 정규분포에 속한다. 파인만과 히브스(Feynman & Hibbs, 1965)는 다중 변수의 발생 확률을 포함한 대형 고전 시스템의 측정이 더 정확할 수 있지만 예측할 수가 없고,

초현미경적 및 양자 수준에 가까워질수록 확률의 중첩에 더 의존한다고 보았다. 특정 생물학적 과정(예: 미토콘드리아 생물에너지, 암)이 양자 확률론적 규칙에 따라 작동할 수 있다고 주장하는 연구자들이 있다(Davies, Demetrius & Tuszynski, 2012).

특정 건강상태에 대한 측정값의 분포를 사용하면 다양한 추가 건강 요소를 바탕으로 측정값이 얼마나 될지 예측할 수 있다. 통계와 역학에서 주어진 값이나 결과의 확률은 0과 100%(즉, 0~1) 사이에 있어야 한다. 그럼에도 불구하고 디랙(Dirac, 1942)은 최소한 양자미시규모 사건의 경우 음의 확률이 발생할 수 있다(예: -100%~0 또는 -1~0)고 했다.

음의 확률의 개념은 반드시 무의미한 것은 아니다. 파인만(Feynman, 1987)은 카너먼(Kahneman, 2002) 유형 2 추론(2장 참조) 및 관측/측정 가능한 현실로 이끄는 중간 사건에 대한 회계 접근방식과 마찬가지로 실질적인 경험적 발견으로서 음의 확률의 사용을 기술했다. 이에 대한 직접적인 예는 현금이나 수표 거래에서 찾아볼 수 있다. 어떤 사람이 $500를 가지고 있지만 $850짜리 수표를 써서 물건을 구매하면(즉, -$350이 되고) 실제 $850가 현금화될 때, 다음날 $2000를 지불할 것으로 예상한다면(즉, $1650가 된다) 이 '유동수표' 시나리오의 최종 결과는 양의 확률이다. 동일한 상황이 신용카드 거래에도 적용된다. 음의 사건은 연속적으로 관찰된 사건들 사이의 일시적인 전환이 된다.

레이(Lay, 1963, p.291-292)는 엔트로피와 관련하여 유사한 시나리오를 제공했다. 볼츠만의 엔트로피 방정식을 사용하여 특정 온도에서 질량 1파운드가 바닥상태로 떨어질 가능성을 계산했다.

$$S = k \ln \left(\frac{W_2}{W_1} \right)$$

[식 8–1]

S는 엔트로피, k는 볼츠만의 상수, ln은 자연로그, W_2는 과정이 끝날 때 바닥상태에서 거시상태를 가질 확률이다. 분명히 물체를 떨어뜨릴 때(중력이 있는 상태에서) 물체가 지면에 도달할 확률은 확실하다(예: $p = W_2/W_1 = 1.0$). 객체의 분자 수를 고려하여 레이(Lay, 1963, p.292)는 $W_2/W_1 = 3.77 \times 10^{18}$을 계산했다. 이제 물체가 궤적을 역전할 확률은 반대로 $W_1/W_2 = 2.65 \times 10^{-17}$이다.

실제 시스템에서는 이 물체의 상승 또는 하강에 영향을 미치는 대응력이 있다. 물론 중력은 아래쪽으로 움직이는 힘이다. 하지만 우리는 중력에 맞서 위로 갈 수 있는 에너지를 물체에 제공할 수 있다. 이 두 힘의 균형을 맞추려면 다음 방정식이 있어야 한다.

$$F = \text{ma} = \text{km}v^2 \qquad\qquad \text{[식 8-2]}$$

이 방정식에서 왼쪽 힘 표현식은 뉴턴 중력을 나타내고 오른쪽 힘 표현식은 운동 에너지로 일정하게 유지되는 복원력을 나타낸다. 만약 이 힘들의 벡터가 서로 정반대라면 우리는 움직임 없이 완벽하게 균형을 이룰 수 있다. 반대쪽보다 힘을 더 증가시키면 물체는 상승하거나 하강하게 된다. 따라서 상승 확률은 물체에 적용되는 운동 에너지의 점점 더 큰 강도에 기초해 양의 확률(0과 1)로 표현될 수 있는 반면 하강 확률은 음의 확률(0과 1 사이)로 표현될 수 있다. 역의 상황은 중력을 증가시키고 떨어지게 하는 것으로 설명될 수 있다. 따라서 양의 확률 및 음의 확률은 양쪽 사이의 관계를 나타내며, 매일의 평가, 치료 및 후속 조치를 수행하는 건강상태와 건강행태의 선형 연속성에 직접 적용할 수 있다.

High   Mean   Low

[그림 8-4] 행태, 육체적 상태의 연속성. 평균은 치우친 95% 신뢰구간을 보여준다.

파인만(Feynman, 1987)은 연구자들이 기존의 양의 확률을 사용하는 것 이상으로 생각하도록 했다. 이 접근법은 통계 또는 역학에 사용되지 않았다. 그렇지만 긍정적이고 부정적인 건강상태 및 행태에 대해서 연구 개입을 적용하는 것은 즉각적인 함의가 있다. [그림 8-4]는 특정 건강상태-행태장애에 대한 결과의 연속성을 보여준다. 행태장애의 심각성은 전혀 심각하지 않은 것부터 극도로 심각한 상태까지 확대될 수 있으며, 일반적으로 인구의 평균 행동은 연속성의 극한점 사이에 위치한다. 동일한 유전적 대립 유전자의 영향을 받거나 동일하게 진단된 조건에서라도 두 개인이 비슷할 수는 없다. 행태주의자의 목적은 장애를 최소화하거나, 최소한 인구 집단 평균 이하의 증상을 유지하는 것이다. 이러한 노력에는 상담, 심리적 또는 교육적 개입, 약물, 환자와의 협력 및 노력에 대한 사회적/환경적 지원이 포함될 수 있다.

4 음의 확률의 응용

모평균(population mean)관점에서, 우리는 행태장애(그림 8-4)를 양 극단의 대립, 즉 행동 장애 없음과 최대행동장애로 볼 수 있다. 이 접근법을 사용하면 한 방향으로는 음의 확률이 적용되고 다른 방향에는 양의 확률이 적용된다. 이 상황은 통계적으로 z-점수[3] 평균이 0으로 설정된 표준화된 배포판에서 정확히 발견할 수 있다.

바틀렛(Bartlett, 1945)은 음의 사건이 양의 사건과 결합되고 모든 사건이 100% 또는 1.0으로 합계되는 한, 음의 확률을 사용하는 것은 물리적 과정에 대한 설명과 일치한다고 주장했다. 파인만(Feynman, 1987)은 초미시적 양자 수준에서 확률의 중첩과 비교하여 거시적 고전 확률의 부가적인 성향을 구별하면서 이러한 주장을 되풀이했다.

[표 8-1] 음의 확률과 양의 확률의 결합(자세한 설명 및 예는 Feynman, 1987 참조).

결과	조건	
	A	B
1	0.2	0.3
2	−0.8	0.5
3	1.5	0.0
4	0.1	0.2
합계	1.0	1.0

파인만의 접근법은 [표 8-1]에 제시된 시나리오에 의해 설명될 수 있다. 2개의 상호배타적인 조건 A와 B가 모두 1.0인 경우, 조건 A는 에너지원이 없을 때 레이(Lay)의 자체 부상 객체와 매우 유사하게 확률 −0.8 또는 발생하지 않을 확률이 80%인 결과를 하나 포함한다. 이 결과를 평형상태로 만드는 것은 조건 A에서 확률 1.5 또는 150%로 결과 3을 나타내며 100 %를 초과하여 허용할 수도 있다. 1.5의 결과 3은 대수적으로 양의 확률이 발

---

3 표준 점수(standard score)는 통계학적으로 정규분포를 만들고 개개의 경우가 표준편차상에 어떤 위치를 차지하는 지를 보여주는 차원없는 수치이다. 표준값, z값(z-value), z-점수(z-score)라고도 한다.

생하지 않을 음의 확률이다. 조건 A하에서 4가지 결과 중, −0.8에서의 결과 2가 가장 적고, 결과 3이 가장 많이 발생한다. 그럼에도 불구하고 4가지 상황 모두 열역학 법칙과 일치하는 모든 사건에 대해 총 확률 1.0을 산출하기 위해 결합한다(Bartlett, 1945; Feynman, 1987). 조건 B는 양의 결과 또는 0의 표준 집합을 산출하며 모든 결과 합계가 1.0인 경우에도 똑같이 수용된다.

생명 시스템에서 음의 확률의 원리는 효소촉매 작용으로 설명될 수 있다. 효소는 일련의 반응물이 상호작용하고 특정 분자생성물을 생산하는 데 필요한 활성화 에너지를 낮추어 에너지가 필요한 화학 반응이 일어날 가능성을 높인다. 이것은 물리적으로 아미노산이 수소결합하고 기능적 구조로 접히는 효소 단백질의 유전자 암호 형태에 의해 달성된다. 효소의 3차원 단백질 구조는 화학적 반응물의 형태와 물리적으로 일치하도록 형성된다. 따라서 효소는 형태에 따라 액체, 기체, 플라스마, 또는 다른 종류의 기질에 무작위적으로 떠다니는 반응물과 함께 결합하여 근접성을 제공한다. 효소가 반응물을 모으기 때문에 더 적은 에너지가 필요하다. 반응이 절대 일어나지 않을 높은 음의 확률은 조절되고, 반응을 일으킬 확률은 효소가 있을 때 백만 배 이상 증가된다.

다시 한번 효소 촉매는 전체 과정 안에서 일시적으로 음의 확률이 발생할 수 있는 결합 현상을 보여준다. 아이겐과 처스터(Eigen & Chuster)는 모든 수준의 분자, 세포, 조직 및 유기 시스템 상호작용에 적용되는 하이퍼사이클 모형을 통해 생명 시스템의 이러한 결합 패턴을 적절하게 모형화했다. 여러 시스템과 시스템 내의 상호의존성은 틴버겐(Tinbergen, 1963)의 4가지 원칙에 따라 적절한 기능과 생존을 보장하는 과정에 대한 생명 그 자체의 회복력을 나타낸다(2장 참조). 그러나 이는 또한 건강 개선을 위해 비정상적인 과정을 수정하는 것이 어려운 이유이기도 하다.

예를 들어 심근경색을 받은 부위가 심근 수축에 자극을 주기 시작할 때 부정맥이 생기는데, 부정맥은 정상적인 심장 자극과 달리 일관성이 없이 지속적인 심장근육의 수축과 진통을 유발한다. 심장학자의 임무는 이러한 기외수축(ectopic)을 우회하거나 제거하는 것이다. 마찬가지로 뇌의 다양한 영역에서 일어나는 신경전달물질의 합성과 방출은 급성 또는 만성적 감정장애, 우울증, 불안, 편집증 등을 유발하며, 이는 신체적으로 일관성이 없고 반드시 통제되어야 한다. 두 경우 모두 결합 시스템의 복원력은 발생 가능성이 매우 높지만, 사건이 결코 발생하지 않을 확률인 음의 확률이 극복될 때 시스템의 재결합은 질서를 회복할 수 있다.

5 암

마찬가지로, 암은 유전자 규제 경로의 변화 때문에 세포가 빠르게 증식하는 불멸의 상태로 바뀔 때 발생한다. 모든 동물들은 매일 암에 걸리는 세포를 가지고 있다. 다행히도 효과적인 면역체계는 보통 이러한 비정상적인 세포를 식별하고 그들을 파괴한다. 불행하게도 일부 암세포들은 면역체계의 감시에도 스스로를 방어할 수 있고, 표지 시스템이 발견하기 전에 오랜 잠복기에 걸쳐 번식하기 시작한다. 암의 경우, 신속한 검출 및 치료를 위해 지연 시간을 줄이도록 만들어진 검사법의 약점을 고려할 때 음성 및 양성 확률을 진단에 적용해볼 수 있다.

이 사실은 스티븐스(Stevens, 1960)와 민츠와 일멘세(Mintz & Illmensee, 1975)에 의해 가장 잘 입증되었는데, 그는 쥐의 초기 배아에 주입된 기형암종세포가 정상적인 구조로 분화될 수 있다는 것을 보여주었다. 위치 정보가 없으면 암세포가 생겨 발병/사망으로 이어진다. 그들의 분자계는 배아세포를 만드는 위치 정보와 결합되어 불멸의 분화되지 않는 표현형에서 정상적인 위치 특정 표현형으로 전환된다. 인접해서 성장하는 세포들로부터의 분자적 신호교환이 없다면 암세포의 확산은 양의 확률을 가지고 계속된다. 인접 발달 세포 간 분자의 결합으로, 확률이 0으로 감소될 뿐만 아니라 이전의 암세포가 정상적으로 발달함에 따라 음으로 변한다.

이것은 비정상적인 염색체 번호, 혐기성, 당분해성 경로로의 생물에너지 이동, 히스톤 및 염색체 영역의 실질적인 후성아세틸화(epigenetic acetylation)[4]를 포함하여 암세포의 내부 분자계가 혼돈되어서 유전자 발현 및 발달을 실질적으로 변화시킨다는 사실을 고려하면 놀라운 발견이다. 배아 환경에서 이러한 사건의 역전은 암과 노화에서 분자 불안정의 개념뿐만 아니라 음성 엔트로피(negative entropy)의 개념을 설명한다(Hayflick, 2007).

---

4 히스톤의 아세틸화(histone acetylation)는 유전자 발현을 결정하는 중요한 변화 중 하나로, 아세틸화는 일반적으로 유전자 발현을 증가시키며 탈아세틸된 히스톤은 종종 유전자 억제와 연관된다.

6 건강과 확률의 균형

레이(Lay, 1963)의 낙하 또는 상승하는 물질의 확률의 예로 돌아가보자. 물체는 지구의 중력으로 인해 떨어진다. 레이(p. 291)는 물체가 '과정 중에 에너지를 보존하고 냉각시킴으로써' 중력에 저항하고 상승할 수 있다고 기술하고 있다. 지구-달 시스템을 고려할 때, 다중균형 또는 라그랑주 점[5](예: L1, L2, L3, L4, L5)이 있는데, 이 지점에서 물체는 지구, 달, 태양의 중력 사이에서 완벽하게 균형을 이루게 된다. 이 다체(多體) 관점에서 물체가 땅에 떨어지거나 다른 물체에 떨어질 확률은 라그랑주 점 중 하나에서 0이 된다. 이 확률은 천체(天體)가 각각의 라그랑주 점에서 지구에 약간 더 가까워지고 지구 쪽으로 가속하기 시작하면 +1 이상(지구의 경우)과 동시에 −1 이상(달과 해의 경우)으로 기하급수적으로 접근하게 될 것이다.

7 파동함수

모든 고전적 또는 양자적 과정은 기존의 4차원 또는 대안적인 n차원 공간을 가로질러 작용하는 파동함수(wavefunction) Ψ를 통해 설명할 수 있다. 예를 들어, 세포 내의 내부 미토콘드리아 막을 가로질러 F-1 ATP에이스에 의한 수소 양성자의 펌핑에 의해 생성된 전기화학적 양이온 차는 $\Delta\Psi \approx 160$ mV이다. 막 전체에 −1의 pH 차를 도입하면 인간과 모든 진핵생물을 유지하는 총 양성자 유발 전위차는 $\Delta\mu_{H+} \approx 220$ mV이 된다(Nicholls, 1982). 이와 유사하게 심전도, 뇌파검사, 활동일주기, 뼈의 재형성 단위, 심근 및 뇌척수의 맥박은 조직 수준에서의 파동 행태를 나타낸다.

· · · · · · · · · · · · · · · · ·

5 라그랑주 점(−Lagrangian point): 우주 공간에서 작은 천체가 2개의 큰 천체의 중력에 의해 그 위치를 지킬 수 있는 5개의 지점이다. 예를 들어, 인공위성이 지구와 달의 중력에 영향을 받아 정지해 있을 수 있는 점들이다.

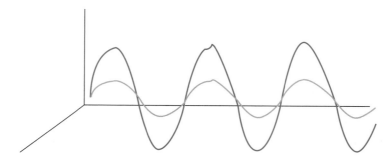

[그림 8-5] 정상파

파동은 생물과 무생물, 그리고 에너지 자체를 위해 모든 수준에서 우주에 스며드는 사인파 함수이다. 모든 파형에는 기준선 '칼럼'의 양의 마루(crest)와 음의 골(trough)을 포함한 진폭이 있으며, 각 파형은 외부 기여와 감쇠력(damping force)에 따라 한정된 시간 동안 지속된다(그림 8-5). 주기적으로 진동(oscillating)하거나 불규칙적으로 진동(vibrating)하는 용수철에 대한 표준 1차원 파형 방정식(및 시간)은 다음과 같다(Loy, 2007, p.306).

$$\frac{\delta^2 u}{\delta t^2} = \left(\frac{\rho}{T}\right)\left(\frac{\delta^2 u}{\delta x^2}\right) \qquad \text{[식 8-3]}$$

여기서 x는 용수철 또는 매체의 한쪽 끝으로부터의 거리를 나타내고, u는 평형에서 문자열 또는 매체의 수직 변위를 나타내며, ρ는 문자열/중간 밀도를 나타내며, T는 장력/중간 압력을 나타낸다. 파동을 생성 및 지속시키는 추진력이 + 파장의 관성 운동과 함께 파동의 움직임에 기여하는 반면, 주변 접촉 매체와의 마찰, 파동의 긴장 및 기타 소산력[6]은 파장의 연속성에 대해 작용한다

[식 8-3]은 시간 경과에 따른 변위(예: 진폭)의 함수로서 파형을 설명한다. 고체의 열전도를 설명할 때, 조제프 푸리에(Joseph Fourier)는 파형 방정식을 진폭과 주파수의 함수로 변환하는 주목할 만한 변환 방정식을 개발했다(Bracewell, 1965; 1989). 예를 들어, 광파는 흰색으로 나타나며 시간이 흐르면서 전방향으로 이동한다. 프리즘은 조명빔을 주파수 및 진폭으로 분할한다(Bracewell, 1989). 마찬가지로 음의 파형은 첫 번째, 두 번째,

· · · · · · · · · · · · · · ·

6 보존력이 아닌 힘들은 비보존력 또는 소산력(dissipative force)이라고 한다. 대표적인 예로는 마찰력이 있다.

세 번째 등등의 조화파로 변형될 수 있다(Loy, 2007). 푸리에 변환 방정식은 다음과 같다 (Bracewell, 1965, p. 178; Bracewell, 1989, p. 94).

$$F(f) = \int_{-\infty}^{+\infty} f(t)\, e^{-i\omega t}\, \mathrm{dt} \qquad \text{[식 8–4]}$$

또는,

$$F(f) = \int_{-\infty}^{+\infty} f(t)\, (cos\omega t - i\, sin\omega t)\mathrm{dt} \qquad \text{[식 8–5]}$$

여기서 ω는 각진동수($\omega = 2\pi f$ 또는 2π/주기)이며, 파상 변화율인 맥동이라고도 한다. 다른 위상과 겹치는 파동을 설명하기 위해 [식 8–4]를 조정할 수 있다.

$$F(f)\ =\ \int_{-\infty}^{+\infty} f(t)\, e^{-i(\omega t + \phi)}\mathrm{dt} \qquad \text{[식 8–6]}$$

여기서 위상은,

$$\phi\ =\ \frac{\delta}{T_0} \qquad \text{[식 8–7]}$$

주기 T_0을 갖는 또 다른 '표준'파에 대한 파형의 공간적 관계이다(그림 8-6). 위상 φ는 T_0과의 양 또는 음의 차이 δ에 따라 달라진다. 11~13장에서 리아푸노프 지수(이전에는 결맞음 길이로 도입됨)의 계산에 이 단계의 차이를 적용해볼 것이다. 건강조건의 위상 차이는 우리가 주기적인 상태를 '정상' 기능 범위로 되돌리기 위해 조정하려는 것이다.

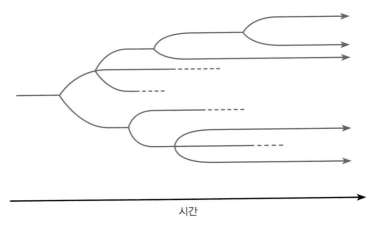

시간

[그림 8-6] 경로들, 그리고 결코 발생하지 않는 대체 경로/궤적들

8 파인만의 경로적분 및 라이트의 경로계수

파동함수(wave function)는 세포 생화학, 생리적인 리듬, 음악, 지진학, 행성 과학, 특히 공명 주파수에서 시스템이 상호작용하는 모든 현상에 적용될 수 있다. 월러스틴과 엘가 (Wallerstein & Elgar, 1992)는 경사지 해안의 마찰로 파동함수와 속도를 평가하여 밀도변화에 대한 압력변화비(dP/dρ)로 [식 8-3]을 도출했다. 가장 주목할 만한 것은 파도의(ocean breakers) 파동함수 행태가 RR Lyrae[7]와 II형 세페이드 변광성[8]의 맥동과 유사하다는 것이다.

양자 수준에서 파인만과 히브스(Feynman & Hibbs, 1965, p.58)는 단일 입자의 파동함수를 다음과 같이 설명했다.

$$\frac{\delta \Psi}{\delta t} = \left(\frac{-i}{\hbar} \right) \left[\left(\frac{\hbar^2}{2m} \right) \left(\frac{\delta^2 \Psi}{\delta x^2} \right) \right]$$

[식 8-8]

여기서 h는 플랑크의 조정된 양자 상수(1.05×10^{-34} Js)이고 m은 입자의 질량이다. 입자가 특정 위치에 있을 확률은 파동함수 $[\Psi]^2$의 제곱이다. 양자 관점에서 상호작용하는 시스템의 확률은 고전적인 시스템에서와 같이 부가적이지 않다. 대신 상호작용하는 파동함수의 확률은 파동함수 간의 간섭을 다루어야 한다.

$$p_{AuBuC} = [\Psi_A + \Psi_B + \Psi_C]^2 = p_A + p_B + p_C + (\Psi_A \Psi_B{}^* + \Psi_A{}^* \Psi_B + \Psi_B \Psi_C{}^*$$
$$+ \Psi_B{}^* \Psi_C + \Psi_A \Psi_C{}^* + \Psi_A{}^* \Psi_C)$$

[식 8-9]

괄호 안에 후자의 별표로 표시된 구성 요소는 간섭항을 나타낸다. 이러한 양자 시스템의 현실은 음의 확률뿐만 아니라 1.0보다 큰 보완적인 양의 확률의 표현을 허용한다

---

7 거문고자리 RR형 변광성(RR Lyrae stars): RR 맥동변광성은 광도의 변화가 별 바깥층의 팽창과 수축에 의해 일어난다. 멀리서 보면 맥박이 뛰는 것과 같다고 하여 맥동변광성으로 불린다.

8 세페이드 변광성은 변광성의 특정 유형으로, 수축과 팽창을 통해 밝기가 주기적으로 변한다. 처녀자리 W형 변광성들은 II형 세페이드로 불린다.

(Feynman, 1987). 건강 관점에서 음의 확률과 양자 파동함수 모형은 하일리(Hiley, 2012)의 과정 이론과 일치하는 세포 및 신경인지의 분자 사건에 적용될 수 있다. 양자 파동함수는 노화(Hayflick, 2007)와 암(Davies et al., 2012)의 불안정성에도 적용될 수 있다. 파인만과 히브스(Feynman, 1948; Feynman & Hibbs, 1965)는 양자 파동함수는 입자가 한 시공간점에서 다른 시점으로 이동할 수 있는 모든 가능한 경로(양과 음)의 합이라고 강조했다. 점 a에서 점 b까지(3차원+시간에서) 고전적 행동의 가능한 모든 경로에 대한 그들의 핵심 방정식은 다음과 같다(p. 65).

$$K_{ba} = \int_a^b \exp\left\{\frac{i}{\hbar}\int_{t_a}^{t_b}\frac{m}{2}\left[x'^2(t) + y'^2(t) + z'^2(t)\right]\mathrm{dt}\right\}Dx(t)Dy(t)Dz(t)$$

[식 8-10]

여기서 x, y 및 z는 다양한 경로에 대한 방향성 성분(즉, 사원수)[9]이고, m은 질량을 나타내고, h는 플랭크 상수를 나타내고, 시간, x, y 및 z 차원의 도함수를 나타낸다.

주어진 건강상태에 따라 다양한 경로나 궤적이 있지만 일부 궤적은 다른 것들보다 훨씬 확률이 높다. 세포가 암성경로를 따라갈 때, 특히 유전자/후성유전자 변화가 다른 세포에도 고정되어 있는 경우에는 경로를 다시 되돌리기 어려울 수 있다. 마찬가지로 중독 경향은 특정 경로에 고정될 수 있다. 그럼에도 불구하고 민츠와 일멘세(Mintz & Illmensee, 1975)는 위치 정보[10]가 암 종양의 분화를 전환시킬 수 있음을 입증했다. 따라서 우리의 목표는 발생할 확률이 높은 병든 경로를 발생할 확률이 낮지만 건강한 궤적으로 전환하도록 유지하는 것이다. 위상이동 기전은 11~13장에서 다시 강조될 것이다.

· · · · · · · · · · · · · · ·

9 사원수(四元數, quaternion), 또는 해밀턴 수(Hamilton number)는 복소수를 확장해 만든 수 체계이다. 4개의 실수 성분을 가지며, 덧셈과 곱셈의 결합법칙 및 덧셈의 교환법칙을 만족시키지만 곱셈의 교환법칙은 성립하지 않는다.

10 위치정보(positional information): 생물 발생에서 배(배아)세포는 그 위치를 인식하고 향후에 어떤 세포로 분화시킬지 결정하게 되는데, 이를 위해 세포 내 위치를 인식시키는 정보이다.

9 결합, 해석 및 중첩

아이겐과 슈스터(Eigen & Schuster, 1979)는 생화학 시스템 간의 에너지 및 양/음의 확률 정보 공유/전달을 세포 호흡과 광합성의 중심 순환/결합 경로를 초월한 무수한 생화학 경로를 통해 잘 기술하였다. 니콜스(Nicholls, 1982, p.3)는 모든 내배엽의 생물에너지 화학반응에 필수적인 ATP 합성이 진핵 미토콘드리아와 광합성 막 및 박테리아 막에 결합하는 것을 특히 강조했다. 이 연결을 가능하게 하는 핵심 요소는 '양성자 전기화학 퍼텐셜'이다.

살아있는 유기체는 화학 작용의 구획화에 의해 특징지어지며, 특히 엔트로피가 감소되거나 세포로부터 내보내지기도 한다(즉, 음성 엔트로피[11]). 대사의 독성 부산물 및 신진대사에 필수적인 고도의 산성 또는 염기성 화학 물질조차도 특수한 소포체, 리소좀 및 기타 막 경계 세포 소기관 내에 함유되어 있다. 마굴리스(Margulis, 1998), 맥매너민(McMenamin, 1990), 토머스, 셔먼과 스튜어트(Thomas, Shearman & Stewart, 2000)는 칼슘이 세포질 내에서 필수적이지만 독성을 띠는 화학 물질이라는 점을 지적했다. 그러나 과잉 칼슘은 세포 외부로 보내지거나 때로는 생명체의 바깥으로 빠져나가지만 다른 필수 유기체 활동 중 특히 뼈와 결합되는 경우가 많다. 유기체에서 세포 외 칼슘이 제 역할을 하지 못하면, 감염 및 기능장애로 인한 혈관, 연골, 신장 및 기타 조직의 비정상적인 석회화와 심장병, 암, 관절염, 치매, 죽상동맥경화증 등의 주요한 병으로 이어지기 때문이다(Carson, 1998; Hashimoto et al., 1998). 또한 음의 확률 시스템과 양의 확률 시스템의 결합은 결합된 생리학적 진동기의 연구에서 두드러지게 나타난다. 그라나다, 헤니그, 로나헤어, 크레이머, 헤르젤(Granada, Hennig, Ronacher, Kramer, Herzel, 2009)은 심장생리학, 신경망, 활동일주기에 대한 양 또는 음의 되먹임 기전을 수학적으로 모형화했다. 이러한 모형의 핵심은 신경전달물질, 멜라토닌, 빛, 온도와 같은 환경 요인 및 암 발병 및 진행에 관여하는 NF-κB군과 같은 분자에 영향을 받는 위상반응곡선의 유지이다(Hoesel & Schmid, 2013).

바틀렛(Bartlett, 1945)과 파인만(Feynman, 1987)은 음의 확률을 생명의 과정에서 필

-----

11 에르빈 슈뢰딩거(Erwin Chrodinger)는 저서 《What is Life?》에서 한 생명체는 주변 환경에서 음성 엔트로피를 흡수하여(외부로부터 에너지를 받아) 안정상태를 이루어가고 있다고 말했다.

수적인 것으로 기술하였다. 생명의 과정에서는 시스템 사이에 중첩이 있고, 음의 사건들에 대응되는 과양성 사건들이 현실적이지만, 생명의 과정의 끝점에서는 기록되지 않는다. 이러한 관점은 특히 양자 및 고전적 수준에서 과정의 공간적 현실을 설명하는 상호작용 파동함수의 마이크로/나노초양자 사건 및 중첩(그림 8-4)과 관련이 있다. 하일리(Hiley, 2012)가 '적절한' 사건 모형을 통해 강조했듯이, 마이크로/나노초양자 사건 및 중첩은 복잡한 시스템 수준뿐만 아니라 분자 건강과도 관련이 있다. 그것들은 또한 암과 노화의 분자적 불안정성과 관련될 수 있다.

10 결론: 경로에서의 행동의 비행동

궤적과 경로계수의 경우 비행동은 건강에 적절한 행동이라는 것이 본회퍼(Bonhoeffer)의 경고이다. 행동하지 않는 것은 음의 결과 또는 양의 결과에 모두 기여할 부정적인 가능성이 있다. 왜냐하면 우리 미래에 예측할 수 없는 오차는 항상 있을 것이기 때문이다. 우리의 현재 역사는 인간 개개인의 생리적인 사건, 초당 세포당 수백만 개의 분자 사건에 이르기까지 모든 수준에서 과거 사건의 직간접적인 영향에 완전히 의존한다. 게다가 일어나지 않았던 사건들은 모든 단계에서 우리의 현재 상황을 낳았다. 미래는 같을 것이다. 한 가지 주의할 점은 0 또는 음의 확률로 인해 발생하지 않은 대체 경로를 상상할 수 있다는 것이다. 예측할 수 없는 부작용이 있기는 하지만 어떤 경우에는 주어진 상황이나 조건을 바람직한 대안으로 추정되는 경로로 이동하거나 점프할 수 있다(그림 8-6). 12~14장에서 논의할 것처럼, 이미 몇몇 생의학 분야에서 단계적 전환이 시행되고 있다.

참고문헌

Bartlett, M. S. (1945). Negative probability. *Mathematical Proceedings of the Cambridge Philosophical Society, 41*(1), 71–73.

Bohm, D. (1987). Hidden variables and the implicate order. In B. J. Hiley & F. D. Peat (Eds.), *Quantum implications: Essays in honour of David Bohm* (pp. 33–45). London: Routledge & Kegan Paul.

Bonhoeffer, D. (1933 [1995]). Christ the center. In Kelly, G.B. & Nelson, F.B. (eds.), A testament to freedom: The essential writings of Dietrich Bonhoeffer, pp. 110–123. New York: HarperOne.

Bracewell, R. (1965). *The Fourier transform and its applications.* New York: McGraw–Hill.

Bracewell, R. (1989). The Fourier transform. *Scientific American, 260*(6), 86–95.

Carson, D. A. (1998). An infectious origin of extraskeletal calcification. *Proceedings of the National Academy of Sciences of the United States of America, 95,* 7846–7847.

Croskerry, P. (2003). The importance of cognitive errors in diagnosis and strategies to minimize them. *Academic Medicine, 78,* 775–780.

Davies, P., Demetrius, L. A., & Tuszynski, J. A. (2012). Implications of quantum metabolism and natural selection for the origin of cancer cells and tumor progression. *AIP Advances, 2,* 011101. 2158–3226/2012/2(1)/011101/14.

Dirac, P. A. M. (1942). Bakerian lecture: The physical interpretation of quantum mechanics. *Proceedings of the Royal Society A, Mathematical, Physical and Engineering Sciences, 180*(980), 1–40.

Eigen, M., & Schuster, P. (1979). *The hypercycle: A principle of natural self organization.* Berlin: Springer.

Feynman, R. P. (1948). Space–time approach to non–relativistic quantum mechanics. *Reviews of Modern Physics, 20*(2), 367–387.

Feynman, R. P. (1987). Negative probability. In B. J. Hiley & F. D. Peat (Eds.), *Quantum implications: Essays in honour of David Bohm* (pp. 235–248). London: Routledge & Kegan Paul.

Feynman, R. P., & Hibbs, A. R. (1965). *Quantum mechanics and path integrals.* New York: McGraw–Hill.

Granada, A., Hennig, R. M., Ronacher, B., Kramer, A., & Herzel, H. (2009). Phase response curves: Elucidating the dynamics of coupled oscillators. *Methods in Enzymology, 454,* 1–27.

Hashimoto, S., Ochs, R. L., Rosen, F., Quach, J., McCabe, G., Solan, J., et al. (1998). Chondrocyte–derived apoptotic bodies and calcification of articular cartilage. *Proceedings of the National Academy of Sciences of United States of America, 95,* 3094–3099.

Hayflick, L. (2007). Entropy explains aging, genetic determinism explains longevity, and undefined terminology explains misunderstanding both. *PLoS Genetics, 3*(12), e220. doi:10.1371/journal.pgen.0030220.

Hiley, B. J. (2012). Process, distinction, groupoids and Clifford algebras: an alternative view of the quantum formalism. arXiv.1211.2107v1 [quant–ph] 9 Nov 2012.

Hoesel, B., & Schmid, J. A. (2013). The complexity of NF–κB signaling in inflammation and cancer. *Molecular Cancer, 12*, 86. doi:10.1186/1476–4598–12–86.

Hollar, D., Rowland, J., (2015). Promoting health literacy for people with disabilities and clinicians through a teamwork model. *Journal of Family Strengths, 15*(2), Article 5. http://digitalcommons.library.tmc.edu/jfs/vol15/iss2/5.

Kahneman, D. (2002). *Maps of bounded rationality: A perspective on intuitive judgment and choice (Nobel lecture on economic Sciences).* Stockholm: The Nobel Foundation.

Kohn, L. T., Corrigan, J. M., & Donalson, M. S. (Eds.). (1999). *To err is human: Building a safer health system.* Washington, D.C.: Institute of Medicine, National Academy Press.

Lay, J. E. (1963). *Thermodynamics: a macroscopic-microscopic treatment.* Columbus, OH: Charles E. Merrill Books, Inc.

Loy, G. (2007). *Musimathics: The mathematical foundations of music* (Vol. 2). Cambridge, MA: MIT Press.

Makary, M. A., & Daniel, M. (2016). Medical error – The third leading cause of death in the US. *BMJ, 353*, i2139. doi:10.1136/bmj.i2139. (Published 3 May 2016).

Margulis, L. (1998). *Symbiotic planet.* New York: Basic Books.

McMenamin, M. A. S., & McMenamin, D. L. S. (1990). *The emergence of animals: The Cambrian breakthrough.* New York: Columbia University Press.

Mintz, B., & Illmensee, K. (1975). Normal genetically mosaic mice produced from malignant teratocarcinoma cells. *Proceedings of the National Academy of Sciences of United States of America, 72*, 3585–3589.

Nicholls, D. G. (1982). *Bioenergetics: An introduction to the chemiosmotic theory.* New York: Academic Press.

Redelmeier, D. A. (2005). The cognitive psychology of missed diagnoses. *Annals of Internal Medicine, 142*, 115–120.

Stevens, L. C. (1960). Embryoid potency of embryoid bodies derived from a transplantable testicular teratoma of the mouse. *Developmental Biology, 2*, 285–297.

Thomas, R. D. K., Shearman, R. M., & Stewart, G. W. (2000). Evolutionary exploitation of design options by the first animals with hard skeletons. *Science, 288*, 1239–1242.

Tinbergen, N. (1963). On aims and methods of ethology. *Zeitschrift für Tierpsychologie, 20*, 410–433.

Wallerstein, G., & Elgar, S. (1992). Shock waves in stellar atmospheres and breaking waves on an ocean beach. *Science, 256*, 1531–1536.

초기 조건에 대한 카오스 이론과 민감한 의존성

■ **약어**

Λ 리아푸노프 지수
ξ 일관성 길이
LDL(low density lipoprotein cholesterol) 저밀도 지단백 콜레스테롤
S 엔트로피

앙리 푸앙카레는 동적 시스템에 대한 그의 연구에서 카오스를 일으키는 초기 조건에 대한 민감한 의존성, 특히 물체/시스템 상호작용의 3체 또는 n체의 문제를 확인했다(Gleick 1987).[1] 그러한 시스템의 역설 중 하나는 상호작용하는 물체의 수를 엄청나게 늘리면 통계학적 역학과 유체역학에 기초하여 시스템 행태의 예측을 더 잘 달성할 수 있다는 것이다. 푸앙카레는 동적 시스템과 카오스의 위상에 대한 연구를 소개했다.

카오스는 시스템의 비선형적이고 역동적인 진화의 난류(turbulence)에서 발생하는 결과의 한 단계를 나타낸다(Ruelle, 1989, p. 3).

$$dx(t)/dt = f(x(t)) + \lambda(t)$$ [식 9–1]

여기서 $dx(t)/dt$는 위치 $x(t)$와 궤적에 대한 임의의 난류 $\lambda(t)$의 함수인 점 x의 궤적 변화를 반영한다. $\lambda(t)$는 첫 번째이자 가장 큰 리아푸노프 지수 또는 궤적 방정식의 고유값에 대한 해답이다. 난류나 변화가 없다면 $\lambda(t) = 0$이고, 또는 난류나 변화가 최소한이어서 시스템이 탄력성이 있고 조절되면 궤적은 시간이 지남에 따라 스스로 유지될 것이고, $f(x(t))$로 표현되는 최소 편차와 함께 반복될 것이다.

그럼에도 불구하고 실제로 시스템은 고립되지 않고, 외부요인(즉, 환경)과 비정상적인 내부요인(예: 돌연변이, 과정의 이상 규정)에 의해 영향을 받는다. 위상학적 관점에서 시스템은 [그림 5–2]에 나타난 것과 같이 발생하거나 발생하지 않는 사건의 궤적과 함께 이러한 요인들과 상호작용하는 곡면에서 작동한다. 7장과 8장에서 논의한 바와 같이, 에너지 손실은 시스템 상호작용에 대한 양 또는 음의 확률 관점에서 엔트로피의 증가에 해당하며 그 반대도 마찬가지이다.

. . . .

1 고전역학에서 이체 문제(二體問題, 2-body problem)는 두 물체의 질량과 현재 속력, 운동방향을 알고 있을 때, 두 물체가 시간이 흐른 후 어떻게 운동하고 있을지를 다루는 문제이다. 삼체 문제(三體問題, 3–body problem)는 세 물체의 질량과 현재 속력, 운동방향을 알고 있을 때, 물체가 시간이 흐른 후 어떻게 운동하고 있을지를 다루는 문제이다. 다체 문제(多體問題, n-body problem)는 여러 물체의 질량과 초기 위치, 초기 속도를 주고서 이후의 운동 상태를 찾는 문제이다. 중력만이 주어졌을 때 두 물체의 운동은 고전역학의 테두리 안에서 해석적으로 정확히 기술할 수 있다.

1 초기 조건에 대한 민감한 의존성[2]

난류를 분석하는 과정에서 푸앙카레는 카오스에 대한 우리의 생각을 '초기 조건에 대한 민감한 의존'으로 발전시켰다(Gleick, 1987; Ruelle, 1989). 즉, 시스템에 대한 사소한 혼돈은 시간이 지남에 따라 시스템을 변화시키는 극적인 영향을 미칠 수도 있고 그렇지 않을 수도 있다. 시스템 내에서 확률통계학적 잡음이 발생하더라도(Gammaitoni, Hanggi, Jung & Marcheson, 1998) 예측 가능하고 주기적인 과정을 방해하여 궤적이 변경되도록 할 수 있다. 푸앙카레 되돌이 사상(Poincare return map)(그림 3–2)은 시간이 지남에 따라 점진적으로 변경되는 주기적인 시스템을 보여준다. [그림 3–2]에서 연속적인 복귀 궤적 사이의 간격은 리아푸노프 지수로 측정할 수 있다. 마찬가지로 뤼엘(Ruelle, 1989)은 원래 궤적 및 교란 궤적의 차이를 확산 함수(그림 2–4)와 위상구조의 변형(그림 2–6)이라고 설명했다. 복굴절[3]의 물리적 원리는 투명한 매체를 통한 빛의 구형, 등방형, 전달을 수반하는 반면, 결정을 통해 흩어진 빛은 타원적 회절을 보이기 때문에 타원에 비유하는 것이 가장 적절하다. [식 6–6]에서 뤼엘은 리아푸노프 지수를 카오스의 척도로 관련시켰고, 동시에 엔트로피 $\delta^2 S$의 변화, 즉 결맞음 길이 ξ^{-1}의 역함수와 콜모고로프(Kolmogorov) 엔트로피 및 프랙탈 차원을 나타냈다.

$$\lambda = \delta^2 S \sim \xi^{-1} \qquad\qquad \text{[식 9–2]}$$

. . . .

2 비평형상태에서 초기 조건의 미세한 차이가 시스템에 더욱 더 큰 카오스적 행태를 보이게 될 때 관찰되는 현상을 '초기 조건에의 민감한 의존성'이라고 부른다.

3 복굴절은 광학적으로 이방성인 매질 내에서 빛의 편광방향에 대한 굴절률이 다를 때, 입사한 빛의 파장이 같더라도 굴절률이 달라지게 되어 빛이 갈라지는 현상을 말한다.

2 로렌츠 끌개와 카오스

푸앙카레는 '초기 조건에서의 작은 차이가 최종 현상에서는 매우 큰 차이를 가져올 수 있다. 시스템은 초기 조건에 민감한 의존성을 가지고 있기 때문에 본질적으로는 예측이 불가능하다'라고 하였다. 푸앙카레의 초기 관찰 중 많은 부분이 80년 동안 알려지지 않았지만, 에드워드 로렌츠(Lorenz, 1963)는 주기적인 날씨 패턴의 혼돈에 관한 연구에서 민감한 의존성에 대한 그의 관찰을 부활시켰다. 우리가 알다시피 기상은 제트스트림의 역동적인 변화와 복수의 기류, 전선계(前線系), 이온권과 성층권에 대한 태양 강제력, 해양의 열대 난방, 다른 내부지각 가열, 자전 때문에 짧은 기간 동안에도 예측이 어렵다. 로렌츠는 타원체 비유방법을 도입하고 솔츠만(Saltzman, 1962)이 차용한 최초의 차등 대류 방정식[4]을 개발하여 날씨 패턴의 비선형 변화를 모형화했다.

$$dx/dt = -\sigma x + \sigma y$$
$$dy/dt = -xz + rx - y$$
$$dz/dt = xy - bz \qquad \text{[식 9–3]}$$

여기서 σ는 프란틀 수[5], 모멘트 확산 대 열 확산 비율, r은 유체 레일리(Rayleigh) 수치 대 임계값의 비율이며 b항은 열 팽창 계수와 관련된 매개변수이다. 로렌츠는 시간의 경과에 따른 방해 요인을 x, y, z로 모형화하고 특성 방정식을 위해 실제 방정식의 근(즉, 고유값 또는 리아푸노프 지수)을 해결했다. 그는 이러한 매개변수에 대한 작은 교란으로 인해 시스템이 정규적인 주기적 파동으로부터 대체 중심부를 사용하는 2배의 주기적 과정 또는 뚜렷한 주기성이 없는 카오스로 떨어질 수 있다는 것을 발견했다.

간단한 파이썬(Python) 프로그램으로 로렌츠 결과를 복제할 수 있다(그림 9–1). [그림

---

[4] 동역학계 이론에서 로렌츠 방정식은 3차원 공간상에서 대기의 대류를 나타내는 비선형동역학계이다. 로렌츠에 의해 발견된 카오스의 질서구조로 기하학적인 궤적으로 그려보면 나비 날개 모양으로 관찰된다.

[5] 프란틀 수는 운동량의 퍼지는 정도와 열확산도의 비를 근사적으로 표현하는 무차원 수이다. 속도 경계층의 두께와 열경 계층의 두께의 비를 나타낸다.

9–1] (a)에는 매개변수가 $\sigma = 4$, $r = 16$ 및 $b = 2.667$인 나선형 끌개(즉, 단일점)가 표시된다. [그림 9–1] (b)는 시스템이 예측하지 못할 정도로 두 팬 사이에서 진동하는 상대적 안정성을 나타낸다. 여기서 $\sigma = 8$, $r = 16$, $b = 1.667$이다. 로렌츠는 자신의 계산에서 3가지 복잡한 방정식의 근 또는 고유값을 발견했고, '불안한 정상 대류가 교란되면 움직임은 격렬하게 진동할 것'이라고 결론지었다. 그는 또한 대기의 비주기적 성격을 고려할 때 장기적인 대기 조건 예측은 불가능하다고 결론지었다. [그림 9–1] (b)로 매년 대기를 대략적으로 예측할 수 있지만 미세한 변화가 발생할 수 있으며, 수천 년 동안의 전반적인 대기 안정성조차 불확실할 수 있다.

[그림 2–3]을 고려할 때 시스템은 원형 또는 원환체의 궤적을 통해 주기적 사이클을 유도하거나 따를 수 있다(그림 2–3 a 및 d). 로렌츠 끌개(그림 9–1)[6]와 마찬가지로 시스템이 반발하거나 혼란스러울 때(그림 2–3 b 및 e) 불안정성이 발생한다. 일반적으로 리아푸노프 특성 지수 $\lambda < 0$을 갖는 끌개 시스템(그림 2–3 a)을 사용하여 안정성을 얻었고, 안장(그림 2–3 c)은 $\lambda \sim 0$을 가진다. 주기성은 일반적으로 $\lambda \sim 0$ 가까이에서 나타나지만, 2배, 4배의 주기성은 일반적으로 안정성이 낮고, 더 큰 양의 λ와 함께 나타난다. 3을 넘는 λ는 일반적으로 카오스적이다(Li & Yorke, 1975; Ruelle, 1989). 위상적으로는 뤼엘(Ruelle, 1989, p. 72)와 글래스, 맥키(Glass & Mackey, 1988, p. 54)가 이 패턴을 구에서 타원체로의 늘어남으로 묘사했다(그림 2–6 참조).

이차원적으로 이 양식은 원형 객체의 이심성 ε과 비교할 수 있다.

$$y^2 = 2x - (1 - \varepsilon^2)x^2 \qquad \text{[식 9–4]}$$

이심률 ε은 물체의 준선[7]으로부터 고정점까지의 거리에 대한 한 점으로부터 물체의 고정점까지의 거리의 비율을 나타낸다. 즉, 이심률은 균일성에서 늘어짐의 척도이다. $\varepsilon = 0$ 일 때 우리는 원 ($y^2 = 2x - x^2$)에 대한 방정식을 가진다. $0.7 \leq \varepsilon < 1$인 경우에 대상은 타원이다. $1.0 \leq \varepsilon < 1.3$일 때 대상은 포물선이다. $\varepsilon \geq 1.3$일 때 대상은 쌍곡선이다. 리아푸노프 지수와

. . . .

6 Canopy(Enthought Python Distribution, EPD): 파이썬 편집기 중의 하나.

7 평면 위의 한 정점과 그 점을 지나지 않는 한 정직선에 이르는 거리가 같은 점들의 자취의 집합인 포물선에서 정직선이 포물선의 준선이다.

마찬가지로 양의 값이 클수록 원래의 궤적 또는 경로 형태와 큰 차이가 있음을 나타낸다.
따라서 결론은 다음과 같다.

(a) 나선형 끌개

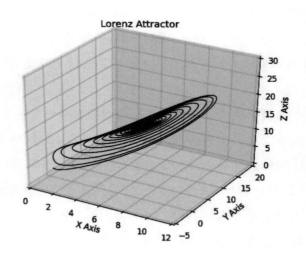

(b) 카오스로 유도되는 준주기 주기

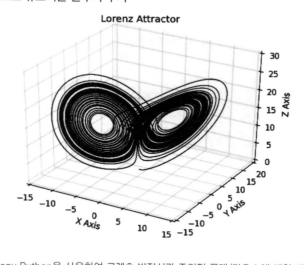

[그림 9-1] Enthought Canopy Python을 사용하여 로렌츠 방정식과 주기적 끌개/카오스에 대한 매개변수 수정

$$\lambda = \delta^2 S \sim \xi^{-1} \sim \varepsilon \qquad\qquad \text{[식 9–5]}$$

글래스와 맥키(Glass & Mackey, 1988, p.54)는 리아푸노프 지수를 다음과 같이 계산했다.

$$\lambda = \lim(t \rightarrow \infty)\, 1/t\, \big[\log_2\big(r(t)/r(0)\big)\big] \qquad\qquad \text{[식 9–6]}$$

여기서 r은 시간 0과 비교된 시간 t에서의 타원 주축의 길이이다.

로렌츠는 카오스에 초점을 맞추고 생명 시스템과 물리적 시스템에서 비선형동역학을 연구하여 '나비효과'를 유추하였다(Gleick, 1987; Hollar, 1992). [그림 9–1] (b)는 아시아에서 날개를 펄럭이는 나비의 작은 기류가 전 세계의 날씨 패턴을 바꿀 수 있다고 제안했다. 이는 '초기 조건에 대한 민감한 의존'을 강조하는 것이다. 이러한 시나리오는 실제로 발생하지 않지만, 전체 시스템의 결과를 이루기 위해 여러 요소가 함께 기여한다는 전반적인 이해와 개념을 가져야 한다. 일부 연구원은 나비효과의 비유를 너무 심각하게 받아들여 작은 혼돈이 궤적을 크게 바꿀 수 있다고 생각할 수 있지만, 현실은 그렇지 않은데, 이것은 시스템을 통제하기 위해 상호작용하는 많은 요소가 있음을 보여준다. 많은 시스템은 탄력성이 높기 때문에 시스템을 한 상태에서 다른 상태로 전환하는 데에는 특정 임계값 수준을 넘는 특정 요인의 조합이 필요하다.

3 위상공간

로렌츠(Lorenz, 1963)는 대기 시스템의 위상공간 및 준주기성(quasiperiodity)을 강조했다. 글래스와 맥키(Glass & Mackey, 1988, p.51)는 위상공간을 시스템, 일부 중립, 다른 안정적이거나 불안정한 모든 가능한 상태의 위상영역이라고 설명한다. 위상공간 내의 위치는 외부 힘에 영향을 받지 않는 한 국소적이다. 그리고 그 위치는 높거나 낮은 위치 에너지의 지점에 영향을 받을 수 있다(van de Walle, Hong, Kadkodaei, 2014). 따라서 시간이 지남에 따라 한 점의 궤적은 안정적인 지점(예: 안정적인 궤도) 또는 힘이 균형을 이룬 지점 내에서 일관적으로 유지될 것이다. 또한, 그 위치는 더 높은 에너지 수준으로 강제되거나 외부 에너지를 받지 않는 한 위치 에너지의 최소 수준으로 표류한다(예: 그림 3-5). 이러한 관점은 상호작용하는 시스템 간의 경쟁으로 인한 파국에 대한 톰(Thom, 1972)의 설명과 유사하며, 이로 인해 낮은 에너지, 또는 최소의 에너지 퍼텐셜로 붕괴된다(그림 3-5). 톰은 온도와 엔트로피의 음의 관계를 논의했는데, 여기서 온도는 평균 시스템 엔트로피의 평균 초공간[8] 곡률의 역이 된다

결과적으로 시스템은 거의 벗어나지 않는 주기적(즉, 반복적인) 행태를 나타낼 수 있다. 이 시스템은 정상 및 부정맥 심전도를 모두 포함할 수 있는데, 굴심방결절 또는 이소성 심방이 제각각 위상공간의 극솟값에 기여한다. 두 경우 모두 시스템은 시공간적 기간 동안 최소위상값 내에서 주기적이다. 그럼에도 불구하고 부정맥은 조직에 심장 및 혈액 전달에 대한 심각한 병리학적 영향과 함께 카오스 리아푸노프 지수 $\lambda > 3$을 가지고 정상에서 심각하게 벗어나게 된다. 결과적으로 우리는 영향을 받는 심장 시스템의 위상 상태를 정상 상태에 가깝게 재설정하기 위해 조작할 수 있는 동력을 확인하려고 한다.

동일한 조건은 분자 및 세포에서 조직 및 유기 수준까지 광범위한 과정을 포괄하는 기타 생리적인 리듬 또는 부정맥을 포함하며, 세포 내 다양한 유기적 작용에 대한 거시적 사건(예: 질병, 내부 장기 기능)의 의존성으로 더욱 복합적으로 나타난다. 많은 과정들의 상호연결성은 노화가 진행되는 동안 카오스에 취약해지고 특정 병리학적 조건(예: 폐렴, 식물학, 콜레라와 같은) 동안 신체 시스템이 손상되고, 질병을 이겨내기 위한 면역체계 세포의 손실에 취약해진다.

행태장애는 카오스 사건에 취약할 수 있는데, 세포 수준에서 더 통제할 수 없는 분자 및 신경전달 물질 이상에서부터 개인이 나쁜 결정을 내릴 수 있는 사회 환경 조건에 이르기까지 다양하다. 전자의 경우는 보통 심리적 개입으로 극복될 수 없다. 카오스에서 안정으로 생화학적 경로를 유도하는 데에는 세포막에서 분자를 표적으로 하는 약제가 필요하다. 후자의 경우에는 심리적 상담, 교육 및 개인과 집단이 스스로의 삶을 안정으로 이끌도록 의식적으로 결정 내리는 데 도움이 되는 모든 환경 변화와 관련 있다.

· · · · · · · · · · · · · · ·
8   초공간(hyperspace)이란 3차원을 넘어선 4차원, 또는 그 이상의 차원(유클리드 공간)을 말하는 용어이다.

4 시스템 관점

건강 시스템의 궤적 분석에서 시스템의 관점은 다음 단계를 포함한다.

1. 정상적인 궤적 경로
2. 모든 감지 가능한 조력자(및 방해물)를 가진 경로의 모형
3. 하중 변화 조건에서 경로 본뜨기
4. 미분방정식과 실제 근의 고유값(즉, 리아푸노프 지수)의 해법과 임계점 주변 시스템의 결맞음 길이를 사용하여 정상 경로로부터의 편차를 측정
5. 응용 개입을 위한 요소의 식별
6. 안전 및 윤리적 조건에 대한 개입 시험

궤적 경로를 유지하거나 변경할 때 관련 요소의 모형화가 어려울 수 있다. 주요 요인을 식별하더라도, 작은 미확인 인자는 적절하게 다루지 않으면 카오스 상태를 발생시키는 민감한 의존성을 제공할 수 있다. 현재 우리는 실제 적용되는 개입이 거의 없는 대부분의 치료 모형 단계에 있다.

역학적으로 변동계수(즉, R^2)는 다중회귀분석 중 종속변수의 변화에 대한 많은 독립적 변수의 기여도를 측정하는 표준척도이다. 계수는 누적독립변수뿐만 아니라 전방 및 후방 단계 절차의 개별 변수에 대해 평가할 수 있다. 그럼에도 불구하고 최선의 연구조차도 일반적으로 누적 $R^2=0.60\sim0.70$ 정도로 밖에 제공하지 못하며, 독립변수에 의해 설명될 수 없는 결과의 측정 변화를 $1-R^2=0.30\sim0.40$ 또는 30~40% 남긴다. 푸앙카레, 로렌츠 및 다른 많은 사람들은 종속변수 또는 시간에 따른 결과변수에 급격한 변화를 일으키는 것이 아주 작은 1% 변수가 될 수 있음을 입증했다.

따라서 지속적, 또는 빈번한 자료 시점의 경우, 주기성과 궤적으로부터의 편차 측정에 의해 더욱 강화된다. 궤적이 변경되면 어떤 흐름, 또는 새로운 변수/사건이 궤적 변경에 기여할 수 있을까? 측정과 분석은 복합비선형 시스템에 대한 접근방식과 장기적인 비전에서 보면 표준역학과 크게 다르지 않을 것이다.

5 생태계와 건강

최근 몇 년 동안 생태환경과 공중보건 간의 접점에 많은 관심이 집중되었다. 생태학 연구는 수십 년 동안 시스템 모형을 이용해왔다. 공중보건은 거시규모부터 미시규모 그리고 더욱 복잡한 분자 생태계에 이르기까지 개인에 대한 생태학의 영향을 파악하기 위한 방법으로 훨씬 더 광범위하고 다면적인 접근방식을 채택하는 데에는 한계를 보였다.

포괄적인 생태계의 거시규모에서는 카오스가 거의 관찰되지 않았다. 종들의 상호작용은 광범위한 각본을 통해 모형화되고 모의시험되었다. 이러한 모형들 중 다수는 유명한 로트카–볼테라(Lotka–Volterra) 포식자–피식자 모형[9]에 따라 확장되거나 죄수의 딜레마나 내쉬균형과 같은 게임이론의 측면을 포함한다. 인간활동의 맹공격에도 불구하고, 실제 생태계는 상대적으로 안정적이고 회복력을 가지고 있다. 하지만 다양한 분야의 연구자들은 지구나 주요 지역을 돌이킬 수 없고 혼란스러운 변화에 빠뜨릴 수 있는 기후나 서식지 손실에 대하여 경고한다.

우리는 병리학적 변화가 발생하는 이상(예: 체온, pH, 인슐린/포도당 균형, LDL 콜레스테롤 수준, 위험에 처한 암 유전 프로파일)이 생길 때의 생리적인 임계값을 예로 들 수 있다. 예를 들어 도우(Dawes, 1988, p. 73)는 울페(Wolfe)의 유방 조영술 분류와 이후 유방암 발생에 관한 자료를 발표했는데 베이즈 분석의 참가자 전체 표본을 고려해도 그룹 중 92%에서 암이 발생한 고위험군 그룹 사람들의 유방암 위험은 12%에 불과했다. 의학계에서 나온 이러한 통계와 일부 논쟁에도 불구하고 나이가 들수록 유방 조영술 검사를 하는 것은 바람직하다. 개선된 진단 기법이 이러한 해석을 수정했지만 상황은 필요충분한 조건, 즉 건강결과에 함께 기여하는 변수의 다양성에 대한 역학 개념을 보여준다. 또한, 스웨트, 도스 및 모나한(Swets, Dawes & Monahan, 2000)은 다중진단의 삼각측량이 이러한 평가의 예측 가능성에 추가된다는 것을 입증했다(Hastie & Dawes, 2009 참조). 또한 주어진 건강결과를 초래하는 필요충분한 많은 변수가 반드시 표준역학 및 고전적 관점에서 점진적으로 추가되는 것은 아니라는 점을 언급해야 한다. 대신 변수는 다른 정도와 관련이 있고 그

---

9 로트카–볼테라 방정식(Lotka–Volterra equation)은 미국의 수학자인 앨프리드 제임스 로트카와 이탈리아의 생물학자인 비토 볼테라가 발표한 연립미분방정식으로, 포식자와 피식자 간의 포식 관계를 수량화한 공식이다.

효과에서 겹친다. 따라서 더 복잡한 효과를 판독하기 위해서는 변수 상태의 중첩이 필요함을 나타낸다. 이는 앞서 6장과 7장에서 주장했던 양자 접근방식이다.

생태계 접근법으로 돌아가서, 외래 유입종의 도입은 종종 고유종의 다양성을 제거함으로써 생태계의 역동성을 변화시켰지만 그러한 시스템은 변화된 구성임에도 불구하고 균형을 유지했다. 섬의 생물 다양성 연구(MacArthur & Wilson, 1963)는 섬 간 거리가 종의 다양성을 유지하는 데 중요함을 보여주었다. 섬 간 거리가 더 짧은 경우 한 종은 이웃 섬으로 이동하여 다른 종의 생태계를 변경시킬 수 있다. 더 먼 거리로 이주하는 군체(colony) 형성은 거의 없었다. 이 현상은 침투(percolation)라고 불리며(Feder, 1988), 리아푸노프 지수와 카오스와 반비례하는 결맞음 길이 ξ와 강하게 관련되어 있다. 심버로프와 윌슨(Simberloff & Wilson, 1969)은 작은 맹그로브[10] 섬의 시간 경과에 따라 절지동물의 재분화와 종 조성을 관찰함으로써 섬 생물 지리학 모형을 증명할 수 있었다.

침투는 물리적으로 하나의 물질이 매체를 통해 이동하는 것을 포함한다(Davis, Trapman, Leirs, Begon, & Heesterbeek, 2008, Feder, 1988). 결과적으로 형상, 넓이, 투과성, 온도 등과 같은 매체의 성질은 물질의 궤적과 매체 곡면의 궁극적 분포를 정의한다. 무엇보다 중요한 것은 페더(Feder, 1988)가 물질의 확산을 제한하는 침투의 임계점을 확인한 것이다. 페더의 침투 임계값 정의에 의해 임계값을 초과하지 않으면 국지적인 영역으로 확산이 제한되며, 그는 이 상황을 높은 결맞음 길이와 비교한다. 따라서 결맞음 길이 ξ는 침투 임계값의 역비례로, 한계값은 리아푸노프 지수 λ에 정비례한다. 따라서 임계값(낮은 λ이지만 높은 ξ)이 낮을수록 이동 물질의 궤적이 제한된다(즉, 적은 변화). 반대로 임계값(높은 λ이지만 낮은 ξ)이 높을수록 이동 물질에 대한 궤적이 더 넓어진다(즉, 더 많은 변화).

침투는 원래 물리적·화학적 관점에서 연구되었지만 생물학자들은 이 개념을 인구역학 및 질병확산 연구에 적용하기 시작했다. 예를 들어, 데이비스 등(Davis et al., 2008)은 넓은 사막쥐[11] 터널 시스템의 33% 이상이 점유되었을 때 페스트균(bubonic plague, Yersinia pestis)이 큰사막쥐(rhombomys opimus)의 벼룩을 매개체로 전파된다는 결론을 내렸다. 이 발견은 근접성이 높을수록 벼룩의 전염성이 증가할 것이라는 점에서 의미가 있

· · · · · · · · · · · · · · · ·

10 맹그로브는 강가나 늪지에서 뿌리가 지면 밖으로 나오게 자라는 열대 나무이다.

11 저빌(gerbil)은 다른 말로 사막쥐라고 하며, 황무지쥐아과(gerbillinae)에 속하는 설치류의 총칭이다.

다. 터널 점유는 사막쥐의 생식활동과 같은 '이동' 요인의 영향을 받는다. 데이비스 등은 침투가 바이러스 및 박테리아와 관련된 질병 확산과 전염병 측정을 위한 강력한 모형이라고 결론지었다.

존 크리스찬과 데이비스(Christian & Davis, 1956; 1964; Christian, Flyger & Davis, 1960)는 실험용 쥐와 사슴의 현장 연구에 대한 생리적 영향을 조사하였다. 이 실험은 한스 셀리에의 스트레스에 대한 일반적응증후군을 바탕으로 만들어졌다. 가장 주목할 만한 것은 1958년 메릴랜드 주 제임스 아일랜드에서 인구과잉 스트레스로 사망한 수백 마리의 시카사슴에 대한 부검을 실시한 것이다. 이 사건에서 놀라운 것은 사슴이 이주할 수 있는 능력을 가지고 있다는 것과 부신이 비대해진 것을 제외한 다른 생리적인 조건들은 없었다는 것이다. 이 모형은 무리 근접성(낮은 ξ)과 생리적인 차이로 이어지는 스트레스 상호작용으로 인한 카오스(높은 λ)를 관찰하는 데에 적합하다.

λ와 ξ 사이의 이러한 역의 관계는 직관에 반하는 것 같다. 그러나 궤적의 위상적 관점에서 λ는 연속적인 궤적 사이의 구분되는 '거리'인 반면, 결맞음 '길이'는 λ가 작고 높을 때 더 비슷하고, 연속적인 궤적 사이의 상관관계에 더 맞는 것을 의미한다.

베닌카, 발렌타인, 엘너와 휘스먼(Beninca, Ballantine, Ellner & Huisman, 2015)은 뉴질랜드 북섬의 조간대에서 종 변동의 계절적 카오스 역학을 모형화했다. 그들은 특히 3가지 지배적인 종인 카마에시폰(chamaesipho columna), 넓바위딱지(the alga ralfsia cf. confuse), 작은 검은 홍합(the mussel xenostrobus pulex)에 초점을 맞췄다. 그들은 몇 년 동안 이 종의 풍부함이 λ~0 주위에 약간의 변화를 일으키며 비교적 주기적인 사이클을 따랐으며 약간 양의 값을 가질 때 때때로 불안정하다는 것을 발견했다. 그들은 계절적 서식지, 기후, 그리고 다른 환경변수들이 각 종들의 풍요와 분포 패턴의 강제 변동에 책임이 있다고 결론지었다. 그들의 연구 결과에 따르면 생태계 종의 복잡성 수준은 종종 바뀌고 실질적인 환경 변화에도 탄력적인 생태계 회복력이 보이는 특징이 있다. 맥아더와 윌슨(MacArthur & Wilson, 1963), 심버러프와 윌슨(Simberloff & Wilson, 1969)이 증명했듯이 거리는 종의 안정과 확산에 매우 중요하다.

생태계와 신체적인 시스템은 특정한 사건을 감안할 때 극적인 변화를 겪을 수 있다. 산불을 겪은 동부 북미의 낙엽 활엽림은 원래 상태로 '재설정'되는데, 숲의 대부분을 차지하던 활엽수들이 화재로 생애를 마친 덕에 엄청나게 다양한 종의 풀과 허브 종자들이 천이(遷移)[12]되는 것으로 시작하여 단계적으로 진행된다. 풀과 허브는 소나무와 삼나무가 잘 자랄 수 있도록 환경을 바꾸고, 화재 속에서 발아한 소나무와 삼나무는 성장하면서 풀과 허브를 억제한다. 소나무와 삼나무는 한정된 수명을 가지기 때문에 결국 다음번 산불이 있기까지 수백 년 동안 들판을 지배할 수종은 활엽수 떡갈나무와 히코리나무로 대체된다. 천이가 일어나는 지역적이고 장기적인 주기는 카오스를 유발하는 간헐적 재난과 함께 분명하게 존재한다. 그럼에도 불구하고 카오스로부터 이익을 얻는 인접 종과 종의 침투는 시스템의 주기성을 '재설정'한다.

생리적인 시스템의 경우도 비슷하다. 신체는 감염이나 비정상적인 화학적 불균형을 통해 급성 또는 만성적인 혼란을 겪을 수 있다. 신체는 미생물에 의한 기회감염으로 염증 시작 전의 면역 반응인 1형 보조 T세포뿐만 아니라 항염증 작용을 하는 2형 보조 T세포로서 면역 반응을 탑재한다. 이러한 면역 반응 사이의 불균형은 감염의 확립, 암의 항원에 대한 면역 반응의 실패, 그리고 질병의 원인이 될 수 있는 극도의 염증 반응으로 이어질 수 있다. 패혈증은 노인의 주요 사망 원인이며, 주요 내부 장기(예: 심장, 신장)를 손상시키는 초염증 반응으로 주요 내부 장기에 퍼지는 통제 불가능한 감염을 포함한다. 염증 장애는 다양한 주요 질병상태(예: 암, 심장 질환, 당뇨병, 뇌졸중, 신경퇴하)에 만연하며, 그들의 카오스 동역학은 대사 조절 붕괴와 복잡하게 연결되어 있다.

생식 행태와 임신은 이러한 대사 과정과 질병 조절에 핵심적인 역할을 한다. 신체 기능의 최대치 발현과 노화의 시작은 사춘기에 발생하는데, 정서적 및 인지적 뇌 발달로 인해 청소년기와 초기 성인기의 위험 행태로 이어지며 인간의 수명에 걸쳐 사망 확률이 가장 높아지는 시기(14-24세)와 동시에 발생한다. 남성과 여성의 사망률은 인종이나 문화에 관계없이 곰페르츠 곡선(Gompertz curve)[13]으로 측정된다(Ricklefs & Finch, 1995). 면역 방어는 생식 능력과 자손 보호가 달성될 때까지 신체기관의 유지 및 감염의 제거와 복잡하게 관련되어 있다. 특정 주조직적합성복합체(human leukocyte antigen) 표현형을 통한 더 높은 면역성은 생식행동이 종종 병원균에 대한 면역 및 위험노출의 감소와 종종 상충될지라도 여러 행태에서 검출될 수 있으며 생식 선호에 대한 기준이 될 수 있다(Hollar, 2009;

· · · · · · · · · · · · · ·

12　천이(遷移): 어떤 식물 군락이 환경의 변화에 따라 새로운 식물 군락으로 변해가는 과정.

13　곰페르츠 곡선: 대부분의 동물은 성숙 후 어느 정도 시간이 지나면 시간에 따라 기하급수적으로 사망률이 증가하는 모습을 보여주는데, 이런 모습을 보여주는 곡선을 말한다.

Lee, 2006; Tregenza, Simmons, Wedell & Zuk, 2006).

모나크 나비(danaus plexippus)는 탄생, 이주, 번식 및 서식지로의 귀환까지, 이 순환을 매년 4세대가 관여하고 일정한 주기를 따른다(Flockhart et al., 2013). 모나크 나비의 주기를 보면, 약 50제곱마일에 달하는 멕시코 구릉지 대자연의 산허리에 위치한 침엽수림에서 성인기 겨울을 보내고 나서, 봄 동안 북쪽으로 이주하며 번식하고 아스클레피아스속 식물을 먹는다. 캐나다에서 태어난 4번째 세대는 가을이 되면 이전과 같은 50제곱마일에 걸친 멕시코 지역으로 다시 돌아온다(Oberhauser & Solensky, 2004). 이 이동이 일어나는 기전과 4세대가 1세대의 출생지로 복귀하는 길을 어떻게 본뜨기할 수 있는지는 알 수 없다. 생존을 위한 이 이동의 주기성은 심지어 살충제, 포식자 및 허리케인으로 인한 이동 중단 및 인구 감소에도 일관되게 나타난다.

임신도 정상적인 생리적 기능에서 커다란 변화를 보여준다. 태반은 포유류 세포의 생리학과 수백만 년에 걸쳐 통합된 내생 레트로 바이러스[14]의 특별한 상호적응을 나타낸다. 바이러스성 융합단백질은 세포와 태반 생성의 융합으로 이어지며(Lavialle et al., 2013), 어머니로부터 성장 중인 유아에게까지 상호 이익을 제공한다. 이는 감염을 예방하는 장벽의 역할도 한다.

6 복잡성과 안정성

이 간단한 예들을 통해 우리는 생명 시스템의 복잡성이 안정성을 유지하는 주기적인 궤적과, 기존의 궤적을 생물학적 목적을 위해 새로운 궤적(예: 임신)으로 적극적으로 바꿀 수 있는 혼돈 사이에서 주의 깊게 균형 잡아야 한다는 것을 알 수 있다. 그러나 많은 혼돈은 궁극적으로 단기(예: 질병, 부상) 또는 장기적으로(노화) 건강을 손상시키는 불안정성을 야기할 수 있다. 여러 수준의 생명 시스템은 건강에 대한 안정성을 유지하는 반면 안정성의 편차에서는 혼란을 나타낸다. 역학자의 과제는 카오스의 측정과 카오스의 발생에 기여하

----

14 사람의 태반의 형성에는 인간 내재성 '레트로 바이러스' 유전자가 사용되고 있다는 사실이 최근 밝혀졌다.

는 변수들을 측정하는 것이다. 보건정책 입안자의 임무는 이러한 변수를 통제하기 위한 프로그램과 프로토콜을 도입하는 것이다. 임상의의 임무는 신체를 안정적으로 회복시키는 것이다.

각 시스템은 시스템이 세포막의 생화학적 경로, 염색체상 유전자 제어 영역의 메틸화와 아세틸화, 세포 간 상호작용, 또는 신체 시스템 사이의 큰 구조적 상호작용을 포함하는지 여부에 관계없이 생물학적 계층 수준에 대한 고유한 특징을 가지고 있다. 이 모든 시스템을 설명하는 일관된 범용 모형은 없다. 그렇지만 시스템을 장기적으로 평가할 때에는 이러한 시스템의 궤적 차이를 측정하는 척도로 리아푸노프 지수를 사용할 것을 제안한다. 이와 유사하게 결맞음 길이 또는 상관관계는 시스템이 주기적으로 비슷한 지점으로 돌아갈 때 시스템의 연속적인 반복 사이의 일관성을 측정한다. 지구가 6월 20일경에 근일점(타원에 대한 태양의 초점에 가장 근접한 점)인 타원궤도를 따라가며 12월 21일경 원일점(태양의 타원 초점에서 가장 멀리 떨어져 있는 점)에 가까워지는 것처럼 $\lambda \sim 0$과 같이 해마다 타원에 대한 지구의 위치를 신뢰성 있게 표시할 수 있다(전체 태양 운동은 무시한다). 태양계는 수백만 년에 걸쳐 매우 안정적이었지만, 행성들 사이의 장기적 공명이 잠재적으로 이 시스템을 혼란에 몰아넣을 수 있다. 태양계가 은하면을 따라 진동할 때 아마 더 큰 영향력을 행사할 것이다.

인간의 생리현상이나 지구 생태계는 변화의 지속 시간이 매우 짧다. 우리 몸은 전반적인 시스템 안정성을 유지하는 양과 음의 되먹임 과정을 가지고 있다. 그럼에도 불구하고, 시스템 궤적에 대한 동요는 시간이 지남에 따라 궤적의 주기적인 변화를 가져올 수 있고 심지어 일부 시스템을 혼란에 빠뜨릴 수도 있다. 간질 발작이나 간헐적 부정맥이 생기는 경우, 카오스 사건은 단기적일 수도 있고, 만성적이고 심신을 쇠약하게 할 수도 있다. 많은 시점에서 여러 변수 자료의 종적 수집은 시스템 동작의 패턴과 편차(즉, 교란 변수 또는 장벽)를 초래하는 사건과 이러한 시스템의 안정성을 복원하는 사건(즉, 촉진)을 설정할 수 있다. 이전 장에서 설명한 바와 같이 현재 통계 및 역학 관행은 이러한 자료와 관련된 변수가 시간당, 일별 또는 주별 주기로 변할 수 있을 때 개인에 대한 자료 스냅샷(사진을 찍듯이 한 시점의 자료만 수집한다는 의미—역주)을 수집하는 것이다. 주어진 자료 수집 스냅샷은 주기에서 높은 지점 또는 낮은 지점에서 발생하거나 이후 주기가 불규칙할 수 있는 주기의 창 내에서 발생할 수 있다. 종속변수를 설명하는 독립적인 변수에 대한 궤적을 적절히 분석하려면, 복잡한 시스템의 많은 상호작용 측면을 설명하는 사건 궤적의 위상을 더 잘 설정하기 위해 다중 자료 수집이 이루어져야 한다.

안정적인 시스템을 유지 관리하려면 긍정적인 통제력을 유지하는 것이 좋다. 여기에는 식별된 촉진자 변수를 사용하여 시스템에 공명을 도입하는 것이 포함된다. 목표는 이러한 강제 변수를 시스템에 중첩하여 시스템 변수가 강제 변수와 공명하고 시스템이 중첩되도록 하는 것이다. 측정 관점에서 볼 때, 이 변수들은 높은 결맞음 길이와 상관관계가 있어서 $\lambda = 0$ 또는 음수가 된다. 또한, 우리는 파괴물질로부터의 신체 시스템의 거리를 증가시켜 침투를 방지해야 한다. 환경은 시스템을 형성할 수 있으므로 환경 제어는 시스템 안정성에 중요하다.

바람직하지 않은 시스템을 교란시키기 위해서 우리는 시스템의 비정상적인 주기나 혼란스러운 역학에서 주기적인 대안 사이클로 건너뛰어야 한다. 이 작업을 수행하려면 전기생리학 과정에 흔히 사용되는 생체역학적 개입이 필요할 수 있다. 교육 프로그램이나 상담과 관련된 행태개입의 경우에는 개인의 환경을 바꾸는 것이 생산적일 수 있다. 개입이 개별 후속 지원을 통해 일관되게 유지된다면 조명, 식이요법, 또는 운동이 환경 변화에 포함될 수 있다. 대안적인 행태주기 변화는 자신의 행태와 다른 행태나 다른 환경으로 이동시키는 변화를 포함할 수 있다. 솔하, 올즈, 잉글런드(Solhkhah, Olds & Englund, 1999)는 자살을 생각하는 괴롭힘 당한 청소년을 치료할 때 우리가 환자를 심리적으로 치료해야 하는지, 아니면 환경을 바꾸어야 하는지, 혹은 두 가지 모두를 해야 하는지를 질문했다. 카오스 이론에 따르면 환경은 행태를 형성한다. 따라서 환경을 바꾸는 것은 시스템 사건과 변수가 침투하여 시스템 궤적이 변경되는 것을 곡면에 나타내기 때문에 중요한 구성 요소가 된다.

따라서 우리는 궤적 변화, 시간에 따른 재순환 시스템 간의 일관성, 시스템을 유지 또는 변경하는 환경 등의 방법으로 λ를 다룬다. 종적 궤적분석은 주기성, 또는 변경되었거나 혼란스러운 시스템의 안정성을 감지하기 위해 이러한 측정을 포함한다. 이때 많은 변수를 고려해야 하는데, 어떤 변수든 초기 조건을 통해 무의식적으로 시작되지만 향후 변화의 중요한 원인이 될 수 있기 때문이다.

7 요약

앙리 푸앙카레는 초기 조건에 대한 민감한 의존을 소개했다. 에드워드 로렌츠는 이러한 유비쿼터스 효과를 입증하기 위해 대기 시스템의 궤적 변화를 본뜨기했다. 이를 통해 장기적인 패턴은 대략적으로 예측할 수 있지만 정확히 예측할 수는 없다. 리아푸노프 지수 λ는 카오스 척도를 나타내며, 동시에 엔트로피 $\delta^2 S$의 변화, 즉 결맞음 길이 ξ^{-1}의 역함수와 콜모고로프 엔트로피 및 프랙탈 차원을 나타낸다.

$$\lambda = \delta^2 S \ \sim \ \xi^{-1} \qquad \text{[식 9-2]}$$

따라서 우리는 시스템의 궤적 변화를 측정할 수 있는 귀중한 도구를 가진다. 이 도구는 행태, 생리현상, 생태학, 기상학 및 행성 시스템에서 매우 유사하게 작동한다.

참고문헌

Benincà, E., Ballantine, B., Ellner, S. P., & Huisman, J. (2015). Species fluctuations sustained by a cyclic succession at the edge of chaos. *Proceedings of the National Academy of Sciences of the United States of America, 112*(20), 6389–6394.

Christian, J. J., & Davis, D. E. (1956). The relationship between adrenal weight and population status of urban Norway rats. *Journal of Mammalogy, 37*(4), 475–486.

Christian, J. J., & Davis, D. E. (1964). Endocrines, behavior, and population. *Science, 146*(3651), 1550–1560.

Christian, J. J., Flyger, V., & Davis, D. E. (1960). Factors in the mass mortality of a herd of Sika deer, Cervus nippon. *Chesapeake Science, 1*(2), 79–95.

Darwin, C. (1859 [1985]). *The origin of species by means of natural selection*. London: Penguin.

Darwin, C. (1907). *Journal of researches into the natural history and geology of the countries visited during the voyage round the world of HMS beagle*. London: John Murray.

Davis, S., Trapman, P., Leirs, H., Begon, M., & Heesterbeek, J. A. P. (2008). The abundance threshold for plague as a critical percolation phenomenon. *Nature, 454*, 634–637.

Dawes, R. M. (1988). *Rational choice in an uncertain world: The psychology of judgment and decision making*. San Diego: Harcourt Brace Jovanovich.

Dobson, A. (2000). Raccoon rabies in space and time. *Proceedings of the National Academy of Sciences USA, 97*(26), 14041–14043.

Eigen, M. (2002). Error catastrophe and antiviral strategy. *Proceedings of the National Academy of Sciences USA, 99*(21), 13374–13376.

Feder, J. (1988). *Fractals*. New York: Plenum Press.

Flockhart, D.T.T., Wassenaar, L.I., Martin, T.G., Hobson, K.A., Wunder, M.B., & Norris, D.R. (2013). Tracking multi–generational colonization of the breeding grounds by monarch butterflies in eastern North America. Proceedings of the Royal Society B, 280, 20131087. http://dx.doi.org/10.1098/rspb.2013.1087.

Gammaitoni, L., Ha¨nggi, P., Jung, P., & Marchesoni, F. (1998). Stochastic resonance. *Reviews of Modern Physics, 70*(1), 223–287.

Glass, L., & Mackey, M. C. (1988). *From clocks to chaos: The rhythms of life*. Princeton, NJ: Princeton University Press.

Gleick, J. (1987). *Chaos: Making a new science*. New York: Viking.

Hall, E. T. (1969). *The hidden dimension*. New York: Doubleday & Company/Anchor.

Hastie, R., & Dawes, R. M. (2009). *Rational choice in an uncertain world: The psychology of judgment and decision making* (2nd ed.). Thousand Oaks, CA: SAGE.

Hollar, D. W. (1992). Nonlinear maps and chaos. In F. N. Magill & T. A. Tombrello (Eds.), *Magill's survey of science: Physical science* (pp. 1556.1563). Pasadena, CA: Salem Press.

Hollar, D. W. (2009). Risk for intentional violent death associated with HLA genotypes: A preliminary survey of deceased American organ donors. *Genetica, 137*(3), 253.264.

Hotamisligil, G. S. (2006). Inflammation and metabolic disorders. *Nature, 444*, 860.867.

Lavialle, C., Cornelis, G., Dupressoir, A., Esnault, C., Heidmann, O., Vernochet, C., et al. (2013). Paleovirology of 'syncytins', retroviral env genes exapted for a role in placentation. *Philosophical Transactions of the Royal Society B, 368*, 20120507. http://dx.doi.org/10.1098/rstb. 2012.0507.

Lee, K. A. (2006). Linking immune defenses and life history at the levels of the individual and the species. *Integrative and Comparative Biology, 46*(6), 1000.1015.

Li, T.–Y., & Yorke, J. A. (1975). Period three implies chaos. *The American Mathematical Monthly, 82*(10), 985.992.

Lorenz, E. N. (1963). Deterministic nonperiodic flow. *Journal of the Atmospheric Sciences, 20*, 130.141.

MacArthur, R. H., & Wilson, E. O. (1963). An equilibrium theory of insular zoogeography. *Evolution, 17*(4), 373.387.

Oberhauser, K. S., & Solensky, M. J. (2004). *The monarch butterfly: Biology and conservation.* Ithaca, NY: Cornell University Press.

Real, L. A., Henderson, J. C., Biek, R., Snaman, J., Jack, T. L., Childs, J. E., et al. (2005). Unifying the spatial population dynamics and molecular evolution of epidemic rabies virus. *Proceedings of the National Academy of Sciences USA, 102*(34), 12107.12111.

Ricklefs, R. E., & Finch, C. E. (1995). *Aging: A natural history.* New York: Scientific American Library.

Robbins, J. R., Skrzypczynska, K. M., Zeldovich, V. B., Kapidzic, M., & Bakardjiev, A. I. (2010).

Placental syncytiotrophoblast constitutes a major barrier to vertical transmission of *Listeria monocytogenes. PLoS Pathogens, 6*(1), e1000732. http://dx.doi.org/10.1371/journal. ppat.1000732.

Ruelle, D. (1989). *Chaotic evolution and strange attractors.* New York: Cambridge University Press.

Saltzman, B. (1962). Finite amplitude free convection as an initial value problem . I. *Journal of the Atmospheric Sciences, 19*, 329.341.

Simberloff, D. S., & Wilson, E. O. (1969). Experimental zoogeography of islands: The colonization of empty islands. *Ecology, 50*(2), 278.296.

Solhkhah, R., Olds, J., & Englund, D. W. (1999). To change the patient or the patient's world: The suicide attempt of a teased 12–year–old girl. *Harvard Review of Psychiatry, 7*(2), 102.108.

Swets, J. A., Dawes, R. M., & Monahan, J. (2000). Psychological science can improve diagnostic decisions. *Psychological Science in the Public Interest, 1*(1), 1.26.

Thom, R. (1972). *Structural stability and morphogenesis.* New York: W.A. Benjamin/Westview.

Tregenza, T., Simmons, L. W., Wedell, N., & Zuk, M. (2006). Female preference for male courtship song and its role as a signal of immune function and condition. *Animal Behaviour, 72*, 809.818.

van de Walle, A., Hong, Q., Kadkhodaei, S., & Sun, R. (2014). The free energy of mechanically unstable phases. *Nature Communications, 6*, 7559. doi:10.1038/ncomms8559.

푸앙카레의 되돌이 사상[*]
(Poincare return maps)

■ **약어**

PQRST PQRST 심전도파형
PTSD(post traumatic stress disorder) 외상 후 스트레스 장애

* 푸앙카레의 지도에서 지도(mapping: 일련의 객체들을 다른 객체들에 관련시키는 것)는 물리학 용어로는 본뜨기
  (사상, 寫像)로 번역된다.

회귀분석에서 우리는 종속변수를 하나 또는 여러 개의 독립변수와 관련되어 있는 점집합의 곡선에 맞추려고 시도한다. 가장 적합한 곡선은 독립변수와 이 곡선을 구성하는 각각의 평균과 독립변수 사이의 최소제곱 거리를 사용한다. 그럼에도 불구하고 톰(Thom, 1972)은 최소제곱 또는 최상의 적합도에 비해 점의 상관관계가 최적이 아닐 때조차도 곡선은 가장 유사한 행태(지점)를 모형화하는 점의 패턴과 유사하게 된다고 주장했다.

1 주기율과 궤적

푸앙카레는 그의 되돌이 사상과 함께 형식상의 중요성을 확인하였다. 이 과정은 지점 A에서 시작하여 시간 경과에 따라 변화하는 궤적을 따른다. 그것이 원래의 시작점에 가깝거나 정확하게 되돌아올 때까지를 점 B라고 말하고, 점 A에서 점 B까지는 과정 동안의 주기 T로 간주할 시간량이다. 이 과정은 계속 진행할 수 있으며 나중에 점 C에서 다시 되돌아올 수 있고, 시간에 따라 계속된다. 우리는 점 A에서 점 B, 점 B에서 점 C까지의 거리가 리아푸노프 지수 λ임을 알고 있고, 점이 일치하면 값은 0이 된다. 그럼에도 불구하고 λ가 양의 값을 갖거나 음의 값을 가지면 과정의 궤적은 흡착점 쪽으로 이동하거나 발산하여 우리가 상상하는 출발점까지의 초기 또는 이전 궤적 경로와는 큰 차이가 있는 혼돈된 행태로 향하게 된다. 시스템 변수 또는 교란/동요 과정의 변화는 궁극적으로 λ에 의해 측정된 궤적편차를 만든다.

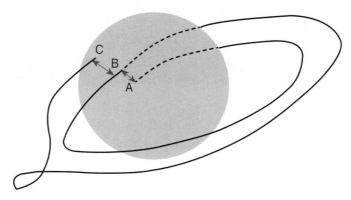

[그림 10-1] 푸앙카레의 되돌이 사상. 다양체의 A 지점에서 시작하여 시간이 지남에 따라 이후의 등가 지점 B로 순환한 다음, 두 번째 '궤도'를 나중에 등가 지점 C 등으로 순환한다.

핼리혜성과 수십억 개의 다른 혜성들은 태양 주위로부터 다양한 이심률(離心率)과 거리를 가진 궤도를 따라가고, 핼리혜성은 t~76년의 비교적 짧은 기간에 걸쳐 있다. 더 큰 이심률을 가진 혜성들은 태양계의 멀리 떨어진 곳으로 궤도를 확장시킬 수 있으며, 성체와 먼지에 의해 교란될 가능성이 높으며 또한 태양의 중력 인력에서 빠져나가기 쉽다. 그러므로 짧은 이심률 ε를 가진 행성은 바깥 행성의 동요가 없으면, 대체로 그들의 궤도로 되돌아갈 가능성이 높고, λ값은 0에 가깝게 된다.

맥박은 주기적으로 대략 t~1초 동안 반복되는 심장의 수축과 이완에 대한 동맥 반응이다. 심근은 주기적으로 수축 및 이완하고, 궤적의 동일한 위치로 되돌아가며 반복되는 궤적에서 동맥을 통한 혈액의 강제 이동이 하루에 약 86,000번 반복된다. 물론 수축/이완 궤적은 운동, 서기/앉기, 감정적 흥분 또는 약물에 대한 반응 등에 따라 분마다 달라진다. 시공을 따라 변하는 심장의 궤적은 심전도를 사용하여 보다 정확하게 측정할 수 있다. 특정 전기 자극과 심방/심실 수축은 PQRST 파동으로 볼 수 있다. 심전도는 동일한 생리적 및 약리학 자극에 의해 주기성 및 형태가 변화될 수 있다. 그러나 심장기형과 심장손상에 의해 PQRST 파동이 변경될 수도 있다. 따라서 우리는 심장의 정상/비정상 궤적에 대해 변화된 λ를 측정할 수 있다.

결과적으로, 인간의 행태는 훨씬 더 극적이고 측정하기가 어려울 수 있다. 행태 영역은 심리적 발달 이론, 교육 개입, 신경과학 및 유전자/후성유전자 조절 등으로 인해 매우 어렵다. 이러한 분야는 주어진 행태에 대한 강력한 인과관계 역학을 설명할 수 있는 지점(즉, 주어진 행태에 대해 필요충분한 변수들)까지 발전하고 수렴되지 못했다. 파인만(Feynman, 1988)과 다이슨(Dyson, 2004)은 유효한 예측을 하는 명확하고 정의 가능한 모형의 중요성을 주장했다. 파인만(Feynman, 1988, p.81)은 '사건의 확률을 계산하려면 사건을 명확하게 정의하는 데 매우 신중해야 한다'고 했다. 비슷하게 다이슨(Dyson, 2004, p.297)은 문제를 평가하기 위해서는 분명하게 작동하는 모형, 또는 정확한 수학적 방법론을 가지고 있어야 하며 작동하지 않는 모형은 포기해야 한다고 주장했다.

2 되돌이 사상

푸앙카레의 되돌이 사상(the return map)은 궤적의 변화를 측정하고 경로의 촉진자나 방해물을 존재하게 하는 힘의 영향을 평가하기 위한 모형이다. 궤적의 안정성 또는 편차를 측정하는 것이 중요하다. 두 경우 모두 안정성을 유지하거나 편차를 만드는 변수를 이해하려고 한다. 그런 다음 우리는 편차가 있는 경로를 안정성으로 되돌리거나 비정상적인 안정 경로를 더 나은 건강에 가까운 변경된 안정 궤적으로 점프시키기 위해 변수조작을 실험할 수 있다. 그러한 고려 사항은 라이트(Wright, 1934; 1960)의 경로계수에 따라 시공간, 종적 규모에 대한 직간접 효과를 포함해야 한다. 건강에 영향을 주는 사건들은 다른 요인의 영향이 없이는 발생하지 않는다.

우리는 단순한 조화 운동의 고전적 모형인 진자 또는 용수철과 같은 주기적 과정으로서 푸앙카레 되돌이 사상을 상상해볼 수 있다(그림 10-2). 앞에서 설명한 것처럼 모든 과정은 공간과 시간에 따른 맥동이며, 일정 기간 후에 시작하여 결국 대략 동등한 지점 또는는 측정된 값으로 돌아간다. 앞서 들었던 예시처럼, 지구는 타원형으로 약 365.25일 동안 태양을 도는 반면, 달과 지구는 지구 곡면의 중력 초점을 매 $t \sim 28$일마다 돈다. 태양, 지구, 달, 다른 행성, 혜성 및 성간 물질은 먼 거리에서도 상호작용하여 생기는 변화가 있기 때문에 수억 년 동안 일정하지만 약간 변할 수 있다. 물론 지구는 $t \sim 365.25$일 후에 우주에서 똑같은 위치로 되돌아가지는 않는다. 단지 태양에 비례하여 태양계 전체를 끌어올려서 $t \sim 250 \times 10^6$년 주기로 초거대 블랙홀 주변의 궤도를 도는 것이다. 은하계 중심부의 특이점은 $v \sim 16.5 \mathrm{km} \, \mathrm{s}^{-1}$의 속도로 움직이고 $t \sim 66 \times 10^6$년 주기로 은하계 차원의 위아래로 진동한다(Bash, 1986; Frisch, 1993, p.198; Rolfs & Rodney, 1988). 태양의 대기조차도 별의 핵합성으로부터 맥동하고 지구의 지각과 대양은 달의 중력에 의해 맥동한다. 모든 것이 맥동하거나 진동하여 이전 위치로 돌아간다.

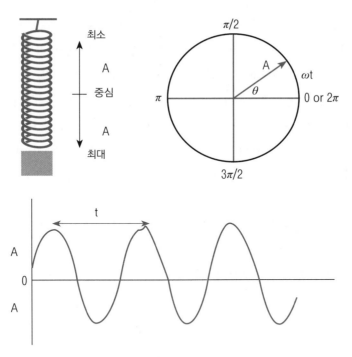

[그림 10-2] 단위 원에 사인파로 본뜨기된 용수철과 궤적을 사용하는 주기적 동작

　　맥박에 대한 예시로 돌아가서, 심장은 1초당 약 1회 뛴다. 심장은 박동하면서 원래의 시작 지점으로 가게 되는데, 정점수축, 정점이완 또는 그 사이의 어느 위치의 지점을 측정하든지 상관이 없다. 마찬가지로 사람들은 지구의 기울기와 회전에 기초한 낮과 밤의 주기에 분자적으로 강한 영향을 받는 수면–기상 주기뿐만 아니라, 초반에만 또는 장기적으로 이러한 물질과 접촉하여 생기는 특정 음식이나 물질에 대한 욕구를 포함하여 일상적인 행태를 취한다. 침착한 태도는 공격적인 개인과의 접촉, 불쾌한 장면, 혹은 갑작스럽게 떠오르는 과거의 불행한 기억으로 인해 무너질 수 있다. 실제로 외상 후 스트레스 장애 (posttraumatic stress syndrome, PTSD), 우울증, 불안, 사회적 편차는 학습된 부정적인 경험으로 확립된 뇌의 신경학적 연관성에서 비롯될 수 있으며, 문자 그대로 사람의 두뇌에 새겨져서 절망, 개인 및 집단의 건강과 복지에 역효과를 낳는 행태들은 연속적으로 촉발한다. 게다가 사회 각계 각층의 공격적인 사람들이 비윤리적이며 악의적으로 다른 사람들에게 이러한 부정적인 경험을 강요하여 스스로의 잠재력을 통제하고 심리적으로 제한하는 것은 유감스러운 일이다. 빈곤, 폭력 및 기타 스트레스가 많은 환경은 심리적으로 비정

상적이지만, 안정적으로 신경행태주기를 변화시킬 수 있다. 또한 사람마다 이러한 부정적인 힘에 대항하는 탄력성이 상당히 다르다. 마찬가지로 사회와 문화마다 부정적인 행태와 이러한 행태를 유도하는 사회문화적 힘에 대한 허용치가 크게 다르다.

단순 조화 운동의 용수철 예시(그림 10-2)의 경우, 용수철의 구동력에는 구동력에 대한 감쇠력뿐만 아니라 운동관성 및 무게/중력이 포함된다. 함께 진동 또는 맥동을 일으키며 올라가고(정점), 중립적인 균형점에 도달하고, 그다음 최저점(골짜기)에 도달한 후에 중성점과 최고점으로 다시 돌아온다. 감쇠력을 방해하는 일관된 추진력이 사인파 형식을 나타내는 진동을 유지한다.

용수철은 앞뒤로 진동하면서 양 또는 음의 방향으로 최대 변위 또는 진폭 A에 도달하여 정점과 골짜기(trough)를 향한다. 물결은 원으로 표시할 수도 있다. 진동의 위치는 각도 $\theta = \omega t$로 표시하고 진동의 진폭 A는 용수철의 반경을 나타낸다. 용수철의 수평 변위는 다음 방정식으로 표현된다.

$$x = A \cos \theta = A \cos \omega t \qquad \text{[식 10-1]}$$

반면 수직 변위는 다음과 같이 표현된다.

$$y = A \sin \theta = A \sin \omega t \qquad \text{[식 10-2]}$$

여기서 ω는 각진동수 또는 맥동을 나타내며, $2\pi f$와 동일하거나, 하나의 완전한 사이클, 2π 라디안 또는 $360°$, 4π, 6π, 8π 라디안 배수로 곱하거나 조정된 주파수이다. 이는 주어진 현상이나 행태에 대해 특정 시간에 주어진 순환에서의 위치이다.

[식 10-1]과 [식 10-2]에서 우리는 단순한 고조파 운동의 실수부와 허수부에 대한 표준방정식을 가지고 있으며, 또한 전자기 복사의 파동 특성과 일치한다.

$$z = A \left(\cos \omega t - i \sin \omega t \right) \qquad \text{[식 10-3]}$$

여기서 i는 허수(즉, −1의 제곱근)를 나타낸다. [식 10–3]은 일반적으로 대부분 유형의 생리적 리듬을 다양한 각도로 그리고 분명히 전자기 복사 및 대규모의 행성/보편적 운동에 맞는 정현파(sinusoidal)[1] 운동과 관련이 있다. 7장에서 논의했듯이, 신호 사건이나 행태의 푸리에 변환[2]은 시간의 함수에서 신호의 진폭을 고조파[3]로 분류된 주파수의 함수로 변환한다(Bracewell, 1965; 1989; Loy, 2007).

$$F(f) = \int_{-\infty}^{+\infty} f(t)e^{-i\omega t}dt = \int_{-\infty}^{+\infty} A\left(\cos \omega t - i \sin \omega t\right) dt \quad [\text{식 } 10\text{–}4]$$

[그림 10–4]는 주기신호를 정현파, 고조파 주파수 분해로 변환한 것이다. 모든 신호에 대해 그리고 상관 또는 상호작용 신호의 중첩에 대해서도 동일하게 수행할 수 있다. 또한 [그림 10–3]의 기본 정현파의 1차 및 2차 미분은 정확한 90°(즉, π/2 라디안)로 사인 곡선에서 변환한다. 음악적 스펙트럼/음표는 푸리에 분석을 통해 기본 및 2차 고조파로 분류할 수 있다(Loy 2007). 태양 활동의 푸리에 고조파조차도 나무껍질과 지질학적 퇴적물에 기록되어 왔다(Bracewell 1988).

· · · · · · · · · · · · · ·

1   정현파: 사인파나 코사인파의 형태를 가지는 파장을 말한다.

2   푸리에 변환(Fourier transform): 임의의 입력 신호를 다양한 주파수를 갖는 주기함수들의 합으로 분해하여 표현하는 것이다. 시간에 대한 함수를 구성하고 있는 주파수 성분으로 분해해서 표현한다.

3   고조파: 주기적인 복합파의 각 성분 중에서 기본파 이외의 것을 말한다.

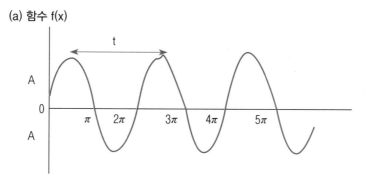

(a) 함수 f(x)

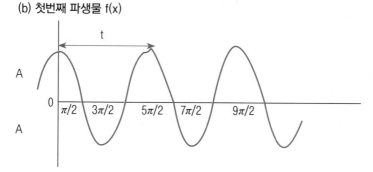

(b) 첫번째 파생물 f(x)

[그림 10-3] 연속적인 파생물은 사인(또는 코사인) 곡선에 대해 π/2 라디안 (즉, 90°) 위상이동을 나타낸다.

3 고조파의 중첩

구동력의 중첩은 [그림 10-2], [그림 10-3], [그림 10-4]에 표시된 순수 사인 곡선을 변경하여 생명 시스템에서 정현파 순환과 비슷한 다양한 생리 패턴을 제공한다. 궤적분석과 푸앙카레의 주기적 되돌이 사상의 관점에서, 활동일주기, 뇌파계, 종적인 반복적 행태 등과 같은 사인 곡선의 사용은 우리의 변화를 분석하는 도구를 추가하는 것이다. 사인 곡선의 변형은 푸앙카레 되돌이 사상을 변경하여 나중에 시스템이 동일한 시점으로 되돌아갈 때 차이가 발생하도록 한다. 리아푸노프 지수와 결맞음 길이는 주기적/비주기적 운동의 차이 또는 시스템의 변화를 측정한다.

고조파의 중첩은 독립변수라고도 하는 추진력의 상관/상호작용에서 비롯된다. 전통적인 R^2 변동계수는 이러한 변수의 개별 기여도와 결합 기여도를 추정하기만 한다. $1-R^2$ 잔차는 시스템의 행태와 시간에 따른 편차에 어느 정도 기여하는 양의 변수와 음의 변수, 행동과 비행동의 불명확한 조합을 우리에게 남겨둔다. 이러한 편차는 가장 신중하게 제어된 실험조차도 시스템의 궤적을 방해할 수 있다는 슈뢰딩거의 불확정성 원리에 따른 실험자의 관찰을 포함한다. 이러한 사실로 보아 과거와 현재의 역사적 사건을 실험의 타당성에 대한 위협으로 통제하지 못하거나 심지어 고려하지 않은 경우가 연구에 널리 보급되어 있어 궤적의 종적 분석이 필요함을 보여준다.

다양한 인구 집단에 대한 종적 연구에는 모두 타당도에 대한 역사적 위협 및 기타 위협 요소가 포함된다(4장 참조). 그러한 연구의 대부분은 시간이 지남에 따라 참여가 감소하고 특정한 짧은 시점의 변수를 대표하는 모집단을 가지고 있다. 물론 지속적인 관찰을 하기 위해서 시점 간의 간격을 0으로 줄일 수는 없지만, 일정 간격의 변수를 측정한 연구는 매우 유용하다. 그러나 자료 수집 지점들 사이의 간격 선택에 따라 누락되는 부분이 많고, 누락되는 패턴에 대한 의문점에도 대체로 별 문제 없이 이러한 연구들을 기반으로 공공정책을 추진하게 된다.

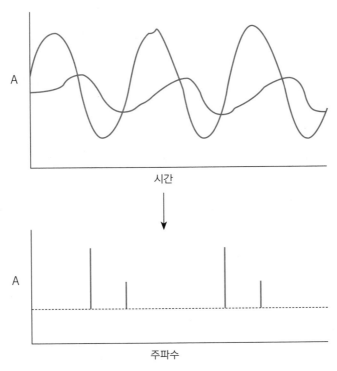

[그림 10-4] 푸리에 변환은 시간 경과에 따른 진폭(A)의 스펙트럼을 주파수에 따른 진폭으로 변환한다.

미국의 '건강인(Healthy People) 2010'과 '2020' 캠페인의 목표는 국가건강영양조사 (National Health and Nutrition Examination Survey)와 같은 횡단면 연구를 통해 2년 간격으로뿐만 아니라 10년 간격으로(국가보건통계청, 2012) 건강을 평가하는 것이다(Hollar, 2013; 2016; Hollar & Lewis, 2015). 미국의 지리적 국가 편차는 2010년 이후 위스콘신 인구대학보건연구소/로버트우드존슨재단 카운티 건강순위(www.countyhealthrankings.org, Hollar, 2015)에 의해 매년 제공되지만, 본질적으로는 전국적으로 집계된다. 종적 분석뿐만 아니라 지역보건부 보고를 하는데, 지역보건부 보고의 경우 편견이 있다. 인구통계의 편향과 보고 오류 때문이다.

란셋(Lancet, 2016)은 매년 국가 및 세계 지역별로 사망, 장애 및 건강 위험에 기여하는 역학요인을 평가한다. 이 연구에서 GBD[4] 2015 사망및사망원인보고서는(Mortality and Causes of Death Collaborators, 2016) 새로운 HIV 감염자와 HIV/AIDS 보균자로 살고 있는 환자의 사례를 도식화했는데(p. 1471), 1990년 로그 단계 성장을 시작한 사인파 곡선은 1998년까지 증가하다가 1998년을 정점으로 감소하고 2015년쯤에는 안정기에 달했다. 이와 유사하게 1970년부터 2015년까지는 전쟁, 자연 재해 및 기타 원인에 의한 무주기이고 카오스적인 사망 주기를 보였다(p. 1494). 이러한 자료는 '스냅샷'이지만 매년 대형 독립변수에 대한 국가와 전 세계적 규모의 궤적을 측정하기 위한 진정한 시도로서 사망률에 영향을 미친다.

이러한 곡선은 무제한의 자원과 최소 포식자를 가진 모집단의 사인파 지수 성장 곡선을 반영한다(그림 10-5). 그러나 우리는 현실에서 자원은 결국 제한적이 되고, 질병/포식이 일어나며, 출생과 사망의 차이가 인구 성장을 둔화시킨다는 것을 알고 있다. 크리스찬, 플라이거, 데이비스(Christian, Flyger & Davis, 1960)의 시카사슴에 대한 연구처럼, 과도한 성장은 기근, 질병, 그리고/또는 과도한 포식 앞에서 인구과잉 스트레스로 인해 급격히 붕괴될 수 있다. 인구가 안정되면 환경의 인구 수용력, 인구 수에 대한 환경의 지원 능력이 정현파적으로(사인 곡선 모양으로) 위아래로 순환한다. 이러한 상황에서 인구가 증가하여 인구 수용력을 약간 초과하면 가벼운 기근이나 포식자의 활동이 일어나 다시 수용력의 한

---

4 세계질병부담연구(global burden of disease study, GBD): 란셋에서 매년 진행하는 관찰역학연구로, 주요 질병, 부상 및 글로벌, 국가 및 지역 차원에서의 건강에 대한 위험 요소로 인한 사망률 및 이환율을 설명한다. 이 보고서를 통해 1990년부터 현재까지의 인구 집단 간 비교를 통해 21세기 전 세계 사람들이 직면한 건강문제를 이해할 수 있다.

계점 이하로 인구가 감소한다. 그런 다음 다시 인구가 증가하며 순환이 반복된다.

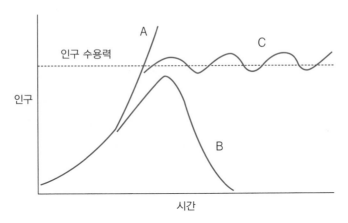

[그림 10-5] 인구성장곡선. (A) 급격한 로지스틱 성장, (B) 붕괴, (C) 안정

결과적으로, 모든 유기체 또는 세포, 포식자 또는 피식자의 인구주기는 해당 생활 시스템을 둘러싼 환경, 다양체 또는 곡면으로부터의 추진력에 의해 형성된다. HIV/AIDS를 앓고 있는 사람들의 사망원인보고서(2016)를 참조하면, 이런 인구주기는 심각한 질병에서 살아남기 위해 애쓰는 사람들의 특정 인구에 해당하는 숫자이다. 질병의 확산을 유도하는 힘은 사례의 수를 증가시키고, 예방 프로그램을 개선하여, 불행한 사망을 초래하는 것 또한 시간이 지남에 따라 사례의 수를 감소시킨다.

이러한 모든 상황에서 푸앙카레 되돌이 사상의 역할이 관찰된다. 우리는 변수 간의 통계적 유의성을 보지 않는다. 그 대신 패턴과 패턴의 변화, 상대적으로 안정적이거나 카오스로 갈 수 있는 시스템 및 과정의 위상을 본뜨기한다. 앞 장 전체에 걸쳐 반복했듯이, 우리는 안정성에 기여하는 긍정적인 환경 추진력(예: 행태, 운동, 영양, 후성유전자 규제, 사회적 지지)을 조작하여 건강을 유지하고자 하고, 또한 시스템을 다른 안정 궤적 수준으로 점프시키는 추진력으로 질병 상태와 카오스를 바꾸려고 한다.

4 위상 및 주기성

푸앙카레의 되돌이 사상은 연속 2π 주기의 단계에서도 볼 수 있다. 각진동수 또는 맥동당 $\omega = 2\pi f = 2\pi/t$(그림 10-2)마다 주파수 f는 1초당 주기 수이며, 반면 주기 t는 360도 주기의 완료에 필요한 시간이다. 주파수와 주기는 서로 반대되는 반면, 각진동수 ω는 f 주파수의 2π 표준화이고 각진동수 ω는 시스템의 위상변화 속도(즉, 맥동)를 측정한다. 다음 방정식으로 시스템의 각 단계 $\varDelta\varphi$ 및 위상변화를 평가할 수 있다(Lévy–LeBlond & Balibar, 1990, pp. 182–183).

$$\Delta\varphi = \omega\Delta t - \mathbf{k}\Delta\mathbf{r} \qquad\qquad \text{[식 10–5]}$$

여기서 $\mathbf{k}$는 공간 진행률의 벡터이고, $\varDelta r$은 시스템이 점 1에서 2까지 걸리는 각 가능한 경로의 직접 또는 회선 길이에 관계없이 점 1에서 점 2까지의 파동 위상 거리이다. 레비르블롱과 발리바르(Levy–LeBlond & Balibar, 1990, p. 183), 파인만(Feynman, 1948)은 다중 경로의 양자 접근법에 따라 1에서 2까지의 각 가능한 경로는 자신의 부분적인 진폭과 위상을 가지고 있음을 주목한다(p. 183).

$$\varphi_n = -\int \mathbf{k}d\mathbf{r} \qquad\qquad \text{[식 10–6]}$$

위상 편차를 0으로 설정하면 [식 10–5]를 [식 10–6]으로 대체할 수 있다.

$$\varphi_n = -\int \omega\Delta t \qquad\qquad \text{[식 10–7]}$$

따라서 [식 10–7]을 사용하여 가능한 경로의 적분하에 시스템의 모든 가능한 경로(즉, $\lambda\sim 0$)에 대해 시간에 따라 일관된 단계 n의 시스템을 평가할 수 있다. 이 결과를 통해 시스템 위상 상태 또는 되돌이 사상에 대한 이탈도를 고려할 수 있다. 시스템이 이탈할 경우(즉, $\lambda < 0$ 또는 $\lambda > 0$) 각 단계에 기여하는 추진력과 함께 이전 단계에 비해 새로운 단계를 평가할 수 있다. 또한 이 결과는 톰의 안정과 파국집합에 대한 정의로 해석되고, 지점

(예: 위상)이 파국집합을 지날 때의 시스템의 치명적인 붕괴로 해석된다.

분자, 생화학적 경로, 미토콘드리아, 세포, 기관, 내부 장기 시스템 또는 개별 유기체의 경우 시간이 지남에 따라 발생할 수 있는 많은 경로 또는 궤적이 있다. 이들 모두는 부분적, 독립적으로 발생하지만, 한편으로는 즉각적인 세포나 유기체 환경에서 추진력에 의존한다. 이러한 여러 가지 가능한 사건과 비사건, 양과 음의 여러 수준에서의 의존성 또는 상관관계는 무한대처럼 보이는 가능한 미시규모 및 거시규모 사건의 수를 더 포함한다. 따라서 연속적인 사건 사이의 시간 간격이 짧아지면 우리는 예측과 개입을 위한 더 나은 모형을 만들 수 있다. 우리는 자원과 시간의 제약에도 불구하고 프라이버시를 침해하지 않는 범위에서 개인의 수많은 자료를 수집하고 있다. 그렇지만 현재의 역학 분석에서는 몇 개월 또는 단 몇 년의 차이로 치료 전, 치료 당시, 치료 후로 나누게 되는 것이 한계점이다.

이오반, 라세라, 토르토리엘로(Iovane, Laserra, Tortoriello, 2003)는 우주를 가로지르는 생물과 무생물 현상 전반에 걸쳐 있는, 때로는 격변적인 불연속성이 있더라도 연속적인 파동과 같은 과정의 보편성에 대해 살펴보았다. 그들은 다양한 시스템에 대한 질량, 반지름 및 핵 입자를 상대측정하여 탄소에 대해 1.38, 진핵세포 및 생물에 대해 ~1.5, 태양 및 각 행성에 대해 ~1.4, 은하계와 은하계 성단에 대해 ~1.5인 프랙탈 비례축소 상수를 찾았다. 이러한 비례축소 추정은 미세 구조상수 및 피보나치 수와 같은 마법수를 중심으로 과정의 우선 순위에 대한 확정되지 않은 주장을 하기 위해 사용되었다.

이러한 측정 논쟁에 관계없이 정현파의 주기성은 모든 물리적 과정을 특징 짓고 물리적 과정에 더 영향을 미칠 수 있는 정신 및 행태 과정으로 변환되는 것이 분명하다. 생리적 사건의 양자 본질은 환경 및 행태에 영향을 받은 세포 내의 분자 상호작용에 기반한다. 따라서, 유기체 및 기타 거시적 수준은 $l_h = 1.62 \times 10^{-33}$cm(Davies, Demetrius & Tuszynski, 2012)의 플랑크 길이에 국한되지 않고 이러한 분자 상호작용에서의 편향 때문에 적용할 수 있다.

리우, 슬로틴, 버러바시(Liu, Slotine & Barabasi, 2011)는 노드 간에 복잡하고 밀도가 높으며, 비교적 균질한 네트워크 간에 분산될 수 있는 수학적 노드들에 의해 식별되는 수학모형을 제공하였다. 그들은 네트워크에서 연결성이 높은 노드가 더 큰 시스템 규제로 이어질 수 있다는 것을 발견했다. 예를 들어, 효모세포의 유전자 규제 네트워크는 더 고도화되고, 덜 중앙집중화된 노드를 가지고 있고, 더 조절하기가 어려운 반면에, 대사 경로, 신경 경로, 월드와이드웹, 그리고 조직 내의 커뮤니케이션은 규제 목표가 될 수 있는 더 적고, 더 중요한 노드를 가지고 있다. 다양한 유형의 시스템과 과정이 정확하고 적용이 가능하다면, 이 관찰은 긍정적이고 책임 있는 방식으로 시스템을 조작하는 장소와 시기에 강하게 적용할 수 있으며, 동시에 냉철한 윤리적 영향력을 제공할 수 있다.

또한 신경과학, 생리학 및 건강에서의 주기적 현상에 대한 개입의 적용은 아무리 작더라도 시스템 궤적에 무질서한 영향을 끼칠 가능성을 고려하여 세심하게 평가되어야 한다. 모형 개발, 시험, 정책 및 개입에 영향을 미치는 측정되지 않은 변수의 영향력은 항상 고려해야 하고, 역학평가도 처음 시작부터 고려되어야 한다.

앞서 언급했듯이, 주기적이거나 비주기적인 궤적을 조작하는 주된 접근법은 특정 추진력을 이용한 역동적 점프를 포함하거나 추진력을 파동함수의 공명과 연관시키는 것을 포함한다. 다시 용수철의 예시로 돌아가보자. 용수철의 예에서는 힘이 소산되어 관성력과 추진력의 조심스러운 균형이 유지된다. 천문학적인 관점에서 히츨(Hitzl, 1975)은 주기적인 순환이라도 특정 공명 주파수 또는 에너지 수준에서 안정성을 달성하는 준주기적 성분을 포함할 수 있다고 주장했다. 그러한 과정들은 아마도 행성 순환의 장기적인(즉, 수천만 년) 안정에 책임이 있을 것이다. 그러나 토성의 위성 하이페리온, 다양한 목성 궤도 소행성, 해왕성-명왕성, 목성과 수성뿐만 아니라 태양 대기의 난기류에서 보여지듯이, 관련된 힘의 특정 중첩은 특정 공명에서 불안정성을 나타낼 수 있다(Malhotra, 1998; Perdang, 1983; Wisdom & Peale, 1984). 워커와 포드(Walker & Ford, 1969)는 2:2와 2:3 공명의 중첩이 전형적인 위상공간을 카오스 궤적으로 변화시킨 불안정한 영역을 만들었다는 것을 증명했다(Weisstein, 2016 참조). 태양계조차도 영원한 안정을 보장할 수 없으며 은하계의 잠재적인 외부 추진력을 방치한다.

흥미롭게도 태양 대기의 진동, 지진, 신경에 걸친 전압 변동, 고전음악 등의 현상은 $\beta < 0.5$ 카오스와 불안정성에 비해 보다 주기적이고 안정된 패턴에 기여하는 $1 < \beta$와 함께 $[1/f]^{\beta}$ 법칙 또는 리듬을 나타낸다(Levitin, Chordia, Menon, 2012; Perdang, 1983; Verveen & Derksen, 1968). 주기성에 대한 β의 기여도 간 유사성은 리아푸노프 지수 λ에 반비례하는 결맺음 길이 ξ와 유사하다.

5 생리적인 주기성

생리적인 사건은 수분, 수일, 수개월, 심지어 수년 동안 안정적일 수 있다. 그럼에도 불구하고 그러한 시스템은 급격한 변화에 훨씬 더 취약하다. 서거나 앉는 행동조차도 즉시 심장 박동수를 바꾼다. 쿠마르 등(Kumar et al., 2004)은 노인과 유아에게 병원균에 의한 주요 사망 원인 중 하나인 패혈증의 진행과 진행에 관여하는 인자를 수학적으로 모형화했다. 이는 패혈증에 대한 역학 연구와 일치하는 내용으로 패혈증에 대한 면역 반응은 증상이 근절되도록 하거나 만성적인 측면에서 균형을 이루게 한다는 사실을 발견했다. 면역 반응은 계속되는 만성염증과 그로 인한 신체 조직 손상으로 병원균을 제거하기 위해 너무 자주, 과다하게 증가한다. 그들은 다양한 면역 매개변수와 초기 조건에 의존하는 여러 모형을 고려하여 낮은 단계의 감염으로 장기간의 순환 면역 반응을 통해 상대적으로 건강상태를 유지할 수 있었다. 그들은 시스템 안정성과 $\lambda \sim 0$ 사이의 일치성을 보여주었고, $\lambda > 0$은 불안정성과 혼란을 가져왔다. 쿠마르 등(Kumar et al., 2004, p. 152)은 가장 중요한 것으로 '지속적인 비전염성 염증 치료법은 느린 전염증성 매개체를 표적으로 삼아야 한다'고 밝혔다. 이와 같은 연구 결과가 있지만 이런 모형이나 다른 유사한 모형이 임상적 치료에서 입증되었는지는 확실하지 않다. 패혈증은 취약한 사람들, 특히 외상환자 및 만성중증질환을 앓고 있는 환자에게 중요한 문제이다.

이 장의 앞부분에서 설명한 푸앙카레 되돌이 사상의 위상 패턴과 위상의 변화에 따라 그라나다 등(Granada et al., 2009, pp. 12-13)은 단계적 시스템에 대한 방해를 검사하기 위한 4단계 접근방식을 확인했다. (a) 진동 시스템 기술, (b) 교란 기술, (c) 다른주기 지점에서의 혼돈에 대한 위상변화 측정, (d) 안정 대 불안정 영역을 연구하기 위해 위상응답곡선($\Delta\varphi$ 대 φ; 그림 10-6) 그리기. 우리는 10장과 11장에서 이러한 곡선의 생성, 위상적 사상의 변경과 안정을 살펴볼 것이다. 그라나다 등의 연구진이 유지하는 4개 방식에 1개를 추가하여, (e) 시스템을 정상(즉, 초기 조건)으로 복귀 시키거나 바람직하지 않은 위상을 다른 안정한 위상으로 이동시키기 위한 적절한 개입 자극을 제공하기 위한 위상응답곡선 $\Delta\varphi$ 대 φ에 기초한 안정성 영역을 확인한다(그림 10-6).

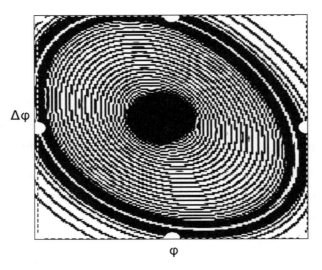

[그림 10-6] 위상응답곡선이 상과 상 변화를 본뜨기한다. 끌개영역은 입체적이고, 주기영역은 원이며, 카오스 영역은 이 그림 끝 주위의 불규칙한 기울기를 따른다. 이 특별한 예는 Enthough canopy Python 프로그램에서 왔다.

따라서 우리는 생리적, 분자적 경로와 이러한 경로와 환경에 의해 영향을 받는 행태 패턴과의 관계를 포함하여 모든 생물학적 시스템의 시계열 진화를 역학적으로 본뜨기할 수 있다. 모형 개발은 측정 능력 범위, 특정 시스템에 대한 푸앙카레 되돌이 사상의 위상 공간에서의 정상 및 이상 단계의 명확성을 위해 구체화되어야 한다. 더 나아가 많은 시스템이 중복되거나 상관관계를 가지거나 서로 기여한다는 사실을 깨닫게 되면, 많은 모형들이 중복되며 생활 시스템의 복잡성과 포괄적인 시스템 관점에서 현실을 더 잘 설명하는 역학 모형이 필요함을 더 잘 보여준다.

모든 생물학적 및 기타 물리적 시스템은 본질적으로 프랙탈이기 때문에 양자대사모형은 우주의 여러 계층 구조에 걸친 힘의 법칙, 플랑크 길이에서 은하의 군집까지 현저한 주기성 및 패턴을 유지하면서 아주 작은 정도만 파악되었다. 게다가 모든 생물학적 사건은 분자 시스템의 관점에서 본질적으로 양자다. 시스템은 특정 주기로 주기 내 특정 기준점으로 돌아가기 때문에 위상/주기의 일관성을 좋게 또는 나쁘게 측정 할 수 있다. 이는 엄격한 연구 프로그램이 중앙 변수를 식별하고 개선된 건강을 위해 이러한 변수를 최선으로 조작하는 방법이다. 초기 조건에 대한 민감한 의존성에도 불구하고, 좋은 목적을 위한 최상의 모형조차 의도하지 않은 결과를 초래할 수 있으므로 조심해야 한다. 우리가 연구하고 실제로 적용할 때는 반드시 이러한 점을 경계해야 한다.

6 요약

생리적인 시스템은 주기적이며 되돌이 사상을 따른다. 스트레스 및 기타 환경적 사건으로 인해 다소 다를 수 있지만 시스템은 일반적으로 정규 패턴으로 되돌아간다. 건강한 행태와 생리는 시간이 지남에 따라 일관되게 나타나지만, 건강에 해로운 행태나 질병의 경우도 마찬가지이며, 때로는 카오스 상태일 수도 있다. 건강에 해로운 상태는 변경된 위상으로 활발하게 넘어가거나 강화된 지원, 약물치료 및 기타 자원을 보강하여 더 건강한 상태로 중첩될 수 있다.

참고문헌

Agutter, P. S., & Tuszynski, J. A. (2011). Analytic theories of allometric scaling. *The Journal of Experimental Biology, 214*, 1055–1062.

Bash, F.N. (1986). Present, past and future velocity of nearby stars: The path of the sun in 108 years.' In R. Smoluchowshi, J.N. Bahcall, and M.S. Matthews (Eds.), *The Galaxy and the solar system* (p. 35). Tucson: University of Arizona Press.

Beck, W. S., Liem, K. F., & Simpson, G. G. (1991). *Life: An introduction to biology* (3rd ed.). New York: HarperCollins.

Bracewell, R. (1965). *The Fourier transform and its applications*. New York: McGraw–Hill.

Bracewell, R. (1988). Spectral analysis of the Elatina varve series. Stanford, CA: Stanford University Center for space science and astrophysics, document CSSA–ASTRO–88–13.

Bracewell, R. (1989). The Fourier transform. *Scientific American, 260*(6), 86–95.

Christian, J. J., Flyger, V., & Davis, D. E. (1960). Factors in the mass mortality of a herd of Sika deer, *Cervus nippon. Chesapeake Science, 1*(2), 79–95.

Curtis, H., & Barnes, N. S. (1994). *Invitation to biology* (5th ed.). New York: Worth Publishers.

Davies, P., Demetrius, L. A., & Tuszynski, J. A. (2012). Implications of quantum metabolism and natural selection for the origin of cancer cells and tumor progression. *AIP Advances, 2*, 011101. http://dx.doi.org/10.1063/1.3697850.

Dyson, F. (2004). A meeting with Enrico Fermi. *Nature, 427*, 297.

Feynman, R. P. (1948). Space–time approach to non–relativistic quantum mechanics. *Reviews of Modern Physics, 20*(2), 367–387.

Feynman, R. (1988). *QED: The strange theory of light and matter*. Princeton, NJ: Princeton University Press.

Frisch, P. C. (1993). G–star astropauses: A test for interstellar pressure. *The Astrophysical Journal, 407*, 198–206.

GBD 2015 Mortality and Causes of Death Collaborators. (2016). Global, regional, and national life expectancy, all–cause mortality, and cause–specific mortality for 249 causes of death, 1980–2015: A systematic analysis for the global burden of disease study 2015. *The Lancet, 388*(10053), 1459–1544.

Granada, A., Hennig, M., Ronacher, B., Kramer, A., & Herzel, H. (2009). Phase response curves: Elucidating the dynamics of coupled oscillators. *Methods in Enzymology, 454*, 1–27.

Hitzl, D. L. (1975). The swinging spring – Invariant curves formed by quasi–periodic solutions. III. *Astronomy & Astrophysics, 41*, 187–198.

Hollar, D. (2013). Cross–sectional patterns of allostatic load among persons with varying disabilities, NHANES: 2001–2010. *Disability and Health Journal, 6*, 177–187.

Hollar, D., & Lewis, J. (2015). Heart age differentials and general cardiovascular risk profiles for persons with varying disabilities: NHANES 2001–2010. *Disability and Health Journal, 8*, 51–60. http://dx.doi.org/10.1016/j.dhjo.2014.07.007.

Hollar, D. (2015). Evaluating the interface of health data and policy: Applications of geospatial analysis to county–level national data. *Children's Health Care*, 45(3), 266–285. http://dx.doi.org/10.1080/02739615.2014.996884

Hollar, D. (2016). Lifespan development, instability, and Waddington's epigenetic landscape. In D. Hollar (Ed.), *Epigenetics, the environment, and children's health across lifespans* (pp. 361–376). New York: Springer.

Hollar, D. (2017). Biomarkers of chondriome topology and function: Implications for the extension of healthy aging. *Biogerontology.* doi:10.1007/s10522–016–9673–5.

Iovane, G., Laserra, E., & Tortoriello, F.S. (2003). Stochastic self–similar and fractal universe. arXiv:astro–ph/0308370v1 21 Aug 2003.

Krebs, C. J. (1978). *Ecology: The experimental analysis of distribution and abundance* (2nd ed.). New York: Harper & Row.

Kumar, R., Clermont, G., Vodovotz, Y., & Chow, C. C. (2004). The dynamics of acute inflammation. *Journal of Theoretical Biology, 230*, 145–155.

Levitin, D. J., Chordia, P., & Menon, V. (2012). Musical rhythm spectra from Bach to Joplin obey a 1/f power law. *Proceedings of the National Academy of Sciences USA, 109*(10), 3716–3720.

Lévy–Leblond, J.–M., & Balibar, F. (1990). *Quantics: rudiments of quantum physics.* New York: North–Holland.

Liu, Y.–Y., Slotine, J.–J., & Barabási, A.–L. (2011). Controllability of complex networks. *Nature, 473*, 167–173.

Lotka, A. J. (1956). *Elements of mathematical biology.* New York: Dover.

Loy, G. (2007). *Musimathics: The mathematical foundations of music* (Vol. 2). Cambridge, MA: MIT Press.

Malhotra, R. (1998). Orbital resonances and chaos in the solar system. *Solar System Formation and Evolution, 149*, 37–63.

National Center for Health Statistics. (2012). *Healthy people 2010 final review.* Hyattsville, MD: U.S. Department of Health and Human Services.

Perdang, J. (1983). Kolmogorov unstable stellar oscillations. *Solar Physics, 82*, 297–321.

Rolfs, C. E., & Rodney, W. S. (1988). *Cauldrons in the cosmos: Nuclear astrophysics.* Chicago: University of Chicago Press.

Smith, R. L., & Smith, T. M. (1998). *Elements of ecology* (4th ed.). Menlo Park, CA: Benjamin/Cummings.

The Lancet. (2016). The global burden of disease study 2015. *The Lancet, 388*(10053), 1447–1850.

Thom, R. (1972). *Structural stability and morphogenesis: An outline of a general theory of models.* New York: W.A. Benjamin/Westview.

Verveen, A. A., & Derksen, H. E. (1968). Fluctuation phenomena in nerve membrane. *Proceedings of the IEEE, 56*, 906–916.

Walker, G. H., & Ford, J. (1969). Amplitude instability and ergodic behavior for conservative nonlinear oscillator systems. *Physical Review, 188*, 416–432.

Weisstein, E.W. (2016). *Resonance overlap.* Wolfram MathWorld. Accessed 20 March 2016 at http://mathworld.wolfram.com/ResonanceOverlap.html.

Wisdom, J., & Peale, S. J. (1984). The chaotic rotation of Hyperion. *Icarus, 58*, 137–152.

Wright, S. (1934). The method of path coefficients. *Annals of Mathematical Statistics, 5*, 161–215.

Wright, S. (1960). Path coefficients and path regressions: Alternative or complementary concepts? *Biometrics, 16*(2), 189–202.

곡면으로서의 건강상태 및 행태

■ **약어**

PRC(phase response curve) 위상응답 곡선

PTC(phase transition curve) 위상전이곡선

PTSD(post traumatic stress disorder) 외상 후 스트레스 장애

삶은 곡면(surface)에서 발생한다. 지구상의 모든 생명체는 지구의 얇은 외부 경계를 나타내는 수천 미터의 고체, 액체 및 기체 곡면을 덮고 있는 얇은, 살아있는 막을 의미한다(지구 평균 반지름은 6371.0km, www.nasa.gov). 성장과 번식을 위한 영양분과 에너지에 대한 접근성을 극대화하기 위해 제한된 높이와 깊이의 경계에 생명체가 존재한다(7장 참조). 광합성, 공생 생물 및 포식 생물체의 복잡한 상호작용은 큰 숲이나 초원과 잎의 곡면에도 존재한다.

마찬가지로, 인체는 임신 중에 5×10^{13}개의 세포가 초기 접합체에서 전해지고, 분화된다. 이 세포들은 다양한 조직으로 구성되고, 이 모든 것은 지지, 보호 및 영양분 획득을 위해 고체 또는 액체 곡면인 세포 외 기질(예: 콜라겐 매트릭스, 케라틴, 연골, 뼈, 혈장)을 분비한다. 심지어 진핵세포 내에서 세포질 막 구성 요소는 단백질, 탄수화물 및 영양 수송을 구성한다. 가장 눈에 띄는 세포 소기관은 활동적인 미토콘드리아로, 형태와 수를 여러 형태로 끊임없이 모으고 병합하며 심장근육세포당 200~3000개에서 7000개가 넘기도 한다(Hollar, 2016, Picard, Shirihai, Gentil, & Burelle, 2013). 각 미토콘드리아는 약 220mV의 지속적인 양성자 유발 전위차를 발생시켜 생명에 필수적인 세포와 신체 전반에 에너지 결합 화학 반응을 위한 아데노신 삼인산염의 재생을 유도한다.

따라서 세포막(membrane)의 곡면과 곡면 위를 가로지르는 에너지 전이는 생명에 필수적이며 생명의 모든 단계에서 발생한다. 이러한 과정은 신체 시스템과 기능의 핵심 과정일 뿐만 아니라 사회 및 환경 곡면에도 필수적이다. 심지어 생각, 그리고 기록될 수 있는 행태들도 모두 곡면에서 일어난다고 주장한다. 따라서, 조건 및 행태에 대한 궤적은 곡면에서 발생하며, 건강의 위상으로 이어진다.

1 위상, 곡면, 그리고 다양체

기하학 분야는 강체운동[1]에 견딜 수 있는 대상을 다루는 반면, 위상학은 가역 연속 변환 (reversible continuous transformations)(Henle, 1982, p. 1; Tufillaro, Abbott & Reilly, 1992, p. 12)을 견딜 수 있는 대상을 연구한다. 위상학적으로, 날카로운 모서리가 없는 '부드러운 기하학적 공간(선, 곡면, 고체)'을 다양체라고 부른다(Tufillaro et al., 1992, p. 10). 다양체는 궤적분석에서 매우 중요하다. 왜냐하면 우리는 조건과 행태에서 가능한 한 지속적으로 변화를 분석하려고 하기 때문이다. 결과적으로 이러한 변화를 설명하는 미분방정식을 다루어야 하고 미분방정식은 다양체에서 작동하는 벡터장[2]을 설명한다. 부드러움은 직사각형과 날카로운 원뿔이 다양체가 아님을 의미한다.

따라서 경계가 있는 곡면은 다양체를 나타내며 곡면에 있는 점에 작용하는 힘을 연구할 수 있다. 구, 원통 및 원환체는 다양체인 인식 가능한 곡면을 나타낸다. 미토콘드리아는 원환체에 근사하고, 다양한 달팽이 종이 가진 껍질의 다른 나선 모양 형성의 기전은 원환체, 구 및 원통과 유사하다(Pappas & Miller, 2013). 실용적인 목적을 위해 구를 표본 공간으로 사용한다(예: 그림 5–2). 주어진 행태나 조건은 가능한 행태와 조건의 곡면 우주에서 작동한다. 힘(예: 변수, 잠복요인, 5장 참조)은 이러한 현상에 작용하여 점의 궤적에 영향을 미치고 곡면을 왜곡할 가능성이 있으므로 위상학적 관련성을 가진다.

르네 톰(Thom, 1972)은 유기체 발달에 형태론적 변화를 일으키는 가역적인 파국사건을 기술하기 위해 위상학을 적용했다. 그의 접근방식은 부분적으로만 성공했지만 톰의 기초 파국이론(Thom's elementary catastrophes)과 비선형동역학을 병합하여 공중보건연구와 특히 건강을 개선하기 위한 기본 개입의 잠재적 응용을 제공한다. 츠비타노비치 등 (Cvitanovic et al., 2004, p. 38)은 다음과 같이 차별화된 동적 시스템을 정의했다.

$$f^t: \mathbf{M}_1 \rightarrow \mathbf{M}_2 \qquad \text{[식 11–1]}$$

. . . .

1   강체운동(rigid body motion)은 아무리 큰 힘을 받더라도 변형이 전혀 발생하지 않는 물체를 말한다. 즉, 강한 정도가 무한대인 물체로 실제로 지구상에 존재하지 않는 가상의 물체이다.

2   벡터장(vector field)은 유클리드 공간의 각 점에 벡터를 대응시킨 것이다. 물리학에서는 유체의 흐름이나 중력장 등의 각 점에서의 크기와 방향의 나타내기 위해 사용된다.

여기서 f는 일정 시간 t 동안 작용하는 흐름 또는 함수를 나타내며, M은 초기 조건과 최종 상태 2의 곡면, 또는 다양체이고 다양체 형상은 많은 상이한 형태를 취할 수 있다. 더욱이 다양체 곡면은 불규칙적일 수 있어 경로계수, 에너지 퍼텐셜과 확률 및 되돌이 사상의 방법과 일치하여 시간 1에서 시간 2까지 서로 다른 에너지를 필요로 하는 대체 경로로 이어질 수 있다. 파파스와 밀러(Pappas & Miller, 2013)는 구체가 원환체로 진화하는 간단한 대수적 규칙에 대해 설명했다.

$$x = \cos v \cos u \rightarrow (2 + \cos\ v)\ \cos u$$
$$y = \cos v \sin u \rightarrow (2 + \cos\ v)\ \sin u$$
$$z = \sin v \qquad\qquad\qquad\qquad \text{[식 11-2]}$$

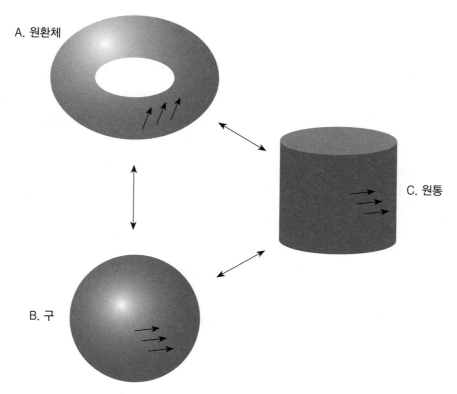

[그림 11-1] 다양체와 변형의 예. 방향벡터(화살표)는 곡면/다양체들에 대한 궤적의 곡면 변화를 보여준다.

여기서 u는 구체 또는 변형된 원환체에서 경도와 동일한 0–2π 각을 나타내고 v는 구형 위도 또는 관형 원환체의 곡률에 대한 0–2π 각을 나타낸다. 약간의 수정을 가하면 원통이 만들어질 수 있다(그림 11–1). 파파스와 밀러는 복족류와 홍합 종의 다양한 유전 암호가 다양한 소용돌이 무늬와 구멍의 껍질 표현형을 만드는 작은 수학적 변이를 입증했다.

원환체 패턴(그림 11–1)은 활발한 미토콘드리아의 기능에 핵심적인 역할을 하지만 진정한 미토콘드리아는 원환체 내의 또 다른 원환체 같은 구조이다. 미토콘드리아 구조의 역동적인 변화와 융합된 미토콘드리아는 건강하고 활발한 조직에서 중심적인 역할을 한다(Picard et al., 2013). 세포에서 ATP와 에너지를 재사용하는 분자 경로는 7장에 설명된 대로 내부 미토콘드리아 막의 위상변화를 일으킨다. 이러한 분자 경로의 양자 활동은 곡면, 파상의 내부, 또는 미토콘드리아 막의 다양체, 또는 곡면에서 발생하는 파동적이고 주기적인 궤적을 나타낸다. 따라서 모든 현상은 곡면, 환경 및 이전의 역사에 따라 달라지며 중재와 본뜨기를 위해 모형화될 수 있다.

이전 장에서 설명한 것처럼, 건강사건 및 건강행태는 여러 다른 현상과 환경의 계층에 종속적으로 주기성을 가지는 사건이다. 여기서 환경 곡면 또는 다양체에 대한 대한 부가적인 관점을 추가한다. 다양체는 [그림 11–1]에서 보여준 구체나 원환체 만큼 매끄럽지 않을 것이다. 대신 그들은 산골짜기의 지질학적 지형과 더욱 밀접하게 닮았을 것이다. 이제서야 과학자들은 피부, 소화기관, 기타 신체 곡면을 대사 산물을 대표하는 박테리아 수천 종의 복잡한 생태계가 존재하는 역동적인 곡면으로서 연구하기 시작했다. 죽상동맥경화 또는 팽창성 동맥류 주위의 혈류 변화는 심각한 결과를 초래하는 곡면을 벗어나는 흐름의 비정상적인 생리적 사건을 나타낸다.

마찬가지로 개인의 외부 심리적 행태도 그들의 환경 곡면에서 모형화될 수 있는데, 이는 본질적으로 육체적이고 인지적이다. 삶의 상태, 건강 환경 상태, 작업 상태, 적절한 영양 섭취, 깨끗한 물, 폭력으로부터의 안전은 시공간적으로 측정할 수 있는 실제 양을 나타낸다. 이러한 과정조차도 순간마다 달라질 수 있고, 개인의 의식 상태에 긍정적(양) 또는 부정적(음)으로 영향을 주거나, 또는 인지할 수 없거나 분자 수준의 숨겨진 방법으로 다양한 수준에서 안정성 또는 불안정을 만든다. 우리는 암이 시간이 지남에 따라 단일 또는 다중 촉발 사건의 작용 특성에 따라 다양한 기간의 알려지지 않은 잠복기를 가짐을 알고 있다. 마찬가지로 심리적 외상은 관련된 사회 및 기타 환경 사건에 신경인지적, 유전적, 개

넘적으로 본뜰 수 있다. 환경적인 요인은 일반적으로 과거에 발생한 사건으로 심리적 외상과 환경적 요인을 개념적으로 본뜨기는 어렵다. 그럼에도 불구하고, 왜곡된 기억의 정확한 재현은 PTSD, 우울증, 자살, 약물 남용에 대한 사건 재발에 중요한 역할을 한다.

구조적으로 우리는 환경 곡면을 모형화할 시점에 있지 않으므로, 우리의 초점은 과정의 궤적과 그 과정에 영향을 주는 원동력이 될 것이다. 다양체에 대한 연구는 수학적 위상의 주요 초점이며, 천문학 및 기하학 분야에 적용된다. 후자에는 생명 시스템에 많은 잠재적이고 혁신적인 응용 분야가 있는데, 특히 뼈 조직 변이 측정법이 유망한 진전을 보여왔다(Eriksen, Axelrod, & Melsen, 1994). 다양체의 기울기는 다음 방정식으로 나타낼 수 있다.

$$\text{Grad } \mathbf{M} = \mathbf{i}\,(\partial m/\partial x) + \mathbf{j}\,(\partial m/\partial y) + \mathbf{k}\,(\partial m/\partial z) \qquad \text{[식 11-3]}$$

여기서 M은 다양체를, 벡터 i, j 및 k는 x, y 및 z차원에 걸친 방향벡터를 나타낸다. 시공에 관해서 i, j, k 벡터는 클리퍼드 대수(Clifford algebras)[3]와 사원수(quaternions)[4]의 도입을 가능하게 하는데, 이것은 고전역학과 양자 수준에서 물체와 곡면의 회전 연구에 사용될 수 있다(Fauser, 2002; Hiley, 2012; Kuipers, 1999). 하일리(Hiley, 2012)는 [식 11-3]과 같은 클리퍼드 대수가 위상공간과 고전 및 양자 궤적에 대한 '진행' 과정을 기술한다고 주장했다.

직교 좌표계(Cartesian coordinate)를 사용하여 x, y, z차원 각각에 부분 편미분을 적용하는 것은 표준 고급 미적분 과정의 추가 구성 요소이다. 위상학적으로 구면 좌표계를 사용하여 균일하거나 이질적인 3차원 객체의 면적, 부피 및 기타 치수를 검사할 수 있다. 우리는 직교 좌표 x, y, z를 다음과 같이 나타낼 수 있다(Boas, 1983; Zeilik & Smith, 1987)

$$x = r \sin\theta\,\cos\phi$$
$$y = r \sin\theta\,\sin\phi$$
$$z = r \cos\theta \qquad\qquad \text{[식 11-4]}$$

. . . .

3 클리퍼드 대수: 이차 형식이 주어진 벡터 공간에서 생각하는 대수로 스피너(spinor)를 정의하는 데 사용되는 대수.

4 사원수: 복소수를 확장해 만든 수 체계. 4개의 실수 성분을 가지며, 덧셈과 곱셈의 결합법칙 및 덧셈의 교환법칙을 만족시키지만 곱셈의 교환법칙은 성립하지 않는다.

여기서 r은 원점 (0, 0, 0)에서 점의 반경 또는 거리를 나타내며, 10장에 나온 용수철 예시의 진폭과 같다. 각도 θ는 z축으로부터의 r의 각도를 나타내고(즉, 우측 룰을 이용하여 북쪽), 각도 φ는 xy 평면에 대한 r의 위치와 z축에 대한 회전을 나타낸다(즉, 동쪽–서쪽). 회전하는 자이로스코프를 생각해보자. 용수철과 같은 회전 활동, 작용 또는 과정은 소산력 (예: 평면 평면의 마찰뿐만 아니라 공기 저항, 기체 표면)에 반대되는 관성 및 구동력(예: 회전을 유지하기 위한 에너지 입력)에 의해 유지된다. 구형 또는 회전 타원형 구조의 부피는 각 차원 에서 3중 적분을 사용하여 결정할 수 있다(Boas, 1983).

$$\text{Volume} = \iiint f(r, \theta, \phi) = r^2 \sin\theta \ dr \ d\theta \ d\phi \qquad \text{[식 11–5]}$$

마찬가지로, 회전 타원체와 유사한 왜곡된 다양체 곡면은 표준 회전 타원체 모양 및 기능과 다른 기능의 교차점을 사용하여 연구할 수 있다.

행태와 생리는 구형 또는 타원체를 나타내는 일관된 주기적인 흐름으로 3차원적으로 모형화될 수 있으며, 회전하는 자이로스코프 모형은 포물선, 쌍곡선 및 카오스(그림 11–2) 경로와 관계식(식 8–5)을 따라 불안정하고 비주기적인 상태가 되므로 λ 궤적 편차는 이심률 ε과 같다.

$$\lambda = \delta^2 S \sim \xi^{-1} \sim \varepsilon \qquad \text{[식 11–6]}$$

포물선 형태의 이심률 ε은 원/구의 경우 $\varepsilon = 0$이지만 다양체가 늘어나면서 함께 증가한다. 생화학적 반응에서 정보의 복잡성을 평가하면서 아이겐과 슈스터(Eigen & Schuster, 1979)에 의해 포물선 형태의 이심률 ε은 비주기율과 카오스에 직접적으로 본뜨되었다. 달팽이와 연체동물 껍데기를 밀접하게 모형화하는 구체와 원환체의 파파스와 밀러 (Pappas & Miller, 2013) 다양체 조작과 [식 11–4]이 직접적인 관계가 있음에 주목한다. 이 접근법은 동물의 몸, 기관 및 세포 구성 요소의 모형화에도 동일하게 적용된다. 구면 좌표는 가까운 원통형, 타원형 및 극좌표계와 함께 곡면 형상과 곡면의 에너지 퍼텐셜 흐름의 중요성을 더 잘 보여주며, 궤적 방향과 곡면 환경에서의 추진력의 영향을 정의하는 곡률을 변화시킨다. 곡률과 사인 곡선 패턴은 과학적 적용(예: 신호 분석)이 매우 많고, 10장에서 간략히 논의된 푸리에 변환과도 연결되어 있다. 이러한 모든 중심 수학 개념은 오일러 지수에 대한 유명한 항등식에서 유래한다(Loy, 2007, p. 67).

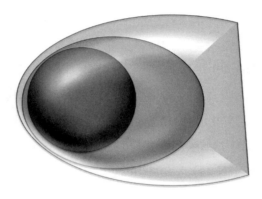

[그림 11-2] 더 많은 회전 타원체. 이번에는 그들의 위상을 변형시킴으로써 그들의 궤적을 구부린다. 일반적으로 시스템에 작용하는 힘은 시스템을 변화시키지만 환경 자체는 이러한 힘에 따라 물리적으로, 또는 상징적으로 변화할 수 있다. 구는 리아푸노프 지수 λ에 비례하는 이심률 ε을 증가시키면서 타원체, 그 다음엔 포물면 등으로 위상 변형된다.

$$e^{i2\pi n} = \cos(2\pi n) + i\sin(2\pi n) = 1 + 0i \qquad [\text{식 } 11\text{-}7]$$

여기서 e는 대수와 관련된 지수(즉, e=2.71828)를 나타내고, i는 −1의 제곱근이며, n은 주기적 주기성의 임의의 각도를 나타낸다. 또한, 각진동수 $\boldsymbol{\omega}$는 이들 관계를 통해 연결된다.

2 궤적에 대한 구동력과 소산력

궤적을 유지하는 구동력과 궤적을 벗어나게 하는 소산력(dissipative forces)은 궤적에 지속적으로 작용하거나 특정 지점에서 작용한다. 소산력은 시스템에 갑작스런 충격을 주거나 연속적으로 상관관계가 있는 중첩 외부 시스템의 병합일 수 있다. [그림 11-3]은 시스템에 약한 충격을 주는 예를 보여준다. 주기 t_0와 함께 주기적인 정현파 현상은 중단 없이 진행된다. 그러나 대안적인 등가 파면은 제3파의 폭을 δt만큼 연장시키는 힘에 의해 파손되어, 파면에서의 후속 파동—주기성이 짧거나 긴 파형과 결합된 초기의 주기가 t_1으로 이동된다. 전반적으로 주파수 $f = 1/t$와 각진동수 $\boldsymbol{\omega} = 2\pi f$ 또는 $\boldsymbol{\omega} = 2\pi/t$도 변경된다. 일부 시스템은 여러 유지력을 가지고 있으며, 운동이나 갑작스러운 스트레스로 인해 상승한 심장박동수가 이후 정상으로 돌아가는 것처럼 탄력적이다. 또 다른 생리적인 과정은 식사 후 몇 시간 동안 혈당이 항상성으로 돌아가는 인슐린 생산에 의존하는 현상인데, 인슐린 신호전달과 세포 표면 수용체와 시상하부로부터의 호르몬 자극 등과 같은 다른 시스템에 의존적인 자체 시스템일 수 있다.

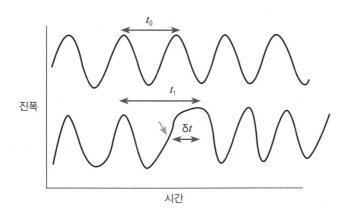

[그림 11-3] 주기 t_1으로 궤적 변화를 하기 위해 시간 차이 δt에 의해 3차 파장의 교란으로 인해 (아래) 중단된 시간 t_0의 초기 파형함수. 2개의 파동함수는 이제 리아푸노프 지수 λ와 푸앙카레 되돌이 사상(10장)과 일치하여 위상차가 있음에 주목하자(위상변화에 대한 수학적 분석에 대한 자세한 내용은 Glass & Mackey, 1988, pp. 102–106 참조).

이 같은 모형의 탄력성을 행태적인 면에서 보면, 신속하게 회복한 경미한 손상이나, 개인이 나쁜 결정을 한 후 상황을 바로잡기 위해 즉시 결정을 다시 뒤집은 경우일 수 있다. 앞에서 설명한 것처럼 여러 가지 촉진 요인은 탄력성의 가능성을 높인다. 종종 결정하기 어려운 것은 이러한 힘의 진폭을 정의하는 매개변수와 안정을 유지하기 위한 적절한 주기의 타이밍이다.

[그림 11-3]의 단점은 소산력이 강하고 탄력성을 극복하며, 비정상적인 δt 및 t_1이 유지되는 결과를 초래하는 사건을 포함한다. 생리적으로 이러한 사건은 급성 또는 만성일 수 있다. 급성 사건에는 심장 부정맥, 또는 기타 부정맥, 신경인지성 발작 등이 포함될 수 있는데, 이는 일정 기간 후에 복원될 수 있지만 방해력에 반복적으로 노출되어 재발할 수 있다. 만성 사건에는 당뇨병이나 조절 장애, 태어날 때부터 생긴 유전적 대사 이상과 같은 상태가 포함된다.

행태적 사건 또한 급성이거나 만성일 수 있다. 급성 사건은 개인이 사회적 지원 없이는 회복하지 못할 수도 있는 심각한 행태변화를 일으키는 주요 부정적인 삶의 사건이 될 수 있다. 갑작스런 분노, 우울증, 절망과 같은 강력한 감정은 정상적인 인지 기능을 압도할 수 있으며, 영향을 받는 개인은 매우 부정적 의사결정을 내릴 수 있으므로 더 나쁜 결과를 초래할 수 있다.

6장에서 언급한 것처럼, 공격성과 다른 형태의 심리적 폭력은 공중보건에 대한 주요한 위협이고(세계보건기구, 2002), 인간행태의 매우 실제적인 구성 요소이다. 신경인지적 각인과 연이은 사건 촉발을 보면 이러한 행태들은 더 고착되어 있고 예측할 수 없다. 그러나 만성적인 행태들은 유사한 패턴을 따른다.

따라서 사건의 시간 척도는 눈에 띄게 나타나지만, 우리가 2차원 또는 3차원 힘 모형을 4차원 시간으로 이동하려는 시도는 훨씬 더 어렵다. 많은 상태들이 완전히 나타나기까지 잠복기를 가지기 때문에 과거 사실로부터 힘/변수들을 본뜨기하고 인과관계를 확립하는 것은 어렵다. 또한 생리적인 사건이나 행태적 사건의 재발을 유발하는 한계점 값은 주기적, 비주기적, 또는 카오스일 수 있으며, 행태적 사건의 경우에는 후자에 더 가까울 것이다. 서로 다른 인간 문화는 환경을 다양한 형식으로 구성하여 각기 다른 요인이나 세력으로 인한 특정 행태의 발생과 유행을 유도한다. 깨끗한 물, 영양 및 보건의료 부족으로 빈곤층 인구의 사망률 곡선이 더 가파르더라도 인류의 패턴은 노령화 곡선을 포함하여 인종 및 문화에 따라 현저하게 유사하다. 그것은 일주기 변동이 많은 생리적 과정과 공명하기 때문이다. 일란성 쌍둥이 사이의 개인 유전자 및 후성유전자 인자는 서로 다른 건강결과를 가져올 수 있다. 시간에 따른 환경 노출은 단기적 또는 장기적 영향을 미치는 다양한 중요 사건에 따라 개인별로 다른 건강결과를 산출한다. 중요한 시점마다 모든 요인을 측정하기란 불가능하겠지만, 역학 방법은 복잡한 유전자, 생화학, 사회와 환경의 요소/힘에 대해 가능한 한 많은 시점에서 보다 현실적으로 건강상태의 발생을 추적하기 위해 반복 가능한 측정치를 수집해야 한다. 그렇다 하더라도 우리는 건강 개선을 위해 어느 정도 궤적의 다양성에 영향을 주기 위해 개입할 수 있다. 열역학 제2법칙(즉, 엔트로피의 법칙)은 모든 시스템이 바닥상태로 이동하는 경향이 있다고 지적한다. 우리의 모든 노력에도 불구하고 변화는 불가피하다. 그렇지만 가능한 한 건강의 궤적을 유지하는 것이 공중보건의 역할이다.

3 사례

글래스와 맥키(Glass & Mackey, 1988, pp. 22–25)는 자동성을 가지는 병아리의 배양된 심장근육세포에 대한 전기 화학적 교란을 포함하는 글래스, 게바라, 벨에어 및 쉬리어(Glass, Guevara, Bélair & Shrier, 1984)의 연구에 대한 수학적 설명을 제공했다. 그들의 설명은 [그림 11–3]에 나오는 예를 반영한다. 교란은 초기 파동함수 또는 파동열 위상을 초기 기간 t_0에서 t_0보다 δt만큼 더 길거나 짧은, 새로운 기간 t_1으로 이동시킨다. 이 시스템은 탄력성이 강하고 주기적인 패턴으로 비교적 빠르게 t_0로 돌아가지만 모든 시스템이 동일한 속도로 응답하지는 않는다. 글래스와 맥키는 그들의 저서에서 시스템의 수많은 사례를 다루었는데, 이는 탄력적 카오스 시스템을 생명 의학 연구와 건강개입에 직접적으로 적용한 첫 번째 업적이었다.

그들의 병아리 심장 예시에 대한 후속 조치와 [그림 11–3]에 나타난 것과 같은 위상변이 교란의 매개변수로서 글래스와 맥키(Glass & Mackey, 1988, p. 105)는 초기 시스템 상태, 또는 위상을 $\theta_0 = 0$으로 정의하는 반면, 교란에 따라 이동한 위상은 $\theta_n = t_n/t_0$로 정의하였다. 결과적으로 그들은 위상변화를 정의했다(p. 106).

$$\Delta\theta = (t_n - t_0)/t_0 \qquad \text{[식 11–8]}$$

가장 중요한 것은 글래스와 맥키(p. 107)가 방해 효과(λ에 비례)를 측정하기 편리한 기하학적 도구를 설명하기 위해 단위 원의 위상변화(그림 9–2)를 사용했다는 것이다. [그림 11–4]에서 초기 위상 $\theta_0 = \omega t$와 변화된 위상 $\theta_n = \omega t_n$을 보여준다. 글래스와 맥키(pp. 106-107)는 새로운 위상공간에 대한 삼각측량 계산을 제공했으며, 다음과 같이 요약된다.

$$\theta_n = 1 + \theta_0 - t_n/t_0 \qquad \text{[식 11–9]}$$

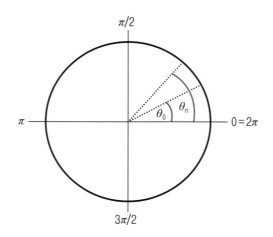

[그림 11-4] 위상각은 위상편이 및 단위 원과 관련하여 변경된다(10장 및 그림 11-3 참조). (위상각의 변화에 대한 리아푸노프 지수의 수학적 개발과 관련한 보다 광범위한 논의는 Glass & Mackey 1988, pp. 104-110 참조)

이 방정식은 10장에서 소개된 위상반응곡선(Phase Response Curve, PRC)이라고도 하는 위상전이곡선(PTC)의 결정을 가능하게 한다. 글래스와 맥키의 PTC 및 단순화된 방정식은 리아푸노프 지수와 결합하여 선형주기 또는 비선형 주기, 카오스 특성을 나타내는 모든 유형의 종적 자료에 대한 궤적을 본뜨기하는 직접적이고 구조화된 접근법을 제공한다.

PTC 또는 PRC에 대한 푸앙카레 되돌이 사상의 동등성은 일관성 또는 궤적의 편차로 인해 시스템 위상 상태가 시간에 따라 이동하는 것에 있다. 다양한 주기에 대한 끝없는 반복을 본뜨기하여 안정성, 주기성 및 불안정성의 위상/변경 영역을 평가할 수 있다. 시스템이나 현상이 비물리적(예: 심리적-행태적) 과정으로 볼 수 있기 때문에 추가적인 이점은 위상 분석의 시각적 측면이 된다. 수학은 복잡하지 않으며 방법론은 자료 분석에 대한 추론적인 통계 및 역학 접근법을 보완한다.

4 위상공간 재조정과 건강

건강상태에 대한 위상반응곡선은 간단하다. 주어진 조건에서 강한(긍정적인) 건강상태는 생화학적 경로, 세포, 조직 및 전체 개체에 대한 이상적인 기본 상태여야 한다. 위상변화 $\Delta\theta$는 환경 소음에 기초하여 주기적으로 발생하며 시스템에 사소한 영향을 주는 약간의 교란은 짧은 시간 내에 신속하게 회복되고 계속 주기적으로 반복된다. 건강 시스템에 대한 극적인 영향은 주어진 신체 기능 또는 구조에 대한 정상적인 건강의 궤적을 연장하거나 심지어 실질적으로 변경하여 비선형적이고 잠재적으로 불안정한 위상을 만들어낸다. 실제로 약간의 사소한 차이는 있겠지만, 노화에 대한 한 가지 관점은 시간이 지남에 따라 시스템 붕괴가 발생하는 임계점까지의 오류 축적이다. 사람의 경우 노화는 일반적으로 청소년기부터 시작하여 점진적으로 진행되며 급격한 감소는 60세 전후로 시작된다. 보험 통계에 따르면 대략 7년마다 사망할 확률이 2배가 된다. 일란성 쌍둥이 간, 젊은이와 노인 간의 유전자 조절 변화에 대한 후성유전자적 증거는 초기 조건에 대한 푸앙카레의 민감한 의존성과 시간이 지남에 따라 누적되는 작은 변화를 일관되게 유지한다.

위상공간에서의 물리적, 심리적 과정의 개념화를 강조하는 것은 표준 통계 및 역학 실무에서의 극적인 변화를 가져온다. 질병, 그리고 노화를 나타내는, 불연속적이기도 하지만 연속적이고 역동적인 흐름으로서의 삶은 존재하고 있으며, 위상공간의 현상을 개념화하는 것은 독립적이고 의존적인 건강 변수의 복잡한 상호작용에 대한 우리의 이해를 향상시킬 수 있는 가능성을 제공한다. 게다가 우리는 이 접근법을 모든 학문 분야에서 통일된 원칙으로 보고 있다. 특히 비선형 방법이 응용 수학과 물리 과학 분야에서 상당히 공헌한 것을 고려할 때 그렇다.

보건 연구의 과제는 생물학적, 물리적, 사회적 및 환경적 상호작용의 진보적인 다양체로서 개인의 건강을 가능한 한 시각적으로 표시할 수 있는 여러 방법으로 자료의 획득과 원격 측정법에 대한 요구를 증가시킬 뿐만 아니라, 각 3차원의 곡면을 가로질러 4차원의 시간을 통해 앞으로 나아간다. 이 접근법은 또한 계속적으로 세기에 걸친 과학적 접근을 계속한다. 이 접근은 자주 눈에 띄지 않거나 알아채지 못하는 우리 내외부의 힘에 대한 현실적인 모형을 제공하려고 한다.

글래스와 맥키(Glass & Mackey, 1988)는 이 접근법을 적용해서 생리적 개입을 만들어내는 데 매우 성공적이었다. 13장에서 많은 예를 볼 수 있다. 위상 모형으로 돌아가서 감김수[5]의 위상 개념을 소개해본다. 감김수는 접한 면 또는 다양체를 기준으로 0이 아닌 벡터 또는 벡터장의 음의 반시계 방향 또는 양의 시계 방향 회전의 수이고 각 회전은 벡터를 곡선의 등가 시작 위치로 반환한다(Henle, 1982, pp. 48– 52). 이와 유사하게 글래스와 맥키(Glass & Mackey, 1988, pp. 107–109)는 주기에 따른 궤적의 위상이동 푸앙카레 되돌이 사상을 설명하기 위해 감김수 개념을 사용했다(그림 11–4).

특히 그들은 주기적인 순환 과정에서, 치환된 파장이 원래의 파장을 한 번(즉, 한 주기)만 교차시킬 수 있다고 강조한다. 따라서 주기 현상에서 가능한 감김수 2개는 0과 1이다. 반시계 방향 –1은 단지 양의 1을 반영하기 때문에 무시할 것이다. 동시에 그들은 2가지 유형의 위상재설정 곡선이 있다고 주장하는데, 유형 1과 유형 0이 있다. 유형 1 위상재설정 곡선은 $0 < m < 1$이 되도록 무시할 만한 변위 또는 교란 m(위의 매개변수 참조)을 포함하며 시스템은 원래 상태로 복구된다. 대안으로 유형 0 위상재설정 곡선은 교란 $m > 1$이 상당하고 파의 $\Delta\theta$ 위상변이가 상당할 때 발생하여 새로운 파동함수 또는 파열이 설정된다. 해논(Hénon)의 끌개(9장에서 설명된 로렌츠 끌개와 유사)와 여러 척도에서의 프랙탈 재현에 대한 그의 분석에서, 뤼엘(Ruelle, 1989, p. 18)은 $0 < m < 1$에서 수축 요소 m이 궤적을 끌어당기는 순환에 대해 가역적이었던 반면, $m > 1$은 혼돈되는 경향이 있다고 설명했다. 그는 자코비안과 중요한 리아푸노프 지수에 교란 매개변수를 더 관련시켰다. 우리는 12장에서 유도체에 대해 논의할 것이다.

각 연속적인 위상을 많은 반복에 대해 이전 위상으로 본뜨기하면, 유형 1 위상이 다시 원래의 위상으로 재설정되는 것은(즉, 작은 외란 $0 < m < 1$) [그림 11–5]에 표시된 대각선을 따라 연속적인 주기 곡선을 나타낼 것이다. 이에 대한 대안으로, 새로운 위상으로 재설정된 유형 0에 대한 큰 교란(즉, $m > 1$)은 후속 위상이 다수의 반복에 대해 이전 위상에 본뜨기될 때 분리된 개별 곡선들을 보여줄 것이다(그림 11–6).

· · · · · · · · · · · · ·
5 감김수(winding number) n(f,p)는 평면에서 폐곡선 f와 그 폐곡선이 지나지 않는 점 p가 있을 때, f가 p 주위를 시계 반대 방향으로 감기는 횟수를 의미한다.

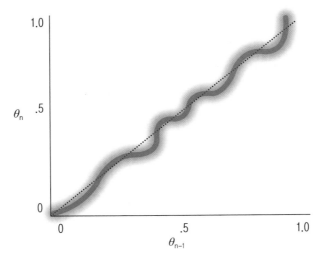

[그림 11-5] 유형 1 위상 변이

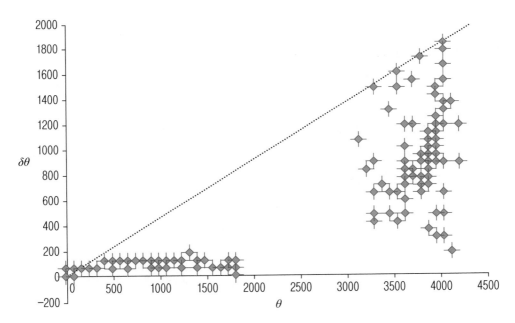

[그림 11-6] 유형 0 위상 변이. 유형 1과 비교해 클러스터된 점의 분기 분산 차이를 보라.

이 두 그래프(그림 11-5, 11-6)의 의미는 약간 교란된 리듬과 원래의 파동함수 사이의 상대적 일관성이 유지되어 두 파동이 위상이 맞지 않게 되고, 균형 잡힌 구동력과 소산력의 작용으로 인해 결국 '평활화'된다는 것이다. 반복적 θ_n과 θ_{n-1} 위상 사이의 관계는 결과적으로 주기적이다(그림 11-5). 따라서 정상으로 돌아오는 탄력적인 시스템에는 영구적이고 감지할 수 있는 변화가 없다. 면역계가 몇 주 동안 감기 바이러스에 반응하는 것이 생리적인 예가 될 수 있다. 행태적으로 사람은 운동 프로그램을 시작하여 몸을 움직이지 않는 주기를 깨뜨릴 수 있다. 그러나 직장, 가족 및 기타 의무에 대한 압력은 시간이 지남에 따라 정신을 산란시켜서 건강행태를 몸을 움직이지 않는 부정적인 주기로 되돌려 놓을 수 있다.

하나의 위상에서 다른 유지 위상으로의 진정한 점프 또는 불연속은 [그림 11-6]에 반영되며, 여기서 반복적인 θ_n 및 θ_{n-1} 위상 간에는 일관성이 거의 없다. 그래프는 중앙의 주기성에서 멀리 곡선을 이룬다. 이에 대한 생리적인 예는 초기 성인기에 미오스타틴이 감소하여 새로운 근육 성장이 크게 감소되거나 중단되는 것이다. 반대로, 미오스타틴을 발견한 이세진 교수(Lee Se-Jin, 2007)는 생쥐에서 미오스타틴 수용체와 변형성장인자 베타(TGF-β) 신호전달의 생화학적 경로의 분자 개입을 개발하여 늙은 생쥐의 근육량을 4배 증가시키는 데 성공했다. 행태적으로 적절한 지원(예: 에너지, 사회 및 환경 자원, 대체 활동)이 개인에게 제공되고 유지된다면, 운동 프로그램을 시작하고 유지하거나, 식단을 변경하거나, 금주와 금연에 전념하는 것과 같은 개인의 행태주기에서의 위상변화를 일으킬 수 있다.

따라서 글래스와 맥키(Glass & Mackey, 1988)는 우리의 역학적 관점에 통합될 수 있는 비선형분석을 위한 연구 프로그램을 제공했다. 그들의 접근법은 이미 심장학, 신경과학 및 기타 생리학 분야에 적용되었다. 생태학자들은 생물 작용과 생태계에서 생물체의 분포에 영향을 미치는 종의 상호작용과 환경 요인 분석까지 이 연구를 확대했다. 시스템 관점은 생물심리사회모형을 통해 공중보건에서 느슨하게 촉진되었지만 복잡한 상호작용의 종적 본뜨기는 건강연구 및 역학 개발의 다음 단계이다.

뤼엘(Ruelle, 1989), 글래스와 맥키는 리아푸노프 지수 λ를 계산했다. 앞서 설명한 바와 같이, 뤼엘은 λ를 시스템의 정보 엔트로피뿐 아니라 시스템의 프랙탈(즉, 반복적인) 차원, 푸앵카레 되돌이 사상의 미분과 동일하다고 묘사했다. 우리는 이후에 위상이동의 계산에서 결맞음 길이와 글래스와 맥키의 교란 매개변수 m에 대한 역관계를 설명했다. 전환하는 다양체에 대해 λ에 대한 뤼엘 방정식은 다음과 같다.

$$\lambda = \int \log(|df/dx|) \ \rho(dx)$$

[식 11-10]

여기서 df는 다양체의 지점 x의 변화에 대한 다양체 과정의 흐름 변화이고, ρ는 x의 변화의 확률 척도(즉, dx)이다. 팽창된 원의 뢰엘의 이심률 ϵ와 유사한 다양체(즉, 풍선의 곡면)의 팽창과 분리된 2개의 인접한 지점으로 시작하여 팽창하는 풍선을 생각해보라. 또한 진화하는 궤적의 동적 방정식을 푸는 경우, 시스템의 자코비안 행렬(12장 참조)의 풀이로서 많은 특징적 지수(즉, λ)가 생성될 수 있다. 1차(즉, 최대) λ는 교란으로부터 시스템의 동적 변형에 비례한다. 음의 λ는 매력적이며, $\lambda=0$은 안정적이고 원형이며, $\lambda > 0$은 $\lambda > {\sim}3$이 카오스가 될 때까지 주기적으로 분리된다(Li & Yorke, 1975). 우리가 11장에서 볼 수 있는 것처럼, 자코비안 행렬의 결정인자의 절댓값은 λ들의 합이다. 이 합계는 푸앙카레 되돌이 사상의 시스템에 대한 궤적의 변화와 같은 글래스와 맥키 및 [그림 11–4]에서 인용한 교란 측정과 동일하다.

λ에 대한 글래스와 맥키의 방정식은 다음과 같다.

$$\lambda_i = \lim(t \rightarrow \infty)\ 1/t\log_2[r_i(t_n)/r_i(t_{n-1})] \qquad \text{[식 11–11]}$$

여기서 t는 시간 지점이고, r은 시스템의 푸앙카레 궤적 동안의 변화하는 타원체(즉, 다양체)의 주축이다. 따라서 [식 11–10]에서 우리는 시간 t_n에서의 r의 반복적인 비교를 다음의 이전 시간 주기 t_{n-1}에서의 값과 비교한다. 결과적으로 우리는 [그림 11–5]와 [그림 11–6]에서 설명한 위상변화(유형 1과 유형 0)에 대한 정량적 측정을 한다.

따라서 글래스와 맥키는 궤적분석에 사용되는 수학적 기법을 위한 프로그램을 수립했다. 그들은 이러한 응용을 심장학과 신경과학에서 명시적으로 언급하지만, 우리는 많은 시점에 대한 종적 자료의 가용성을 고려할 때 건강 분석의 모든 측면에 적용 가능성을 강조한다. 현재 이러한 자료는 특수 치료를 받는 환자의 원격 측정을 제외하고는 실질적으로 제한적이다. 비교적 완전한 시스템 모형을 지정하고 측정하기 위해 사용 가능한 변수의 한계를 지니고 있어도 이러한 자료를 소급하여 분석하는 경우는 드물다. 상황은 사회/행태 연구에서 훨씬 더 심각하다. 연구는 연구과정에서 제한된 자료 및 소모에 대한 응답자 자기보고, 조사 유효성에 영향을 주는 여러 가지 요인들에 주로 의존한다(4장). 전염병학자 및 기타 건강/의학 연구자는 환자 동의 및 적절한 연구 윤리 지침을 통해 이러한 자료를 종합적으로 수집하는 연구 계획 수립을 고려해야 한다. 또한 건강에 영향을 미치는 종, 유전, 후성적, 생리적, 행태적, 사회적 및 환경적 변수의 복잡한 관계를 적절하게 수집하고 해독하기 위해서는 새로운 세대의 건강 정보 분석가가 필요하다.

5 요약

진화하는 모든 시스템은 역동적이며 미시적에서 거시적까지 다양한 수준에서 위상변화를 겪는다. 건강 독립변수의 시스템에 대한 사실적이고 포괄적인 건강결과를 모형화할 때, 사용 가능한 자료, 상호 상관관계, 그리고 여러 시스템과 계층 수준 간의 상호작용을 기반으로 이러한 모형을 신중하게 지정하는 것이 중요하다(분자에서 세포로, 또 내부 장기 시스템으로). 신뢰할 수 있는 자료 저장소의 출현과 모바일 스마트폰 애플리케이션에서의 자료의 윤리적 공유는 개인과 소셜 네트워킹 군/인구의 다양한 생리적 및 행태변화에 대한 단계적 변화를 분석할 수 있도록 자료 수집을 개선하는 유망한 와해성 기술[6]을 대표한다. 세포, 내부 장기 및 개별 수준에서 보건 시스템의 단계적 본뜨기는 우리에게 건강상태와 건강 개선을 위한 개입에 대하여 더 높은 수준의 이해를 할 수 있게 한다.

- - - - - - - - - - - - - - - -
6 와해성 기술: 기존의 업계를 완전히 재편성하고 현재의 시장 대부분을 점유하게 될 새로운 기술을 말한다.

참고문헌

Boas, M. L. (1983). *Mathematical methods in the physical sciences* ((2) ed.). New York: John Wiley & Sons.

Cvitanovic, P., Artuso, R., Dahlqvist, P., Mainieri, R., Tanner, G., Vattay, G., et al (2004). Chaos: classical and quantum, version 14.4.1 (April 21, 2013). Retrieved February 1, 2015 at ChaosBook.org.

Eigen, M., & Schuster, P. (1979). *The hypercycle: A principle of natural self organization.* Berlin: Springer.

Eriksen, E. F., Axelrod, D. W., & Melsen, F. (1994). *Bone histomorphometry.* New York: Raven Press.

Fauser, B. (2002). *A treatise on quantum Clifford algebras.* arXiv:math/0202059v1 [math.QA] 7 Feb 2002.

Glass, L., Guevara, M. R., Be air, J., & Shrier, A. (1984). Global bifurcations of a periodically forced biological oscillator. *Physical Review, 29*, 1348–1357.

Glass, L., & Mackey, M. C. (1988). *From clocks to chaos: the rhythms of life.* Princeton, NJ: Princeton University Press.

Henle, M. (1982). *A combinatorial introduction to topology.* New York: Dover.

Hiley, B. J. (2012). Process, distinction, groupoids and Clifford algebras: an alternative view of the quantum formalism. *Lecture Notes in Physics, 813*, 705–750. arXiv:1211.2107v1 [quant–ph] 9 Nov 2012.

Hollar, D. W., Jr. (2016). Lifespan development, instability, and Waddington's epigenetic landscape. In D. Hollar (Ed.), *Epigenetics, the environment, and children's health across lifespans* (pp. 361–376). New York: Springer Nature.

Kuipers, J. B. (1999). *Quaternions and rotation sequences: a primer with applications to orbits, aerospace, and virtual reality.* Princeton, NJ: Princeton University Press.

Lee, S.–J. (2007). Quadrupling muscle mass in mice by targeting TGF–β signaling pathways. *PLoS One, 2*(8), e789. doi:10.1371/journal.pone.0000789.

Li, T.–Y., & Yorke, J. A. (1975). Period three implies chaos. *The American Mathematical Monthly, 82*(10), 985–992.

Loy, G. (2007). *Musimathics: the mathematical foundations of music* (Vol. 2). Cambridge, MA: MIT Press.

Pappas, J. L., & Miller, D. J. (2013). A generalized approach to the modeling and analysis of 3D surface morphology in organisms. *PLoS One, 8*(10), e77551. doi:10.1371/journal.pone.0077551.

Picard, M., Shirihai, O. S., Gentil, B. J., & Burelle, Y. (2013). Mitochondrial morphology transitions and functions: implications for retrograde signaling? *American Journal of Physiology: Regulatory, Integrative and Comparative Physiology, 304*, R393–R406.

Ruelle, D. (1989). *Chaotic evolution and strange attractors*. New York: Cambridge University Press.

Thom, R. (1972). *Structural stability and morphogenesis: An outline of a general theory of models*. New York: W.A. Benjamin/Westview.

Tufillaro, N. B., Abbott, T., & Reilly, J. (1992). *An experimental approach to nonlinear dynamics and chaos*. Redwood City, CA: Addison–Wesley.

World Health Organization. (2002). *World report on violence and health*. Geneva: World Health Organization.

Zeilik, M., & Smith, E. V. P. (1987). *Introductory astronomy and astrophysics* (2nd ed.). Philadelphia: Saunders.

chapter

12

장 자코비안 행렬과
리아푸노프 지수

츠비타노비치 등(Cvitanovic et al., 2004, p.133)은 타원체로 뻗어있는 구체(sphere)로서의 시스템 모형 변화에 따라 다음과 같은 과정으로 동적 시스템의 흐름을 설명했다.

$$\mathbf{f}^t(x(t_0)) : x(t_0) + \delta x \rightarrow x(t_1) + \mathbf{J}\delta x$$ [식 12–1]

여기서 f는 흐름을 나타내며, x는 다양체의 지점 또는 영역과 시간 0에서 해당 기간 1의 끝까지 푸앙카레 되돌이 사상에 대한 궤적을 나타낸다. x의 변화 δx는 자코비안 행렬 J에 의해 합성되며, 흐름의 궤적에 대한 접선 방정식의 행렬이다. 츠비타노비치 등(pp. 132 –134)은 J에 대한 궤적의 전단과 안정성과 특히 J의 양의 대각선 요소인 리아푸노프 지수 λ를 '시스템 궤적의 평균 분리율'(p. 132)이라고 동일시했고, 다음과 같이 계산했다(p. 134).

$$\lambda = (1/t)\ \ln\ (|\delta x(t_1)|/|\delta x(t_0)|)$$ [식 12–2]

이 식은 글래스와 맥키(Glass & Mackey, 1988, p. 54)의 λ 유도(식 11–10)와 밀접하게 일치한다. 우리 예에서는 λ에 대한 뤼엘(Ruelle, 1989) 및 츠비타노비치 등의 강조와 일치하는 밑이 10인 자연로그의 사용으로 인해 $\delta x(t)$에 대한 지수함수의 지수로 [식 12–2]를 사용한다.

그러므로 우리는 모든 동적 시스템에 대한 궤적 변화율의 객관적인 척도를 가지고 있다. 이 방법론은 움직이는 유체의 안정성에 관한 1892년 박사 학위 논문에서 러시아의 수학자이자 물리학자인 알렉산드르 리아푸노프(Aleksandr Lyapunov)가 개발했다.

리아푸노프 지수는 순환 동작 동안 시스템의 각 가능한 궤적 또는 경로에 대한 평균 변화율을 제공하고 리아푸노프 지수를 포함하는 자코비안 행렬은 다양체/곡면에서 시스템의 팽창 또는 수축을 제공한다. 이 수학적 형식주의는 궤적분석을 생리 및 행동 건강 분석에 가장 적합한 과학에 대한 다른 접근방식으로 강화한다. 또한 신체적, 개념적 건강문제에 위상을 적용하는 방법을 보여준다.

츠비타노비치 등은 수학을 명확하게 설명하고 파이썬 구문을 사용하여 예제를 지원하는 물리적 시스템의 비선형동역학 연구에 새롭게 적용된 접근방식을 제시했다. 또한 그들은 2014년부터 Georgia Institute of Technology에서 MOOC(Massive Open Online Course)를 무료로 제공하기 시작했다.

1 자코비안 행렬

자코비안 행렬은 주어진 시스템 궤적에 대한 위상변화를 관련시킨다. 자코비안 행렬을 계산하기 위해 여러 차원에서 여러 구성 요소 함수들이 포함된 흐름부터 시작한다. 예를 들어 x, y 및 z 차원에 대한 3가지 함수가 있는 흐름이 있다고 가정하면,

$$f(x, y, z) = \left(2x + 24y + 8, 5x + 3, 3x + y^2 + 12z\right) \qquad \text{[식 12–3]}$$

3가지 구성 요소 함수들은 다음과 같은 편미분방정식 해를 가진다.

$$\begin{aligned} \partial f / \partial x &= (2, 5, 3) \\ \partial f / \partial y &= (24, 0, 2y) \\ \partial f / \partial z &= (0, 0, 12) \end{aligned} \qquad \text{[식 12–4]}$$

예를 들어, [식 12–4]의 3가지 $\partial f / \partial x$ 해는 [식 12–3]의 3개 함수 성분 방정식 각각에서 x의 미분을 사용하여 계산되었다. 마찬가지로, $\partial f / \partial y$ 및 $\partial f / \partial z$ 해는 y 및 z의 미분을 각각 사용하여 계산되었다

[식 12–4]의 해는 3가지 성분/차원 함수에 대해 다음과 같은 구조를 갖는 자코비안 행렬에 직접적으로 관련된다.

$$\mathbf{J} = \begin{vmatrix} \partial f_1 / \partial x_1 & \partial f_1 / \partial y_1 & \partial f_1 / \partial z_1 \\ \partial f_2 / \partial x_2 & \partial f_2 / \partial y_2 & \partial f_2 / \partial z_2 \\ \partial f_3 / \partial x_3 & \partial f_3 / \partial y_3 & \partial f_3 / \partial z_3 \end{vmatrix} \qquad \text{[식 12–5]}$$

따라서 [식 12–4]에 대한 해는 첫 번째 열을 채우는 3개의 구성 요소 함수에 대한 연속적인 x값, 두 번째 열을 채우는 연속적인 y값, 행렬의 세 번째 열을 채우는 z값으로 [식 12–5]로 대체될 수 있다.

이 예제 함수의 궤적 관점에서, 우리는 흐름이 푸앙카레 되돌이 사상에서 벗어날 때 흐름 섹션의 윤곽선을 형성하는 3가지 경로 f_1, f_2 및 f_3을 볼 수 있다. 각 경로 f는 주어진 순간에 위상공간에서 3차원 x, y, z 구성 요소를 가진다. 따라서 우리는 아래와 같이 극좌

표나 구좌표에 투영할 수 있는 것처럼 시간의 관점에서 자코비안을 표현할 수도 있다. 역학자는 건강행태에 본뜨기된 궤적에 대해 자코비안 행렬을 계산할 필요가 없다. 그러나 우리는 건강행태의 위상적 관련성을 입증하기 위해 이 식을 제공한다. 가장 중요한 것은 건강행태와 리아푸노프 지수와의 관련성을 증명하는 것이다.

계속해서 [식 12-4]의 해를 [식 12-5]로 치환하여 다음을 얻는다.

$$\mathbf{J} = \begin{vmatrix} 2 & 24 & 0 \\ 5 & 0 & 0 \\ 3 & 2y & 12 \end{vmatrix} \qquad \text{[식 12-6]}$$

다음 단계는 리아푸노프 지수라고 하는 자코비안 행렬의 특성 지수를 계산하는 것이다. 이 특정 예제는 9개의 요소가 있는 세 번째 행렬이기 때문에 리아푸노프 지수의 계산을 시작하기 위해 각각의 대각선 요소에서 λ를 뺀다.

$$\mathbf{J} = \begin{vmatrix} 2-\lambda & 24 & 0 \\ 5 & 0-\lambda & 0 \\ 3 & 2y & 12-\lambda \end{vmatrix} \qquad \text{[식 12-7]}$$

일반적으로 행렬식은 2×2 행렬에 대한 대각선 원소의 벡터 외적 차이(cross-product subtraction)로 계산된다. [식 12-7]과 같은 고차원 행렬의 경우, 우리는 행렬의 결정인자인 2×2 행렬 섹션들의 블록을 통해 리아푸노프 지수들을 해결해야 한다. 해당 행 2/3의 소행렬 2×2 단면에 대해 행 1의 곱셈을 포함하는 토마스(Thomas, 1969, pp. 716-718) 순열 방법을 사용하여 다음 사항을 구한다.

$$\text{Det} = (2-\lambda) \begin{vmatrix} -\lambda & 0 \\ 2y & 12-\lambda \end{vmatrix} - 24 \begin{vmatrix} 5 & 0 \\ 3 & 12-\lambda \end{vmatrix} + 0 \begin{vmatrix} 5 & -\lambda \\ 3 & 2y \end{vmatrix} \qquad \text{[식 12-8]}$$

이는 다음과 같다.

$$\begin{aligned} \text{Det} &= (2-\lambda)[(-\lambda)(12-\lambda) - 2y(0)] - 24[5(12-\lambda) - 3(0)] \\ &\quad + 0[5(2y) - 3(-\lambda)] \\ &= (2-\lambda)(\lambda^2 - 12\lambda) - 24(60 - 5\lambda) \end{aligned} \qquad \text{[식 12-9]}$$

보아스(Boas, 1983)와 페드헤이저(Pedhazur, 1982) 모두 행태 연구뿐만 아니라 물리 과학에도 응용한 매트릭스 대수, 자코비안 행렬, 결정인자, 특성 방정식에 대한 철저한 설명을 제공한다. 터필라로, 애보트, 레일리, 울프럼(Tufillaro, Abbott, Reilly & Wolfram, 2002)은 초기 조건에 대한 푸앙카레의 민감 의존에 대해 긍정적인 리아푸노프 지지자들의 관계에 대한 추가적인 세부 사항과 컴퓨터 예를 제공했다.

역학자는 생리적 또는 행태적 종적 건강 자료에 대한 궤적분석을 수행하기 위해 자코비안 행렬 또는 자코비안 행렬을 통한 λ 계산에 관여하지 않는다. 자코비안은 11장의 이심률 ε에 비례하는 신축변수 m에 대한 위상학적 관점을 제공하지만, 이러한 변수는 λ에 정비례한다는 것을 알고 있다. 그러므로 우리는 츠비타노비치 등(Cvitanovic et al., 2004)의 [식12–2]를 사용할 것이다. 리아푸노프 지수 λ는 이전 주기에서 궤적의 팽창 또는 수축을 측정한다.

2 전이점

리아푸노프 지수(λ들)는 시스템이 주기성을 변화시킴에 따라 분기 다이어그램에서 단일 기간과 주기가 2배로 늘어나는 사건 사이의 전이점에 연결될 수 있으며 이러한 동작은 궁극적으로 카오스 행태의 전이점으로 연결된다. 이러한 전이점은 시스템의 이전 상태에서의 탈결맞음(de–coherence)(Zurek, 2002), 즉 10장에서 기술된 위상이동을 포함한다. 높은 결맞음에서 유형 1 위상이동이 있다(그림 11–5 참조). 유형 1 위상에서 λ는 작고, 기본 및 교란 위상이 선행되고 중첩될 때 시스템 안정성이 유지된다. 결국 이런 방법으로 시스템을 정상 동작으로 되돌린다. 생리적이고 행태적 시스템의 경우, 이것은 건강상태 및 건강행태뿐만 아니라 장기간의 건강에 해로운 행태를 관찰하는 것이다. 유형 0 위상재설정(그림 11–6)은 본래의 주기 시스템과 변경된 주기 시스템이 진정한 전환 동안 발산함에 따라 탈결맞음 또는 결맞음의 감소(즉, 높은 λ)를 유도한다. 유형 0 위상재설정은 건강상태가 좋지 않은 상태로 변할 때 관찰되지만, 그럼에도 불구하고 시간이 지남에 따라 안정적이다. 유형 0 위상재설정은 또한 우리가 건강에 해로운 상태를 안정적이고 건강한 상황으로 바꿀 때 달성하려는 것이다. 하나의 상태에서 다른 상태로의 극적인 변화가 있을 때, 시간에 따른 상태의 일관성이 없는 카오스(즉, 전형적으로 $\lambda > 3$)가 발생하여 주기성이 없고 측정된 행태/조건이 극단적으로 다를 수 있다.

실용적인 목적을 위해 건강/의학 연구에서 수집되는 자료의 유형을 보다 잘 대표하는 2차원적인 사례에 초점을 맞출 것이다. 이전에는 몇 가지 3차원 모형을 예제로 활용했다. 이러한 접근법은 기관 시스템의 3차원 이미징(예: 양전자 방출 단층 촬영(PET)), 3차원 자료 분석(예: 지리 정보 시스템) 및 3차원 모의실험, 건강 기기들의 원형과 생성, 나노 스케일(예: 3D 인쇄/첨가제 제조)의 연구에서도 위대한 응용을 이뤄왔다.

보아스(Boas, 1983, pp. 220–223)는 자코비안 행렬의 3차원적 변화 분석, 특히 자코비안을 사용한 관성 및 부피 계산법의 계산에 적용 가능성을 보여주었다. 카데시안 좌표를 구면좌표로 변환하는 것은 다음과 같다.

$$x = r \sin \theta \cos \phi$$
$$y = r \sin \theta \sin \phi \qquad \text{[식 12–10]}$$
$$z = r \cos \theta$$

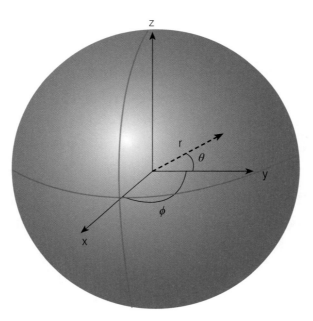

[그림 12–1] 구면 좌표계

파라미터 r, θ 및 φ는 10장에서 설명되어 있고, [그림 12–1]에 도시되어 있다. 우리는 [식 11–5]에대한 자코비안을 구의 좌표로 변환할 수 있다.

$$\mathbf{J} = \begin{vmatrix} \partial x/\partial r & \partial y/\partial r & \partial z/\partial r \\ \partial x/\partial \theta & \partial y/\partial \theta & \partial z/\partial \theta \\ \partial x/\partial \phi & \partial y/\partial \phi & \partial z/\partial \phi \end{vmatrix}$$

행렬 형식은 이러한 변환을 수행하고 다양체의 체적 변화와 위상변화 계산, 변화하는 다양체에서의 점의 속도 본뜨기와 같은 함수식 변경을 생성하는 편리한 방법이다. 리아푸노프 지수 λ를 계산하는 것은 구형, 극 좌표계 및 다른 좌표계에서 훨씬 더 복잡하다. 다행히 3차원 위상변화 모형에 대해 수십 줄의 구문을 사용하여 신속하게 계산할 수 있는 컴퓨터 프로그램(예: 파이썬)이 있다. 전염병 학자의 경우 2차원 데이터의 직접 비교는 [식 12–2]를 사용할 수 있다.

3 사례

이 분야에서 λ를 사용한 위상변화 연구 및 안정성 분석의 예에는 사람의 보행 패턴 분석과 정상 대 간질 뇌파 패턴의 뇌파검사가 포함된다. 브루윈, 브레그만, 마이어, 비크, 반디엔(Bruijn, Bregman, Meijer, Beek, van Dieën, 2011; 2012; Bruijn, Meijer, Beek, van Dieën, 2013)은 다양한 발과 관련된 매개변수, 걸음 걸이 기능 및 넘어질 확률에 대한 작은 동요의 영향 평가에서 최대 리아푸노프 지수의 사용을 탐구했다. 구체적으로 말하자면, 그들은 걷는 횟수가 적을수록(0~1) 단기적인 λ의 추정치를, 더 많을수록(4~10) 장기적인 λ를 추정한 것이다. 그들은 안정성과 λ 사이의 상관관계가 불일치하다는 것을 발견하여 단기적인 λ를 안정성의 더 강력한 예측 인자로 추천했다. 레이너드, 부아텐, 데리아즈, 테리어(Reynard, Vuadens, Deriaz, Terrier, 2014)는 건강한 사람과 건강이 좋지 않은 환자의 보행에 대한 연구에서 환자가 건강한 대조군보다 훨씬 높은 λ(보행 안정성이 낮음)를 보이는 것을 발견했다. 이 연구에서 $\lambda < 1$이지만 걸음 수와 다양한 위치/차원에서의 몸통 가속도 측

정을 위해 측정된 환자의 λ가 일관되게 더 높았다. 이 두 가지 연구 결과는 주기적 패턴(예: 걸음)을 따르는 물리적 및 행태적 과정의 적용 가능성을 보여주며, 따라서 λ와 같은 비선형 추정을 사용하는 궤적분석에 적합하다. 동시에 연구들은 개인 걸음의 매개변수 평가와 전체적인 움직임 대신에 λ에 미치는 영향으로 향상될 수 있다. 이 연구들은 이러한 유형을 분석하는 데 있어서 모든 행태의 복잡성을 보여주는 방향으로 진행되고 있다. 또한, 보행 안정성과 같은 건강상태는 건강할 때와 건강하지 않을 때의 상태에 따라 다양할 수 있다. 예를 들어, 특정 작업(예: 무거운 짐 싣기)과 특정 운동(예: 고르지 않은 노면에서 달리기, 크고 활동적인 개와 산책하는 것)을 하면 신체의 구조적 수준 이상으로 예기치 않은 환경 교란에 개인을 노출시킬 수 있다. 결과적으로, λ를 사용하여 안정성을 평가하는 것은 주어진 건강 상황과 관련이 있는 포괄적인 생물심리사회모형을 포함해야 한다.

사우스웰, 힐스, 맥린, 그레이엄(Southwell, Hills, McLean, Graham, 2016)은 운동 전후의 건강한 사람 13명을 대상으로 척추 안정성과 신경근 조절을 조사했다. 그들은 운동의 영향으로 등 근육 활성화(즉, 변화)를 측정하기 위해 근전도 검사를 사용하고 λ를 사용하여 근육의 위상차를 정량화했다. 표본 크기가 매우 작고 운동 전과 운동 후에서 근육 활성화 안정성에 대해 λ에 유의한 차이가 없었으나 근육 활성화는 증가했다. 근육 안정성의 변화에도 불구하고 그들은 λ가 근육의 동적 활동의 변화에 대한 유용한 추정을 나타내는 것이라고 주장했다. 연구팀은 특정 복부 당김 운동 활동이 근육 활성화 안정화를 개선시키지 않으며 안정성 훈련이 개별화되어야 한다고 결론지었다. 결과적으로 이 연구는 작은 표본 크기가 통계적 힘을 약화시키고 λ와 같은 수단의 유의미한 유용성을 역학적으로 보여주었다. 그와 동시에 이러한 유형의 연구와 저자의 결론은 집단에 비해 개인 척도의 관련성을 보여주며, λ는 운동, 건강 및 행태에서 개인 및 집단 궤적 모두를 본뜨기하는 데 유용할 수 있다.

신경과학 관점에서 레너츠(Lehnertz, 2008)는 정상 뇌파 패턴의 뇌파검사를 평가하기 위해 λ를 포함한 비선형동역학 방법론을 간질 발작 패턴과 비교하여 철저히 검토했다. 신경 영상과 결합된 비선형분석은 무증상 기간과 발작 사건 모두에서 영향을 받은 뇌 영역을 국지화 할 수 있을 뿐만 아니라 EEG 패턴이 일탈을 보이는 시계열을 본뜨기할 수 있다. 리아푸노프 지수는 발작의 시작에 기여하는 요인의 복잡성을 추정할 수 있다. 레너츠는 발작 및 뇌 기능 연구에 적용된 비선형동역학 연구에서 필요하지만 빠져 있는 다음 단계 예측을 강조했다. 마찬가지로 쿨만, 그레이든, 웬들링, 쉬프(Kuhlmann, Grayden,

Wendling, Schiff, 2015)는 간질 발작 연구에 대한 비선형동역학의 응용에 이러한 약점이 있다고 주장했다.

글래스와 맥키(Glass & Mackey, 1988)는 주로 심장의 전기와 자극에 대한 동물 모형, 역동적인 활동을 생산과 복원, 심장학 응용에까지 초점을 맞추었다(12장 참조). 그리고 레너츠와 쿨만이 강조한 뇌의 전기 및 화학적 자극에 대한 비교 가능한 모형은 상대적으로 덜 연구되었다. 비선형동역학은 지난 150년 동안 수학 및 물리 과학 분야에서 발전해왔다. 그럼에도 불구하고 1970년대와 1980년대 말까지 의학에서의 비선형동역학 연구가 시작되지 않았다는 점을 생각해보면, 동물과 인간의 연구에 적용된 모형 개발은 더욱 느리게 진행되었고, 이러한 모형들은 건강연구에는 거의 응용되지 않았음을 알 수 있다. 스케치 모형은 개발되었지만 물리 과학에서의 상당한 성과를 감안하면 건강에 대한 이러한 접근법과 의학의 역할을 확장할 수 있는 기본 및 응용 연구는 분명히 더 필요하다(Wolfram, 2002).

분자 의학의 관점에서 앨드리지, 가뎃, 루펜버거와 조르거(Aldridge, Gaudet, Lauffenburger & Sorger, 2011)는 그들은 종양 괴사 인자(TNF) – 관련 세포자멸 유도 리간드(즉, TRAIL)와 같은 세포 외 전세포자멸 단백질과 관련하여 다양한 세포 내 전세포자멸(즉, 세포사멸) 카스페이스(caspase)[1] 단백질의 효과를 조사 하였다. 그들은 잠재적 세포사멸 세포가 유형 1 또는 유형 2의 경로를 따르는지 여부를 연구하기 위해 종양 괴사 인자–관련 세포자멸 유도 리간드/카스페이스 수준의 비율에 대한 위상공간 분석을 사용했다. 그들은 단백질 수준의 작은 변화가 시험관 세포에 대한 발산 궤적의 λ 측정에 근거하여 유형 2에 대한 비율이 높고 유형 1에 대한 비율이 낮다는 것을 발견했다. 이 비교는 2개의 독립적 변수의 다양한 수준에 기초한 예후 변수(예: 세포 사망 유형)의 통계적 회귀 측정과 매우 유사하며, λ는 경쟁적 독립변수의 영향 사이의 대각선 균등 균형에서 벗어난 궤적의 편차 측정이다. 앨드리지 외 연구진과 그와 같은 많은 다른 연구들은 전체 시스템 단계 관점에서 주어진 결과에 대한 이산 분자 효과를 조사할 기회를 제공한다. 이러한 접근은 수십 년 동안 축적된 연구 문헌에서 세포와 생화학 과정의 선형 분석에 약간의 수정만 하면 된다. 이러한 연구 중 상당수는 여전히 시험관 또는 세포 배양 표면의 다양한 환경

---

1 카스페이스: 시스테인 프로테이스(Cysteine protease)의 한 종류로 세포사멸, 괴사, 염증 반응에서 중요한 역할을 하는 효소.

에 잠재적으로 영향을 받을 수 있는 시험관 내에서 이루어지므로 분자와 세포가 생체 내에서 어떻게 작용하는지 정확하게 보여주지 않을 수 있다. 분자 세포 생물학은 이러한 접근방식으로 발전할 수 있으며, 건강연구는 현실적인 유전 정보, 생리 및 행태 시스템 연구의 결합과 함께 이 접근방식을 따르기 시작해야 한다. 생태학은 전통적으로 시스템 관점을 사용했다. 팔크, 비에른스타, 스텐스(Falck, Bjørnstad & Stenseth, 1995a)는 컴퓨터를 이용하여 터친(Turchin, 1993)에 의해 수집된 자료로부터 8개의 북극 설치류 종에 대한 개체수의 위도 차이를 모형화했다. 배로곶(Point Barrow) 서식지(71°N)를 제외하고 더 북쪽의 종은 71~68°N까지 약간 지배적인 음의 (1차) 리아푸노프 지수를 가졌다. 68~64°N 사이에 서식하는 설치류 종은 양의 λ 값이 1보다 작았으며 반면에 더 남쪽 종(56~38°N)은 음의 λ 값을 보였고 3개의 종 서식지는 $\lambda < -1$을 보였다. 팔크 등은 설치류 종의 개체수에 대한 전북극계 위도 차이가 카오스는 아니지만($\lambda < 3$), 비선형적 차이가 남부와 북부 개체수 사이에 존재한다는 결론을 내렸다. 인간 보건의 경우, 다양한 환경(예: 도시, 시골), 사회경제적 상태, 건강 식품, 학교 등과 근접성, 강력 범죄 통계 등의 경사도에 위치한 인구에 대한 지리적 분석은 간단하게 계산된 리아푸노프 성분들을 사용하여 이러한 유형의 비선형 분석을 가능하게 한다. 유전적 관점에서 볼 때, 카발리 스포르차, 메노치, 피아차(Cavalli-Sforza, Menozzi & Piazza, 1994)는 특정한 인구 집단을 대상으로 6번 염색체의 다형성이 높은 지역에서 측정된 유전자형, 특히 인간 백혈구 항원(HLA)/주조직적합성복합체(MHC) 대립 유전자의 자료를 기반으로 전 세계 인간 분포를 본뜨기했다. 그들은 이 유전자 표식이 수천 년의 인류 역사에서 매우 역동적인 현상인 개체군 이동과 인구 이동을 나타낼 수 있다는 것을 발견했다. 운 좋게도 이러한 추론은 특히 HLA/MHC에 대한 유전 자료로부터 도출될 수 있다. 하지만 안타까운 점은 이 방법이 자료 조합과 자료 수집 절차를 체계화하여 반복적인 측정을 통한 시계열 자료를 사용하지 못하는 방법이라는 것이다. 보편적으로 이용하는 지리 정보 시스템도 환경에 의해 영향을 받는 복잡한 인간 건강상태의 분석에서 큰 가치를 가질 수 있다.

팔크, 비에른스타, 스텐스(Falck, Bjørnstad, Stenseth, 1995b)는 북극의 종들에 대한 더 상세한 연구를 제공하고 북쪽 종에 대한 혼돈의 변동을 유지하는 두 번째 연구에 대한 응답으로 리아푸노프 지수의 편향 추정치를 조사하여 북쪽과 남쪽의 분포는 다르지만 혼돈이 아니라는 결론을 내렸다. 특정한 생물체/환경(즉, 흐름) 내 종 분포 및 인구 이동의 안정성은 생태 연구와 깊은 관련이 있으며 팔크 등이 사용한 컴퓨터 시뮬레이션과 결합된 실제 자료에 대한 비교 접근법은 매우 중요하다(1995a, 1995b). 그뿐만 아니라 다른 연구자들(예: van der Vaart, Verbrugge, & Hemelrijk, 2012에 의해 연구되고 모형화된 미국 어치 동작)은 모형을 검증하는 강력한 접근법을 보여준다. 헤멜리크와 쿤즈(Hemelrijk & Kunz, 2004), 레이드, 힐덴브란트, 패딩, 헤멜리크(Reid, Hildenbrandt, Padding, Hemelrijk, 2012)는 물고기 떼의 움직임을 모형화하기 위해 비선형 유체역학, 3차원 본뜨기, 기본 행태 및 물리적 원리를 적용했다.

유체 흐름에 대한 집단 운동의 이러한 새로운 분석 외에도 종 분포에 대한 비선형동역학의 적용은 생태학의 주요 적용 분야이다. 9장에서 설명하였듯이, 베닌카, 발렌타인, 엘너, 휘스먼(Beninca, Ballantine, Ellner, Huisman, 2015)은 조간대 종의 계절 동역학을 모형화하여 λ가 양일 때, 가끔 발생하는 불안정성과 함께 $\lambda \sim 0$ 주위에서 약간의 변화가 있는 약 2년의 정주기를 발견했다. 이 분석은 역동적으로 변하는 해양 환경에서 경쟁하는 종에 초점을 맞추었지만 시간 경과에 따른 종의 개체군 크기, 즉 4차원에서의 유체 흐름의 적용을 볼 수도 있다. 다코스 등(Dakos et al., 2009)은 매년 플랑크톤 종은 정기적인 계절에 따라 순환하지만 종의 종류의 연속성은 1년에서 다음 1년 사이에 불규칙하다는 점을 지적했다. 게다가 이 불규칙한 승계에 대한 외부 환경의 영향은 미미한 것처럼 보였다. 저자들은 양의 λ에 기초한 불규칙성을 '카오스'라고 불렀지만, 주기 배수와 다른 분기점이 $\lambda > 3$일 때까지 카오스로 간주되지 않는 변화된 주기성을 생성하는 경향이 있음을 알고 있다. 계절적 변화에 따른 종 다양성의 변화는 놀랄 만한 일이 아니며, 다코스 외 연구진은 매년 일어나는 인구 역학의 변화와 종 간의 경쟁으로 인한 불규칙한 계승의 결과로 설명할 수 있다고 간주한다. 다른 측정되지 않은 요소들 또한 확실히 포함될 수 있다.

4 응용 보건 연구 사례

저체중 출산은 너무 어린 산모 연령, 낮은 사회경제적 지위, 낮은 교육 정도, 물질 사용/남용 등 많은 사회경제적 변수와 관련 있는 중요한 공중보건 문제를 나타낸다. 카운티 건강순위(위스콘신 대학교 인구보건연구소 및 로버트우드존슨 재단, www.countyhealthrankings.org)를 사용하여 저체중 출생 아기의 카운티 수준 백분율에 대한 비선형 리아푸노프 지수 계산 및 지리적 분석을 했다. 카운티 건강순위는 카운티 보건부, 미국 센서스국, 질병통제예방센터(CDC), 국가보건통계청, 만성병예방센터, 메디케이드서비스센터(CMS), 전국교육통계센터, 다트머스 건강관리지도 등에서 수집한 데이터를 종합한 것이다(Hollar, 2015 참조).

연간 자료는 2010년부터 2017년까지 다양한 건강 변수들에 대해 조사를 진행하여 각 미국 내 카운티 순위의 알고리즘 구성과 함께 총 3221개의 미국 카운티에 제공된다. 자료는 해당 주 또는 미국 전역에서 엑셀 형식으로 다운로드 할 수 있다. 따라서 이 예에서 분석 단위는 개인이 아닌 미국 카운티(즉, 총집계 자료)이며 연구 중인 변수는 저체중 출생아의 원 백분율을 생성하기 위해 각 카운티의 출생으로 계산된 원시 자료이다. 카운티 건강순위는 잠재적으로 편향된 표본으로 제한되는데, 이는 자료를 보고하는 카운티 보건 부서의 임무가 전반적으로는 모든 시민들의 건강을 개선하는 것이지만 대체로 빈곤층을 담당하기 때문이다. 반면에 출생에 대한 자료는 미국 인구조사에서 나온 것이다. 또한 출생 체중은 신생아 선별 검사 및 출생 증명서 자료 출처에서 신뢰할 수 있는 척도이며, 출산 전 산모의 재태 연령 예측의 신뢰성이 떨어지는 것과는 반대이다(Wilcox, 2001).

[그림 12-2]는 2012, 2013, 2014년 동안 저체중 출생아에 대한 자료를 완성한 총 3135 미국 카운티 단위 중 20개를 보여주는 엑셀시트의 스크린샷이다. 처음 3개의 열(열 A-C: 2012%LBW, 2013%LBW 및 2014%LBW)은 3년 동안 각 카운티의 백분율을 표시한다. 다음 단계는 [식 12-2]에 따라 각 카운티의 저체중 출생아의 비율 변화에 대한 리아푸노프 지수 λ를 구하는 것이다. 먼저 2012년부터 2013년(Column D: Diff(t_2-t_1))까지의 저체중 출생아의 차등 백분률과 각 C에서 B, B에서 A열을 단순히 빼서 2013년과 2014년(Column E: Diff(t_3-t_2)) 사이의 등가 차를 계산한다. 그런 다음, 열 E를 열 D로 나누어서 시간 2 와 시간 1 차등(열 F) 비율을 [식 12-2]에 따라 구한다. 열 G는 열 F에 표시된 $t_2/$

t_1 비율 값의 절댓값이다. 이 계산은 열 F의 자연로그를 계산하기 위해 필요하며, 따라서 열 H에 사용되는 리아푸노프 지수 λ를 산출한다. 이 매개변수는 계산에 대한 스케일링 계수 1/t를 무시한다. 또한 분모에서 t1이 0이면 일부 열 F 값이 계산되지 않는다. 그 결과, n=3221 카운티 중 n=2229만이 이 엑셀 스프레드시트 접근방식을 사용하여 λ 추정치를 산출했다.

푸앙카레 되돌이 사상, 또는 위상응답 곡선을 생성하는 소프트웨어 프로그램은 λ의 보다 정확한 추정치를 생성하며, 고유값이라고도 하는 자코비안 행렬 특성 지수를 계산하여 제로 분모 문제를 해결한다. 이 예에서 제공한 것과 같은 자료의 λ 비교를 탐색하는 역학자를 위해 엑셀 접근법은 스프레드 시트로 계산하기 쉬운 대략적인 추정치를 제공한다.

[그림 12–2]를 해석하면서, 음 또는 양의 리아푸노프 지수 λ는 반드시 분석되는 건강 상태의 개선에 해당하지 않는다는 점에 유의해야 한다. $\lambda < 0$은 중심점을 향한 끌어당김 현상으로 간주하는 반면, $\lambda \sim 0$은 주기적 행태의 상대적 주기성에 대한 안정성을 나타내며, $\lambda > 0$은 주기 2배 또는 4배로의 분기를 나타내고, $\lambda > 3$은 일반적으로 주기적 행태(예: 카오스)에서 예측할 수 없음을 의미한다는 점을 기억하자.

	H10			f_x =LN($G10)					
	A	B	C	D	E	F	G	H
1	2012%LBW	2013%LBW	2014%LBW	Diff(t2-t1)	Diff(t3-t2)	Ratio	Absolute Value	LN
2	9.7	9.4	9.3	-0.3	-0.1	0.333333333	0.333333333	-1.098612289
3	9	8.8	8.9	-0.2	0.1	-0.5	0.5	-0.693147181
4	10	11.9	12.7	1.9	0.8	0.421052632	0.421052632	-0.864997437
5	7.5	7.6	7.7	0.1	0.1	1	1	8.88178E-15
6	13.7	14.1	13.7	0.4	-0.4	-1	1	0
7	9	9.2	9	0.2	-0.2	-1	1	0
8	11.1	11.4	11.7	0.3	0.3	1	1	-5.88418E-15
9	9	9.3	8.9	0.3	-0.4	-1.333333333	1.333333333	0.287682072
10	11	10.8	11.6	-0.2	0.8	-4	4	1.386294361
11	11.8	12.2	12.9	0.4	0.7	1.75	1.75	0.559615788
12	9.3	10.9	10.7	1.6	-0.2	-0.125	0.125	-2.079441542
13	8.3	7.9	8.5	-0.4	0.6	-1.5	1.5	0.405465108
14	9.1	9.2	8.9	0.1	-0.3	-3	3	1.098612289
15	11.3	11	10.2	-0.3	-0.8	2.666666667	2.666666667	0.980829253
16	11.1	11.7	12.4	0.6	0.7	1.166666667	1.166666667	0.15415068
17	9.3	9.6	9.5	0.3	-0.1	-0.333333333	0.333333333	-1.098612289
18	9.9	9.7	8.9	-0.2	-0.8	4	4	1.386294361
19	8.7	8.4	8.5	-0.3	0.1	-0.333333333	0.333333333	-1.098612289
20	9.1	9	8.8	-0.1	-0.2	2	2	0.693147181
21	9	9.1	8.9	0.1	-0.2	-2	2	0.693147181

[그림 12-2] 표시된 3141개 미국 카운티 단위(20개 카운티)의 가변 저출산 체중아(δt$_{n-1}$: t$_1$=2012, δt$_n$: t$_2$=2013–t$_3$=2014) 에 대해 리아푸노프 지수 λ를 계산하는 엑셀 스프레드시트의 스크린샷. 마지막 열(LN)은 [식 11–2]에서 1/t을 뺀 값이다 (County Health Rankings, 2012–2014).

첫째, 우리는 측정된 행태가 바람직한지 또는 바람직하지 않은지를 고려할 필요가 있다. 저출생 체중은 분명히 유아 건강에 바람직하지 않다. 예를 들어, [그림 12–2]의 3행에 있는 두 번째 카운티는 2012년에서 2013년 사이에 −0.2의 차이를 보였다(열 D). 이는 바람직한 감소이다. 그러나 같은 카운티는 2013년에서 2014년 사이에 +0.1의 긍정적인 차이를 보였다(열 E). 이는 작년의 감소에 따른 저체중 출산의 바람직하지 않은 증가이다. [식 12–2]에 대해 λ를 계산하기 위해 절댓값을 취하는 것은(그림 11–2, 열 F–H) 감소 또는 증가의 영향을 제거한다. 이 카운티의 경우 $\lambda=-0.693$으로, 이는 이 카운티가 저체중 위상 공간의 끝개 지점을 향해 소용돌이치면서 향하는 것처럼 보인다는 것을 의미하는데, 이것은 이 카운티의 보건정책 전문가들은 안정 회복($\lambda\sim0$)을 위해 다루고자 하는 것이다. 따라서 보건 연구자 및 보건정책 입안자는 시간 경과에 따른 차별적인 변화(긍정적 또는 부정적)의 추세를 고려한 다음 변화의 안정성을 동시에 조사해야 한다.

9번 열의 8번 카운티를 보면 2012년부터 2013년까지 0.3의 양의 차이가 있었으며(그림 12–2, 열 D), 이는 저체중 출산의 바람직하지 않은 증가이다. 그러나 같은 카운티는 2013년에서 2014년 사이에 0.4의 음의 차이를 보였다(열 E). 이는 전년도 감소에 따른 저체중 출산의 매우 바람직한 증가이다. 그러나 $\lambda=0.288$로, 저체중 출산에 대한 분기를 2배로 늘리는 퍼텐셜 기간에 대한 안정성으로부터 반발력을 나타낸다. 카운티는 분명히 2012년에서 2014년으로의 실질적인 변화를 경험했다. 이는 분명히 긍정적인 개선이었지만, 그럼에도 불구하고 불안정하다. 비선형 관점에서 예측할 수 없는 방식으로 갑작스럽게 이동하면 극단적인 이동이 번거로울 수 있다. '건강인 2020' 목표와 일치하는 모든 카운티의 목표는 지속적으로 저체중 출산의 백분율을 줄이는 것이다. 그러면 이후의 시간차를 비교할 때 일관성을 나타내는 $\lambda\sim0$을 비교할 수 있다.

동시에 $\lambda\sim0$으로 시간이 지남에 따라 일관되게 저체중 출산이 악화될 수 있다. 8번 열의 카운티 7(2번 열이 카운티 1)은 각 시점에서 0.3의 백분율 증가와 일치하여 λ값은 0에서 15번째 아래 소수점까지 발생한다. 11번 열의 카운티 10은 저체중 출산을 $\lambda=0.560$으로 증가시키고 있다. 전반적인 추세를 더 잘 느끼고 측정 중인 변수의 증가 또는 감소에 기여했을 수 있는 개입이나 사건을 조사하기 위해서는 나중에 t_3(2014–2013), t_4(2015–2014) 등의 다른 사항들이 더 필요하다. 따라서 우리는 λ와 각 시점에 대한 변화의 차이 방향이라는 두 가지 통계가 필요하다. 또한 저체중 출생 백분율, 비만 성인 백분율, 십대 출생률, 아동 사망률, 흡연자 비율 등 시스템을 평가할 수 있는 차원과 시간을 위상적으로 생각할 필요가 있다.

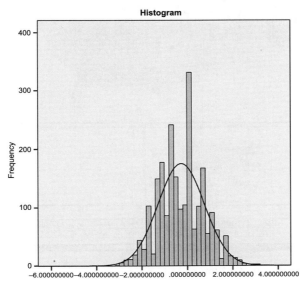

[그림 12-3] 그림 12-2에서 계산 가능한 n = 3141 카운티 리아푸노프 지수 중 n = 2229의 막대 그래프. 평균 λ=−0.2628±1.017이며 최댓값은 3.570이고 최솟값은 −4.060이다. 분포는 대략 λ~−0.288의 중간값을 가지는 정규성 (가우시안)에 접근하며, 약간의 음의 왜도를 보인다.

[그림 12–3]은 λ가 계산될 수 있는 2229개 카운티의 리아푸노프 지수 분포에 대한 히스토그램을 보여준다. 분포는 대략 가우시안(즉, 정규분포)이며 0의 모드를 가진다. 모든 지수의 평균은 λ=0.2628 +/− 1.017이고, 최댓값은 3.570이며 최솟값은 −4.060이다. 모든 지수의 중간 50%는 ~ 1.064 & lt; λ < 0.405에 속한다. 카운티는 저체중과 관련하여 상대적인 안정성에 압도적으로 가깝다. 이는 분명히 주의 깊은 관찰이 필요한 주요 공중보건 문제이다.

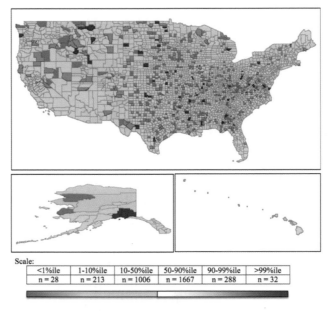

Scale:					
<1%ile	1-10%ile	10-50%ile	50-90%ile	90-99%ile	>99%ile
n = 28	n = 213	n = 1006	n = 1667	n = 288	n = 32

[그림 12-4] 지형 공간 분포 높은 양성(진한 빨간색) 대 낮은 음성(진한 파란색) 전체 데이터를 보유한 미국 내 카운티 n = 3141의 n = 2229에 대한 저체중 출산 리아푸노프 지수(2012-2014). (County Health Rankings에서 얻은 데이터와 프리웨어 GeoDa를 사용하여 본뜨기한 자료로 https://spatial.uchicago.edu/software에서 사용할 수 있다.)

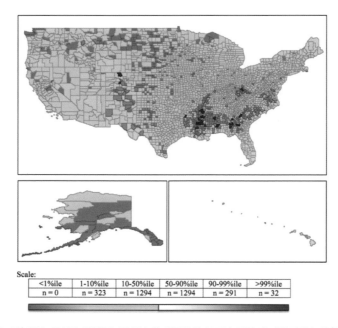

Scale:					
<1%ile	1-10%ile	10-50%ile	50-90%ile	90-99%ile	>99%ile
n = 0	n = 323	n = 1294	n = 1294	n = 291	n = 32

[그림 12-5] 그림 12-4의 2012-2014년 리아푸노프 지수와 비교하여 2015년 미국 내 카운티당 높은(진한 빨간색) 대 낮은 (진한 파란색) 저체중 출산 백분율의 지형 분포. (County Health Rankings에서 얻은 자료와 프리웨어 GeoDa를 사용 하여 본뜨기한 자료로 https://spatial.uchicago.edu/software에서 사용할 수 있다.)

지리 공간적 관점에서, 우리는 2012년에서 2014년까지의 n=2229 카운티 저체중 출생아 λ를 [그림 12-4]에 본뜨기하고 2015년에 지리적 패턴을 저체중 출생 백분률의 원시 값과 비교했다(그림 12-5). [그림 12-4]에서 본뜨기된 카운티는 높은 양의 λ를 가진 카운티(진한 빨간색으로 표시)가 흩어져 일반적으로 연속적이지 않기 때문에 전체적인 패턴을 나타내지 않는다. 이 발견은 지리와 관계없는 것으로 보이는 매개변수인 카운티의 안정성 변화 측정을 반영한다. 그러나 저체중 출생 통계(그림 12-5)를 보면 미국 남동부, 특히 미시시피 강 시골 애팔래치아(Appalachia)에서 높은 저체중 출생 백분율(그림 12-4와 관련 없음)의 지리적 군집화가 명확하게 나타난다. 대서양 연안 평야, 모든 지역은 사회경제적 격차에 영향을 받아서 산모, 어린이 및 기타 건강 관리에 대한 접근성이 낮아 출산에 부정적인 영향을 미친다.

5 요약

리아푸노프 지수 λ는 시스템의 비선형 행태에서 안정되거나 불안정한 변화의 척도를 나타낸다. 츠비타노비치 등(Cvitanovic et al., 2004)의 책과 과정(ChaosBook.org), [그림 12-2]는 초보 역학의 출발점이다. 글래스와 맥키(Glass & Mackey, 1988)는 건강과 의학에 관련된 응용을 제공했다. 쥬렉(Zurek, 2002)은 이 과정을 파동함수의 탈결맞음 및 회복된 결맞음과 동시에 동적인 시스템의 팽창과 수축으로 설명했다. 다음 장에서는 희망하는 생리적 상태 및 행태의 안정성을 유지하기 위해 적용된 방법과 안정적이고 바람직하지 않은 시스템을 다른 위상 상태로 점프하는 기전에 대해 살펴볼 것이다. 리아푸노프 지수 λ는 측정된 행태의 일관된 증가 또는 감소, 즉 측정된 현상/시스템의 주기적 순환에 대한 시간 추세와 함께 고려해야 한다.

참고문헌

Aldridge, B. B., Gaudet, S., Lauffenburger, D. A., & Sorger, P. K. (2011). Lyapunov exponents and phase diagrams reveal multi–factorial control over TRAIL–induced apoptosis. *Molecular Systems Biology, 7*, 553. doi:10.1038/msb.2011.85.

Beninca, E., Ballantine, B., Ellner, S. P., & Huisman, J. (2015). Species fluctuations sustained by a cyclic succession at the edge of chaos. *Proceedings of the National Academy of Sciences USA, 112*(20), 6389–6394.

Boas, M. L. (1983). *Mathematical methods in the physical sciences* (2nd ed.). New York: John Wiley & Sons.

Bruijn, S. M., Bregman, D. J., Meijer, O. G., Beek, P. J., & van Dieën, J. H. (2011). The validity of stability measures: A modeling approach. *Journal of Biomechanics, 44*(13), 2401–2408.

Bruijn, S. M., Bregman, D. J., Meijer, O. G., Beek, P. J., & van Dieën, J. H. (2012). Maximum Lyapunov exponents as predictors of global gait stability: A modeling approach. *Medical Engineering Physics, 34*(4), 428–436.

Bruijn, S. M., Meijer, O. G., Beek, P. J., & van Dieën, J. H. (2013). Assessing the stability of human locomotion: A review of current measures. *Journal of the Royal Society Interface, 10*, 20120999. doi:10.1098/rsif.2012.0999.

Cavalli–Sforza, L. L., Menozzi, P., & Piazza, A. (1994). *The history and geography of human genes.* Princeton, NJ: Princeton University Press.

Cvitanovic, P., Artuso, R., Dahlqvist, P., Mainieri, R., Tanner, G., Vattay, G., et al. (2004). Chaos: Classical and quantum, version 14.4.1 (April 21, 2013). Retrieved February 1, 2015 at ChaosBook.Org.

Dakos, V., Beninca, E., van Nes, E. H., Philippart, C. J. M., Scheffer, M., & Huisman, J. (2009). Interannual variability in species composition explained as seasonally entrained chaos. *Proceedings of the Royal Society B, 276*, 2871–2880.

Falck, W., Bjørnstad, O. N., & Stenseth, N. C. (1995a). Lyapunov exponent for Holarctic microtine rodents. *Proceedings of the Royal Society of London B, 262*, 363–370.

Falck, W., Bjørnstad, O. N., & Stenseth, N. C. (1995b). Voles and lemmings: Chaos and uncertainty in fluctuating populations. *Proceedings of the Royal Society of London B, 261*, 159–165.

Glass, L., & Mackey, M. C. (1988). *From clocks to chaos: The rhythms of life.* Princeton, NJ: Princeton University Press.

Hemelrijk, C. K., & Kunz, H. (2004). Density distribution and size sorting in fish schools: An individual–based model. *Behavioral Ecology, 16*(1), 178–187.

Hollar, D. (2015). Evaluating the interface of health data and policy: Applications of geospatial analysis to county–level national data. *Children's Health Care, 45*(3), 266–285. http://dx.doi.org/10.1080/02739615.2014.996884.

Kuhlmann, L., Grayden, D. B., Wendling, F., & Schiff, S. J. (2015). The role of multiple–scale modeling of epilepsy in seizure forecasting. *Journal of Clinical Neurophysiology, 32*(3), 220–226.

Lehnertz, K. (2008). Epilepsy and nonlinear dynamics. *Journal of Biological Physics, 34*, 253–266.

Pedhazur, E. J. (1982). *Multiple regression in behavioral research: Explanation and prediction* (2nd ed.). Fort Worth, TX: Harcourt Brace College Publishers.

Reid, D. A. P., Hildenbrandt, H., Padding, J. T., & Hemelrijk, C. K. (2012). Fluid dynamics of moving fish in a two–dimensional multiparticle collision dynamics model. *Physical Review E, 85*, 021901. doi:10.1103/PhysRevE.85.021901.

Reynard, F., Vuadens, P., Deriaz, O., & Terrier, P. (2014). Could local dynamic stability serve as an early predictor of falls in patients with moderate neurological gait disorders? A reliability and comparison study in healthy individuals and in patients with paresis of the lower extremities. *PLoS One, 9*(6), e100550. doi:10.1371/journal.pone.0100550.

Ruelle, D. (1989). *Chaotic evolution and strange attractors*. New York: Cambridge University Press.

Southwell, D. J., Hills, N. F., McLean, L., & Graham, R. B. (2016). The acute effects of targeted abdominal muscle activation training on spine stability and neuromuscular control. *Journal of Neuroengineering and Rehabilitation, 13*, 19. doi:10.1186/s12984–016–0126–9.

Thomas, G. B. (1969). *Calculus and analytic geometry* (4th ed.). Reading, MA: Addison–Wesley.

Tufillaro, N. B., Abbott, T., & Reilly, J. (1992). *An experimental approach to nonlinear dynamics and chaos*. Redwood City, CA: Addison–Wesley.

Turchin, P. (1993). Chaos and stability in rodent population dynamics: Evidence from non–linear time series analysis. *Oikos, 68*, 167–172.

van der Vaart, E., Verbrugge, R., & Hemelrijk, C. K. (2012). Corvid re–caching without ʻtheory of mind': A model. *PLoS One, 7*(3), e32904. doi:10.1371/journal.pone.0032904.

Weisstein, E. W. (2016). Cubic formula. In Wolfram mathworld – a Wolfram web resource. Retrieved January 2, 2017 from http://mathworld.wolfram.com/CubicFormula.html.

Wilcox, A. J. (2001). On the importance—and the unimportance—of birthweight. International *Journal of Epidemiology, 30*, 1233–1241.

Wolfram, S. (2002). *A new kind of science*. Champaign, IL: Wolfram Media.

Zurek, W. H. (2002). Decoherence and the transition from quantum to classical – Revisited. *Los Alamos. Science, 27*, 86–109.

점프 조건들

- **약어**

  NaCl 염화나트륨
  PV=nRT 압력, 부피, 온도에 대한 이상기체 법칙
  R-H 랭킨-위고니오

매 순간은 삶의 위상전이를 나타내는데, 보통 사소한 것임에도 불구하고 신체의 어딘가에서 변화를 유발하는 조건에 민감하게 의존하고 많은 다른 장소에서의 작은 변화를 수반한다. 물론 일반적으로 이전 상태로 정밀하게, 또는 겉으로 보기에는 사소한 변경으로 돌아오는 주기적 현상(예: 화학 및 세포 반응, 일상)이 있다. 그러나 어떤 순간에는 사람의 삶, 행태, 건강, 신체 부위 또는 내부 장기 기능의 궤적을 영구적으로 변경하는 극적인 변화가 필요할 수 있다. 변화의 정도에 따라 때로는 이러한 변화를 스스로에게 가하기도 하지만, 어떤 경우에는 무작위로 발생한 사건 또는 타인의 행동으로 인한 것일 때도 있다. 이런 변경 사항은 점진적으로 또는 급격하게 이루어질 수 있다.

1 급격한 변화

디노플라겔레이트 피스테리아[1]는 비교적 꼭지가 없는 잠복기 낭종에서 탈바꿈하여 몇 분안에 수백 배 크기까지 자랄 수 있다. 건강 및 질병 조건하에서 인간 및 다른 포유류 기관의 실질적인 형태학적 변화가 발생할 수 있음을 나타내는 희소한 연구 문헌이 존재한다. 이러한 모든 변경 사항에는 사건의 유형에 따라 달라지는 다양한 원인 요인에 의해 사건의 임계값을 넘는 급격한 위상변화를 가져오는 유발인자가 포함된다.

샤키 등(Sharkey et al., 2010)과 샤키, 레서, 마론(Sharkey, Lesser, Maron, 2011)은 타코츠보(takotsubo) 심근병증(50세 이상의 여성에게 주로 나타나는 심장 마비와 유사한 급성 질환으로 스트레스가 주요한 원인)에 대해 설명했다. 이 상태에서는 심장이 비정상적으로 변해서 일본에서 문어를 잡는 데 사용하는 통발인 타코츠보와 유사하게 보인다. 연구는 이 상태로 인해 발생할 수 있는 심장 손상의 정도에 대한 연구 결과이다.

이 조건은 스트레스와 내분비계의 역할에 대한 셀리에(Selye, 1950)의 선구자적 연구, 크리스찬(Christian, 1950; 1961)의 부신 스테로이드 호르몬과 과밀 포유류에서의 스트레

---

1 디노플라겔레이트 피스테리아(dinoflagellate Pfisteria)는 식물과 비슷한 해생(海生) 편모충이다. 플랑크톤의 중요한 성분으로, 보통 2개의 편모(flagella)를 가지며, 그중 하나는 몸둘레의 홈에 있고, 다른 하나는 동체의 중앙에서 뻗어 있다.

스 증명, 시먼, 맥윈, 로우 및 싱어(Seeman, McEwen, Rowe & Singer, 2001; 2002)의 부신, 신장 및 심혈관 변수를 포함한 변연 부하(즉, 생리적인 스트레스) 지표의 개발 및 홀라와 루이스(Hollar & Lewis, 2015)의 증명으로 운동 제한이 있는 사람들의 심장 연령이 높아지는 것이 있다. 황 등(Huang et al., 2014)의 연구에 따르면, 신장과 심장 사이의 신경내분비 연결은 개의 신장에서 교감 신경을 제거하면 심실 리듬이 안정화되고 부정맥의 발생이 감소한다는 사실이 밝혀졌다.

따라서 특정 변수를 조작하면 특정 임계점을 통해 정상 동작과 비정상 행태의 위상이 어느 방향으로든 바뀔 수 있다. 우리의 접근방식은 지금까지 생물심리학적 관점에서부터 생물 물리학적 응용에 까지 압도적인 다수의 건강상태를 나타내는 생리적 및 행태적 개입 사이의 사례를 균형 잡기 위한 것이었다. 물론 연구조사에서는 생리적 개입을 보다 강력하게 지지했다. 그럼에도 불구하고 보다 다양하고도 모호한 행태를 보이는 건강상태의 비선형분석에서 미래의 개입을 유도할 수 있는 풍부한 행태적/생태적 문헌이 있다. 분명히 신경학 연구 및 중재와 중복되는 부분이 있지만 복잡한 사회경제적 및 환경적 영향은 연구하고 조작할 수 있는 수준의 복잡성을 제공한다.

2 임계치

염소가 새끼를 낳고 민감한 기간인 1시간 안에 태어난 새끼와 신체적 접촉을 막으면 이후에는 염소가 새끼를 보지 않으려 한다(Klopfer, Adams & Klopfer, 1964). 장기간의 영향은 명확하지는 않지만(Bramson, Lee, Moore, Montgomery & Neish, 2010) 연구 결과를 보면 유아에게 중요한 단기간의 생리적인 효과를 보였으므로 모체의 피부와 신생아의 피부 접촉이 의미가 있는 것으로 보였다. 유명한 조류의 병아리 각인 실험(Lorenz, 1937), 조류의 노래 학습 및 동물 의사소통의 다른 형태(Konishi, Emlen, Ricklefs & Wingfield, 1989; Partan, 2013) 연구에서 비슷하게 민감한 기간 및 기타 임계 효과가 입증되어왔다.

임계 기간과 민감한 조건에 대한 연구는 인간과 동물의 행태에서 수행되었으며, 생애 중 민감도의 새로운 단계를 밝히기 위한 많은 추가 작업이 남아 있다. 주요 영향은 유아 초기와 청소년기에 나타난다. 이제 인간과 다른 동물들의 행태 생리에 있어서 이와 같이 중요한 지점들에 대한 분석으로 옮겨가서, 그들이 어떻게 이 분기점이나 불연속성, 일반적으로 돌이킬 수 없는 과정으로 전이하거나 점프하는지를 살펴보도록 하자.

3 생물 시스템 단계에서의 위상전이

우리가 목격하는 가장 간단한 물리적 위상전이 중 하나는 온도 상승에 따라 물질이 고체에서 액체/기체로 변화하거나 역으로 온도가 감소함에 따라 물질의 상태가 변하는 것이다. 이 현상 뒤에 있는 물리적 원리는 복잡하지만 우리는 이 과정을 당연하게 생각한다. 우리가 이 과정을 떠올릴 때 주로 물을 생각하지만 이러한 과정은 모든 물리적인 물질에서 발생한다. H_2O의 고유한 특성은 대부분의 분자에서 매우 드문 3개 원자의 공유 결합 각도와 다른 분자와의 상호작용에서의 이온화 능력이다. 다른 물 분자와의 비정상적인 수소결합 패턴으로 인해 빙점보다 높을 때 약간 높은 밀도($0°C$ 또는 $273.15K$)를 가진다. 온도가 $0°C$까지 떨어지면 물이 얼고, 온도가 이 지점 위로 올라감에 따라 녹는다. 온도가 $100°C$를 초과하면 끓어서 증발하고, 온도가 이 지점 아래로 떨어지면 액화한다.

분자 수소(H_2)와 같은 단순한 분자와 옥탄(C_8H_{18})과 같은 복잡한 분자, 엽록소 a와 같이 극도로 복잡한 분자, 또는 수백 개의 아미노산을 포함하는 복합 단백질이 있는 수백만 개의 분자가 있다. 이들 분자의 구조적 변형이 존재한다. 환형 벤젠(C_6H_6)의 특성은 시클로헥산(C_6H_{12}) 또는 비교적 선형 헥산(C_6H_{14})의 특성과 극적으로 다르다. 여러 가지 수소의 차이가 다른 구조와 형태를 만든다.

단백질 구조는 매우 복잡하며, 종종 선형 시퀀스를 따라 특정 위치에서 몇 개의 중요한 아미노산에 따라 달라지고, 기질에 올바르게 결합하기 위해 3차원 기능적인 구조로 접히고, 화학적 반응을 유도하기 위해 기질에 효소 활동을 수행한다. 따라서 이전에는 불가능했던 과정에 필요한 활성화 에너지를 낮춘다. 하나의 아미노산을 변경시키는 단일 돌연변이는 단백질의 적절한 기능에 필요한 3차원 다기관 구조를 크게 바꿀 수 있다. 이것은 많은 유전적 및 대사적 상태(예: 겸상 적혈구 헤모글로빈, 페닐케톤뇨증 등)에서 발생하며 때로는 중증의 장애와 현저한 수명의 단축을 초래한다. 다른 것들은 통제될 수 있다. 그럼에도 불구하고 건강이 잘못될 수 있는 수많은 상황이 생길 수 있다. 이러한 상황은 탄력성 있는 생리현상이 누적된 경로 변경과 관련한 피해를 따라잡을 수 없을 때 노화와 함께 궁극적으로 발생한다. 우리가 스스로 생성할 수 없는 비타민 C를 얻기 위해 과일과 녹색 채소를 섭취하면 아무런 영향이 없겠지만, 그렇지 않으면 모든 인간은 효소 L-굴로노락톤 산화효소(L-gulonolactone oxidase)를 암호화하는 유전자의 치명적인 돌연변이에 대해 동형 접합체이다(Hollar, 2012; Nishikimi et al., 1994). 100개의 유전자 중 비정상적인 대립유전자를 가질 확률은 1% 미만이고 인간은 유전 정보당 약 2만 5000~3만 개의 기능 유전자를 가지고 있다고 추정된다(Eckhardt, 2001; Williams, 1956). 그러한 미세한 효과의 잠재성에는 인체의 1×10^{15} 세포의 메틸화 및 아세틸화 유전자 조절 변화를 유발하는 더욱 영향력 있는 심리적, 환경적 스트레스 요인조차도 포함되지 않는다(Hollar, 2017).

아이겐(Eigen, 2002)은 분자 변화와 진화에 대한 그의 다양한 변이형(quasispecies) 모형의 연장으로 세포 내에서의 바이러스 복제와 관련하여 위상전이에 대해 논의했다. 아이겐은 세포 내에서 수천 개의 비리온(virion)을 복제하는 과정에 대한 자연선택에서 변이를 도입하여 액체/증기 전환 중에 일어나는 것과 유사한 밀도 변동이 파괴된 세포, 또는 돌연변이 바이러스의 과다 경쟁에 의한 바이러스 복제 주기의 붕괴로부터 바이러스의 성공적인 폭발에 대한 전이(즉, 임계혼탁)를 일으킬 수 있다고 주장했다.

그는 이러한 관찰의 결과로 바이러스 감염과의 전쟁에서 돌연변이의 도입이 효과적인 의학적 전략이 될 수 있다고 제안했다. 가장 중요한 것은 아이겐(p. 13374)이 다양한 변이형을 '자연선택을 나타내는 위상전이에서 기인하는 응축된 돌연변이 분포'의 정보 집단으로 묘사했으며 '그 시스템 하나의(즉, 가장 큰) 고유치에 의해 결정된다'고 했다. 달리 말하면 다양한 바이러스, 세포, 동물, 정보 등의 복제 시스템은 리아푸노프 지수(고유값)를 통해 측정할 수 있는 위상전이점을 기하급수적으로 재현하여 특정 돌연변이 유형의 생존으로 이동하게 된다.

마찬가지로 코작과 벤함(Kozak & Benham, 1974)은 온도, 압력 및 다른 환경 인자(예: 방사선, 다른 분자)가 기능적 2차원 단백질의 수소결합에 영향을 주어, 분리되어 더 이상 기능을 하지 못하게 하는 리만-휴고닐 파국에 대한 단백질의 변성을 모형화했다. 파괴적인 에이전트는 분기 지점과 유사하고 리아푸노프 지수로 표시되는 임계점에서 위상이동을 유발한다. 그들의 모형은 톰(Thom, 1972)의 파국이론에서 크게 차용한 것으로, 아이겐의 주장과 거의 일치한다. 그는 초기의 아이겐과 슈스터(Eigen & Schuster, 1979)에서 생화학 진화의 하이퍼사이클 모형을 구축했다. 우리가 아래의 '점프 조건들'을 검토할 때 코작과 벤함의 모형을 다시 알아볼 것이다.

뼈의 재형성(Eriksen, Axelrod, Melsen, 1994)과 같은 생리적인 과정도 연속 동적 과정이다. 포유동물의 골격에서 파골 세포를 파괴하는 보체 집합과 골생성 세포를 분비하는 골모세포는 하루에 ~40mm의 뼈를 재생하는 뼈 재형성 단위를 자르고 재구성한다. 이것은 상당량의 조직 교체를 나타낸다. 많은 변수가 각각 부갑상선 호르몬 길항제인 칼시토닌(calcitonin)과 부갑상선 호르몬의 활동을 포함하여 골 파괴 또는 뼈 형성에 기여한다. 또한 지용성 비타민 A, D, E, K뿐만 아니라 칼슘과 인에 함유된 미네랄 형태의 영양은 운동과 비타민 D의 피부 생성을 위한 햇빛 노출과 함께 필수적이다. 다른 호르몬은 납작뼈의 골수 내에서 혈액 세포 생산을 통제하는 것을 포함하며, 질병, 유전 상태 및 나이에 따른 영양소의 흡수 불량은 궁극적으로 뼈 재형성의 붕괴 및 골절의 가능성 증가로 이어진다.

따라서 모든 수준의 생물학적 복잡성에서 볼 때, 우리는 다른 시스템에 영향을 주는 시스템과 이러한 시스템 내에 영향을 미치는 변수를 가지고 있다. 위상전이는 연속적으로 발생하며 일반적으로 안정성을 가져오지만 노화와 질병에 따라 불안정해진다. 조직에 축적된 손상, 특히 사후 유사 분열을 일으킨 성인 조직은 브렁크와 터먼(Brunk & Terman, 2002)에 의해 노화 과정의 뚜렷한 특징으로 기록되었다. 아이겐의 정보에 기반한 다양한 변이형 모형은 열역학 엔트로피(리아푸노프 지수)와 톰의 파국이론에 기인한 건강 생리 및 행태의 기하급수적인 성장/붕괴와 직접 관련이 있다. 아이겐이 이러한 과정과 임계혼탁 위상전이를 비교한 것과 마찬가지로, 렌과 라그(Lesne & Lague, 2012)는 노벨상 수상자인 피에르 퀴리(Pierre Curie)의 자기장 동적 성질이 움직이는 유체의 밀도와 압력에 대한 물리적인 행태와 일치한다는 것을 증명했다.

4 위상전이

물에 대한 예시로 돌아가보자. 고체와 액체 사이의 위상전이는 0°C에서 일어나고, 액체와 기체 사이의 위상전이는 100°C에서 일어난다. 이상기체법칙에 따라 PV=nRT, 압력 P, 온도 T, 부피 V는 물질의 위상전이점에 기여한다.

[그림 13–1]은 온도와 압력 사이의 상호작용의 경계를 따라 3단계로 구분된 물에 대한 압력–온도 변화를 보여준다.

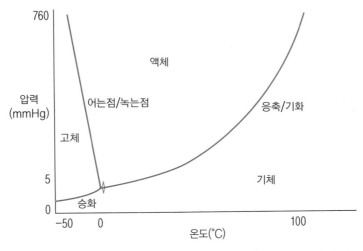

[그림 13–1] 물에 대한 표준 3점 위상전이 편차. 3상이 모두 공존하는 이 독특한 물질의 3중점은 P = 4.56 mmHg에서 T = 0.01°C이다(비교 가능한 논의와 예시는 Masterton& Slowinski, 1977, pp. 270–278; Spencer, Bodner & Rickard, 2008, pp. 320–327 참조).

각 경계 곡선 다음에, 증가하는 압력은 기체가 액체 응축 또는 기체–고체 승화와 관련된 온도 곡선의 증가를 완화하면서 낮은 온도로 액체의 전이를 유도할 수 있다. 3상이 모두 공존하는 삼중점은 물에 대해 4.56mmHg의 압력에서 0.01°C이다. 이 시점에서 온도와 압력 모두에 대한 증가, 감소는 물을 3가지 상태 중 하나로 전환시킨다. 삼중점에서 세 단계가 함께 존재한다는 점에 유의해야 한다. 그러나 물의 임계점은 위상들이 사라지는 온도 및 압력, 분쇄 압력 165,680mmHg(즉, 해수면에서 1기압 760mmHg에서 218기압) 및 374°C이다. 임계점에서 임계혼탁은 액체도 기체도 아닌, 위상전환 없이 하나가 될 수 있는 초임계 액체에 대한 압력과 체적이 증가함에 따라 반데르발스 등온의 변곡점과 함께 발생한다.[2]

삼중점, 빙점 및 끓는점과 마찬가지로 각 분자의 특성에 따라 이러한 위상전이가

. . . .

2 이상기체의 분자들은 서로 상호작용을 하지 않고 크기를 거의 무시할 수 있는 입자로 가정하였다. 그러나 실제로 기체를 구성하는 분자는 반데르발스 힘(van der Waals' force)이라고 하는 특별한 형태의 전기적인 인력을 서로 가진다. 이 힘은 비교적 가까운 거리에서 크게 나타나고 거리가 멀어짐에 따라 급격하게 줄어든다.

발생하는 온도와 압력이 결정된다. 또한 물에 NaCl을 첨가하면 동결 융점이 낮아지고 비점이 높아지므로 다른 물질에 의한 오염 물질의 순도를 조정할 뿐만 아니라 이러한 전이점을 변경하는 압력을 조정할 수 있다. 물의 삼중점은 4.56mmHg의 압력에서 0.01°C이지만, 탄소의 삼중점은 76,015mmHg의 압력에서 4491.85°C이다. 물의 임계점은 165,680mmHg와 374°C이지만 벤젠의 임계점은 36,480mmHg와 289°C이다. 수은의 경우 1476.9°C와 1,307,200mmHg(또는 1720기압)이다. 헬륨의 경우 267.96°C와 1702.4mmHg(또는 2.24기압)이다. 임계점에서 압력이 더 증가함에도 불구하고 액체 상태는 존재할 수 없다. 또한 물에 대한 [그림 13-1]은 액체 상태의 물이 얼음 상태의 물보다 밀도가 높기 때문에 압력에 따라 어는점/녹는점이 감소함을 보여준다. 대부분의 물질의 경우 이 관계가 반대이다.

그러므로 조건의 변화는 환경 변수와 함께 물질 특성의 영향에 의존한다. 건강도 이와 같은 경우로, 우리는 계속해서 물의 위상전이와 비교할 것이다. [그림 13-2]는 한 위상에서 다음 위상으로 물을 이동시키기 위해 필요한 열 에너지를 보여준다. 빙점 이하에서 물 분자의 분자 운동을 증가시키는 데 필요한 비열(증가된 온도)은 0.49칼로리/g°C이다. 어는점 및 끓는점 사이에서 열 요구량은 1.00칼로리/g°C로 증가하고 비등보다 높은 경우 열 요구량은 0.44칼로리/g°C로 되돌아간다. 그러나 가장 눈에 띄는 두 전이점은 어는점과 끓는점이다. 어는점의 물을 고체에서 액체 상태로 옮기는 데는 물 1g당 80칼로리가 필요하다. 이것은 위상전이점 사이에서 물을 따뜻하게 하는 데 필요한 것보다 훨씬 크다. 끓는점에서는 물 1g당 더 많은 열이 필요하며, 액체인 물을 기체의 위상으로 이동시키는 데에는 끓는점에서 물 1g당 540칼로리가 필요하다. 그러나 이러한 위상전이점에서 온도는 모든 분자를 다음 상태로 완전히 변환하기에 충분한 열 에너지가 적용될 때까지 일정하게 유지된다. 마찬가지로, 온도가 떨어지면 분자가 모두 낮은 단계로 변환될 때까지 분자가 등가의 열 에너지를 방출하면서 일정하게 유지된다.

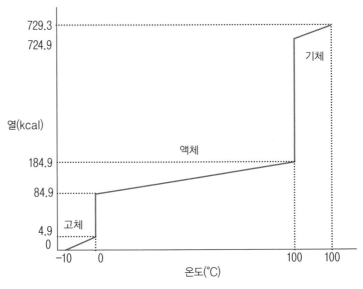

[그림 13-2] 1g의 고체 상태인 얼음을 액체 상태의 물로 바꾸기 위한 열(즉, 엔트로피)의 양, 또는 반대로 기체 상태의 물을 액체 상태와 고체 상태로 냉각하는 동안 방출되는 열의 양. 어는점과 끓는점에서 온도를 증가시키지 않으면서 더 큰 에너지를 가지는 다음 단계로 전환시키기 위해서는 상당한 양의 열 에너지가 필요하다. 위상전이 사이에는 더 적은 에너지가 필요하다.

디랙(Dirac, 1958)은 전이점에서 위상전이 동안 일정한 온도에서 일어나는 엄청난 엔탈피(열) 변화에 관한 에너지 또는 정보의 양이 지수함수로 변하는 것을 지적했다. 지수 변화는 전이점 양쪽에서 발생한다(그림 13-3). 두 위상 상태 사이의 불연속에 대한 간단한 방정식은 다음과 같다.

$$\delta(x) = +\infty, \quad x = 0$$
$$0, \qquad x \neq 0 \qquad\qquad\qquad\text{[식 13-1]}$$

이 현상은 전이점에서 이러한 시스템의 에너지/정보 구성 요소가 급격히 증가함에 따라 모든 전환에 직접 관련된다. 니콜리스와 프리고진(Nicolis & Prigogine, 1981)은 가역성/비가역성에 대한 연구와 평형상태가 아닌 중요한 지점 근처에서의 구조 생성에 있어 그 중요성을 지적했다. 톰(Thom, 1972)은 초파리의 파국 모형에서 이 현상을 관찰했다. 이 현상은 한 유체 흐름이 반대 흐름이나 움직일 수 없는 물체와 충돌할 때 발생한다. 예를 들어, 물을 거슬러 움직이는 선박의 장(곡선), 태양계 태양풍 가장자리의 에너지 장벽에 도달하는 보이저 2호의 장(곡선) 충격, 마하 1의 음향 장벽을 가로지르는 항공기, 단일 번개 전기의 아래쪽 음전하 및 위쪽 양전하 끝의 접촉, 모든 폭발 파형, 해변에서 충돌하는 파도, RR Lyrae 유형의 변광성 맥동, 그리고 발사 때의 제트기나 우주선이 대기를 통해 음속 장벽을 뚫을 때 관찰된 Prandtl-Glauert 특이점(마하 각도에 대한 그림 13-4)(Oertel, 2010; Richardson, Kasper, Wang, Belcher & Lazarus, 2008; Uman & Krider, 1989; Wallerstein & Elgar, 1992)이 있다.

아이겐과 슈스터(Eigen & Schuster, 1979)는 또한 음향의 장벽에 대한 접근에서 분명하게 드러나는 에너지 전환의 과장도(hyperbolicity)에 주목했다(그림 13-4). 오에르텔(Oertel, 2010)은 심실 수축 유체역학 동안의 충격 특이성 위상변화를 제트 날개 주위의 공기 흐름 및 소용돌이와 관련시켰다.

[그림 13-4]는 궤적 변화와 양의 리아푸노프 지수(그림 2-6, 그림 11-2)의 특징인 타원체의 팽창을 역으로 나타낸다. 비행기/우주선이 가속 제트력이나 로켓의 힘을 중심으로 폭발하는 임계점을 향해 더 빠르게 움직이면, 비행선 주변의 흐름은 초기에 쌍곡선, 그 다음 포물선, 타원형, 그 다음에는 임계점 쪽으로 더 작고 그에 수반하는 소닉붐을 동반한다. 리아푸노프 지수 λ(12장)에 대한 논의에서 흐름이 임계점에서 수렴함에 따라 결맞음 길이는 증가하고, 궤적 경로의 차가 임계점에서 0에 근접할 때 리아푸노프 지수는 감소하고 디랙 델타 함수는 급격히 증가한다(그림 13-3). 마하 충격은 압력 P_2, 밀도 ρ_2 및 온도 T_2를 갖는 전진하는 외란 파면이 압력 P_1, 밀도 ρ_1, 온도 T_1를 갖는 충격 전의 방해받지 않은 영역과 교차하는 전진 표준 충격파(그림 13-5)로 기술될 수 있다. 위상변화는 이 두 영역의 교차점에서 발생한다.

앞에서 언급했듯이, 코작과 벤함은 단백질이 리만-위고니오 파국으로 변화된 것을 묘사했다(그림 13-6). 두 단계 사이의 점프 조건(높은 에너지 대 낮은 에너지)은 물 또는 벤젠의 위상전이와 매우 비슷하다.

고에너지 상태에서 저에너지 상태로의 붕괴는 에너지의 방출로 대격변(예를 들어, 인구 붕괴, 전자의 낮은 에너지 단계로의 이동)을 나타낸다. 대안으로, 더 낮은 에너지 위상에 에너지 또는 정보가 제공되어 시스템을 보다 안정적으로 구동하고 유지할 수 있으며, 아마도 레이저가 전자를 보다 높은 에너지 단계로 상승시키는 것과 같이 주위 환경과의 안정한 공진 상태에 있을 수 있다.

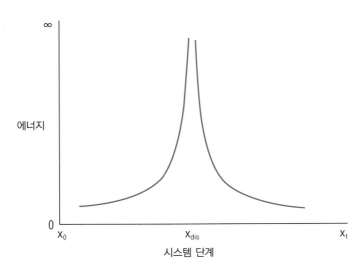

[그림 13-3] 양자 시스템의 디랙 델타 함수

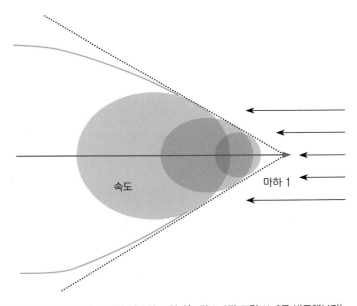

[그림 13-4] 제트기가 마하 1 전이 임계 지점에 접근하고 있다(그림 2-6과 그림 11-2를 비교해보라).

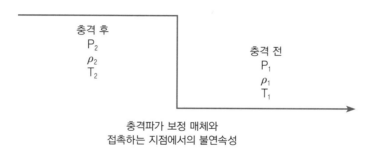

충격 후
P_2
ρ_2
T_2

충격 전
P_1
ρ_1
T_1

충격파가 보정 매체와
접촉하는 지점에서의 불연속성

[그림 13-5] 충격 전 '보정' 매체를 연속으로 접할 때 이동 충격파의 불연속 위상전환(그림 13-4와 비교해보라).

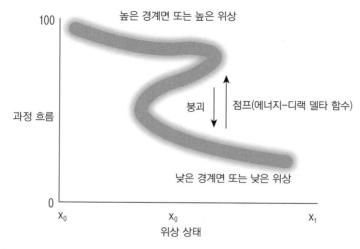

높은 경계면 또는 높은 위상

100

과정 흐름

붕괴   점프(에너지-디랙 델타 함수)

낮은 경계면 또는 낮은 위상

0

x_0 x_0 x_t

위상 상태

[그림 13-6] 디랙 델타 함수와 결합된 리만–위고니오 파국. 전환 시 점프하는 데 필요한 에너지는 수직 화살표로 표시된다.

이 후자의 상황은 점프 조건을 나타낸다. 디랙 델타 함수 불연속 점프는 에너지 장벽을 가로지르는 대칭 파단을 나타낸다. 이 단절이 발생하면 일관성이 감소하고 리아푸노프 지수가 증가하며 하나의 리아푸노프 지수 λ가 각 전이 지점의 점프 또는 하나의 위상과 다른 위상 사이의 분기점과 관련된다. 프리고진(Prigogine, 2002, p. 299)은 시스템 간의 공명이나 상관관계(즉, 상호작용)의 존재가 그러한 사건에 대한 수학적 설명을 위한 무결점을 방지하며, '큰 용적 제한으로 인해 비적분성이 발생한다'고 언급했다. 이것은 정확히 전이점과 디랙 델타 함수에서 발생한다. 프리고진은 상관관계가 없는 적분 가능한 시스템은 정적인 반면 상호작용/공명은 동적인 행태와 정렬된 구조의 생성을 초래한다고 말한다. 따라서 우리는 위상전이에 대한 임계점 근처에 있으며, 새로운 구조와 공정이 형성되는 디랙 한계에서 절대 0이 아닌 $\lambda \sim 0$을 볼 수 있다.

건강궤적의 관점에서 우리는 비정상적인 생리적/행태 단계 상태를 정상으로 변경하는 점프 조건에 진지하게 관심이 있다. 위의 논의에서 점프는 환자의 다양한 조건을 고려하여 신중하게 연구하고 구현한 표준 의료 개입(예: 전기, 약제)이 된다. 이 장의 나머지 부분에서는 건강상태를 어떤 상태에서 다른 단계의 상태로 이동시키는 점프 조건을 검토한다. 앞서의 논의는 매우 기초적인 물리학의 기본 원리지만, 공중보건의 관점에서는 물리 화학에 상당한 중점을 둔 것이다. 그럼에도 불구하고 우리는 물리 및 행태과학의 여러 영역에서 위상변화 과정의 보편성을 보여주었다. 모든 변화에는 디랙 장벽을 가로지르는 이와 같은 점프 또는 전환이 포함된다. 하일리(Hiley, 2012)가 강조한 과거의 한 파장이 미래의 또 다른 파장을 만나는 것과 같은 양자와 고전 시스템의 개념처럼, 사건은 고전적인 단계와 양자 단계 모두에서 발생한다. 역학 분석의 다음 단계는 위상공간에서 변수와 결과 간의 관계를 식별하여 각 기여도의 민감한 영향이 단계적 건강상태에서 바람직한 이동에 기여하도록 하는 것이다.

5 랭킨–위고니오 점프(Rankine–Hugoniot jump)

유체 및 균등한 고체 충격 역학의 표준 모형은 랭킨–위고니오 점프(또는 R–H Jump) 조건이며, 1800년대 후반의 윌리엄 랭킨(William John Macquorn Rankine)과 피에르 앙리 위고니오(Pierre Henri Hugoniot)로부터 유래했다(Rankine, 1870; Hugoniot, 1887 참조). 점프 조건은 전진 파면이 다른 파면을 대체하는 두 시스템 간의 위상 접점에서 중요한 지점이다(그림 12–5). 리만–위고니오(Riemann–Hugoniot) 파국의 최대 위상과 최소 위상 사이의 에너지 갭을 나타낸다(그림 12–6, Kozak & Benham, 1974). 전진 충격파 u_2와 수신 충격전파 조건 u_1에 대해 극도로 작은 조건 u_j가 존재한다(Field, Walley, Proud, Goldrein & Siviour, 2004; Kerley, 2006; Salas, 2007).

$$u_1 \mathrm{d}x_j/\mathrm{d}t - u_2 \mathrm{d}x_j/\mathrm{d}t + \int_{x_1}^{x_j} u_j \mathrm{d}x + \int_{x_j}^{x_2} u_j \mathrm{d}x = -f(u)_{x_1}]^{x_2} \qquad \text{[식 13–2]}$$

여기서는 u_j를 통한 전환을 보여준다. 흥미롭게도 이 방정식은 모든 가능한 경로에 대해 상태 a에서 b까지의 파인만의 적분 K와 일치한다(Feynman & Hibbs, 1965, p. 38).

$$K(b, a) \quad = \quad \int_{-\infty}^{+\infty} \int_{-\infty}^{+\infty} K(b, c) K(c, a) \, dx_c dx_a \qquad \text{[식 13-3]}$$

여기서 c는 주어진 전환의 중간 상태이고 a와 b 사이의 시공간 거리이다. 또한 K(c, a)는 a와 중간 c 사이의 모든 가능한 경로의 핵심을 나타내며, K(b, c)는 중간 c와 최종 상태 b 사이의 모든 가능한 경로의 후속 합을 나타낸다. 다시 충격파 진행으로 돌아가보면, 사후 충격 및 사전 충격 위상전이 교차점(그림 13-5)으로 압력/밀도 P/ρ 속 위고니오(Shock Hugoniot)는 다음과 같이 유도된다(De Nittis & Moro, 2012).

$$[\gamma/(\gamma - 1)] \, (P_2/\rho_2 - P_1/\rho_1) = 0.5(P_2 - P_1)(1/\rho_1 + 1/\rho_2) \qquad \text{[식 13-4]}$$

여기서 γ는 기체의 특정 열의 비율을 나타낸다. 속 위고니오는 [그림 13-2]의 전이 지점과 같이 일정 온도의 상전이 임계점에서의 압력 및 밀도 관계를 설명한다. 전이점에 대한 측정값을 리아푸노프 지수로 정의했으므로 다음 단계는 의료 환경의 전환에서 점프 조건을 만드는 방법을 설명하는 것이다.

6 임계혼탁

프리고진(Prigogine, 2002)은 분자, 세포, 조직, 유기체와 같은 평형이 아닌 구조의 존재를 위해 시스템에서 대칭의 파괴가 필요하다고 주장했다. 전술한 바와 같이, 대칭 분할은 시스템을 한 단계에서 다른 단계로 이동시키는 것을 포함하며, 특히 위상 간의 임계점 부근의 변동이 있는 경우에 그렇다. 알버트 아인슈타인(Albert Einstein, 1905)과 마리안 스몰

루호프스키(Marian Smoluchowski, 1906)는 브라운 운동[3]에 대한 그들의 독창적인 연구에서 이러한 변동을 기술했다. 그들은 압력과 온도하에서 임계 위상전이점 부근에서 요동이 발생한다는 것을 보여주었는데, 이것이 임계 유백광 현상[4](Gopal, 2000 참조)이다. 위상변화는 물질을 통과하는 빛의 산란이 너무 커서 모든 주파수가 존재하므로 이러한 추가 특성이 부여된다. 커민스와 스위니(Cummins & Swinney, 1966)는 시스템이 임계점에 접근할 때 디랙 델타 함수와 마찬가지로 차동 광선 산란 현상이 무한대에 가까워짐을 강조하면서 임계점 부근의 위상 변동에 대한 에너지 필요를 조사했다.

아인슈타인(Einstein, 1907)과 디바이(Debye, 1912)는 결정성 고체에서 고조파 진동의 양자 이론을 사용하여 임계점 변동에 대한 이 연구를 확장하였다. 최근 데이비스, 데메트리우스, 투진스키(Davies, Demetrius, Tuszynski, 2012)는 암세포와 노화를 설명할 수 있는 분자 불안정성으로 분자 상호작용을 진동시키는 대사 에너지 E_n의 관계를 주장하는 아인슈타인 방정식 중 하나를 사용했다. 그들은 구체적으로 한 인간(약 1×10^{15}개의 세포)에서 모든 미토콘드리아(세포 당 평균 약 3000개)와 관련된 에너지 분자의 수는 너무 많아서 신진대사가 양자 과정으로 간주될 수 있다고 하였다. 이 유도 사슬의 가능한 파급 효과는 인간의 건강과 질병, 특히 암과 같은 질병의 생화학적 변화를 가져오는 분자 수준에서의 위상전이의 발생이다(Hollar, 2016 참조).

분자의 무작위 운동과 빛 에너지의 산란에서 임계혼탁은 무생물과 생명 시스템 및 양자 모두에서 위상전환 과정의 보편성에 대한 하나의 예를 나타낸다. 이 과정에 대한 수학적 설명은 시스템 사이의 리아푸노프 지수, 위상응답 곡선 및 결맞음 길이로 다시 돌아간다. 이 개념은 이전 장의 궤적분석에 대한 설명에 포함되어 있다. 프리고진과 그의 동료들은 이러한 시스템 변화에 대한 실질적인 설명을 개발했는데, 그중 가장 주목할 만한 것은 시스템 변화의 비가역성에 대한 것이다. 그럼에도 불구하고 우리는 궤적의 다양성과 위상의 이동을 측정하고 조정할 수 있다는 것을 알고 있다.

우리에게 모든 시스템을 수정할 만한 정확한 정보는 없지만, 비선형동역학을 건강에

• • • • • • • • • • • • • •

3 브라운 운동: 액체나 기체 속의 미소입자들이 불규칙하게 운동하고 있는 현상으로 1827년 로버트 브라운이 발견하였다.

4 유백광 현상: 빛이 반사될 때 짧은 파장의 빛이 산란되면 푸른색을 띠는 것으로 보이고, 투과되면 오렌지색을 띠는 것으로 보이는 현상.

새롭게 응용하는 것은 건강과 의학의 큰 발전을 가져올 수 있을 것이다. 이전 장에서 우리는 행태적, 생리적으로 건강 개선과 기능 수준 향상을 위한 핵심 접근법에 대해 논의했다. 이는 (a) 시스템을 뛰어넘는 것(1단계 전환 대신 0단계, 11장 참조), 또는 (b) 시스템의 궤적을 강화하기 위해 지정된 과정에 추진력을 중첩시키는 것이다. 모든 경우에 에너지와 종적 지지가 필요하다. 많은 상황에서 그 효능에 대한 압도적인 증거에도 불구하고 우리의 건강 시스템은 '빠른 해결책'에 너무 자주 의존한다.

7 건강궤적에서의 점프

캐스트너(Kastner, 2007)는 전이점에서 디랙 델타 함수의 수수께끼를 더 강조했다. 또한 '위상변화는 위상전환이 일어나는 데 필요한 조건'이라고 이 장의 앞부분에서 언급했듯이 폭발/폭파는 위상전이의 예이며 방해가 매체를 통해 전달되기 때문에(그림 13-5), 파동이 진행됨에 따라 움직이는 임계점을 가진 차가운 매체를 이동시키는 연속적인 구동 파면이 있다.

폭파 유사성과 관련이 있는 것은 유압 점프이다. 이러한 점프를 시각화하려면 수도꼭지에서 싱크대의 평평한 표면(물이 빠지지 않는)으로 물이 쏟아지는 것을 상상해보자. 물이 흐르는 속도와 부피(즉, 힘)에 따라 물은 평평한 표면에 부딪치고 초기 충돌 지점으로부터 일정 거리 r_j의 원형의 고조된 파동의 고점을 형성한다. r_j 값은 점프 반지름이다. 카시모프(Kasimov, 2008)는 r_j를 계산하는 수학적 접근법을 설명했다. 이 접근법은 저수지, 댐, 하천의 유체역학뿐만 아니라 동맥 혈류와 같은 생물학적 시스템에서도 통계적으로 중요한 역할을 한다. 나머지 조건은 14장에서 다룰 것이다. 유압 점프 파형의 고점에서의 위상전이의 힘은 [그림 13-5]의 충격파와 마찬가지로 유체 속도, 압력 및 밀도를 비롯한 여러 요인에 따라 달라진다.

카시모프(Kasimov, 2008)는 유체가 점성을 띠면 위상변화가 약하다는 연구 결과를 발표했다. 즉, 유체의 점도가 높으면 유동 저항과 관련이 있다. 카시모프(p. 195)는 부시, 아스토프, 호솔(Bush, Aristoff, & Hosol, 2006) 의 발견을 언급했다. 그것은 계면활성제(예: 세제)의 첨가가 시스템과 위상이 평평한 파형에서 상승한 파형의 고점으로 이동하는 것을 안정시키는 것이었다. 건강의 관점에서 볼 때, 가장 일반적인 예로는 폐의 계면활성제가 있다. 폐 계면활성제의 지질과 단백질은 폐포 세포의 표면 장력을 감소시키는 소수성/친수성 층을 생성하며, 신체 세포에서 이산화탄소를 배출하여 대기 산소와 질소 흡수의 위상전이에 보다 효과적으로 관여할 수 있다. 특정 나이와 조건(예: 폐기종)을 가진 폐의 계면활성제 생산 감소는 박테리아의 성장을 촉진시키고, 생존에 필요한 가스교환을 불안정하게 만들고, 폐기능을 저하시킨다. 이로 인해 노인들과 특정 건강상태의 영아들에게 치명적인 패혈증을 일으킬 수 있다.

수압 점프를 통해 위상전이를 가능하게 하여 가스 교환을 할 수 있도록 하는 폐 계면활성제의 직접적인 생리적인 이점은 명백하다. 또한 시스템의 안정성과 궤적 변화에 보편적으로 필요한 물리적 원리를 엿볼 수 있다. 장애(disturbance)는 부드럽거나 카오스일 수 있다. 따라서 건강개입을 제공하는 데는 전환 과정에서 안정성을 창출하는 요소가 포함되어야 한다. 이러한 부드러운 과정은 외부 환경뿐만 아니라 내부 구동력으로부터 저항 없이 유지될 수 있는 큰 파면의 고점을 가진 유형 0의 위상이동을 가능하게 한다. [그림 13-6]에서 점프는 전형적으로 더 낮은 경계에서 좀 더 에너지가 많은 상부 경계로 이어진다. 그렇지 않으면 에너지 손실과 함께 바람직하지 못한 시스템 붕괴가 발생한다. 그러므로 건강개입 요인은 개인, 또는 변화를 만들고 유지할 수 있는 조건을 위한 자원과 에너지를 제공해야 한다. 효과적인 의약품 복용량을 생각해보자. 투약량이 너무 낮으면 조건이나 행태를 바람직한 시나리오대로 이동시킬 수 없다. 마찬가지로 투약량이 너무 높으면 세포 내 표적이 되는 유전자나 효소에는 투약량이 맞지 않아 효과가 없을 수 있고, 생화학적으로 연결된 다른 분자나 효소에 의도하지 않은 영향을 미칠 수 있다. 초점은 특정한 유전자, 후성유전자, 생리적, 행태적, 사회적 및 환경적 배경을 지닌 환자를 위한 적절한 투약량을 얻는 데 있다.

따라서 효과적인 유형 0 위상재설정은 각 전환 동안 시스템의 동요가 거의 없이 임계 전이점을 통과해야 한다. 그것은 다음 조건으로의 큰 점프를 용이하게 하는 요인을 사용해야 가능하다. 우리는 시스템을 설명하는 유동 방정식에 대한 자코비안 행렬의 리아푸노프 지수인 변환점을 측정할 수 있다. 다음으로 우리는 이러한 비선형 측정의 원리를 심장학에 적용하려고 한다.

참고문헌

Bramson, L., Lee, J. W., Moore, E., Montgomery, S., & Neish, C. (2010). Effect of early skin–toskin mother–infant contact during the first 3 hours following birth on exclusive breastfeeding during the maternity hospital stay. *Journal of Human Lactation, 26*(2), 130–137.

Brunk, U. T., & Terman, A. (2002). The mitochondrial–lysosomal axis theory of aging: Accumulation of damaged mitochondria as a result of imperfect autophagocytosis. *European Journal of Biochemistry, 269*, 1996–2002.

Bush, J., Aristoff, J., & Hosol, A. (2006). An experimental investigation of the stability of the circular hydraulic jump. *Journal of Fluid Mechanics, 558*, 33–52.

Christian, J. J. (1950). The adreno–pituitary system and population cycles in mammals. *Journal of Mammalogy, 31*, 247–259.

Christian, J. J. (1961). Phenomena associated with population density. *Proceedings of the National Academy of Sciences of the United States of America, 47*(4), 428–449.

Davies, P., Demetrius, L. A., & Tuszynski, J. A. (2012). Implications of quantum metabolism and natural selection for the origin of cancer cells and tumor progression. *AIP Advances, 2*, 011101. http://dx.doi.org/10.1063/1.3697850.

De Nittis, G., & Moro, A. (2012). Thermodynamic phase transitions and shock singularities. *Proceedings of the Royal Society, Series A, 468*, 701–719.

Debye, P. (1912). Zur Theorie der spezifischen Wärmen. *Annalen der Physik, 344*(14), 789–839.

Dirac, P. A. M. (1958). *Principles of quantum mechanics* (4th ed.). Oxford: Clarendon Press.

Eckhardt, R. B. (2001). Genetic research and nutritional individuality. *Journal of Nutrition, 131*, 3365–3395.

Eigen, M. (2002). Error catastrophe and antiviral strategy. *Proceedings of the National Academy of Sciences of the United States of America, 99*(21), 13374–13376.

Eigen, M., & Schuster, P. (1979). *The hypercycle: A principle of natural self organization*. Berlin: Springer.

Einstein, A. (1905). Über die von der molekularkinetischen Theorie der Wärme geforderte Bewegung von in ruhenden Flüssigkeiten suspendierten Teilchen. *Annalen der Physik, 17*, 549–560.

Einstein, A. (1907). Die Plancksche Theorie der Strahlung und die Theorie der spezifischen Wärme. *Annalen der Physik, 327*(1), 180–190.

Eriksen, E. F., Axelrod, D. W., & Melsen, F. (1994). *Bone histomorphometry*. New York: Raven Press.

Feynman, R. P., & Hibbs, A. R. (1965). *Quantum mechanics and path integrals*. New York: McGraw–Hill.

Field, J. E., Walley, S. M., Proud, W. G., Goldrein, H. T., & Siviour, C. R. (2004). Review of experimental techniques for high rate deformation and shock studies. *International Journal of Impact Engineering, 30*, 725–775.

Gopal, E. S. R. (2000). Critical opalescence. *Resonance, 5*(4), 37–45.

Hiley, B. J. (2012). *Process, distinction, groupoids and Clifford algebras: An alternative view of the quantum formalism.* arXiv: 1211.2107v1 [quant–ph] 9 Nov 2012.

Hollar, D. (2012). Genetic and metabolic conditions for children with special health care needs. In D. Hollar (Ed.), *Handbook on children with special health care needs, Chapter 14.* New York: Springer.

Hollar, D. (2016). Lifespan development, instability, and Waddington's epigenetic landscape. In D. Hollar (Ed.), *Epigenetics, the environment, and children's health across lifespans, Chapter 16.* New York: Springer.

Hollar, D. (2017). Biomarkers of chondriome topology and function: Implications for the extension of healthy aging. *Biogerontology, 18*(2), 201–215. doi:10.1007/s10522–016–9673–5.

Hollar, D., & Lewis, J. (2015). Heart age differentials and general cardiovascular risk profiles for persons with varying disabilities: NHANES 2001–2010. *Disability and Health Journal, 8*, 51–60.

Huang, B., Yu, L., He, B., Lu, Z., Wang, S., He, W., et al. (2014). Renal sympathetic denervation modulates ventricular electrophysiology and has a protective effect on ischaemia–induced ventricular arrhythmia. *Experimental Physiology, 99*(11), 1467–1477.

Hugoniot, H. (1887). Me oire sur la propagation des mouvements dans les corps et spe ialement dans les gaz parfaits (premie`re partie). *Journal de l'Éole Polytechnique, 57*, 3–97.

Kasimov, A. R. (2008). A stationary circular hydraulic jump, the limits of its existence and its gas dynamic analogue. *Journal of Fluid Mechanics, 601*, 189–198.

Kastner, M. (2007). *Phase transitions and configuration space topology.* arXiv:cond–mat/0703401v2 [cond–mat.stat–mech] 8 Oct 2007.

Kerley, G. I. (2006). *The linear U_s-u_p relation in shock-wave physics.* Appomatox, VA: Kerley Technical Services. http://kerleytechnical.com/tutorials.htm. Accessed 13 January 2017.

Klopfer, P. H., Adams, D. K., & Klopfer, M. S. (1964). Maternal 'imprinting' in goats. *Proceedings of the National Academy of Sciences of the United States of America, 52*, 911–914.

Konishi, M., Emlen, S. T., Ricklefs, R. E., & Wingfield, J. C. (1989). Contributions of bird studies to biology. *Science, 246*(4929), 465–472.

Kozak, J. J., & Benham, C. J. (1974). Denaturation: An example of a catastrophe. *Proceedings of the National Academy of Sciences of the United States of America, 71*(5), 1977–1981.

Lesne, A., & Laguës, M. (2012). *Scale invariance: From phase transitions to turbulence*. Berlin: Springer.

Lorenz, K. Z. (1937). The companion in the bird's world. *Auk, 54*, 245–273.

Masterton, W. L., & Slowinski, E. J. (1977). *Chemical principles* (4th ed.). Philadephia: W.B. Saunders.

Nicolis, G., & Prigogine, I. (1981). Symmetry breaking and pattern selection in far–from–equilibrium systems. *Proceedings of the National Academy of Sciences of the United States of America, 78*(2), 659–663.

Nishikimi, M., Fukuyama, R., Minoshima, S., Shimizu, N., & Yagi, K. (1994). Cloning and chromosomal mapping of the human nonfunctional gene for L–gulono–y–lactone oxidase, the enzyme for L–ascorbic acid biosynthesis missing in man. *The Journal of Biological Chemistry, 269*(18), 13685–13688.

Oertel, H. (2010). Introduction. In H. Ortel (Ed.), *Prandtl-essentials of fluid mechanics* (pp. 1–13). New York: Springer.

Partan, S. R. (2013). Ten unanswered questions in multimodal communication. *Behavioral Ecology and Sociobiology, 67*, 1523–1539.

Prigogine, I. (2002). Dynamical roots of time symmetry breaking. *Philosophical Transactions of the Royal Society of London Series A, 360*, 299–301.

Rankine, W. J. M. (1870). On the thermodynamic theory of waves of finite longitudinal disturbance. *Philosophical Transactions of the Royal Society of London, 160*, 277–288.

Richardson, J. D., Kasper, J. C., Wang, C., Belcher, J. W., & Lazarus, A. J. (2008). Cool heliosheath plasma and deceleration of the upstream solar wind at the termination shock. *Nature, 464*, 63–66.

Salas, M. D. (2007). The curious events leading to the theory of shock waves. *Shock Waves, 16*(6), 477–487.

Seeman, T. E., McEwen, B. S., Rowe, J. W., & Singer, B. H. (2001). Allostatic load as a marker of cumulative biological risk: MacArthur studies of successful aging. *Proceedings of the National Academy of Sciences of the United States of America, 98*(8), 4770–4775.

Seeman, T. E., Singer, B. H., Ryff, C. D., Love, G. D., & Levy–Storms, L. (2002). Social relationships, gender, and allostatic load across two age cohorts. *Psychosomatic Medicine, 64*, 395–406.

Selye, H. (1950). Stress and the general adaptation syndrome. *British Medical Journal, 1*, 1383–1392. doi:10.1136/bmj.1.4667.1383.

Sharkey, S. W., Lesser, J. R., & Maron, B. J. (2011). Takotsubo (stress) cardiomyopathy. *Circulation, 124*, e460–e462.

Sharkey, S. W., Windenburg, D. C., Lesser, J. R., Maron, M. S., Hauser, R. G., Lesser, J. N., et al. (2010). Natural history and expansive clinical profile of stress (tako–tsubo) cardiomyopathy. *Journal of the American College of Cardiology, 55*, 333–341.

Smoluchowski, M. (1906). Zur kinetischen Theorie der Brownschen Molekularbewegung und der Suspensionen. *Annalen der Physik, 21*, 756–780.

Spencer, J. N., Bodner, G. M., & Rickard, L. H. (2008). *Chemistry: Structure and dynamics* (4th ed.). New York: John Wiley & Sons.

Thom, R. (1972). *Structural stability and morphogenesis: An outline of a general theory of models.* New York: W.A. Benjamin/Westview.

Uman, M. A., & Krider, E. P. (1989). Natural and artificially initiated lightning. *Science, 246*(4929), 457–464.

Wallerstein, G., & Elgar, S. (1992). Shock waves in stellar atmospheres and breaking waves on an ocean beach. *Science, 256*(5063), 1531–1536.

Williams, R. J. (1956). *Biochemical individuality.* New York: John Wiley & Sons.

심장학과 신경과학에 응용

■ 약어

AMP(adenosine monophosphate) 아데노신 일인산
ATP(adenosine triphosphate) 아데노신 삼인산
CPR(cardiopulmonary resuscitation) 심폐소생술
CVA(cerebrovascular accident (stroke)) 뇌졸중
ECG(electrocardiogram (also EKG)) 심전도
EEG(electroencephalogram) 뇌파검사
HRV(heart rate variation) 심박변이도

LVEF(left ventricular ejection fraction) 좌심구혈률
PER2(circadian rhythm enzyme) 피리어드2
RNA(ribonucleic acid) 리보핵산
ROS(reactive oxygen species) 활성산소종
SCN(suprachiasmatic nucleus) 시교차상 핵
VF(ventricular fibrillation) 심실세동
WSS(wall shear stress) 혈관벽 전단 응력

건강과 의학에 대한 궤적분석의 적용은 심장학과 신경과학 실험 분야에서 가장 두드러 졌다. 수십 년에 걸친 심장학 연구는 심박동의 모형화/모의실험, 특히 심실세동 및 부정 맥, 그리고 박동하는 심장근육세포 대한 정상주기의 복원 시도를 포함한다. 이와 유사하 게 신경 활동에 대한 신경학적 연구는 오징어 축색돌기에 대한 호지킨과 헉슬리(Hodgkin & Huxley, 1952)의 유명한 연구에서 동물 및 인간 연구에서의 근육 수축의 전기적 관찰에 이르기까지 배양된 축색돌기에 대한 실험실 연구를 포함하고 있다. 호흡, 배뇨, 출산 중 자 궁 수축 및 생식활동과 관련된 근육 흥분의 관찰뿐만 아니라 식후 혈당 상승에 대한 정상 및 비정상 인슐린 반응에 대한 광범위한 연구를 포함한 여러 내부 장기 시스템의 분석이 수행되었다. 글래스와 맥키(Glass & Mackey, 1988)는 세포, 조직 및 전체 유기체, 사회성 곤충[1] 그리고 심지어는 사교적인 포유동물과 조류들 사이에서도 정상적인 전기 생리적인 및 호르몬 활동의 붕괴로 인한 역동적인 질병에 대한 대담하고 관련성 있는 개념을 발표 했다(Wilson, 1975).

1 생리학에서 비선형동역학의 역사

글래스와 맥키(Glass & Mackey, 1988)는 심장 기능과 심전도에 대한 수많은 동물 연구를 통해 초기 조건에 대한 민감한 의존성과 하나의 주기적인 패턴의 집합에서 변경된 패턴으 로의 위상변화를 설명했다. 이 모형의 중심 특징은 주기성을 이동시키는 교란에 의해 방해 받는 정상적인 주기성을 포함하는 것이다(그림 11-3). 그들은 심전도의 위상변화를 정량화 하고 정규성에서 변이의 위상각을 계산했다(식 11-7, 11-8 및 그림 11-4). 그들은 다음을 보 여주는 위상응답 곡선(그림 11-5, 11-6)의 개발에 중점을 두었다.

 a) 반복적인 주기에서 각각의 후속 위상각을 이전 위상각에 본뜨기(각각 유형 1 및 유형 0 위상이동에 대한 그림 11-5 및 11-6).

---

1 사회성 곤충: 꿀벌이나 개미처럼 여러 개체가 모여서 하나의 큰 사회를 이루고 있는 곤충.

b) 각 위상각 대 각 위상각 연속 쌍에 대한 차상 변화의 후속 본뜨기(그림 10-6). 이것이 진정한 위상응답 곡선이다.

이 두 가지 본뜨기를 통해 연구자는 물론 임상의가 환자 측정의 연속, 원격 또는 종적, 다중 자료의 지점 확인을 통해 시스템의 변경 정도를 평가할 수 있다. 위의 정보는 시스템에 대한 리아푸노프 지수를 계산하는 방법론을 제공함으로써 시스템의 동작에서 불안정성, 안정성 또는 혼란스러운 불확실성 경향을 평가한다. 위의 (b)의 정보를 통해 연구자는 크거나 작은 차이의 변화, 안정성 대 카오스 영역 및 안정성 유지를 위한 시스템 조정 가능성이 있는 대상의 조합을 식별할 수 있다.

이 초기 연구에서 글래스, 나가이, 할, 탈라이치, 나텔(Glass, Nagai, Hall, Talajic & Nattel, 2002)은 부정맥에서 비정상적인 심장 심전도의 동반을 설명했다. 글래스 등의 연구진은 심장학자들이 정맥을 통해 심장 카테터를 심장에 삽입한 다음 간단한 전기자극을 전달하여 특정 주파수로 설정된 전자파 맥동으로 특정 조직 영역을 소작하여 비정상적 리듬을 재설정하여 부정맥을 치료하는 점에 주목했다. 후자의 방법에서 부정맥에 대한 원환체 형의 위상학적 다양체가 파괴된다. 이전 방법의 경우 재발을 방지하기 위해 위상재설정 자극을 '재진입성' 부정맥의 영향을 받는 부위 근처에 배치해야 한다. 글래스 등은 위상 신호 재설정 자극을 모형화했으며, 재설정 자극과 재침입 부정맥 부위 사이의 거리가 클수록 심장 근육의 전기 신호에서 노이즈 간섭이 이상 자극의 재진입을 방해하고 허용할 가능성이 더 높다는 것을 발견했다. 그들은 또한 이러한 생리적 개입을 포함하는 시뮬레이션 및 예측 연구에서 1차원 모형으로부터 2차원 및 3차원 모형으로 이동하는 중요성에 대해 논의했으며, 특히 이러한 과정을 시각화해서 제공할 수 있는 컴퓨터 프로그램을 널리 보급했다.

이 작업의 대부분은 벨루소프-자보틴스키(Belousov-Zhabotinsky) 반응[2]과 관련된 비주기적이고 혼란스러운 비선형동역학에 대한 윈프리(Winfree, 1972)의 연구에서 시작되었다. 여기에는 여러 물질(예: 브롬산칼륨, 황산세륨, 황산)과 페리 접시 반응이 앞뒤로 순환함

. . . .

2 발견한 과학자 이름을 따서 BZ 반응이라고도 불린다. 브로민산칼륨, 황산세륨, 말론산, 시트르산 그리고 묽은 황산을 혼합하면 용액이 노란색과 무색 사이에서 진동하는 현상을 보인다. 엔트로피는 열역학 제2법칙에 따르면 고립계에서는 항상 증가할 수 밖에 없다. 다시 말하면 화학 반응은 최고의 무질서도를 가지는 하나의 평형점을 찾는 것인데, 이처럼 진동하는 현상은 화학적인 평형 이론과 맞지 않았다.

에 따라 산화 환원 지시약이 시간이 흐르면서 색상이 변한다. 윈프리는 판 표면의 결함뿐 아니라 판 각도의 약간의 변화가 맥박 조정기를 모방한 파동을 생성한다고 언급했다. 윈프리(Winfree, 1983)는 이 현상과 관련된 많은 논문을 발표했으며, 이 결과를 위상반응곡선 본뜨기와 비정상적인 심장박동의 높은 자극/낮은 자극, 유형 0/유형 1의 위상재설정에 적용했다. 이 연구는 다른 많은 연구자들의 연구와 결합하여 살아있는 조직에서의 전기화학적 반응의 복잡한 동역학과 교란된 리듬을 복원할 수 있는 잠재적 중재를 본뜨기하는 수학적 방법론을 확립했다.

글래스의 연구진은 수십 년 동안 비선형, 심부정맥의 수학적 모형화를 연구해왔다. 글래스 등의 관측에 기초하여 실험적 연구에 적용될 때 크로매드슨, 부테라, 에르먼트라우트, 글래스(Krogh-Madsen, Butera, Ermentrout & Glass, 2012)는 이러한 이론적 모형의 몇 가지 문제점을 인용했다.

a) 흔히 주기적인 진동의 정확한 위상을 측정하는 것은 어렵다. 특히 개별 세포에 적용할 때에는 더 그렇다.
b) 유기체의 주기적 시스템(즉, 신경, 심장 및 기타 근육)은 세포막의 이온 교환 과정을 포함하며, 이는 모형화가 어려울 수 있고 비선형적인 관점에서 광범위하게 모형화되지 않은 많은 잠재적 환경 장애로 복잡할 수 있다.
c) 개발된 비선형 모형과 세포가 관여하는 실험실의 실험 모형 결과와는 상당한 차이가 있기 때문에 세포 네트워크 간의 생체 내 상호작용을 고려해도 전체 유기체 내에서 효과를 남기지는 않는다.

이러한 제한에도 불구하고 크로매드슨 등은 약한 연결을 기반으로 하는 위상재설정 모형이 실험적 응용으로 전환될 수 있다고 주장했다. 특히 다른 자극으로 인한 잡음 간섭을 제어할 수 있다면 더욱 그렇다. 또한 유형 1 위상재설정에 대해 유형 0/유형 1 위상재설정 구별을 적용할 수 있다.

이 초기 연구로부터 그레이, 채티파콘, 스위니(Gray, Chattipakorn & Swinney, 2005)는 심실세동이 유발된 돼지 심장의 제세동을 연구했다. 심실세동(ventricular fibrillation, VF)은 세계의 많은 지역에서 주요 사망 원인이다. VF는 막을 가로지르는 이온화의 변화와 심근에 걸쳐 나선파를 촉발하는 기외수축 부위, 잘못된 근육군의 발생에 의한 무질서한 전

266

기 근육 자극으로 유발된다. 나선형 파동은 심장에서 폐와 신체로 혈액을 밀어내는 심실 수축의 정상적인 굴심방결절의 자극을 방해한다.

일반적으로 여러 개의 기외수축 부위가 있으며, 이 부위는 서로 간섭을 일으키지도 않고 정상적인 굴심방굴절과도 간섭을 일으키지 않는다. 그리고 그들은 서로 멈추게 하지도 않는다. 그 결과 심근이 떨리는 증상(즉, 심장 마비)으로 인한 영구적인 심근 손상이 일어나고, 혈액이 산소를 신체 조직에 공급할 수 없게 되어 몇 분 이내에 사망한다. 심폐소생술(CPR)과 심장제세동기, 특히 후자의 사용은 정상 또는 거의 정상적인 심장박동을 회복시키는 데 필요하다.

2 위상재설정

그레이 등(Gray et al., 2005)은 돼지 심장 세동 및 위상재설정의 복원이 위상반응곡선과 본뜨기될 수 있음을 입증했다. 구체적으로는, 제세동 중에 유형 1 위상재설정 대 높은 자극 유형 0 재설정(Glass & Mackey, 1988; 그림 10-5, 그림 10-6)을 시험하여 유형 0 위상재설정이 비교적 정상적인 박동으로의 복원에 더 효과적이라는 것을 발견했다. 크로매드슨 등(Krogh–Madsen et al., 2012), 그레이 등은 p. 4677에서 VF에 대한 위상재설정의 기본 원리는 '특이성을 둘러싼 위상의 연속적인 변화'를 방해함으로써 '재진입 나선형 파'를 멈추는 것이라고 설명했다. 여기서 특이성은 불연속의 원점 또는 임계점을 참조한다(12장의 '전이점' 참조). 그들은 강력한 제세동 자극(즉, 타입 0 위상재설정)만이 심근의 이상 징후 및 재진입의 재발을 막을 수 있다고 결론지었다. 그럼에도 불구하고 그들은 VF의 분석이 기외성 수축과 나선형 파의 자발성으로 인해 어려우며 다양한 환자에게 각각 다를 수 있음을 강조한다. 하지만 여전히 유형 0 위상재설정의 효율성은 명확하게 입증되었다.

그레이 등의 연구는 응용 생리학에서 궤적의 비선형 해석의 적용에 대한 명확한 시연을 나타냈다. 크로매드슨은 이와 같이 부정맥을 치료하는 유형 0으로 되돌리는 심장 카테터 전기 자극이나 심근의 고주파 소작을 통해 심장질환에 대한 개입을 입증했지만, 인간의 생리현상과 건강에까지 이러한 접근 방법을 광범위하게 적용하는 것에는 한계가 있었다. 그래서 비선형동역학의 응용은 심각한 건강상태 개선을 위해 이제야 사용되기 시작했다.

강한 자극(유형 0)과 약한/낮은 자극(유형 1)의 단계 재설정의 동일한 원칙은 생리적인 리듬에서 정상 궤적을 복원하는 중심 접근법을 나타낸다. 다양한 생리적, 행태적 체계 전반에 걸쳐 이러한 접근법을 응용할 수 있는 방법이 분명히 있다. 이는 반드시 전기 자극을 포함하지는 않으며 대신 호르몬이나 약물 투여를 수반한다. 이러한 접근법은 각 조건에 대한 최적의 자극, 부작용의 최소화, 유전적, 후성적 및 기타 생리적 차이에 대한 고려와 환자 안전의 우선 순위를 결정하기 위해 임상시험을 통해 신중하게 연구하고 시험해야 한다. 전자식 심장박동기는 얼 바켄(Earl Bakken)과 팔머 허먼슬리(Palmer Hermundslie)가 설립한 메드트로닉(Medtronic)이 1960년대에 개발했다. 이 장치는 정상적인 박동 패턴을 유지하기 위해 심장 근육에 전기적 자극을 제공한다. 우리의 목표는 건강을 향상시키기 위해 위상변화를 위한 에너지를 제공하는 전자, 화학 또는 행태적 맥박 조정기를 개발하는 것이다.

우마패시, 네어, 마세, 크리슈난, 로저스(Umapathy, Nair, Masse, Krishnan & Rogers, 2010)는 11장에서의 우리 논의와 유사한 심실세동의 위상 본뜨기에 대한 빈틈없는 개요를 제공했다. 그들은 인간 VF가 카오스이고, 로렌츠 카오스 끌개와 매우 유사하다는 것을 보여준다(그림 9-1). 그들이 심장세동 연구를 통해 지적한 관측치 중에는 VF 동안 심외막과 심내막 본뜨기 사이에 상당한 차이가 있었으며, 심근경색을 통해 지속적으로 이동하는 3D 스크롤 파동과 최대 8cm 길이의 제한된 수의 대형 파장의 존재가 있었다.

심근 내 근세포의 위상 안정성은 대략 1개의 굴심방결절의 전기 자극/탈분극 수축 효과하에서의 근세포막을 가로지르는 이온 교환 수축의 수준과 기외수축의 발생에 있다. 다른 세포 유형과 비교해서 근육세포는 가장 높은 수준인 대략 7000개 이상의 미토콘드리아를 가지고 있다. 각 미토콘드리아는 수소 이온을 내부 막으로 보내서 산화성 인산화물을 통해 아데노신 다이인산(ADP)을 에너지 분자 아데노신 삼인산(ATP)에 재활용한다. 미토콘드리아는 감소된 막 투과성, 증가된 산화 능력 및 덜 유리한 라디칼 생산으로 세포질을 가로지르는 긴 사슬로 융합될 때 누적되어 가장 효과적으로 기능한다(Chen & Chan 2004; Hollar 2016; Huang, Galloway, & Yoon 2011, Picard, Shirihai, Gentil, & Burelle 2013).

그러나 에이온 등(Aon et al., 2009)은 신체와 세포가 생리적 및 산화적 스트레스를 받을 때 활성산소종(ROS) 또는 슈퍼 옥사이드와 같은 자유 라디칼이 축적된다고 주장하기 위해 대사성 싱크/블록 모형을 사용했다. 일반적으로 미토콘드리아는 위에서 설명한 수소 이온 펌프와 막전하의 pH 경사로 인해 약 220밀리볼트의 진동 막전하 전위(즉, 양성자 유발 전위차)를 나타낸다. ROS의 축적은 세포막의 양성자 유발력을 무질서한 진동으로 전달하는데, 이는 ATP 상실과 연결된 근육세포의 횡문근 형질막에서 칼륨 채널의 활성화에 의한 것이다. 부가적으로, 오작동하는 미토콘드리아는 최적 기능과 같이 융합되지 않고 세포질을 가로질러 사슬 모양으로 뭉치는 경향이 있다. 연결된 근육세포에 나타나는 에너지 파괴의 연쇄 반응은 심근을 가로질러 연장되며 부정맥의 주요 원인이 될 수 있다 (Aon et al., 2009).

그렇다면 안정적인 심장박동의 붕괴는 분자 수준의 불안정성과 비선형동역학의 노화 및 암 모형과 일치하여 내부 장기에서 분자 수준까지 부분적으로 확장된다(Davies, Demetrius, & Tuszynski, 2012; Hayflick, 2007; Hollar, 2016). 에이온 등의 모형은 카오스의 복합 시스템 접근법(complex systems approach)을 기반으로 하였다. 이 접근법은 소네트 (Sornette, 2000)가 유지하여 왔으며, 조직을 포함한 모든 단계에서의 행태적, 생리적인 모든 것이 강조된 시스템을 반영하고 있어 광범위하다. 에이온 등은 심장의 경우 정상적인 박동에 대해 성공적인 심장 전기 전도를 평가하기 위해 막 이온 채널에 기반한 '안전 요인' 을 유도했다.

사벨리와 로안도(Sabelli & Lawandow, 2010)는 신생아, 성인 및 노인에서 심전도를 측정하고 컴퓨터 모형화된 RR 진폭 고점 및 거리를 측정했다. 그들은 리아푸노프와 다른 지수를 포함하여 심박변이도(heart rate variation, HRV)의 복잡성, 신규성, 다양성 및 인과 관계에 대한 측정을 생성하기 위해 특정 소프트웨어 프로그램을 사용했다. 그들은 새로운 자료를 '무작위로 추출한 자료의 재발률과 원래 자료의 재발률의 비율'이라고 정의했다. 사벨리와 로안도는 심박변이도가 연령에 따른 심장 건강의 예측 인자임을 발견했다. 심박변이도의 복잡성 감소는 심장 건강 감소와 관련이 있다. 가장 중요한 것은 원자료/무작위 자료의 재발 비율로 측정한 심박변이도 고유성은 건강을 나타내는 반면, 일관된 종적 RR 진폭을 갖는 심박동 안정성은 '임박한 사망'의 척도라고 설명했다(p. 404).

만약 이 결과가 정확하다면 사벨리와 로안도의 연구는 합리적인 범위 내에서 심장 상태의 역동적인 변화가 건강한 운동을 위한 바람직한 목표일 수 있음을 나타낸다. 교감 신경과 부교감 신경계의 역할은 스트레스, 조절과 관련하여 작용하며, 심장과 다른 시스템들이 주기적으로 탄력성을 재설정하고 유지하는 데 어려운 경우가 종종 있다. 즉, 변화가 거의 없거나(즉, 상대적 정체) 건강에 해로울 수 있다. 이러한 견해는 개인 맞춤형 건강 프로그램에서의 평생의 건강활동과 건강회복, 부적절한 일상의 개선, 그리고 신체의 성장과 긍정적인 발달과 일치할 것이다.

사벨리와 로안도의 발견은 에이온 등이 평가한 근육세포와 심근의 미토콘드리아와 특정 전기 화학적 사건의 다단계 시스템 역할을 다루지 않으므로 이러한 관점을 고려해야 한다. 페트리와 자오(Petrie & Zhao, 2012)는 심방의 느린 세포막의 이온 재분극과 관련이 있고, 심실세동에 주요한 원인이 되는 심장박동의 불안정성을 포함하는 심각한 조건인 심전도를 연구했다. 각각의 정상적인 심장박동 중 심전도 결절에서의 자극은 심근의 1:1 탈분극 반응을 유발하는 반면, 교대박동에서는 탈분극 동안의 전압 상승이 짧은 값과 긴 값 사이에서 진동하여 비정상적인 2:2 공명 패턴을 생성한다(p. 3653). 그들은 심장의 전기적 자극이 $\lambda \sim -1$ 이하의 값을 갖는 리아푸노프 지수의 사용을 포함하여 심장 교대박동을 예측하기 위해 통계적으로 모형화될 수 있다고 결론지었다. 이 연구들은 우리에게 적용된 심장 내과적 개입에 대한 다양한 수준의 예측과 조기 진단을 가능하게 한다. 이러한 조치의 예측 타당성을 입증하기 위해서는 더 많은 연구가 필요하다. 또한 이론과 모형을 실습에 적용해야 한다.

3 신경과학 모형들

신경과학 모형은 동물 모형에 이어 이론 및 모형 개발의 동일한 패턴을 따랐다. 비선형 심장학 연구가 위에서 설명한 것처럼 내부 장기 수준에서 몇 가지 유망한 예측 측정을 제공했지만, 신경과학 모형은 대부분 세포 수준에서 유지되었다. 호지킨과 헉슬리(Hodgkin & Huxley, 1952)의 축색돌기는 비선형 신경과학 연구에서 지켜온 표준으로 입증되었다.

슐트하이스, 에저턴, 예거(Schultheiss, Edgerton, Jaeger, 2010)와 슐트하이스, 프린츠, 부테르(Schultheiss, Prinz & Buter, 2012)는 관련 신경의 공명을 측정하기 위한 무한 위상반응곡선을 확인했다. 골드버그, 애서튼, 서메이어(Goldberg, Atherton, Surmeier, 2013)는 작은 교란이 신경 발화에 미치는 영향을 모형화하는 데 관한 어려움을 지적했다. 그들은 정상 및 지연 신경 활동에 대한 위상반응곡선을 스펙트럼으로 분석하는 분석모형을 개발했다. 스밀, 에르멘트라우트와 화이트(Smeal, Ermentrout & White, 2010)는 신경 반응을 모형화하기 위한 위상반응곡선의 사용을 지지하는데, 작은 신경망의 모형화에서 이들의 사용을 뒷받침하는 실질적인 증거가 있다(Goel & Ermentrout 2002; Smeal et al. 2010).

심장학과 마찬가지로 생물 시스템의 궤적분석이나 비선형분석이 이론과 실험에 주로 남아 있다. 세포 수를 늘리면 배양된 세포 사이의 전기 활동과 동기화에 있어서 유한하고 작은 외란의 측정이 복잡해질 수 있다는 것은 분명하다. 개인 간의 조직 통신이나 소셜 네트워킹과 같은 크고 고전적인 시스템에서도 네트워크 시스템 분석은 최고의 질적 수준을 유지해왔다. 일부 동적 네트워크 모형은 상태별 유전자의 마이크로어레이 분석에서 유전자 활동(즉, 메신저 RNA 생산)의 상향 및 하향 조정을 위해 개발되었다(고환 조직의 안드로겐 호르몬에 의해 규제되는 381 유전자의 네트워크 분석은 Petrusz, Jeyaraj & Grossman, 2005 참조). 우리 세포의 비선형 모형은 실험실에서 작은 신경 세포와 함께 신경이 수 센티미터에서 심지어 수 미터까지 확장할 수 있는 경우에만 적용될 수 있다. 특히 수백만 개의 중추신경계와 함께 많은 다른 신경과의 잠재적인 가지 축삭 및 수지상 세포 연결이 있다. 인간의 뇌는 수천억 개 이상의 신경으로 연결된 수십조 개의 연결고리로 이루어져 있다.

따라서 세포 군집 또는 작은 네트워크를 가진 신경 모형들은 아마도 교차 자극과 신경에 미치는 다른 환경적 영향의 복잡성을 완전히 측정하지는 못할 것이다. 문제는 복잡성이다. 복잡성은 비선형동역학과 밀접한 관련이 있는 현상으로, 그 자체가 새로운 과학이다. 우리는 신경학을 각각의 신경 내 미토콘드리아와 분자 네트워크 수준으로 가져가서 복잡한 상호작용을 더욱 경이롭게 만들 수 있다. 신경계의 광대함은 한 가지 수준의 복잡성을 나타내지만 이 사실이 심장이 덜 단순하다는 것을 의미하지는 않는다. 전체 심혈관 시스템은 수십만 마일의 혈관을 포함하며, 각각은 매끄러운 근육층과 신경분포를 가지고 있다. 그러나 어느 시점에서는 심장 카테터화 자극이나 부정맥성 심장근육세포의 절제 등 살아있는 유기체를 통해 체외 모형과 실험에서 생체 내의 응용으로 도약해야 한다.

그러한 생리적 개입이 이루어질 수 있는 가장 유망한 분야 중 하나는 24시간 주기의 조작을 포함한다. 이 시스템에 대한 연구에는 빛, 특정 뇌 영역, 생화학/분자 경로가 포함된다. 즉각적인 세포 및 다른 세포가 초기 수용체 세포와 동시적으로 자극된다. 시교차상핵(suprachiasmatic nucleus, SCN)은 2개의 시신경이 중뇌에서 교차하는 시신경 위 시상하부에 위치한 수천 개의 동기화된 신경의 묶음이다. 빛은 눈으로 들어가 수천 개의 망막 신경 끝을 자극한다. 그것은 영상 처리를 위해 후두뇌엽에 있는 수십만 개의 신경이 시각 영역으로 변환된 빛 신호를 전달한다. 시신경 교차 부위의 신호는 다른 신경 경로를 따라 SCN으로 전달된다. SCN 수용체 세포는 멜라놉신을 생산하는 망막 강직세포에 의해 자극되며, 이 수용체들은 신경전달물질 단백질을 세포 외에서 분비하여 세포 내의 주기적인 AMP 생화학 경로를 통해 동기화된 SCN 동심원 세포를 자극한다(Pulivarty et al., 2007).

이 경로에서 가장 중요한 효소들 중 하나는 PER2[3]이다. PER2는 낮 동안에는 활성화되지 않지만 정상적인 일주기 리듬을 동반한다. 야간 중 중요한 시간에 빛이 폭발하면 동심원리 리듬의 감쇠와 결합된 PER2의 생산과 표현이 이루어진다(Pulivarty et al., 2007). 따라서 이 세포/분자 과정은 가벼운 자극에 기초하여 신체 리듬을 유지한다. 가장 중요한 것은 SCN에 동기적으로 진동하는 세포가 자율적이라는 것이다. 그들 각각은 리듬을 유지하고 필요한 신경전달물질과 호르몬을 분비하여 다른 신경과 조직에 영향을 줄 수 있다. 시상하부의 SCN이 너무 많은 생리적인 과정을 조절한다는 점을 감안할 때 이러한 SCN 진동 신경의 동기화는 생리적인 시스템의 비선형분석의 중심이다. 반복된 빛의 폭발은 이후 광범위한 생리적인 효과를 동반한 이상적이거나 변화된 동심원 리듬을 유도할 수 있으며, SCN의 조작은 단계적인 동심원 리듬에 의한 건강과 행태를 개선하기 위한 유망한 개입의 한 분야를 제시한다. 앞서 설명한 동기화된 세포 연구는 주로 이런 생리적 시스템을 대상으로 한다.

브래거, 스토베, 프로서, 글래스(Brager, Stowie, Prosser & Glass, 2013)는 야생형 및 PER2 돌연변이 생쥐를 사용하여 PER2에 의한 활동 및 일주기 리듬 변조에 대한 코카인 및 조명 효과를 연구했다. 이것은 코카인이 SCN을 표적으로 하고 일주기 리듬을 방해한다는 사실을 고려할 때 코카인의 생화학적 효과를 시험하는 것이었다. 그들은 빛이 적절한 위상에서는 생쥐의 2가지 유형 모두(특히 돌연변이에서 더)에서 활동일주기를 지연시킨다는 것을 발견했다. 그러나 코카인 위상은 빛이 있을 때조차도, 활동일주기를 앞당긴다는 것을 발견했다. 따라서 브레거 등(Brager et al., 2013)은 코카인이 PER2 단백질을 통한 SCN 및 24시간 리듬의 위상 파열에 작용한다는 분명한 증거를 제시했다. 초기 연구에서 브래거, 루비, 프로서, 글래스(Brager, Ruby, Prosser, Glass, 2011)는 급성 에탄올 노출이 SCN을 표적으로 하여 일주기 리듬을 교란하고 위상을 이동시켰음을 입증했다.

심전도와 마찬가지로 신경 동역학 연구는 뇌파 및 사건 관련 잠재력을 통한 뇌 활동의 측정을 활용했다. 글래스와 맥키(Glass & Mackey, 1988)는 발작에 대한 뇌파 위상 혼란의

3　PER2(period circadian protein homolog 2): 신체리듬 조절에 관여하는 유전자.

예를 다루었다. 폴, 신하, 파트나크(Paul, Sinha, Patnaik, 2015)는 정상 및 뇌졸중 생쥐 모형에서 EEG 패턴을 조사했는데, 여기서 정상 뇌파에 대한 리아푸노프 지수는 0에 가까운 끌림이나 약간의 안정성에 대해 음의 경향이 있는 반면, 뇌허혈증을 유발한 동물에게는 양의 경향이 있었다는 것을 증명하였다. 그들은 또한 뇌졸중에 대한 위상 상태 파괴의 측정으로서 역결맞음 길이를 입증했다. 인간에 대한 덜 침습적인 접근방식에서 후나토 외(Funato et al., 2016) 연구진은 다양한 장애에 의해 수정된 자세 및 보행 요소의 위상변화를 모형화했다. 비선형 생리적 궤적의 분석은 분자, 세포, 유기체 기능 수준에서 본뜨기될 수 있다.

4 유체역학

비선형 궤적 역학에 대한 우리의 이해가 유체 운동의 연구에서 비롯된 것을 감안할 때, 유망해보이지만 간과할 수 있는 잠재적 연구 영역은 혈류 역학의 범위와 혈관의 기계적 성질, 특히 탄력성에 있다. 심부전이나 중추신경계 장애 이외에도 혈관의 구조적 붕괴나 비효율적인 혈액 역학은 노화와 질병이 있을 때에 추가적으로 생리적인 감소를 보인다. 얇은 벽으로 둘러싸인 가스 교환 모세혈관을 제외하고, 동맥과 정맥에는 주기적으로 수축하고 혈액을 흐르게 하는 평활근 층이 있다. 이는 심장박동 사이의 이완기 혈압으로 감지할 수 있는 현상이다. 각 혈관 층에는 혈액이 움직이는 동안 혈관의 무결성을 유지하기 위해 유연한 탄성을 가진 결합 조직이 있다. 노화와 함께 부드러운 근육이 약해지고 결합 조직의 유연성이 줄어든다. 특정 혈관 속을 빠르게 난류하는 혈액은 혈관을 변경시키게 되고, 혈관의 기능을 더욱 손상시키는 죽상동맥 경화 플라크를 만들거나, 죽상동맥 경화 플라크가 떨어져 나가게 할 수 있다. 혈관 파열(즉, 동맥류)은 모든 혈관에서 발생할 수 있지만, 뇌 또는 관상동맥에 파열이 있을 때 훨씬 더 심각하여 세포에 피가 가지 않고 돌이킬 수 없는 세포 사멸 및 조직 손상을 유발한다. 대동맥 동맥류는 대규모 혈액 손실을 가져올 수 있어 항상 치명적이다.

결과적으로, 혈관 벽의 위상 구조 안정성과 그에 수반되는 혈류 역학은 건강 및 질병에서 이들 조직에 대한 궤적분석의 중요한 영역을 나타낸다. 체외에서 광범위하게 연구되어 왔고 혈류 역학뿐만 아니라 다른 세포 및 생리적 기능에 대한 실질적인 응용이 있는 유체역학에 관한 독창적 연구 중 하나는 레일리–베나드 대류[4]이다. 이 현상은 2개의 회전하는 실린더 사이 유체의 부드러운 난류를 포함하며 단계적 흐름으로 인해 시스템을 가로지르는 열 에너지의 대류를 수반한다. 다른 연구와 마찬가지로 셀, 엠란, 슈마허(Scheel, Emran & Schumacher, 2013)는 유체 운동 점도와 열 에너지 확산 계수의 비율인 프랜틀 수를 기반으로 최적의 유체 흐름 및 열 발산의 수학적 모형을 개발했다. 유체 흐름에 약간의 교란은 궤적을 크게 바꿀 수 있으며, 프랜틀 수는 이러한 시스템을 사용한 유체 흐름 및 열 대류의 선형성/비선형성의 여러 측정 값 중 하나를 나타낸다. 우리가 내부 및 외부 미토콘드리아 막 사이의 분자 및 생물에너지 현상을 생각하든, 또는 지구 표면과 성층권 사이의 대기 흐름을 고려하든지 간에 레일리–베나드 대류를 서로 이동하는 표면 사이의 증기 또는 유체 흐름에 연관시킬 수 있다.

혈관 내 유체 운동과 심장 기능에는 상당한 관심이 집중되어왔다. 스포르차, 풋맨, 세브랄(Sforza, Putman & Cebral, 2009)은 대뇌 허혈이나 뇌졸중(CVA)을 초래하는 대뇌 동맥류를 연구했다. 시간이 지남에 따라 혈액 속도는 혈관 내피에 스트레스와 압박을 가할 수 있는데, 특히 혈관 내벽과 중층의 내피 세포 손실, 탄성 결합 조직의 손상으로 혈관벽 전단 응력(WSS)에 영향을 줄 수 있다. 뇌에서 주목할 만한 지점은 대뇌동맥륜(circle of willis)인데, 여기서 '정상적인 해부학에서의 편차로 인해 압력의 재분배와 분기점에서의 WSS가 증가'(p. 96)한다. 대동맥륜은 특히 나이가 들어감에 따라 뇌 동맥류에 취약하며 약화된 혈관을 파열시킬 수 있는 급격한 신체 활동(잠에서 깨어나면서 갑자기 상승하는 경우에도)으로 인해 압력이 증가한다.

스포르차 등(Sforza et al., 2009, p. 102)의 연구진은 '고유량 혈류역학적 힘'과 약화된 혈관벽(WSS)이 뇌 동맥류의 발생 원인이며, 이는 (뼈와 피부 재형성과 마찬가지로) 혈관의 동적 재형성의 일부로서 내피 세포가 사망(즉, 사멸)하도록 유발하는 질소산화물의 생산량 증가와 결합된다고 강조했다. 진단과 치료를 위한 '특정 환자 전용' 모형을 개발하기 위해서는 3차원 영상이 가장 중요하다고 강조했다.

가립, 램보드, 케라드바, 산, 다비리(Gharib, Rambod, Kheradvar, Sahn, Dabiri, 2006)는

---

4 레일리–베나드(Rayleigh–Bnard) 대류: 자연 대류의 일종으로 아래에서 가열된 유체의 수평 층에서 발생하며, 유체는 베나르 셀로 알려진 대류 세포의 규칙적인 패턴을 나타낸다. 유체에서 흘러가던 열이 대류를 이루고 유체는 다시 육각형 패턴을 나타낸다.

전기 화학적 자극이 아닌 심실 수축 시의 효율적인 혈액 흐름을 통해 심장이 건강한지 확인했다. 건강한 환자 및 심장 환자의 심장 산출물에 대한 가장 광범위한 평가는 좌심구혈률(LVEF) 또는 좌심실 부피이다. 가립 등은(Gharib et al., 2006) LVEF가 선형 유동 모형인 반면, 심실 수축(수축기) 동안 심실을 통과하는 실제 혈류는 높은 유체역학/압력을 갖는 3차원 와류라고 주장했다. 그들은 정상적인 것과 비정상적인 심실 기능을 정확히 예측하는 대체 방법인 와류 형성 시간을 개발하고 검증했다. 와류 형성 시간은 수축 시와 수축 중 궤적의 비선형동역학과 궤적 변화를 고려한다. 그것은 좌심구혈률(LVEF)에 좌심실 이완기 용적, 승모판 지름의 합과 좌심방 수축과 심실 충만으로 인한 좌심실 일회 박출량의 백분율 함수이다.

이 연구들은 매년 암과 다른 대부분의 사망 원인을 합친 것보다 더 많이 사람을 사망하게 만드는 원인인 뇌졸중과 심장 질환의 혈류 역학에서 유체 흐름의 적절한 평가의 중요성을 보여준다. 암과 다른 질병의 예측을 위한 환자 고유의 유전자 모형은 유전공학으로 지지되어왔다. 그러므로 심장 내에서 뇌 혈관계와 유체 흐름에 대한 보다 포괄적인 진단 영상을 제공해야 하며 폐순환, 신장 기능 등에 대한 접근을 확장해야 한다. 정확한 예측을 위한 궤적 이탈 측정을 통해 적절한 진단과 환자별 치료를 강화할 수 있다.

이러한 응용 프로그램은 다른 의료 개입에도 적용할 수 있다. 첸, 크라이더, 브라이먼, 베일리, 마툴라(Chen, Kreider, Brayman, Bailey, Matula, 2011)는 현미경 사진을 통해 초음파와 같은 특정 과정에서 공기 방울을 필요로 한다는 것을 보여주었고, 이후 공기층이 혈액 분출의 변형을 유발하여 파열에 기여할 수 있음을 나타냈다(즉, 동맥류). 토순, 몬토야, 맥페트리지(Tosun, Montoya, McFetridge, 2011)는 조직 이식과 인공물질의 삽입이 혈류 관계의 위상 재형성을 유도할 수 있음을 발견했다. 의학적 치료는 건강을 향상시킬 수 있지만 예기치 못한 생리적 교란을 유발할 수 있다. 이것은 예기치 않은 적신호 사건[5]과 함께 건강 관리에서 이차적인 조건이 나타나는 곳이다. 이는 하나 또는 몇 개의 분자를 표적으로 하는 약물에서 분명히 드러나지만, 그 분자에 대한 작용은 다른 분자에 예기치 않은 영향을 유발할 수 있다. 따라서 약물에는 초기 조건에 민감한 종속성으로 인한 부작용이 있다.

. . . .

5 적신호 사건(sentinel event): 환자 안전과 관련된 사건 중 환자 질병 및 기저질환의 자연 경과와 관련 없이 예상치 못하게 발생하는 사망, 또는 주요 기능의 영구적 손실을 일으킨 사건을 말한다.

참고문헌

Aon, M. A., Cortassa, S., Akar, F. G., Brown, D. A., Zhou, L., & O'Rourke, B. (2009). From mitochondrial dynamics to arrhythmias. *International Journal of Biochemistry and Cell Biology, 41*(10), 1940–1948.

Brager, A. J., Ruby, C. L., Prosser, R. A., & Glass, J. D. (2011). Acute ethanol disrupts photic and serotonergic circadian clock phase–resetting in the mouse. *Alcohol Clinical Experimental Research, 35*(8), 1467–1474.

Brager, A. J., Stowie, A. C., Prosser, R. A., & Glass, J. D. (2013). The mPER2 clock gene modulates cocaine actions in the mouse circadian system. *Behavior Brain Research, 243*, 255–260.

Chen, H., & Chan, D. C. (2004). Mitochondrial dynamics in mammals. Current Topics in *Developmental Biology, 59*, 119–144.

Chen, H., Kreider, W., Brayman, A. A., Bailey, M. R., & Matula, T. J. (2011). Blood vessel deformations on microsecond time scales by ultrasonic cavitation. *Physical Review Letters, 106*(3), 034301. doi:10.1103/PhysRevLett.106.034301.

Davies, P., Demetrius, L. A., & Tuszynski, J. A. (2012). Implications of quantum metabolism and natural selection for the origin of cancer cells and tumor progression. *AIP Advances, 2*, 011101. doi:10.1063/1.3697850.

Funato, T., Yamamoto, Y., Aoi, S., Imai, T., Aoyagi, T., Tomita, N., et al. (2016). Evaluation of the phase–dependent rhythm control of human walking using phase response curves. *PLoS Computational Biology, 12*(5), e1004950. doi:10.1371/journal.pcbi.1004950.

Gharib, M., Rambod, E., Kheradvar, A., Sahn, D. J., & Dabiri, J. O. (2006). Optimal vortex formation as an index of cardiac health. *Proceedings of the National Academy of Sciences USA, 103*(16), 6305–6308.

Glass, L., & Mackey, M. C. (1988). *From clocks to chaos: The rhythms of life*. Princeton, NJ: Princeton University Press.

Glass, L., Nagai, Y., Hall, K., Talajic, M., & Nattel, N. (2002). Predicting the entrainment of reentrant cardiac waves using phase resetting curves. *Physical Review E, 65*, 021908. doi:10.1103/PhysRevE.65.021908.

Goel, P., & Ermentrout, B. (2002). Synchrony, stability, and firing patterns in pulse–coupled oscillators. *Physica D, 163*, 191–216.

Goldberg, J. A., Atherton, J. F., & Surmeier, D. J. (2013). Spectral reconstruction of phase response curves reveals the synchronization properties of mouse globus pallidus neurons. *Journal of Neurophysiology, 110*(10), 2497–2506.

Gray, R. A., Chattipakorn, N., & Swinney, H. L. (2005). Termination of spiral waves during cardiac fibrillation via shock–induced phase resetting. *Proceedings of the National Academy of Sciences, USA, 102*(13), 4672–4677.

Hayflick, L. (2007). Entropy explains aging, genetic determinism explains longevity, and undefined terminology explains misunderstanding both. *PLoS Genetics, 3*(12), 2351–2354.

Hodgkin, A. L., & Huxley, A. F. (1952). A quantitative description of membrane current and its application to conduction and excitation in nerve. *Journal of Physiology, 117*, 500–544.

Hollar, D. (2016). Biomarkers of chondriome topology and function: Implications for the extension of healthy aging. *Biogerontology.* doi:10.1007/s10522–016–9673–5. (online ahead of print).

Huang, P., Galloway, C. A., & Yoon, Y. (2011). Control of mitochondrial morphology through differential interactions of mitochondrial fusion and fission proteins. *PloS One, 6*(5), e20655. doi:10.1371/journal.pone.0020655.

Krogh–Madsen, T., Butera, R., Ermentrout, B., & Glass, L. (2012). Phase resetting neural oscillators: Topological theory versus the real world. In N. W. Schultheiss, A. A. Prinz, & R. J. Butera (Eds.), *Phase response curves in neuroscience: Theory, experiment, and analysis* (pp. 33–51). New York: Springer.

Paul, S., Sinha, T. K., & Patnaik, R. (2015). EEG time series data analysis in focal cerebral ischemic rat model. *International Journal of Biomedical Engineering and Science, 2*(1), 1–10.

Petrie, A., & Zhao, X. (2012). Estimating eigenvalues of dynamical systems from time series with applications to predicting cardiac alternans. *Proceedings of the Royal Society A, 468*, 3649–3666.

Petrusz, P., Jeyaraj, D. A., & Grossman, G. (2005). Microarray analysis of androgen–regulated gene expression in testis: The use of the androgen–binding protein (ABP)–transgenic mouse as a model. *Reproductive Biology and Endocrinology, 3*, 70. doi:10.1186/1477–7827–3–70.

Picard, M., Shirihai, O. S., Gentil, B. J., & Burelle, Y. (2013). Mitochondrial morphology transitions and functions: Implications for retrograde signaling? *American Journal of Physiology: Regulatory, Integrative, and Comparative Physiology, 304*, R393–R406.

Pulivarthy, S. R., Tanaka, N., Welsh, D. K., De Haro, L., Verma, I. M., & Panda, S. (2007). Reciprocity between phase shifts and amplitude changes in the mammalian circadian clock. *Proceedings of the National Academy of Sciences USA, 104*(51), 20356–20361.

Sabelli, H., & Lawandow, A. (2010). Homeobios: The pattern of heartbeats in newborns, adults, and elderly patients. *Nonlinear Dynamics, Psychology, and Life Sciences, 14*(4), 381–410.

Scheel, J.D., Emran, M.S., & Schumacher, J. (2013). *Resolving the fine-scale structure in turbulent Rayleigh-Bénard convection.* arXiv:1311.1526v1 [physics.flu–dyn] 6 Nov 2013.

Schultheiss, N. W., Edgerton, J. R., & Jaeger, D. (2010). Phase response curve analysis of a full morphological globus pallidus neuron model reveals distinct perisomatic and dendritic modes of synaptic integration. *Journal of Neuroscience, 30*(7), 2767–2782.

Schultheiss, N. W., Prinz, A. A., & Butera, R. J. (2012). Phase response curves in neuroscience: *Theory, experiment, and analysis.* New York: Springer.

Sforza, D. M., Putman, C. M., & Cebral, J. R. (2009). Hemodynamics of cerebral aneurysms. *Annual Review of Fluid Mechanics, 41*, 91–107.

Smeal, R. M., Ermentrout, G. B., & White, J. A. (2010). Phase–response curves and synchronized neural networks. *Philosophical Transactions of the Royal Society of London B, 365*, 2407–2422.

Sornette, D. (2000). *Critical phenomena in natural sciences. Chaos, fractals, self organization and disorder: Concepts and tools.* Berlin: Springer.

Tosun, Z., Montoya, C. V., & McFetridge, P. S. (2011). The influence of early phase remodeling events on the biomechanical properties of engineered vascular tissues. *Journal of Vascular Surgery, 54*(5), 1451–1460. doi:10.1016/j.jvs.2011.05.050.

Umapathy, K., Nair, K., Masse, S., Krishnan, S., & Rogers, J. (2010). Phase mapping of cardiac fibrillation. *Circulation. Arrhythmia and Electrophysiology, 3*, 105–114.

Wilson, E. O. (1975). *Sociobiology: The new synthesis.* Cambridge, MA: Harvard University Press.

Winfree, A. T. (1972). Spiral waves of chemical activity. *Science, 175*, 634–636.

Winfree, A. T. (1983). Sudden cardiac death: A problem in topology. *Scientific American, 248*(5), 144–160.

chapter

15

인간 건강과 질병의 궤적을
바탕으로 한
진화론적 역사의 이해

■ **약어**

ACTH(adrenocorticotropic hormone) 부신피질 자극 호르몬

Alu/SINE(retrotransposable elements of DNA across
      the genome) 알루/사인배열(DNA 역전이인자)

CRF(corticotropin releasing factor) 코티코트로핀 방출 인자

DNA(deoxyribonucleic acid) 디옥시리보핵산

HIV(human immunodeficiency virus) 인체 면역 결핍 바이러스

HLA(human leukocyte antigen) 인간 백혈구 항원

HPG(hypothalamic-pituitary-gonal hormone axis)
      시상하부-뇌하수체-부신 축

HPT(hypothalamic-pituitary-thyroid hormone axis)
      시상하부-뇌하수체-갑상선 축

IFN(interferon) 인터페론

IL(interleukin) 인터루킨

LTR(long terminal repeat) 긴말단반복

MHC(major histocompatibility locus) 주조직적합성복합체

OR(olfactory receptor) 후각수용체

ROS(reactive oxygen species) 활성산소종

TNF(tumor necrosis factor) 종양 괴사 인자

VNO(vomeronasal organ) 서비골기관

이전 장 전반에 걸쳐 강조했듯이 시스템 생태학(Brenley & Harper, 1998; Krebs, 1978), 분자 의학 및 개발(Wolpert et al., 1998), 노화 이론(Hayflick, 1994; Ricklefs & Finch, 1995), 양자 생물학 정보 시스템 이론(Eigen, 2002; Eigen & Schuster, 1979; Kitano, 2004; Smith & Szathmary, 1999)과 같은 여러 과학 분야는 복잡하고 다층적인 계층을 삶, 건강 및 우주에 단계적으로 적용하며, 프랙탈 진화 과정은 지구 생명 역사의 각 단계에서 발생했다. 따라서 우리는 행태와 질병의 관점을 설명하기 위한 상호연결 면역, 내분비적 및 사회학적 기전의 통합인 통섭(Wilson, 1998)을 논하고, 모든 동종 인식과 개인 간 면역 거부(즉, 문자 그대로의 자신 대 비자신)를 강조한다.

1 계층 구조의 관련성

인간 유전 정보를 포함한 전체 유전 정보가 시퀀싱되었지만, 해당 종의 DNA 서열 중 압도적인 부분을 차지하는 '유전자' 내외의 복잡한 조절 기작(즉, 후성유전자)과 관련해서는 밝혀지지 않았다. 그리고 인간 유전 정보는 광범위한 유전자 다형성 및 많은 부위(loci)에서의 체세포 변형을 일으켜 종내, 종간의 각 유전자 부위에 대한 넓은 반수체형(haplotype) 및 후성적 변이를 생성한다(McKusick, Valle, Francomano, Antonarakis & Hurko, 1997; Waterston, Lander & Sulston, 2002). 종 전체에 걸친 다양한 유전 정보와 수천 개의 공유된 유전자 위치(loci)에서의 종간 변이는 엄청난 역사적 기록을 보여준다. 지금까지 그 역사적 기록은 해독되지 않고 있다. 그리고 생물학적으로 닫힌계인 지구의 곡면 내의, 여러 계층적 수준에서 분자의 경쟁과 협력을 포함한 38억 년 동안의 분자 진화 또한 해독되지 않고 있다(Margulis, 1998; Smith & Szathmary, 1999).

협력하고 경쟁하는 분자의 시스템으로서 세포 생명체는 외부 물리적 및 화학적 환경을 개조하면서 내부적으로 분자의 진화를 가져왔다(Carroll, 2001; McMenamin & McMenamin, 1990; Vernadsky, 1997). 이 과정은 '원시 수프'[1]의 전 세포 분자 수명과 세

----

1 원시 수프 가설: 최초의 생명체는 유기물 분자로 이루어진 '원시 수프'에서 시작했을 것이라는 가설.

포, 세포 내, 분자 수준에서의 돌연변이로 인한 개인 특성의 변화와 관련이 있다. 이러한 생명 과정은 순차적으로 생명체의 계층적 구조에 포함되고 변형된다(Eigen & Schuster, 1979; Smith & Szathmary, 1999). 처음 20억 년 동안 생명체에서 복잡성의 최대 단계는 원핵(prokaryotae), 남세균(cyanobacteria), 고균(archaea)의 단일, 비구조 세포였다(Brenchley & Harper, 1998; Smith & Szathmary, 1999).

그럼에도 불구하고 환경과 미세 환경은 모든 생물체의 세포, 세포 내, 분자 수준에서 존재한다. 그러므로 단일 분자, 세포의 일부분 또는 원핵 세포조차도 포함하고 있는 복잡한 분자 시스템의 편차가 선택될 수 있다. 그럼에도 불구하고 살아있는 세포를 구성하는 분자는 생체 및 환경 형성 구조, 특히 밀접하게 관련된 위유전자[2], RNA 유래전이인자(retrotransposons), 내인성 레트로바이러스 및 외인성 레트로바이러스의 계층 구조 내에서 '경쟁'하고 '협력'한다. 이 경쟁과 협력은 그들이 '숙주' 세포 밖으로 '자손' 복제본을 전달할 수 있는 정도에 따라 다르다(Lower, Lower, & Kurth, 1996). 그 결과는 자원과 기질을 위해 경쟁하는 동시에 시스템 생존을 지원하기 위해 협력 구조 내에서 위계적으로 배열되는 상호작용 분자 시스템의 하이퍼사이클(Eigen & Schuster, 1979; 그림 15-1)이다. 이러한 하이퍼 사이클의 주요 특징은 다음과 같다(Eigen, 2002; Eigen & Schuster, 1979; Smith & Szathmary, 1999).

a) 연결된 복제기의 유한 집합
b) 이전에 연계된 주기적인 복제기의 농도에 대한 복제율 의존
c) 붕괴가 없는 생태적 안정성
d) 다른 기능적 수준에서 혼란 주기의 유발
e) 붕괴로 이어지는 돌연변이 메시지의 축적이 있는 임계 오류의 임계치
f) 시스템 안정성(즉, 신항상성[3] 및 항상성)을 유지하기 위한 불필요한 하이퍼사이클의 곱

---

2 위유전자: 유전자 복제 과정에서 기능하지 못하는 유전자로 알려졌으나, 위유전자도 유전자 발현에 영향을 줄 수 있는 것으로 나타났다.

3 신항상성(allostasis): 자극이 주어지면 안정된 상태로 되돌아가기 위해 신체의 다양한 시스템이 역동적인 변화를 거치는 상태를 말한다.

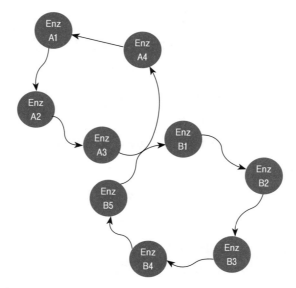

[그림 15-1] 다른 사이클에 영향을 미치는 존재 가능한 하이퍼사이클(Eigen & Schuster, 1979 참조).

이 모형은 분자에서부터 유기체까지 궤적 동역학의 역할을 나타낸다. 특히 교란 및 위상재설정의 역할과 세포 및 조직 내 반복의 중요성을 고려하여 유기체가 질병에 대해 높은 탄력성을 가짐을 강력하게 설명한다. 후자의 현상은 최소한 인간을 포함한 포유류의 번식 및 육아 기간을 통해 건강이 유지된다. 노화의 주된 원칙 중 하나(Hayflick, 1994)는 노화가 재생산되기 시작하는 것이다. 헤이플릭(Hayflick, 2007)은 또한 분자 불안정성이 생물과 무생물이 노화하는 과정의 추가적인 원리라고 주장했고, 인간의 수명은 의학의 발달로 인해 연장되어 유전자의 진화가 번식 후기의 장수에 대비하지 않은 역설에 직면했다고 주장했다.

• 2 건강, 시스템과 지구상 생명의 발달
•
•

생명 시스템의 건강에 대한 파괴는 미시적 또는 거시적으로 발생할 수 있다. 거시규모에서 하이퍼사이클 중 중요한 것은 대략 1800만 년에서 2000만 년 전에 일어났는데, 그 시점에서 행성의 남조류 스트로마톨라이트(cyanobacterial stromatolites)는 대기로 상당량의 유독한 산소를 방출했다. 대기와 해저에서 빠져나온 성분은 살아있는 세포들에 의해 용액(예: 표층 퇴적물)에 침전되고, 대기는 환원되지 않고 산화되었다. 그 결과 산소 위기로 많은 원핵종과 시생누대(지질시대 구분으로 40억 년~25억 년 전)종이 멸종했다(Smith & Szathmary, 1999).

산소 위기를 극복하기 위해 생명체의 자연선택은 내공생(endosymbiosis)을 선호하는 것으로 보인다. 보라색 박테리아가 대형 호기성 생물에 침투하여 진핵세포의 생물에너지 구성 성분으로 현재의 미토콘드리아로 진화했다. 지구 생명의 역사에서 몇 안 되는 전 지구적 선택 사건 중 하나인 산소 위기의 결과는 산소와 활성산소를 해독할 수 있는 세포 신진대사를 위해 선택된 산화 대기로의 변화, 산소에 의한 대사 경로와 고주기의 경쟁 증가, 혐기성 생물(예: 고세균)의 깊은 바다 열수분출구나 동물 내장 서식, 그리고 산소에 대한 영구적인 내공생물성 진핵세포 보호로 나타났다.

따라서 시아노 박테리아와 호기성 박테리아를 선호하고, 세포 내 공생 관계를 형성하기 위한 세포 형태의 협력이 자연선택이 작용할 수 있는 새로운 계층적 수준의 세포 내 소기관 구획으로 이어지는 원핵생물 진화 방향의 전환이 있었다. 가장 중요한 것은 이 전 지구적 선택 사건이 위기의 생존자와 공생자(진화의 병목현상) 사이에서 유전형을 '설정'했다는 것이다. 이는 산성화 스트레스에 대한 생화학적이고 구조적인 자연 반응의 제한된 범위를 극복하기 위해 산소 위기 이후의 모든 종들, 특히 메타조아(예: 노화, 암)가 직면하는 영향에 대한 것이었다.

이러한 변화에 따라 2000년에서 7억 년 전까지만 해도 복잡한 단세포 및 군락 진핵생물과 다세포 조류가 산화 대기에서 진화했다. 이때부터 혐기성 공생자를 보호하고 새로운 군락 및 다세포 계급에서 호기성 자색 박테리아(즉, 미토콘드리아)와 광합성 식물(엽록체)을 조작하기 위한 미세 환경의 구획화는 더 많은 선택 수준을 추가했고, 동시에 생명 과정은 대기 중의 산소, 메탄 및 이산화탄소의 양을 조절하기 시작했다. 산소와 메탄은 화학적으로 양립할 수 없었다.

동정편모충류(choanoflagellates)는 1억 년 전에 시작되었는데, 해저 에디아카라기(Ediacarans)는 573억 5천 3백만 년 전에 복잡하고 운동성 있는 형태로 발전했으며 약 5억 4천 3백만 년 전에 캄브리아기의 생명체가 폭발적으로 등장했다(Brenchley & Harper, 1998; Carroll, 2001; McMenamin & McMenamin, 1990). 캄브리아기의 '폭발'은 오늘날 알려진 주요 동물 분류군과 신체 형태를 모두 확립했으며, 산소 위기 이후 지구상 생명의 역사에서 세 번째 전 지구적 선택 사건으로 나타났다. 캄브리아기의 폭발은 환경 및 분자 경쟁 사건의 조합과 일치했으며, 후자는 나머지 생명 병기에 대한 진핵생물의 구조적이고 기능적인 특성의 후속 기반을 '설정' 또는 '고정화'했다. 생명 궤적에 초점을 맞춘 궤적은 다른 모든 형태학적 양식을 제외하고 특정 유전자를 운반하는 생존 종에 의해 결정되는 특정 골격 배열 패턴에 대해서만 생명을 제한했다(Erwin, Valentine & Jablonski, 1997; Thomas, Shearman, & Stewart, 2000).

이 장에서는 크고 작은 교란이 어떻게 지구상의 생명체에게 극심한 위상변화를 가져왔는지를 설명한다(그림 5-2 참조). 교란은 환경뿐 아니라 환경 자체에 대한 생명(예: 산소 위기) 활동으로부터 발생했다. 규모를 많이 줄여서 온대 기후의 버려진 들판에서 어떻게 천이(遷移)가 일어났는지 생각해보자. 처음에는 잡초와 야생화로 소나무와 다른 상록수가 잘 자라도록 토양을 바꾸고, 이후에는 다시 잡초와 야생화를 억제하기 위해 생화학 물질로 토양을 바꾸어서 궁극적으로는 활엽수가 잘 자라는 토양이 된다(Krebs, 1978). 산소 위기(Hayflick, 1994, 2007)는 지구 대기를 환원이 아니라 산화시키고, 인간을 포함한 모든 진핵생물에서 미토콘드리아의 내생관계를 위한 경로를 설정했으며, 역순적으로 노화 과정에서 독성 산소와 관련한 활성산소/반응산소 종(ROS)의 역할로 이어졌다(Hayflick, 1994, 2007).

결과적으로 격변적 사건(Thom, 1972)은 크고 작은 생명체에서 극적인 위상변화를 일으킬 수 있다. 따라서 전염병 학자, 보건정책 입안자 및 임상의가 포괄적인 시스템 관점에서 건강문제를 분석적으로 고려하여 궁극적인 원인뿐만 아니라 근접한(즉각적인) 원인을 파악해야 한다고 강조한다. 우리는 '방법'과 '이유'를 모두 이해해야 한다.

캄브리아기 주변의 주요 환경 영향에는 지구 동결과 온실 지구 기후가 번갈아 발생할 수 있는 산소/메탄/이산화탄소 대기 변동이 포함된다(Hoffman, Kaufman, Halverson & Schrag, 1998). 이처럼 놀라운 다세포 다양성의 출현과 함께, 유전자 복제와 이동 유전자가 신체 패턴의 규제/다변화(즉, 조상 혹스 유전자 군집) 및 박테리아와 다른 병원균의 통제(예: 주조적 적합성 복합체)를 위한 새로운 생화학 시스템의 개발을 이끌었다. 조상 혹스(Hox) 유전자는 182개의 디자인 쌍으로 된 동물의 골격 형태 공간을 확립했으며 그중 80%는 지난 500년 동안 골격 형성에 사용되었다(Gravallese, 2003; Kawasaki, Suzuki & Weiss, 2004; Robinson-Rechavi et al., 2003; Thomas et al., 2000; Yu et al., 2005).

따라서 산소 위기와 캄브리아 폭발은 a) 다세포 동물과 식물의 발달/생리의 방향을 정하는 전 지구적인 선택적 병목/재앙을 나타내며, b) 분자, 소세포, 세포, 다세포 등의 다계층적 수준에서 작용했고, c) 패턴 발달과 면역 반응을 위한 복잡한 시스템이 발달했으며, d) 종, 인구 및 생물군의 계층적 구성 요소로서 개별 다세포 생물의 3가지 새로운 수준의 선택적인 계층 구조, 조직, 기관 시스템을 확립하도록 했다.

마지막 지점과 관련하여 대기 중 산소/메탄/이산화탄소 수준과 탄소질 골격 사이의 복잡한 상호작용은 '궁극적인' 선택인자로 추정된다(Thomas et al., 2000). 이와 비슷하게 축적된 증거는 동물 발달 전반에 걸친 다른 신체 패턴 과정 사건뿐만 아니라 동물 골격 개조에서의 주조직적합성복합체(MHC)/면역계 및 사이토카인을 의미한다(Gravallese, 2003; Kawasaki et al., 2004).

다양한 유전자 시스템, 생화학적 제품, 유기체 서열의 증가, 생화학적 과정 사이의 가능한 연관성 외에도 거대한 캄브리아 종의 다양성은 자원을 얻기 위해 경쟁했고 유전자 복제를 위한 강력한 선택과 유전자적/생물학적 하이퍼사이클을 생산하기 위해 후속적으로 진화했으며(Eigen & Schuster, 1979), 체세포와 전체 유전 정보에서 전이 가능한 유전자 요소, 역변환자, 내생성 레트로바이러스 및 반복 시퀀스에 대한 선택과 복제, 다형성 MHC 및 혹스 군집에서 광범위한 유전자 수정 사전 및 '비유전성' 파생물을 통해서도 진화했다(Anzai et al., 2003; de Groot et al., 2002; Horton et al., 2004; Mungall et al., 2003).

지난 7억 년 동안 육상 식물, 무척추 동물 및 척추 동물은 캄브리아기의 병목 현상으로 자리잡은 여러 계층적 선택 사건을 기반으로 진화했다. 이 기간 동안 6번의 주요한 멸종 위기가 있었다. 특히 2억 4천만 년 전 페름-트라이아스 위기가 있었다. 그 기간 동안 회복력이 있는 곤충을 포함한 모든 생물군의 약 90%가 멸종했다(Erwin, 1996; Jin et al., 2000). 이러한 재앙과 생물군의 재분배에도 불구하고 캄브리아기 폭발과 산소 위기로 만들어진 기본적인 계층적 신체 계획과 분자 과정은 전 지구적 생명체의 패턴화 과정에서 중요한 사건으로 남아 있다. 더욱이 박테리아는 지구상에서 독립적, 공생적, 자가영양적, 기생적으로 우위인 생명체로 남아 있다(McFall-Ngai, 2001; 2002). 따라서 산소 조절, 노화, 병원체(주조직적합성복합체를 통해) 및 사망에 대비한 방어 시스템의 진화는 유기체의 분자 및 계층적 수준과 관련이 있을 가능성이 높다(Cohen, 2002).

그러므로 지구 역사상 생화학적 사건은 오늘날 살아있는 모든 생명체에 간접적인 영향을 미쳤을 가능성이 높다. 자연선택과 궤적 동역학의 변화는 상호작용의 하이퍼사이클을 통해 분자, 유기체 및 개체군의 여러 계층적 수준에서 작용한다(그림 15-1). 그리고 고도의 다형성 주조직적합성복합체는 유기체와 개체군 수준에서 나타날 수 있는 치열한 분자 경쟁의 주요 영역을 대표한다.

캄브리아기 유전체 계획에는 6개의 혹스 유전자 클러스터와 조상의 MHC가 포함되어 있다(Andersson, Svensson, Setterblad, & Rask, 1998; Besedovsky & Del Rey, 1996). 염색체 6에 위치한 MHC 또는 주조직적합성복합체(HLA) 복합체는 자연 면역 및 의학 응용을 위해 다음과 같은 기능 및 특징을 갖는다.

a) 일반 및 특정 면역 글로불린을 암호화하는 수정 가능한 유전자 재배치를 통해 병원체 보호

b) 조직 이식편 및 이식에서의 조직 적합성/비적합성

c) 히스톤, 전이 RNA, 징크 핑거 단백질, 후각수용체, 종양 괴사 인자 및 열쇼크 단백질을 포함한 일반적인 기능을 가진 외관상 비면역 관련 유전자의 군집화 및 초군집화

d) 인간 MHC II 영역의 킬로베이스(kilobase)[4]당 0.34개의 Alu/SINE 요소(레트로포존), 2개의 인간 내인성 레트로 바이러스 및 13~15개의 전사 활성 IFN–감마 반응성 긴말단반복(long terminal repeat, LTR)의 존재

e) 다발성 경화증 및 제1형 당뇨병과 같은 심각한 자가면역 질환에 대한 이러한 요소들과 유전자 위치(loci)들 사이의 연관성

f) 이러한 과정에서 '자신 대 비자신' 항원을 구별하고 반응하는 기본 과정

3 주조직적합성복합체, 면역과 행태

확장된 인간 MHC 또는 인간 백혈구 항원(HLA) 복합체는 MHC I, II, III와 같은 유전자 군집, 초군집 및 레트로요소(retroelements)가 분산되는 3개의 주요 영역으로 구분된다. 인간 MHC/HLA는 가장 많은 다형성(Hollar, 2009)뿐만 아니라 전체 인간 유전 정보에서 가

---

4 DNA 등 핵산 연쇄의 길이의 단위.

장 큰 다중 유전자 복합체를 나타내는 적어도 224개의 유전자 위치(loci)를 가진 6번 염색체(6p21.3)의 단완에 4.6 메가베이스를 포함한다.

MHC 클래스 I 유전자는 내인성 항원을 CD8⁺T 림프구에 제시하는 당단백질을 코딩한다. 인간 MHC 클래스 I은 HLA-A, -B, -C, -D, -E, -F 및 -G 위치(loci)를 포함한다(Hollar, 2009; Evans et al., 1999; Knapp, Cadavid & Watkins, 1998). 각 유전자 위치는 고도의 다형성을 가지고 있다. HLA-A 유전자 위치는 전 세계 원주민 인구에서 비교적 높은 빈도로 적어도 29개의 다른 대립 유전자를 포함한다. 이와 유사하게 HLA-B 유전자 부위는 적어도 60개의 대립 유전자를 포함한다. 이 MHC/HLA I 당단백은 사실상 모든 체세포 세포막에서 외부에 위치하며 고주파(세포당~5×10^5 분자)에서 발현되고 베타 -2 마이크로 글로불린이라는 비결합 면역 글로불린 관련 막단백질과 관련된다. CD8⁺T 림프구가 '자신'를 인식할 수 있게 한다(Horton et al., 2004).

MHC II형 유전자는 외인성 항원을 CD4⁺T 림프구에 나타내는 당단백질을 코딩한다(Horton et al., 2004). MHC I과 마찬가지로 MHC II형 유전자는 매우 다형성이고 HLA-II DPA1(DPw3a1), DB1(SB), DQA1, DQB1(IDDM1), DRA, DRB1/DRB3(많은 의사 발생 포함)를 인코딩한다(Horton et al., 2004). 발현된 MHC/HLA II 유전자 산물은 당화(glycosylation)될 수 있지만 전형적으로 B림프구, 일부 T림프구 및 항원 전달 대식세포에서만 발현되는 막관통 당단백질이다. MHC II형 유전자에는 DAXX(death-domain associated protein)가 포함되는데, DAXX의 단백 생산물이 Fas 매개 apoptosis와 TATSF1(Tat-specific factor 1)을 증가시킨다. 여기서 TATSF1의 단백질 생성물은 HIV 전사진행 보조인자(transcriptional elongation cofactor)이다(Horton et al., 2004).

MHC/HLA III형 유전자는 보체 단백질과 염증성 사이토카인을 암호화하며 둘 다 감염에 대한 면역 반응과 관련이 있다. HLA III AIF-1은 전염증성 사이토카인 반응성 대식세포 단백질을 코딩하는 반면, TNF는 전염증성 종양 괴사 인자를 코딩하고 BAT-3는 유비퀴틴 유사 도메인을 갖는 알려지지 않은 기능의 프롤린이 풍부한 단백질을 코딩한다. 이 3가지 MHC 영역은 포유동물에게 매우 잘 보존되어 있다(Evans et al., 1999; Knapp et al., 1998).

MHC/HLA 단백질의 구체적인 역할은 면역 세포(백혈구)와 상호작용하여 '비자신' 세포 및 항원을 동정하고 파괴하면서 '자신' 세포를 확인하고 보호하는 것이다. 면역의 중심이 되는 '자신 대 비자신' 패러다임은 버넷(Burnett, 1959)에 의해 개발되었다. MHC/

HLA 발현의 기전은 계층적 선택 사건, 세포 분화 및 신경 내분비, 호르몬, 케모카인 및 사이토카인 세포 간 및 유기체 간의 화학적 통신을 포함하는 화학적 전달을 포함하여 매우 복잡하다.

백혈구는 호르몬 신호 기전의 되먹임을 통해 납작뼈의 적색 골수에 위치한 줄기 세포에서 분화된다. 골수에서 형성된 수지상 세포는 항원을 축적하고 TNF-α, IL 1-α, IL 1-β, IL-8 및 IL-9과 같은 전염성 병원체, T림프구 및 염증 유발성 사이토카인의 영향을 받아 성숙한다. 수지상 세포는 비장 및 림프절과 같은 림프 기관으로 이동한다. 그것은 세포 내 MHC/HLA II 당단백의 세포 내 증가 및 세포막 표면으로의 이동, 케모카인 증가(즉, CD54, CD58, CD80, CD86, Cd40, CD25, CD83, IL-12 및 p55) 및 감소된 액틴 케이블과 관련된 과정이다. IL-10과 같은 항염증 세포질은 수지상 세포의 성숙을 지연시킬 수 있다(Banchereau & Steinman, 1998; Sternberg, 1997).

흉선의 가슴샘세포를 포함하여, 림프구 조직, 수지상세포 및 성숙 백혈구 내에서는 MHC I 또는 II '자아' 펩타이드가 강하게 결합되지 않아 '자아' 체세포를 거부하지 않는 낮은 친화력 T세포 수용체를 가진 흉모세포에 양성 선택(효과적인 적응을 위해 유전자가 변화하는 것이 유리하도록 다음세대에 전달되는 것)이 있다. 친화력이 높은 T세포 수용체를 가진 흉선세포는 자기 MHC 항원을 거부하며 생존 신호를 받지 못하고 사멸할 가능성이 있다(Werlen, Hausmann, Naeher & Palmer, 2003). 생존하는 가슴샘세포, 수지상세포, 대식세포, 기타 항원세포는 CD8$^+$ 세포독성 T세포 또는 CD4$^+$ 보조 T세포에 내생성 항원을 형성하여 면역 반응을 유발한다. 또한 IL-12는 보조 T세포를 자극해 염증성 인터페론 감마 생성 Th1세포로 발전시킨 다음 살해세포(cell mediated immunity)를 활성화시키고 IL-4, 10, 13(및 IL-10의 가상 시뮬레이션)은 보조 T세포를 자극해 Th2(humoral) 항체 및 특정 항원을 대상으로 한 B림프구의 클론선택을 유도한다(Sternberg, 1997). 또한 일반적으로 Th1 반응 패턴을 자극하는 글루타치온은 사람 면역 결핍 바이러스(HIV)와 암세포(Dustin & Chan, 2000; Peterson, Heizenberg, Vasquez, Waltenbaugh, 1998)에 의해 차단된다.

따라서 면역체계의 기능은 분자, 세포, 조직, 기관 수준, 반응들에서 일어나는 방어 반응의 하이퍼사이클(그림 15-1)을 나타내는데, 그 반응들은 세균, 곰팡이 및 기타 항원/면역 공격을 처리하기 위해 개별 유기체 단위에 필요한 반응들의 균형과 극단의 관점에서의 항상성과 알로스테틱 반응이다. 박테리아는 지구상에 대규모로 널리 퍼진 지배적인 생명체로 남아 있으며 더 많은 구획화된 생물체 내에서 독립적으로 증식한다. 결과적으로, 세포 내, 조직 내 및 내부 장기 간의 상호작용에 대한 생태계 분석을 보장하기 위해 항상성 환경에 도달할 때까지(예: 줄기 세포 분화) 자원을 놓고 경쟁하는 빌헬름 루(Wilhelm Roux)의 개념화에 따라 세포 내 및 세포 내 발달, 화학적 경쟁/협력이 유기체 내에서 발생한다 (Powell, 2005).

동물 내에서 분자 간 및 세포 간 경쟁/협력의 균형 시스템을 볼 수 있는데, 그 예로 영장류 배아가 발달하는 동안(Wolpert et al., 1998) 손가락과 발가락을 생성하기 위해 T세포로 프로그램된 팔다리 싹(bud) 조직의 세포 자멸, 영양상의 변동, 스트레스 및 기타 환경적/생리적 변화(Arron & Choi, 2000; Gilbert, 2001), 사이토카인을 통한 흉선 생리적인 과정의 신경내분비 조절(Savino & Dardenne, 2000), 감염에 대한 염증 반응과 '자신' 항원에 대한 자가면역 반응(Werlen et al., 2003)으로 일어나는 뼈의 평생 모형화를 조절하기 위한 골세포 분화의 수지상 세포 및 T세포 조절 등이 있다. 다른 신체 시스템, 자기 항원, 바이러스와의 면역 상호작용의 복잡성은 아래에서 더 상세하게 설명할 것이다.

잠재적인 병원균에 대한 반응의 다양성 때문에 자신과 비자신을 구별하는 빈약한 관계가 더욱 복잡해진다. 녹농균과 같은 모든 그람 음성 박테리아는 막 지질 다당류 지질 A 분절로 인해 독성이 있다. 이런 병적인 특징은 종과 관련된 세균 유인물질 감지 능력과 함께 콩과 식물의 뿌리혹의 그람 음성 세균 공생체에 필수적인 특성이며, 살아있는 식물의 90%를 차지한다. 동시에 동물과 식물 세포 모두 프로티아좀을 자극하여 자가면역 세포(예: 꽃가루)의 단백질을 분해함으로써 미생물 방어에 유비퀴틴[5]을 이용하고 유비퀴틴이 붙은 단백질은 동시에 레트로 바이러스 출아(budding)와 관련이 있다(Newbigin & Vierstra, 2003; Patnaik, Chan & Wills, 2000).

베제도프스키와 델 레이(Besedovsky & Del Rey, 1996)는 면역계, 신경계, 내분비계 간의 내부 장기, 조직, 세포 및 세포 내 계층 관계를 설명했다. 내분비선과 신경은 림프구 백혈구 기능을 표적으로 하는 호르몬/신경전달 물질을 방출하는데, 케모카인의 귀환(homing) 및 찾아가기(trafficking), 유비퀴틴화(uniquitination) 및 세포 내 과정, 사이토카인 매개 염증 상태 및 표적 세포, 체세포 세포 대사, 내분비선 호르몬 생성 및 신경 세포의

---

5 유비퀴틴은 76개의 아미노산으로 이루어진 작은 단백질로, 분해되어야 할 단백질을 표지하는 역할을 한다.

신경 조절, 세포 및 기관 수준(예: 중추신경계)에서의 행태, 신경전달, 분화 및 복구, 온도 조절, 음식 섭취, 수면을 포함한다. 신경-면역-내분비 상호작용에 대한 3단계 하이퍼사이클의 변형은 [그림 15-2]에 나와있다.

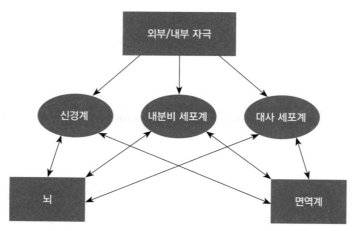

[그림 15-2] 베제도프스키와 델 레이의 정신 신경 면역 모형 개요

베제도프스키와 델 레이 모형은 신경계, 내분비계 및 면역체계를 기능적으로 연결하는 일반적인 분자 기전을 포함하는데, 이는 발달적으로 공통 조직에서 기원하며 항상성을 유지하면서 파괴되거나 알로스타 부하를 받았을 때 파국의 병리를 빠르게 일으킬 수 있다. 통합 하이퍼사이클 모형(그림 15-2)은 셀리에(Selye, 1950)의 일반 적용 스트레스(general adaptation stress) 모형과 유사하게 계층적 수준에서 생존 시스템과 스트레스가 많은 환경의 연속성을 보여준다. 이 모형은 또한 정신 신경 내분비학, 면역학, 진화 심리학/생물학을 포함한 인간 행태의 궁극적인 원인에 대한 문제를 다루기 위해 계층적 생명 시스템과 그 구성 요소에 대한 종합적인 경험적 분석의 필요성에 주목한다(Cohen & Herbert, 1996; Klein & Fedor-Freybergh, 2000; Wolpert & Evans, 2001). 다마시오(Damasio, 2003)는 신체와 뇌의 신경전달은 연속적인 흐름이라고 강조했다. 그 흐름은 면역계를 통해 다른 사람과 구별할 수 있는 자신과 감각의 의식적 대표성을 나타낸다.

4 뇌-신체 연결

베제도프스키와 델 레이(Besedovsky & Del Rey, 1996)는 뇌, 내분비선 및 면역계 사이의 연결을 설명했다. 보다 구체적으로, 생리적인 스트레스와 함께 뇌신경은 시상하부에 의한 코티코트로핀 방출 인자(CRF)의 생산과 방출을 자극하는 전염증성 IL-1을 방출한다. 이것은 다시 뇌하수체가 글루코코르티코이드(glucocorticoids)를 방출하도록 자극하는 부신겉질자극호르몬의 방출을 유도한다. 시상하부에 음의 되먹임 신호를 제공하는 글루코코르티코이드는 스트레스에 대한 중추내분비에 의해 유도된 생리 반응인 시상하부-뇌하수체-부신 축(hypothalamic-pituitary-adrenal, HPA)을 완성시킨다. 그럼에도 불구하고 TNF, IL-1 및 IL-6와 같은 전염증성 사이토카인에 의한 면역계 세포의 활성화는 개인이 새로운 환경에 있을 때에도 스트레스 받은 시상하부-뇌하수체-부신 축을 다시 활성화시키고 유지시킬 수 있다(Pennisi, 1997). 장기간 시상하부-뇌하수체-부신 축 활성화는 개인에게 사망, 암, 병적 상태, 자가면역 질환 및 신경 변성을 포함한 해로운 영향을 미친다(Allan & Rothwell, 2001; Christian & Davis, 1964; Selye, 1950, 1986, Turnbull & Rivier, 1999). 신경퇴화 발생과 관련하여 스트레스를 받는 사건과 신체 외상에 대한 뇌 구조, 행태, 무뎌진 면역 반응에 미치는 영향은 해마, 편도체, 배쪽되태부, 중격의지핵, 전전두피질, 안와전두피질, 그리고 외측후각로를 포함한 수많은 연결된 구조를 포함할 수 있다(Holden, 2001). 크리스찬과 데이비스(Christian & Davis, 1964) 및 토스크(Tausk, 2001)는 높은 사회적 스트레스와 관련된 자가면역 질환/사망에서 T_H1(즉, 세포성 면역)과 T_H2(즉, 체액성 염증 면역) 사이의 길항 상호작용/균형에 이러한 원리를 적용했다.

코헨(Cohen, 2002)은 전염증성 사이토카인인 IL-1, IL-6, IL-12, IL-15, IL-18, TNF-α, TNF-B(림포톡신 α), IL-1 수용체 길항제(IF-1Ra), HMGB1 및 M1과 노인 및 유아의 주요 사망 원인인 패혈증과의 강한 상관관계를 밝혀냈다. 또한 전염증성 케모카인인 IL-8, M1P-1α, M1P-1B, MCP-1 및 MCP-3는 패혈증과 관련된 염증 및 섬유 증식성 질환, 특히 노화에 기여한다(Hayflick, 1994, 2007; Sandler, Mentink-Kane, Cheever & Wynn, 2003). 전염증성 사이토카인인 IL-1, IL-6 및 TNF-α는 T 및 B 림프구 활동, 발열, 고대사화, 식욕 부진, 간경화 단백질 합성을 활성화시킨다. 그리고 프로스타글란딘, 산화질소 합성요소, 급성기 단백질, IL-12, IL-15, IL-18, M1F 및 HNGB1은 포도상구균 또는 연쇄상구균 패혈증에 유리한 생리적 환경을 조성한다(Turnbull & Rivier, 1999). 케모카인 IL-8, NAP-1, MIP-1a 및 RANTES는 염증 부위로 대식세포 주화성을 유발하고, NOS에 의한 산화질소의 합성은 미토콘드리아 호흡 경로를 억제하여 손상된 활성산소종(ROS)을 추가로 방출한다(Nisoli et. al., 2003).

누적적인 HPA 축의 장기 활성화와 스트레스 관련 면역인 사이토카인/케모카인 및 내분비/호르몬 활동에 의한 시상하부-뇌하수체-성선의 축 및 시상하부-뇌하수체-갑상선 축의 억제는 유기체의 알로스타 부하를 심각하게 방해할 수 있다. 알로스타 부하는 상승된 혈청 및 세포 응고 인자, 전염증성 사이토카인, 스트레스 호르몬, 활성산소종, 코티솔, 콜레스테롤/고밀도 콜레스테롤 비율, C 반응성 단백질 등 건강과 부정적으로 관련이 있으며(Franceschi et al., 2000; Hollar, 2013; Seeman, McEwen, Rowe & Singer, 2001; Seeman, Singer, Ryff, Love & Levy-Storms, 2002), 또한 최대 폐유량 감소, 해마 크기 감소, 부신 및 편도선 크기 증가, 수축기 혈압 및 이완기 혈압 상승과도 관련이 있다(Seeman et al., 2001, 2002). 특히 주의해야 할 것은 3명 미만의 친구를 가진 경우에 알로스타 부하가 높았다는 것이다(Cacioppo et al., 2002; Seeman et al., 2002).

베제도프스키와 델 레이(Besedovsky & Del Rey, 1996)의 신경 내분비 상호작용 모형(그림 15-2)과 하이퍼사이클 모형(그림 15-1)을 핵심 개념으로 하여 개인 간 행태는 자신 대 비자신 원칙을 적용할 수 있다. 이 이론을 뒷받침하는 증거는 다음과 같은 연구 내용으로 구성된다.

a) HPA 축의 신경-면역-내분비 구성 요소는 분자 대 조직, 경쟁 및 협력의 계층적 시스템을 나타내며, 시스템이 붕괴될 때 발생하는 알로스타 부하가 있다.
b) 개인 간 자신 대 비자신 거부 및 인간과 다른 동물군 내 경쟁으로 인해 알로스타 부하를 유발한다.
c) 스트레스, 사이토카인, 알로스타 부하, 대인관계, HLA 관련 자가면역 질환의 상관관계.
d) 역투과성 요소, 내인성 레트로바이러스 및 스트레스 관련 후성유전 효과의 가능한 역할.

5 건강궤적에서 스트레스와 행태

대부분의 동물 사회에서 지배적인 계층 구조 또는 '서열'은 특정 개인이 자원, 동료 및 양질의 영역에 접근할 때 다른 개인보다 더 많은 권한을 행사할 수 있도록 한다. 그러한 계층화는 거의 모든 포유류 및 조류 종에서 잘 확립되어 왔지만, 특히 종의 개체군이 어떤 유형의 군집, 무리, 또는 다른 조직화된 사회적 행태에 관여할 때 경험적 증거의 상당 부분이 무척추 동물 종간의 우성 관계를 입증하고 있다(Blount, Metcalfe, Birkhead & Surai, 2003; Dugatkin & Godin, 1998; Eggert, Muller-Ruchholtz, Ferstl, 1999; Jawor, Gray, Beall & Breitwisch, 2004; Keeling et al., 2004; Lorenz, 1966; Maestripieri, 2002). 모든 계층 구조는 역동적이다. 비주기적인 권력 관계는 우성에 가까운 하위 계급이 알파[6]를 이길 수도 있고, 알파는 하위 계급의 위협을 물리칠 수도 있다. 이러한 권력 관계는 또한 노화, 사망, 질병, 환경적 재앙으로 변한다. 또한 우성 순위는 우성인 자손을 지원하는 부모의 투자에 영향을 줄 수 있다(Maestripieri, 2002).

지배 계층 구조가 유지되는 기전에는 개인의 신체적 특징, 공격적인 몸짓과 음성, 페로몬을 통한 화학적 의사 소통이 있다. 따라서 시각, 소리, 냄새 등이 포함된다(Eggert & Muller-Ruchholtz, et al., 1999; Jawor et al., 2004; Keeling et al., 2004; Lorenz, 1966; Wedekind & Penn, 2000). 신체적 특징에는 색깔이 포함된다. 예를 들어, 강렬한 붉은색 깃털과 검정색 목/가슴의 대조는 수컷 홍관조의 지배, 교미 및 공격성을 보여주는 경향이 있는 반면, 붉은 주황색 부리와 빨간색 깃털의 조합은 암컷 홍관조의 번식 성공과 관련이 있다(Jawor et al., 2004).

킬링(Keeling et al., 2004)은 적색 수컷 야생닭과 흰색 암컷 레그혼(Leghorn) 교배의 동형접합 및 이형접합으로 생긴 자손들을 조사했다. 그들은 동형접합체 및 이형접합체보다 동형의 열성으로 착색된 자손(검정색, 흰색 반점이 있는 검정색, 회색, 또는 줄무늬가 있는 개체)이 깃털 쪼기로 인해 상처를 입을 가능성이 훨씬 높다는 것을 발견했다. 이 연구는 명백한 이익이 없는데도, 지배적인 가해자가 특정 표현형을 지닌 피해자에게 취하는 '사

---

6 최상위포식자.

악한 행동'을 보여주었다.

또한 블라운트 등(Blount et al., 2003)과 파브레, 그레고르, 프레오, 세질리, 소르치(Faivre, Gregoire, Preault, Cezilly & Sorci, 2003)는 얼룩말과 검은얼룩새우에게 각각 독립적으로 작용하는 높은 생리적 수준의 항산화제 카로티노이드 색소가 높은 면역 기능 및 성적 매력과 양의 상관관계가 있음을 보여주었다. 그러므로 종에 따른 유전자적, 영양적, 환경적 효과는 시각적 단서, 특히 색채 또는 그 패턴, 시각 단서(visual-cue)와 관련된 면역 상태(즉, 질병에 대한 저항성)와 성적 매력에 영향을 미친다.

인간의 경우, 갱에스타드와 손힐(Gangestad & Thornhill, 1997)은 오른쪽-왼쪽 물리적 특성에서 변동이 적은 비대칭성(즉, 높은 양측 대칭성)을 갖는 남성이 유의하게 높은 확률로 더 많은 성관계를 맺는다는 사실을 발견했다. 후속 연구(Thornhill & Gangestad, 1999)에서 그들은 배란 여성이 높은 양측 대칭성과 좋은 체취를 지닌 남성들에게 더 높은 매력을 느꼈다는 것을 경험적으로 입증했다. 손힐과 갱에스타드는 남성의 땀과 소변에서 MHC 항원 또는 안드로스테론으로부터 체취 페로몬 신호가 발생할 수 있다는 의견을 제시했다.

우성에 대한 감지와 반응에 대한 시각적, 페로몬적/후각적 모드에도 불구하고, 우월 계층의 생리적인 결과는 보다 종속적인 개인에게는 부정적이다(Christian & Davis, 1964; Lorenz, 1966). 스트레스가 가해질 때, 종속적인 사람들은 과도하게 활성화된 지속적인 양의 되먹임 HPA 축, 만성적인 투쟁-도주 반응을 보이는 내분비적 결과로 이어져 생리적 과부하로 인한 누적적인 만성 병리를 경험한다(Selye, 1986). 고립된 과밀한 개체군에서 개인은 고부신병증(hyperadrenalopathy) 및 고혈청 코르티코이드증(즉, 글루코코르티코이드)으로 특징지어지며, 다량의 사망을 촉진시킨다(Christian & Davis, 1964). 만성적으로 높은 코르티코스테로이드는 스트레스를 받고 생식활동을 하는 일회생식성 동물(예: 태평양 연어)의 빠른 노화와 죽음을 촉진한다(Ricklefs & Finch, 1995). 종속 상태와 만성적으로 과도한 HPA 축 활성화는 다양한 종(Brennan & Kendrick, 2006)에 걸쳐 잘 알려져 있다. 비록 이 개인들에 대한 심리적인 면역학적 영향은 산발적으로만 연구되었지만, 청소년 괴롭힘과 성인 왕따/집단폭행의 피해자들에 대한 영향과 가정폭력의 영향은 경각심을 불러일으키고 있다. 홀라(Hollar, 2009)는 특정 HLA 유전자 유형을 가진 사람들이 폭력의 희생자가 될 위험이 높아진다는 증거를 제공했지만, 잠재적 가해자의 HLA 유형에 대한 자료가 없고, 이러한 연관성에 대한 예비 연구를 가능하게 하는 연구자료 또한 거의 없었다.

6 후각 통로와 주조직적합성복합체

입증된 바에 따르면 인간 후각수용체 유전자의 70%까지가 비기능성 유사 유전자로 변한 사실이 밝혀졌다. 하지만 비록 염색체 6 MHC 수퍼 복합체를 포함하여 넓은 유전 정보 분산과 함께 있을지라도, 적어도 339~388개의 정상적인 후각수용체(OR) 유전자와 297~414개의 후각수용체(OR) 유사 유전자가 염색체 11에 이런 유사 유전자의 많은 군집이 함께 있을 것으로 보인다(Malnic, Godfrey & Buck, 2004; Niimura & Nei, 2003). 인간의 서비골기관(VNO)이 기능하지 않으며 인간이 다른 영장류에 비해 4배의 OR 돌연변이를 가지고 있다는 여러 가정에도 불구하고(Gilad, Man, Paabo & Lancet, 2003), 추가적인 실험적 증거는 VNO 후각수용체가 인간 페로몬에 반응할 수 있다는 것이다(Monti-Bloch & Grosser, 1991; Monti-Bloch, Jennings-White & Berliner, 1998). 또한 인간 VNO 신경 섬유는 시상하부, 변연계 및 HPA 축(Royet et al., 2000)에 연결되는 말단 신경 또는 뇌하수체에서 뇌신경 1에 연결된다. 내측 전두엽 시상하부 연속체는 내측 전뇌 다발, 하뇌간, 해마, 대상 피질, 중격 결장, 편도체 및 후각 피질, 후각 결절, 후각 결절을 포함하는 후각 구조에 연결되는 중앙 변연 시스템 구조이다(Royet et al., 2000). VNO 점막의 후각수용체 신경은 아데닐레이트 사이클라아제/사이클릭 AMP 2차 전달자 간 캐스케이드를 이용하여 체 모양(cribriform) 뼈로 보호되는 후각 전구의 후각 신경을 따라 전기 신호를 발생시키고 있다(Chen, Lane, Bock, Leinders-Zufall, 2000). 냄새에 기반한 인간들 간의 VNO 및 MHC 선택의 기능은 시스템, 내부 장기 및 세포 수준에서 HPA 축에 영향을 미칠 수 있는 개인 간 스트레스 통신을 위한 화학적 기전을 나타내며 계층적이고 반복적인 정신신경내분비 모형(그림 15-2)을 보여준다. 모든 동물들은 페로몬을 방출한다. 인간의 주요 체취샘은 피질샘, 겨드랑이 아포크린샘, 생식기/이노 부위를 포함하며, 표면 박테리아의 성장이 이 분비물들을 수정하고 그것들의 변동성을 증가시킨다(Klein, 2000; Kohl, Atzmueller, Fink & Grammer, 2001).

워브스트 등(Wobste et al., 1999)은 쥐가 다양한 HLA A1 및 B8 반수체형인 사람의 소변 표본을 구별할 수 있음을 최초로 입증했다. 이 관찰은 수컷 쥐가 다른 MHC 암컷을 선호한다는 야마자키 등(Yamazaki et al., 1976)의 발견을 재확인한 것이다. 인간 연구는 이 발견을 확장시킨다. 인간은 MHC/HLA 냄새 유형을 구별할 수 있을 뿐만 아니라, 여성과 남성 모두 서로 다른 HLA 유형을 가진 반대 성별의 개인을 선호하며, 일부 연구는 남성의 경우 유사한 HLA 냄새 유형을 가진 남성 동료를 선호한다는 것을 보여준다(Eggert & Luszyk et al., 1999; Eggert & Muller-Ruchholtz et al., 1999; Wedekind & Furi, 1997).

바커와 즈빈덴(Bakker & Zbinden, 2001)은 MHC 이형접합성이 병원균에 대한 저항성이 더 크기 때문에 개개인은 HLA의 차이가 크고, 따라서 HLA의 반수체형에 대한 이형접합성을 선호한다는 의견을 제시했다(Wedekind & Penn, 2000 참조). 그들은 MHC가 너무 많이 변하면 자가면역 질환으로 이어질 수 있다는 사실에도 불구하고, 암컷 큰가시고기들은 다양한 MHC 대립인자를 가진 수컷을 선호한다는 것을 관찰했다. 또한 MHC 이형접합성은 질병저항성의 다른 지표인 높은 신체 대칭성과도 관련이 있다(Gangestad & Thornhill, 1997; Thornhill & Gangestad, 1999).

그러므로 인간은 적어도 어느 정도는 페로몬 교신에 관여한다. 제한된 연구에서조차 모든 종류의 포유동물에서 페로몬 교신이 확인되었기 때문에 이러한 발견이 놀라운 일은 아니다. 예를 들어, 코끼리는 스트레스, 임신 및 수컷의 공격성과 같은 다양한 조건에 대한 반응으로 샘 분비물과 소변에서 배출되는 다양한 탄화수소를 이용한다(Rasmussen & Krishnamurthy, 2000). 이런 급변하는 화학 감각 신호는 코끼리 VNO가 검출할 수 있는 소변으로 방출되는 MHC 생성물이 포함된다. 라스무센과 크리슈나머시(Rasmussen & Krishnamurthy, 2000)가 MHC 이형접합성에 대해 언급하지는 않았지만, 그러한 면역 이형접합체는 생쥐와 인간 같은 포유류와 큰가시고기, 대서양연어 같은 어류의 적합성 매개변수로 확립되었다(Bakker & Zbinden, 2001; Landry, Garant, Duchesne, & Bernatchez, 2001; Rasmussen & Krishnamurthy, 2000). 이러한 관찰은 짝짓기에서 유전자적인 적합성 변화를 극대화하는 이론과 일치한다(Landry et al., 2001).

페로몬 교신, MHC 등은 모든 동물에 널리 퍼져 있다. 이것은 여러 계층과 계층 구조의 종인 인간, 닭, 사회적 곤충, 사회적 아메바의 사회적 영역 유지에 유용하다(Bonner, 1970). 여왕벌의 레티누 페로몬은 암컷 일벌레의 성적 억제를 포함하여 전체 군집의 활동을 통제할 수 있다. 이러한 유전자 변형 화학 통신은 여왕의 수명 증가와 일벌레들의 생존을 위한 여왕의 존재 요건과도 연관지을 수 있다(Corona, Estrada & Zurita, 1999; Evans & Wheeler, 1999).

7 요약

지구상 생명의 발전은 생명을 특정한 방향으로 변화시키고, 오늘날 인간 상태의 많은 부분, 특히 우리 생리현상과 건강의 생물학적 기초를 설명하는 수십 억의 탐지되지 않은 사소한 사건들과 함께, 38억 년 동안 주요 사건들의 궤적을 우리에게 제공한다. 우리가 건강 문제에 접근할 때 주어진 조건에 따라 궁극적인 원인과 방법, 이유를 모두 고려하기 위해 진정한 시스템의 관점에서 종합적으로 생각할 필요가 있다. MHC처럼 보이지 않게 건강에 영향을 주는 요인들과 개인 간의 차이를 탐지하는 우리의 능력, 그리고 그런 무의식적인 차이가 서로에 대한 편견에 영향을 미칠 수 있다. 궤적분석과 초기 조건에 대한 민감한 의존은 현재와 과거의 요인들을 포함한다.

참고문헌

Allan, S. M., & Rothwell, N. J. (2001). Cytokines and acute neurodegeneration. *Nature Reviews Neuroscience, 2*, 734–744.

Andersson, G., Svensson, A.–C., Setterblad, N., & Rask, L. (1998). Retroelements in the human MHC class II region. *Trends in Genetics, 14*(3), 109–114.

Anzai, T., Shiina, T., Kimura, N., Yanagiya, K., Kohara, S., Shigenari, A., et al. (2003). Comparative sequencing of human and chimpanzee MHC class I regions unveils insertions/deletions as the major path to genomic divergence. *Proceedings of the National Academy of Sciences USA, 100*(13), 7708–7713.

Arron, J. R., & Choi, Y. (2000). Bone versus immune system. *Nature, 408*, 535–536.

Bakker, T. C. M., & Zbinden, M. (2001). Counting on immunity. *Nature, 414*, 262–263.

Banchereau, J., & Steinman, R. M. (1998). Dendritic cells and the control of immunity. *Nature, 392*, 245–252.

Besedovsky, H. O., & Del Rey, A. (1996). Immune–neuro–endocrine interactions: Facts and hypotheses. *Endocrine Reviews, 17*(1), 64–102.

Blount, J. D., Metcalfe, N. B., Birkhead, T. R., & Surai, P. F. (2003). Carotenoid modulation of immune function and sexual attractiveness in zebra finches. *Science, 300*, 125–127.

Bonner, J. T. (1970). Induction of stalk cell differentiation by cyclic AMP in the cellular slime mold *Dictyostelium discoideum. Proceedings of the National Academy of Sciences USA, 65*, 110–113.

Brenchley, P. J., & Harper, D. A. T. (1998). *Palaeoecology: Ecosystems, environments and evolution.* London: Chapman & Hall.

Brennan, P. A., & Kendrick, K. M. (2006). Mammalian social odours: Attraction and individual recognition. *Philosophical Transactions of the Royal Society of London, Series B, 361*, 2061–2078.

Burnett, F. M. (1959). *The clonal selection theory of acquired immunity.* London: Cambridge University Press.

Cacioppo, J. T., Hawkley, L. C., Crawford, L. E., Ernst, J. M., Burleson, M. H., Kowalewski, R. B., et al. (2002). Loneliness and health: Potential mechanisms. *Psychosomatic Medicine, 64*, 407–417.

Carroll, S. B. (2001). Chance and necessity: The evolution of morphological complexity and diversity. *Nature, 409*, 1102–1109.

Chen, S., Lane, A. P., Bock, R., Leinders–Zufall, T., & Zufall, F. (2000). Blocking adenyl cyclase inhibits olfactory generator currents induced by 'IP3–odors'. *Journal of Neurophysiology, 84*(1), 575–580.

Christian, J. J., & Davis, D. E. (1964). Endocrines, behavior, and population. *Science (New Series), 146*(3651), 1550–1560.

Cohen, J. (2002). The immunopathogenesis of sepsis. *Nature, 420*, 885–891.

Cohen, S., & Herbert, T. B. (1996). Health psychology: Psychological factors and physical disease from the perspective of human psychoneuroimmunology. *Annual Review of Psychology, 47*, 113–142.

Corona, M., Estrada, E., & Zurita, M. (1999). Differential expression of mitochondrial genes between queens and workers during caste determination in the honeybee *Apis mellifera*. *Journal of Experimental Biology, 202*(8), 929–938.

Cowie, H., Naylor, P., Rivers, I., Smith, P. K., & Periera, B. (2002). Measuring workplace bullying. *Aggressive and Violent Behavior, 7*, 33–51.

Craig, W. M. (1998). The relationship among bullying, victimization, depression, anxiety, and aggression in elementary school children. *Personality and Individual Differences, 24*(1), 123–130.

Damasio, A. (2003). The person within. Nature, 423, 227. de Groot, N. G., Otting, N., Doxiadis, G. G. M., Balla–Jhagjhoorsingh, S. S., Heeney, J. L., van Rood, J. J., et al. Evidence for an ancient selective sweep in the MHC class I gene repertoire of chimpanzees. *Proceedings of the National Academy of Sciences USA, 99*(18), 11748–11753.

Dugatkin, L. A., & Godin, J. G. (1998). How females choose their mates. *Scientific American, 278*(4), 56–61.

Dustin, M. L., & Chan, A. C. (2000). Signaling takes shape in the immune system. *Cell, 103*, 283–294.

Eggert, F., Luszyk, D., Haberkorn, K., Wobst, B., Vostrowsky, O., Westphal, E., et al. (1999). The major histocompatibility complex and the chemosensory signaling of individuality in humans. *Genetica, 104*, 265–273.

Eggert, F., Muller–Ruchholtz, W., & Ferstl, R. (1999). Olfactory cues associated with the major histocompatibility complex. *Genetica, 104*, 191–197.

Eigen, M. (2002). Error catastrophe and antiviral strategy. *Proceedings of the National Academy of Sciences USA, 99*(21), 13374–13376.

Eigen, M., & Schuster, P. (1979). *The hypercycle: A principle of natural self organization*. Berlin: Springer Verlag.

Erwin, D. (1996). The mother of mass extinctions. *Scientific American, 275*(1), 72–78.

Erwin, D., Valentine, J., & Jablonski, D. (1997). The origin of animal body plans. *American Scientist, 85*, 126–137.

Evans, D. T., Knapp, L. A., Jing, P., Piekarczyk, M. S., Hinshaw, V. S., & Watkins, D. J. (1999). Three different MHC class I molecules bind the same CTL epitope of the influenza virus in a primate species with limited MHC class I diversity. *The Journal of Immunology, 62*, 3970–3977.

Evans, J. D., & Wheeler, D. E. (1999). Differential gene expression between developing queens and workers in the honey bee, *Apis mellifera. Proceedings of the National Academy of Sciences USA, 96*, 5575–5580.

Faivre, B., Gregoire, A., Preault, M., Cezilly, F., & Sorci, G. (2003). Immune activation rapidly mirrored in a secondary sexual trait. *Science, 300*, 103.

Franceschi, C., Bonafe, M., Valensin, S., Olivieri, F., De Luca, M., Ottaviani, E., et al. (2000). Inflamm–aging: An evolutionary perspective on immunosenescence. *Annals of the New York Academy of Sciences, 908*, 244–254.

Gangestad, S. W., & Thornhill, R. (1997). The evolutionary psychology of extrapair sex: The role of fluctuating asymmetry. *Evolution and Human Behavior, 18*, 69–88.

Gilad, Y., Man, O., Paabo, S., & Lancet, D. (2003). Human specific loss of olfactory receptor genes. *Proceedings of the National Academy of Sciences USA, 100*(6), 3324–3327.

Gilbert, S. F. (2001). Ecological developmental biology: Developmental biology meets the real world. *Developmental Biology, 233*, 1–12.

Gravallese, E. M. (2003). Osteopontin: A bridge between bone and the immune system. *The Journal of Clinical Investigation, 112*(2), 147–149.

Hayflick, L. (1994). *How and why we age*. New York: Ballantine.

Hayflick, L. (2007). Entropy explains aging, genetic determinism explains longevity, and undefined terminology explains misunderstanding both. *PLoS Genetics, 3*(12), e220. doi:10.1371/journal.pgen.0030220.

Hoffman, P. F., Kaufman, A. J., Halverson, G. P., & Schrag, D. P. (1998). A neo–Proterozoic snowball earth. *Science, 281*, 1342–1346.

Holden, C. (2001). Behavioral addictions: Do they exist? *Science, 294*(5544), 980–982.

Hollar, D. (2013). Cross–sectional patterns of allostatic load among persons with varying disabilities, NHANES: 2001–2010. *Disability and Health Journal, 6*, 177–187.

Hollar, D. W. (2009). Risk for intentional violent death associated with HLA genotypes: A preliminary survey of deceased American organ donors. *Genetica, 137*(3), 253–264.

Horton, R., Wilming, L., Rand, V., Lovering, R. C., Bruford, E. A., Khodiyar, V. K., et al. (2004). Gene map of the extended human MHC. *Nature Reviews Genetics, 5*, 889–899.

Jawor, J. M., Gray, N., Beall, S. M., & Breitwisch, R. (2004). Multiple ornaments correlate with aspects of condition and behavior in female northern cardinals, *Cardinalis cardinalis. Animal Behaviour, 67*, 875–882.

Jin, Y. G., Wang, Y., Wang, W., Shang, Q. H., Cao, C. Q., & Erwin, D. H. (2000). Pattern of marine mass extinction near the Permian–Triassic boundary in South China. *Science, 289*, 432–436.

Kawasaki, K., Suzuki, T., & Weiss, K. M. (2004). Genetic basis for the evolution of vertebrate mineralized tissue. *Proceedings of the National Academy of Sciences USA, 101*(31), 11356–11361.

Keeling, C. I., Slessor, K. N., Higo, H. A., & Winston, M. L. (2003). New components of the honey bee (Apis mellifera L.) queen retinue pheromone. *Proceedings of the National Academy of Sciences USA, 100*(8), 4486–4491.

Keeling, L., Andersson, L., Schutz, K. E., Kerge, S., Fredriksson, R., Carlborg, O., et al. (2004). Chicken genomics: Feather–pecking and victim pigmentation. *Nature, 431*, 645–646.

Kitano, H. (2004). Biological robustness. *Nature Reviews Genetics, 5*, 826–837.

Klein, Z. (2000). The ethological approach to the study of human behavior. *Neuroendocrinology Letters, 21*, 477–481.

Klein, Z., & Fedor–Freybergh, P. G. (2000). An integrative approach to the study of human behavior. *Neuroendocrinology Letters, 21*, 422–423.

Knapp, L. A., Cadavid, L. F., & Watkins, D. I. (1998). The MHC–E locus is the most well conserved on all known primate class I histocompatibility genes. *Journal of Immunology, 160*, 189–196.

Kohl, J. V., Atzmueller, M., Fink, B., & Grammer, K. (2001). Human pheromones: Integrating neuroendocrinology and ethology. *Neuroendocrinology Letters, 22*, 309–321.

Krebs, C. J. (1978). *Ecology: The experimental analysis of distribution and abundance* (2nd ed.). New York: Harper & Row.

Landry, C., Garant, D., Duchesne, P., & Bernatchez, L. (2001). 'Good genes as heterozygosity': The major histocompatibility complex and mate choice in Atlantic Salmon (Salmo salar). *Proceedings of the Royal Society of London Series B, 268*, 1279–1285.

Lorenz, K. (1966). *On aggression*. New York: MJF Books.

Lower, R., Lower, J., & Kurth, R. (1996). The viruses in all of us: Characteristics and biological significance of human endogenous retrovirus sequences. *Proceedings of the National Academy of Sciences USA, 93*, 5177–5184.

Maestripieri, D. (2002). Maternal dominance rank and age affect offspring sex ratio in pigtail macaques. *Journal of Mammalogy, 83*(2), 563–568.

Malnic, B., Godfrey, P. A., & Buck, L. B. (2004). The human olfactory receptor gene family. *Proceedings of the National Academy of Sciences USA, 101*(8), 2584–2589.

Margulis, L. (1998). *Symbiotic planet: A new look at evolution*. New York: Basic Books.

McFall−Ngai, M. J. (2001). Identifying 'prime suspects': Symbiosis and the evolution of multicellularity. *Comparative Biochemistry and Physiology, Part B, 129*, 711–723.

McFall−Ngai, M. J. (2002). Unseen forces: The influence of bacteria on animal development. *Developmental Biology, 242*, 1–14.

McKusick, V. A., Valle, D., Francomano, C. A., Antonarakis, S. E., & Hurko, O. (1997). *Mendelian inheritance in man: A catalog of human genes and genetic disorders*. Baltimore: Johns Hopkins University Press.

McMenamin, M. A. S., & McMenamin, D. L. S. (1990). *The emergence of animals: The Cambrian breakthrough*. New York: Columbia University Press.

Monti−Bloch, L., & Grosser, B. I. (1991). Effect of putative pheromones on the electrical activity of the human vomeronasal organ and olfactory epithelium. *Journal of Steroid Biochemistry and Molecular Biology, 39*(4B), 573–582.

Monti−Bloch, L., Jennings−White, C., & Berliner, D. L. (1998). The human vomeronasal system: A review. *Annals of the New York Academy of Sciences, 855*, 373–389.

Mungall, A. J., Palmer, S. A., Sims, S. K., Edwards, C. A., Ashurst, J. L., Wilming, L., et al. (2003). The DNA sequence and analysis of human chromosome 6. *Nature, 425*, 805–811.

Newbigin, E., & Vierstra, R. D. (2003). Sex and self−denial. *Nature, 423*, 229–230.

Niimura, Y., & Nei, M. (2003). Evolution of olfactory receptor genes in the human genome. *Proceedings of the National Academy of Sciences USA, 100*(21), 12235–12240.

Nisoli, E., Clementi, E., Paolucci, C., Cozzi, V., Torello, C., Sciorati, C., et al. (2003). Mitochondrial biogenesis in mammals: The role of endogenous nitric oxide. *Science, 299*, 896–899.

Patnaik, A., Chan, V., & Wills, J. W. (2000). Ubiquitin is part of the retrovirus budding machinery. *Proceedings of the National Academy of Sciences USA, 97*(24), 13069–13074.

Pennisi, E. (1997). Tracing molecules that make the brain−body connection. *Science, 275*, 930–931.

Peterson, J. D., Heizenberg, L. A., Vasquez, K., & Waltenbaugh, C. (1998). Glutathione levels in antigen−presenting cells modulate Th1 versus Th2 response patterns. *Proceedings of the National Academy of Sciences USA, 95*, 3071–3076.

Powell, K. (2005). Stem cell niches: It's the ecology, stupid! *Nature, 435*, 268–270.

Rasmussen, L. E. L., & Krishnamurthy, V. (2000). How chemical signals integrate Asian elephant society: The known and the unknown. *Zoo Biology, 19*, 405–423.

Ricklefs, R. E., & Finch, C. E. (1995). *Aging: A natural history*. New York: Scientific American Library, WH Freeman & Co..

Robinson−Rechavi, M., Boussau, B., & Laudet, V. (2003). Phylogenetic dating and characterization of gene duplications in vertebrates: The cartilaginous fish reference. *Molecular Biology and Evolution, 21*(3), 580–586.

Royet, J. P., Zald, D., Versace, R., Costes, N., Lavenne, F., Koenig, O., et al. (2000). Emotional responses to pleasant and unpleasant olfactory, visual, and auditory stimuli: A positron emission tomography study. *The Journal of Neuroscience, 20*(20), 7752–7759.

Sandler, N. G., Mentink–Kane, M. M., Cheever, A. W., & Wynn, T. A. (2003). Global gene expression profiles during acute pathogen–induced pulmonary inflammation reveal divergent roles for Th1 and Th2 responses in tissue repair. *Journal of Immunology, 171*, 3655–3667.

Savino, W., & Dardenne, M. (2000). Neuroendocrine control of thymus physiology. *Endocrine Reviews, 21*(4), 412–443.

Seeman, T. E., McEwen, B. S., Rowe, J. W., & Singer, B. H. (2001). Allostatic load as a marker of cumulative biological risk: MacArthur studies of successful aging. *Proceedings of the National Academy of Sciences USA, 98*(8), 4770–4775.

Seeman, T. E., Singer, B. H., Ryff, C. D., Love, G. D., & Levy–Storms, L. (2002). Social relationships, gender, and allostatic load across two age cohorts. *Psychosomatic Medicine, 64*, 395–406.

Selye, H. (1950). Stress and the general adaptation syndrome. *British Medical Journal, 1*, 1383–1392. doi:10.1136/bmj.1.4667.1383.

Selye, S. (1986). Stress, cancer, and the mind. In S. B. Day (Ed.), *Cancer, stress, and death* (2nd ed.). New York: Plenum Medical Book Company.

Smith, J. M., & Szathmary, E. (1999). *The origins of life: From the birth of life to the origin of language.* Oxford: Oxford University Press.

Sternberg, E. M. (1997). Neural–immune interactions in health and disease. *Journal of Clinical Investigation, 100*(11), 2641–2647.

Tausk, F. A. (2001). Stress and the skin. *Archives of Dermatology, 137*, 78–82.

Thom, R. (1972). *Structural stability and morphogenesis: An outline of a general theory of models.* New York: W.A. Benjamin/Westview.

Thomas, R. D. K., Shearman, R. M., & Stewart, G. W. (2000). Evolutionary exploitation of design options by the first animals with hard skeletons. *Science, 288*, 1239–1242.

Thornhill, R., & Gangestad, S. W. (1999). The scent of symmetry: A human sex pheromone that signals fitness? *Evolution and Human Behavior, 20*, 175–201.

Turnbull, A. V., & Rivier, C. L. (1999). Regulation of the hypothalmic–pituitary–adrenal axis by cytokines: Actions and mechanisms of action. *Physiological Reviews, 79*(1), 1–71.

Vernadsky, V. (1997). In M. McMenamin (Ed.), *The biosphere: Complete annotated edition.* New York: Springer–Verlag.

Waterston, R. H., Lander, E. S., & Sulston, J. E. (2002). On the sequencing of the human genome. *Proceedings of the National Academy of Sciences USA, 99*(6), 3712–3716.

Wedekind, C., & Furi, S. (1997). Body odor preferences in men and women: Do they aim for specific MHC combinations or simply heterozygosity? *Proceedings of the Royal Society of London. Series B, 264*(1387), 1471–1479.

Wedekind, C., & Penn, D. (2000). MHC genes, body odours, and odour preferences. *Nephrology, Dialysis, Transplantation, 15*, 1269–1271.

Werlen, G., Hausmann, B., Naeher, D., & Palmer, E. (2003). Signaling life and death in the thymus: Timing is everything. *Science, 299*, 1859–1863.

Wilson, E. O. (1998). *Consilience: The unity of knowledge.* New York: Alfred A. Knopf.

Wobst, B., Zavazava, N., Luszyk, D., Lange, K., Ussat, S., Eggert, F., et al. (1999). Molecular forms of soluble HLA in body fluids: Potential determinants of body odor clues. *Genetica, 104*, 275–283.

Wolpert, L., Beddington, R., Brockes, J., Jessell, T., Lawrence, P., & Meyerowtiz, E. (1998). *Principles of development.* Oxford: Oxford University Press.

Wolpert, L., & Evans, D. (2001). Self–infliction, social adaptation, or biological destiny? Models of psychopathology and their relationship to stigmatization: The evolutionary psychology of depression. In A. H. Crisp (Ed.), *Every family in the land: understanding prejudice and discrimination against people with mental illnesses (chapter 4).* London: Sir Robert Mond Memorial Trust.

Yamazaki, K., Boyse, E. A., Mike, V., Thaler, H. T., Mathieson, B. J., Abbott, J., et al. (1976). Control of mating preferences in mice by genes in the major histocompatibility complex. *Journal of Experimental Medicine, 144*, 1324–1335.

Yu, C., Dong, M., Wu, X., Li, S., Huang, S., Su, J., et al. (2005). Genes "waiting" for recruitment by the adaptive immune system: The insights from amphioxus. *Journal of Immunology, 174*, 3493–3500.

공중보건에 대한
모의실험, 응용 그리고 도전

■ 약어

ABM(agent-based model) 행위자기반모형
PRC(phase response curve) 위상반응곡선

의학에서도 궤적분석은 광범위한 임상 응용을 적용하지 못한 실험 도구로 남아 있다. 심장학의 진보(14장 참조)는 다른 의학 분야의 발전 속도에 영향을 주었고, 공중보건은 그 다음으로 영향을 받았다. 원격계측 및 종적 자료 수집이나 접근이 부족하면 역학 연구의 중요한 부분인 여러 변수들의 변화를 시계열 회귀분석방법을 통해 확인하려는 노력이 어려워진다. 따라서 우리는 이전 장의 많은 연구에서 설명한 것처럼 컴퓨터 모의실험을 사용하려고 한다.

톰(Thom, 1977)은 파국이론이 현상이 나타나는 근본적인 물리적 원리를 기술하려 했다고 주장했다. 그는 '시간 간격(t_0, t_1)에 시스템이 어떤 형태학(M_0^1)을 나타냈다면, 그것은 더 많은 간격(t_1, t_2)에서 어떤 형태(M_1^2)를 나타낼 것이라 기대해야 한다(p. 196)'고 말했다. 이는 우리가 이전 장에서 했던 궤적 변화에 대한 논의, 즉 한 시점에서 다음 시점으로 내외부적 교란으로 발전하는 시스템이 가지는 현실적인 특성과 시간이 지남에 따라 형태를 변화시키는 시스템이 가지는 곡면 다양체로 명확하게 요약된다.

또한 톰은 파국이론에도 불구하고 (40년 후에도) 시스템의 동적 변화에 대한 정량적 분석을 안내하는 데 필요한 '결함'의 완전한 질적 분류가 남아 있지 않다는 사실을 연구자들에게 경고했다. 그는 '통계는 점의 구름에 대한 해석일 뿐'이라고 주장했다(p. 197). 결과적으로 우리의 역학 방법은 제한적이며, 파국이론, 카오스 및 리아푸노프 지수를 사용하는 비선형 궤적분석의 응용은 천문학 및 신경과학의 이론에서 적용된 실천으로 천천히 이동하고 있다. 보다 상세한 정보를 얻을 때까지 추가 실험 분석 및 임상/건강의 응용에 필요충분한 가설 기여 변수를 가진 연속적인 자료 수집이 필요하다. 〈카오스(Chaos)〉와 〈비선형동역학(Nonlinear Dynamics)〉과 같은 주요 궤적분석 저널은 여전히 자료의 접근이 용이한 물리적 시스템에 주로 초점을 맞추고 있지만 이 저널에 게재된 연구는 건강에 대한 응용으로 옮겨가고 있다. 이 시스템의 보편성은 일반적인 원칙과 생존 및 비생존 시스템의 궤적이 대략 동등한 다양체에 본뜨기된다는 사실을 설명한다(Thom, 1977).

1 모의실험

그림과 레일즈백(Grimm & Railsback, 2005)은 이론 개발과 실제 생태계 모형화에서 모의실험 및 행위자기반모형/에이전트기반모형의 적절한 사용에 대한 강력한 사례를 제시했다. 이러한 모의실험은 실제 종적 자료의 분석과 병행하여 연구원이 현실을 보다 근사할 수 있도록 도와준다. 모의실험은 모형이 복잡한 변수 조합을 처리할 때 분석 도구로서의 힘을 얻는다. 각 변수는 민감한 의존성을 조사하기 위해 시작조건에 따라 미묘하게 조작될 수 있다. 따라서 모의실험은 현재 구조 방정식 및 계층적 선형 모형화와 같은 포괄적인 통계 프로그램을 사용하는 경우에도 실제 현장 자료 분석에 비해 장점이 있다. 그러나 강력한 모형은 생리적 조건과 개인 행태에 대한 실제 기록된 행태의 전반적인 패턴과 평행을 이룬다는 점을 강조해야 한다. 모의실험된 행위자기반모형은 또한 여러 변수가 합쳐져 발생하는 응급 행태를 탐지할 수 있게 해준다. 예측할 수 없는 궤적은 많은 독립변수들 간의 복잡한 상호작용을 보여준다.

그림과 레일즈백, 길버트와 트로이츠(Gilbert & Troitzsch, 2005)는 행위자기반 및 기타 2차원/3차원 모형과 사용 가능한 소프트웨어 프로그램에 대한 많은 모의실험 예제를 제공했다. 그림과 레일즈백은 이러한 분야에서 연구 문헌을 지배해온 광범위한 생태 및 동물 행태모형에 초점을 맞추었지만 길버트와 트로이츠는 특히 사회 상호작용 모형 및 인지/신경 네트워킹을 통해 여러 분야에서 모의실험 모형을 조사했다. 길버트와 트로이츠는 예제 컴퓨터 코드와 여러 모의실험 소프트웨어 프로그램의 출력을 제공했다. 두 저자 모두 프리웨어 넷로고(Wilensky, 1999)를 강조했는데, 이 제품들은 자동화의 시각적 그래픽(소, 트럭 및 기타 아이콘을 사용할 수 있지만 '거북이'라고 불린다), 그래프 작성, 그리고 조작할 수 있는 구문을 포함하여 매우 사용자 친화적인 데스크톱 프리젠테이션과 도구모음을 제공한다. 대형 모형 라이브러리를 사용할 수 있으며, 각 프로그램을 광범위하게 모형화하고 연구자에 맞게 변경할 수 있다. 연구자는 처음부터 새 프로그램을 만들 수 있으며, 통계분석을 위해 스프레드 시트에 수치 출력이 있는 도구 '행태 공간(behavior space)'을 사용하여 모든 모형을 시험할 수 있다.

보나보(Bonabeau, 2002)는 인간 생리현상 및 행태 분석을 위한 행위자기반모형의 사용을 지지했다. 이 연구는 응급 속성과 복잡한 시스템 분석 모의실험의 이점을 강조했다.

프레이와 골드스톤(Frey & Goldstone, 2013)은 인간 협력 및 의사결정 과정의 인지과학 모형에 대한 시뮬레이션의 사용을 보여주는데, 이는 연구자가 널리 사용하는 접근법이다. 그림과 레일즈백은 증거 기반 이론 개발, 경쟁 모형 제안, 합리적인 한도 내에서 재시험을 위한 모형 시험 및 정제 등 모든 모형 개발에 대한 실험적 접근방식을 유지했다. 후자에 관해서는 어떤 모형도 주어진 자료 집합과 일치할 때까지 반복적으로 수정될 수 있기 때문에 실제 자료가 포함된 실험적 구조 방정식 모형의 개정은 높은 변수 잔차에 따라 사전 분석 비교 모형 및 사후 분석 조정에만 기반한다. 대조적으로 연구자는 실제 자료를 거의 포함하지 않기 때문에 행위자기반모형을 광범위하게 수정하고 시험할 수 있다. 대신 이러한 모의실험 모형은 정교하게 다듬어져서 궁극적으로는 자연의 실제 물리적 시스템과 비교하게 된다.

2 사례: 윌렌스키의 늑대-양 포식모형

생태 모형은 로트카-볼테라(Lotka-Volterra) 방정식(Lotka, 1956)과 매-비둘기 모의실험(Gilbert & Troitzsch, 2005)과 같은 분쟁/경쟁 시나리오를 기반으로 한다. 윌렌스키(Wilensky, 1999) 넷로고 프리웨어 플랫폼은 생물학, 지구과학, 수학, 사회과학 및 시스템 역학 프로그램을 포함하여 수정할 수 있는 준비된 모형을 제공한다. 이러한 샘플 모형은 생리적 모의실험에는 약하지만, 전반적인 플랫폼은 그러한 모의실험에 관심이 있는 연구자들에게 기회를 준다. 여기에 제시된 예제는 시스템 역학 모형을 포함하여 여러 가지 대체 형식으로 존재하는 기본 늑대-양 포식(wolf-sheep predation) 모형(Wilensky, 1997)이다. 길버트(Gilbert, 2008)는 넷로고와 시뮬레이션 연구자를 위한 다른 예시 모형을 포함하여 행위자기반모형에 대한 간략한 설명을 제공했다.

늑대-양 포식모형(그림 16-1)에는 녹색 잔디 배경에 늑대와 양떼를 나타내는 화면 표시가 있다. 연구자는 넷로고 사용자 설명서에 따라 코드 도구모음에서 광범위하지만 제한된 거북이 모양을 지정할 수 있다. 명령 탭은 디스플레이 화면의 왼쪽에 제공된다. 기본 명령 탭은 'setup' 및 'go'이다. 설치 프로그램은 연구자가 다른 명령 탭으로 설정한 초기 모형 시스템 조건으로 디스플레이 화면을 재설정하여 늑대와 양의 초기 숫자가 디스플레이 화면에 나오게 한다. 추가 명령 탭에는 인구 그래프에 풀과 에너지 변화가 표시된다. 연구자는 [그림 16-1]에서 0~30으로 제한되는 슬라이딩 명령 모음/탭을 사용하여 잔디가 자라는 시간의 범위를 설정할 수 있다. 또, 코드 도구모음에서 슬라이드 막대를 쉽게 수정할 수 있다.

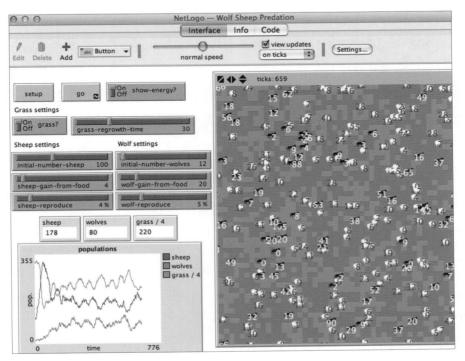

[그림 16-1] 프리웨어 넷로고 늑대-양 포식모형 시뮬레이션의 예제 출력. 소프트웨어와 늑대-양 모형은 월렌스키에 의해 개발되었다.

[그림 16-1]의 추가 명령 탭에는 '양의 초기 수', '늑대의 초기 수', '양이 음식에서 얻는 이득', '늑대가 음식에서 얻는 이득', '양 출산' 속도 및 '늑대 출산' 속도가 포함된다. '잔디 성장 속도'와 마찬가지로 연구자는 이 3종 시스템에 대한 초기 조건을 설정하기 위해 각 슬라이드 바의 상한 및 하한을 조정할 수 있다. 양들은 잔디를 먹고 번식하여 각각의 개체수에 직접적으로 영향을 미친다(5장의 경로계수 방법을 기억하라). 마찬가지로 늑대는 양을 먹으며 양은 늑대의 수에 직접적으로 영향을 미치고 이를 통해 간접적으로 잔디 성장에 영향을 준다. 잔디, 양, 늑대 3종은 서로 실험에 참여하는 모든 종에 직접적이고 간

접적인 영향을 미치며 재생산된다. 모의실험을 빠르게 또는 느리게 진행시키는 추가 슬라이드 바가 있다.

이것은 매우 간단한 모형이다. 그러나 제공되는 변수를 통해 결과는 극도로 다양해질 수 있다. 연구자가 다른 변수와 슬라이드 바를 도입하여 자연의 세계를 보다 잘 파악할 수 있다면 더욱 그렇다. 이 변수 중 하나 또는 여러 변수를 약간만 조정하면 시간이 지남에 따라 잔디, 양, 늑대의 주기가 크게 달라질 수 있다. 푸앙카레의 '초기 조건에 대한 민감한 의존성'은 확실히 작용한다. 결과적으로 [그림 16-1]과 같이 겉으로 보기에 단순한 모형은 다양한 유형의 강제 변수를 고려할 때 매우 복잡해질 수 있다. 많은 시스템 과학자들은 2 또는 3체 상호작용 시스템을 설명하는 어려움의 역설을 지적하면서 수천 개 개체의 복잡한 집계를 최소한의 오류로 매우 정확하게 측정할 수 있다.

늑대-양 포식모형(잔디 포함)의 경우 다음과 같이 변화 방정식을 기술할 수 있다 (Brown, 2007, p.41, Smith & Smith, 1998, p.193).

$$dS/dt = rS - (1/G)S^2 - kSW$$
$$dW/dt = mSW - rW^2 - eW$$

[식 16-1]

여기서 S는 양의 수, dS는 시간 변화 dt에 따른 양의 수 변화, r은 양의 증가율, G는 잔디의 양, k는 양과 늑대가 만났을 때의 사망률을 나타낸다. 이와 유사하게, W는 늑대의 수, dW는 시간 변화 dt에 따른 늑대의 수 변화, m은 양-늑대 만남의 비율, n은 인구과잉률 효과를 나타내며, e는 늑대의 환경 압력을 나타낸다.

양의 번식률 r이 높아지고 잔디가 늘어나면 양의 수는 증가한다. 잔디 G가 충분하지 않으면(분모) 양떼가 줄어들어 $-S^2$가 증가한다. 양들은 또한 늑대($-kSW$)에 의해 살해되면 감소한다. 이 모형과 용수철의 순환 운동에서의 구동력과 소산력 간의 유사성을 고려하라(그림 10-2).

마찬가지로 늑대는 양(mSW)을 만날 때 증가한다. 그러나 증가율 r이 너무 커서 생존 조건의 상대적 감소($-rW^2$)를 경험하면 감소한다. 또한 늑대는 질병, 지리적 장벽 등과 같은 환경적 압력으로 인해 감소한다($-eW$). 다시 말하지만, 양떼와 마찬가지로 늑대인구에 대한 구동력과 소산력이 있다. 그럼에도 불구하고 이 두 방정식은 상호작용한다. 우리는 현실과 보다 근사하게 만들기 위해 추가적인 변수와 속도 매개변수를 쉽게 도입할 수 있다. 예를 들어, 인간 방목 및 양의 보호, 늑대의 보호 또는 사살, 주기적인 가뭄, 홍수, 또는 기타 환경적 사건이 이 시스템에 영향을 줄 수 있다. 포식자–먹이 모형은 원래 경제적 경쟁을 검토하는 데 사용되었다(Bonabeau, 2002; Nasritdinov & Dalimov, 2010).

3 모형 운영

모형의 가능한 시나리오(그림 16–1)에 대해 초기 양과 늑대의 수를 각각 100과 12로 설정했다. 잔디 재성장 시기는 30이다. 음식에서 얻는 이득은 양의 경우 4배, 늑대의 경우 20배이며, 각기 다른 식량 공급원(각각 잔디와 양)이 주어진다. 양의 생식률은 4%인 반면, 늑대의 생식률은 5%이다. 모든 3종의 개체수 순환 그래프는 t=776개의 시점, 178마리의 양, 80마리의 늑대 및 220개의 잔디와 함께 776 시점에 그래프로 표시된다. 표면 표시에는 번호가 매겨진 양과 늑대, 푸른 잔디밭 및 갈색 불모지가 표시된다. 모형은 일관된 초기 설정으로 주요한 결과값의 차이가 있을 때는 변경이 어렵지만 결과값이 약간의 차이가 있는 경우에는 반복해서 재설정을 할 수 있다.

처음 20개 시점에서 양의 수는 [그림 16–2] (a)에, 늑대의 수는 [그림 16–2] (b)에 각각 나타내었다. [그림 16–2] (a)에서 동일한 숫자가 A 및 D열에 도시되어 있다. 특정 시점 $t1$에서의 양 집단 S를 보여주는 A열에서, B열은 다음 시점 $t2$에서의 양 집단 S를 나타낸다. E열은 각 양 집단 $t2-t1$에 대한 미분 dS(즉, dx)를 나타낸다. 우리는 양 집단 $t3-t2$를 연장하고 비교할 수 있고, 모의실험을 통해 3개 시점의 각 세트에서 궤적 변화 정도에 대한 리아푸노프 지수 λ를 계산할 수 있으므로 λ를 아래에 제시할 위상편이 다이어그램과 결합할 수 있다. 이러한 λ 계산은 12장과 [그림 12–2]를 참조하라.

마찬가지로 처음 20시간 동안 늑대의 수는 그들이 먹는 양과 [식16–1]의 추가 요인에 따라 [그림 16–2] (b)에 나와 있다. G와 J열은 처음 20개 시점에서 동일한 늑대 개체군을 보여준다. H열은 다음 시점 $t2$에서의 늑대 개체군 S를 나타낸다. K열은 각 양 집단 $t2-t1$에 대한 차이 dW(즉, dx)를 나타낸다. 또한 우리는 12장 및 [그림 12–2]에 요약된 절차에 따라 각 시점 비교에서 늑대에 대한 리아푸노프 지수를 계산할 수 있다.

넷로고 행태 공간(NetLogo behaviour space) 실험을 사용하여 양(청색)과 늑대(빨간색)에 대한 t=300을 통한 개체 순환이 [그림 16–3]에 나와 있다. 양은 초기에 늑대 개체군이

(a) 양

	A	B	C	D	E
1	Sheep t1	Sheep t2		Sheep t1	Sheep dx/dt
2	100	102		100	2
3	102	111		102	9
4	111	114		111	3
5	114	124		114	10
6	124	132		124	8
7	132	141		132	9
8	141	150		141	9
9	150	158		150	8
10	158	171		158	13
11	171	182		171	11
12	182	196		182	14
13	196	214		196	18
14	214	236		214	22
15	236	264		236	28
16	264	297		264	33
17	297	321		297	24
18	321	340		321	19
19	340	371		340	31
20	371	391		371	20
21	391	429		391	38

(b) 늑대

G	H	I	J	K
Wolf t1	Wolf t2		Wolf t1	Wolf dx/dt
12	14		12	2
14	14		14	0
14	12		14	-2
12	11		12	-1
11	10		11	-1
10	10		10	0
10	9		10	-1
9	10		9	1
10	10		10	0
10	9		10	-1
9	9		9	0
9	9		9	0
9	10		9	1
10	9		10	-1
9	9		9	0
9	10		9	1
10	11		10	1
11	11		11	0
11	11		11	0
11	11		11	0

[그림 16-2] 그림 16-1 모의실험의 편차와 함께 표시한 양과 늑대의 수

고조되면서 급격히 증가한 시점인 $t = 1 - 70$ 다음에 먹이인 잔디가 고갈되어 급격한 감소를 겪었다. 늑대가 시간 $t = 70 - 90$ 사이에서 계속 증가했음에도 불구하고 양은 잔디의 회복으로 다시 증가했다. 양은 대략 $S = 380$에서 두 번째이지만 낮은 피크에 도달하고 늑대는 $W = 200$에 도달하는 대략 $t = 91$에서 두 개체군 사이에 변곡점이 있다.

늑대가 과증가된 시점인 $t = 91 - 131$에서 태어난 양은 $t = 131 - 161$에서 40마리 미만으로 거의 멸종했다. 결과적으로 늑대들은 $t = 131$에서 $W = 400$, $t = 181$에서 $W = 100$의 더 낮은 안정 수준을 이루었다. 양들은 처음 피크만큼 높지는 않았지만 늑대 수의 증가와 함께 증가하여 정점에 도달했다.

두 모집단은 시간 경과에 따라 전진하는 $t = 131$에서 상대적인 주기로 진입했으며, 둘 다 $W \sim S \sim 200$의 가상의 기준선 주변의 용수철 같이 연결성 때문에 서로 약간 위상을 벗어났다. 양들은 늑대보다 각각 더 높은 개체수와 낮은 개체수를 가지고 있다. 따라서 늑대 개체군 전체의 변화는 양 개체군의 변화보다 더 작다.

양들의 개체수는 처음에 늑대 개체군, 잔디의 양, 그리고 다른 환경적 제약으로 안정되기 전에 2배로 주기적이었다. 안정적인 필요량을 가져오는 능력이 달성되었고, 이 2개체는 (잔디를 포함한 경우 3개체) 안정적인 주기성을 가지게 되었다.

[그림 16-4]는 양의 개체 변화에 대한 위상반응곡선 PRC(phase response curves)를 보

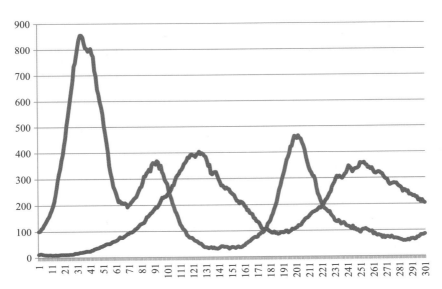

[그림 16-3] 마이크로소프트 엑셀에 그려진 양(푸른색) 대 늑대(붉은색) 사이클

여준다. [그림 16-4] (a)는 각 시간별 인구(세로 좌표)를 직전 시간(가로 좌표)으로 본뜨기하는 것을 보여준다. 커브는 집약적으로 순환하며 인구 크기 S=40-380 사이에서 확장되며, 초기 인구가 S=800마리의 양을 넘어서서 증가하는 더 많은 인구의 경우, 더 크고 불안정한 순환을 포함하게 된다. [그림 16-4] (b)는 모집단 수 dS/dt(세로 좌표) 대 모집단 크기 S(가로 좌표)의 변화를 비교하는 PRC를 보여준다. 이 곡선은 [그림 16-4] (a)와 유사하며 작은 모집단 크기에 대한 순환 패턴이 더 분명하다. 초기 모집단 증가에 대한 광범위한 변동 순환이 분명하다. 더 작은 모집단 크기에 대한 주기는 S=150, 200, 350 및 450 정도에서 독특하게 반복된다. 더욱 흥미로운 점은 S=800 순환, S=400 순환 및 S=300 순환 사이의 곡률 및 특정 모양의 유사성이다. 마지막 순환은 반복되는 교차 경로와 구별하기가 다소 어렵다. 이 반복되는 모양 패턴은 본질적으로 프랙탈이며 다른 척도에서 반복되는 물리적 특성을 나타낸다. 양의 집단의 주기성은 [그림 16-4]에서 명백하게 나타난다.

[그림 16-5]는 늑대 개체군의 변화에 대한 등가 위상반응곡선을 보여준다. [그림 16-5] (a)는 각 시간 집단(세로 좌표)을 직전 시간(가로 좌표)으로 본뜨기하는 것을 보여준다. 커브는 주기적인 사이클 및 넓은 사이클 변화의 발생 없이 훨씬 안정적이며 반복되는 주기는 대각선을 형성한다. [그림 16-5] (b)는 모집단 수 dW/dt(세로 좌표) 대 모집단 크기 S(가로 좌표)의 변화를 비교한 PRC를 보여준다. 양 PRC와 마찬가지로 이 비교를 위한 늑대 PRC는 인구 변화의 주기성에 더 큰 해결책을 제공한다. 또한 양 집단 변화의 PRC와 마찬가지로, 더 많은 인구의 경우 한 번에서 다음 번까지 더 광범위한 인구 변화가 있다. 그러므로 양과 늑대의 개체군은 대규모 인구 규모에서 급속한 변화에 매우 취약하며, 크리스찬과 데이비스(Christian & Davis, 1964)의 연구와 같은 실제 인구 조사와 일치하는 결과이다.

높은 인구 불안정성은 인류 건강에 대해 고려해볼 문제를 환기시킨다. 인구과잉으로 8억에 이르는 세계 인구는 21세기 중순이면 최대 10~12억 명에 달할 것으로 예상된다. 늑대-양 포식모형과 마찬가지로, 이 시나리오에 대한 [식 16-1]을 포함한 로트카-볼테라 방정식은 미생물 병원균을 비롯한 동물 및 다른 종의 상호작용에 대한 반복적인 연구에서 유효하다. 사람은 점점 더 이동성이 많아지기 때문에 결핵을 비롯한 다양한 박테리아 종 대부분이 항생제에 대한 높은 내성을 보여, 박테리아 및 바이러스 병원체의 확산을 촉진할 수 있다.

(a) 양 t1 대 t2

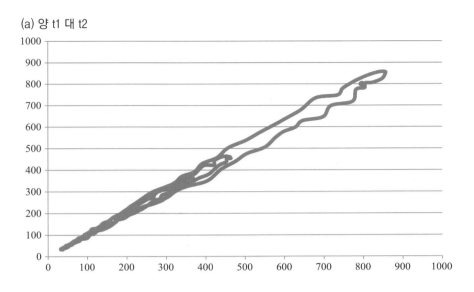

(b) 각 시간 지점(시점)에서 인구 크기(abscissa) 대 dS/dt

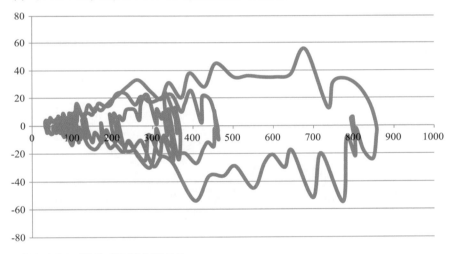

[그림 16-4] 양 개체군 변화에 대한 위상반응곡선

　　항생제가 출현하기 전에 전 세계의 주요 사망 원인이었던 결핵은 모든 인간의 약 30%
가 노출되었지만, 항생제 내성 결핵 균주는 이미 여러 종이 존재하며 적절한 공중보건 인
프라가 없는 빈곤 지역에 널리 퍼지고 있다. 또한 우리는 바이러스성 질병에 대한 치료법
이 없으며, 매년 가장 유독한 인플루엔자 균주를 추정하여 그에 효과적인 백신을 준비하
는 정도밖에 할 수 없다. 또한 기후 변화와 인간 활동으로 인해 전 세계적으로 기생충과

다른 종의 분포로 인해 생겨 곤충 매개체가 말라리아와 같은 원충질환과 지카(Zika)와 같은 치명적인 바이러스를 전염시킬 수 있다.

(a) 늑대 t1 대 t2

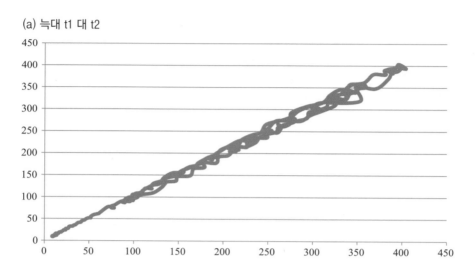

(b) 늑대 dx/dt 대 t1

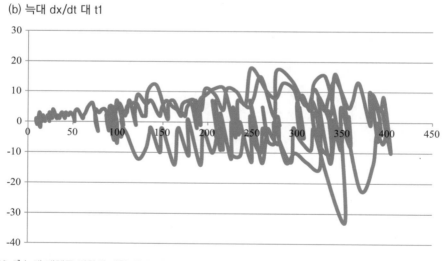

[그림 16-5] 늑대 개체군 변화에 대한 위상반응곡선

위상반응곡선과 관련하여 인구, 인간 행태 및 건강상태를 포함하는 주기적 현상의 궤도 변화를 측정하는 리아푸노프 지수 λ가 있다. [그림 16–6]은 양 집단의 변화(그림 16–6 a)와 늑대 집단의 변화(그림 16–6 b)에 대한 리아푸노프 지수의 스펙트럼을 보여준다. 시간 경과에 따른 양 집단의 지수는 스스로를 순환하고 증가 및 감소하는 변화 패턴을 형성한다.

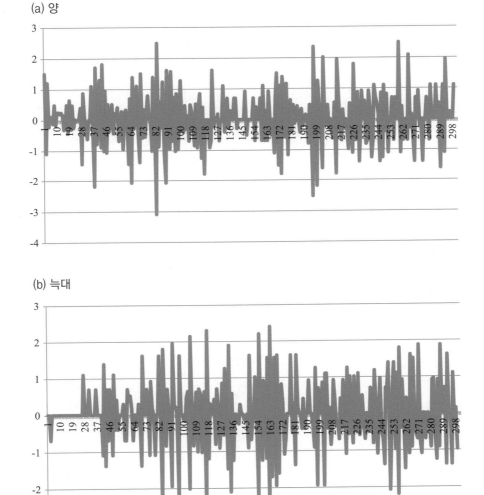

[그림 16–6] 첫 t=300 지점에서 (a) 양과 (b) 늑대의 인구 변화에 대한 리아푸노프 지수(세로 좌표)

시간 경과에 따른 양 개체수의 지수는 스스로 순환하고, 변화가 증가하거나 감소한다. 양 개체수의 변화 지수는 $t=5$ 부근에서 작고, $t=145$ 부근에서 다시 작아지기 전에 $t=82$(그림 16-3에서 늑대가 양을 처음으로 추월하는 $t=91$ 변곡점에 가깝다) 근처에서 카오스 수준에 가까워진다. 다시 작아지기 전에 주기 지수는 강해져서 $t=199$ 및 $t=262$에서 카오스 수준에 접근한다. 이 패턴을 기반으로 하는 사이클 내에서 반복되는 사이클이 있을 수 있으며, 과정과 구조의 프랙탈 분석(Wolfram, 2002) 및 주기적인 시스템의 고조파의 푸리에 분석(Bracewell, 1965)에서 관찰된 결과가 있을 수 있다.

이와 유사하게 늑대 개체군의 변화(그림 16-6 b)에서 리아푸노프 지수는 양 개체수의 변화가 감소할 때 모형의 특성 중첩과 일치하여 변화가 정점에 이르는 패턴으로 순환한다. 변화는 $t=118$, 그리고 다시 $t=163$에서 넓은 변동과 함께 거의 혼란이 된다. 초기 기간은 비교적 평탄한 편차를 가지며, 그다음 변동 스펙트럼이 증가하여 $t=140$ 전후로 감소하고, $t=275$ 전후로 증가 및 감소한다. 따라서 늑대의 개체수는 이후 리아푸노프 지수가 더 넓은 주기를 반영하는 대로 변한다. 주기 내에는 규칙성이 있으며, 다시 한 번 자연 공정의 실험 측정과 일치한다.

넷로고 모형(그림 16-1)에서 하나의 변수를 약간 변경하면 시간 경과에 따른 주기 패턴이 다를 수 있다. [그림 16-7]에서 우리는 '잔디 성장 시간'을 30에서 50으로 변경하여 가뭄 조건을 어느 정도 고려하여 모의실험을 할 수 있다. 그 결과는 [그림 16-7]에서 볼 수 있는데, 넷로고 모의실험 출력 그래프에 양과 잔디의 주기가 나타나 있다. 늑대들은 처음부터 개체수가 증가하기 어려운 상황에 처해 있는데, $t=30$까지 숫자가 감소하고 약 $t=150$까지 소수의 개체만 살아남는다. 한편, 양과 잔디는 [그림 16-1]의 조건보다는 훨씬 낮지만 안정적인 운반 능력을 중심으로 진동한다. $t=159$에서는 늑대 0마리, 양 $S=191$마리(증가), 잔디 131개(감소)가 있다. 프로그램 화면에는 척박한 땅에 양과 잔디가 흩어져 있는 모습이 나타난다.

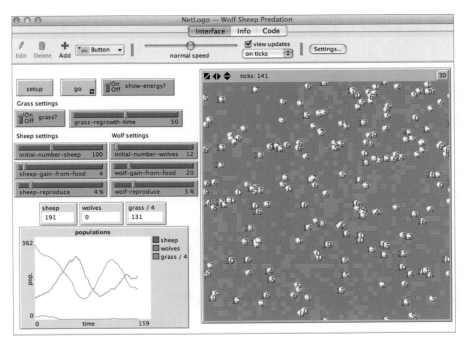

[그림 16-7] 그림 16-1에서 하나의 변수를 변경한 화면

따라서 잔디에 영향을 미치는 수정된 단일 변수는 전체적인 조건을 크게 변화시키고 간접적으로는 늑대에게 치명적일 수 있다. 잔디가 적으면 늑대가 먹을 양이 줄어든다. 모든 궤적에 대한 초기 조건에 민감한 의존성이 있다. 탈수증으로 이어지는 물 부족과 잠재적으로 늑대에게 영향을 줄 수 있는 다른 질병과 같은 추가 요인도 측정될 수 있다. 제한된 시간 동안, 실험 자료는 엑셀 스프레드 시트로 추출할 수 있으며, 위상반응곡선과 리아푸노프 지수를 이전과 같이 분석할 수 있다. 또한 잔디도 주기적인 행태를 가지는 제3의 종으로 역할하도록 할 수 있다.

4 궤적 변화에서 모의실험

따라서 많은 요인들이 인류를 포함한 인구 집단의 궤적 변화에 영향을 줄 수 있다. 로트카–볼테라 [그림 16-1]은 박테리아 성장에서부터 인간의 상호작용과 건강상태에 이르기까지 실제 과정을 모의실험하기 위한 포괄적인 수학 모형을 우리에게 제공한다. 방정식은 개체가 실제 개체, 박테리아 또는 암세포인지 여부에 관계없이 인구 증가를 위한 구동력 및 소산력의 원리를 보여준다. 로트카와 볼테라는 20세기 초에 이 서술적 미분방정식을 개발했으며, 그들이 개발한 모형은 생물학적 및 물리적 과정에서 변화하는 시스템을 분석하기 위한 도구로서 역할하고 있다. 로트카(Lotka, 1956)는 많은 과학자들이 푸앙카레의 비선형동역학에 대한 초기 연구를 잊고 있을 때 위상반응곡선의 가치를 인식했다. 이것은 20세기 과학의 많은 발전이 양자역학, 유체역학 및 과정의 열역학에 초점을 두었기 때문에 다소 놀라운 것이다. 위상반응곡선과 궤적분석은 물리학에서의 견인력을 되찾았지만 이러한 방법은 상호작용하는 자연계의 복잡성을 기술하기 위한 수학 모형의 전통을 제외하고, 생물학적 및 사회적 과학 대부분에서 무시되어왔다.

이러한 시차의 일부는 분석 및 모의실험을 위한 전자 컴퓨터의 광범위한 유통 지연뿐만 아니라 이러한 분야에 대한 지식의 차별화된 성장에서 비롯되었다. 물리학은 필연적으로 20세기 초반의 수학적으로 기초하고 있는 양자역학에서 돌파구를 찾고, 설명이 부족한 고전역학을 극복한 것으로 보인다. 생명과학은 통계 방법에 확고하게 자리잡았고 그 자체로 가치가 있었으며 사회과학도 그에 부합했다. 이것은 인구 집단 간의 차이를 연구할 때 통계의 중요성을 과소평가하거나 톰(Thom, 1977)의 '점 구름'을 과소평가하는 것이 아니다. 우리 주장은 모의실험, 미분방정식을 사용한 궤적분석 및 많은 강력한 통계 도구들을 이론 개발과 모형 시험, 실제 자료에 대한 시험을 위해 함께 사용할 수 있다는 것이다. 또한 그 결과는 건강정책 및 개입에 직접 적용되어 인체 건강을 개선할 수 있다. 적절한 과학적 문제를 해결하기 위해 적절한 도구를 사용해야 한다.

모의실험과 미분방정식은 현재까지 물리학 및 생태학에서 보다 폭넓게 사용 가능한 정보인 연속적이고 종적인 자료에 필요하다. 인간에 대한 종적 데이터를 얻는 것은 개인의 권리와 사생활에 대한 존중과 윤리를 위반하지 않고 일상생활 동안 사람들을 지속적으로 감시하는 기술적 발전이 더디기 때문에 훨씬 더 어려웠다. 그리고 우리가 동물에서조차

인지/감정적 능력과 보호의 필요성을 점점 더 인식함에 따라 다행히도 연구는 더 윤리적이 되어가고 있다. 컴퓨터 기술과 게임의 발전은 과학 연구에 모의실험을 유용하게 만들었다. 이러한 프로그램은 수십 년 동안 이용되어왔지만 1980년대 말부터 현재까지 컴퓨터가 널리 보급되고 소형화되기 전에는 대형 메인프레임 컴퓨터가 있는 과학자만이 접근할 수 있었다. 기술 혁신과 소비자 요구에 따라 모의실험 프로그램은 더욱 정교해지고 일반 대중 및 다양한 과학 분야의 연구자에게 무료로 제공되어 비용 접근성을 개선했다.

5 건강궤적분석에 대한 적용

늑대–양 포식자 모형과 로트카–볼테라(Lotka–Volterra) 방정식은 인간 개체수, 생리적 과정, 행태, 질병 확산 및 건강 증진의 확산 등이 이론화되고 인간 행태에 대한 인간의 건강 상태를 정확하게 묘사하는 프로그램으로 발전할 수 있는 시나리오를 보여준다. 현재 공중 보건 연구자들은 3억 3천만 미국인들의 건강을 위해 '건강인 2020' 캠페인의 목표를 평가하고 있다. 또한 미국 인구와 세계 인구가 계속해서 증가하고, 새로운 건강문제와 전 세계적으로 지속적인 요구가 있어 다음 10년 동안 '건강인 2030' 캠페인의 목표를 개발하고 있다. 모의실험을 통해 적절한 개입을 모형화할 수 있을 것이다..

우리가 소개하는 변수 및 비율 매개변수의 수에도 불구하고 완벽한 모형은 없다. 따라서 보건 연구자는 개인 및 집단 건강행태의 궤적에서 구동력 및 소산력에 대한 강조를 포함하여 추세를 평가하고 모형화할 수 있도록 장기간에 걸쳐 정확한 건강 정보를 점차적으로 수집할 필요가 있다. 개별화된 유전체학의 발전은 모든 사람이 각 사람의 유전자 및 후성유전자의 특이성으로 인해 일정 범위의 변수에 대해서는 특정한 값을 가질 것이므로 더욱 복잡해질 것이다. 넷로고 및 기타 강력한 모의실험 프로그램은 새로운 모형을 만들고 문제를 평가하기 위한 새로운 개념화에 혁신을 불러일으킬 수 있는 샘플 시나리오(예: 애타주의, 중독, 인구 집단의 바이러스 확산 등)를 제공한다. 이 작업은 윤리적인 모바일 앱 및 기타 건강 측정 장치를 사용하여 인간의 종적 생리적 및 행태적 자료에 대한 더 큰 접근성을 가져올 것이다.

6 요약

넷로고 및 ABM(agent-based models)용 모의실험 프로그램은 미분방정식을 사용하여 실제 과정을 모형화한다. 이를 자연계와 비교하여 이론 개발과 시험에 이용할 수 있다. 통계적 방법과 궤적분석을 결합하여 건강 모형을 검증할 수 있다. 의료 및 보건 개입에 정보를 제공하는 과정에 대한 인과적 구동력과 소산력을 측정하고, 통계적 방법 및 궤적 분석을 결합하여 엄청나게 다양한 상황 및 조건에 대한 건강 모형을 검증할 수 있다.

참고문헌

Bonabeau, E. (2002). Agent–based modeling: Methods and techniques for simulating human systems. *Proceedings of the National Academy of Sciences of the United States of America, 99*(Suppl. 3), 7280–7287.

Bracewell, R. (1965). *The Fourier transform and its applications.* New York: McGraw–Hill.

Brown, C. (2007). *Differential equations: A modeling approach.* Los Angeles: SAGE Publications.

Christian, J. J., & Davis, D. E. (1964). Endocrines, behavior, and population. *Science, 146*(3651), 1550–1560.

Frey, S., & Goldstone, R. L. (2013). Cyclic game dynamics driven by iterated reasoning. *PloS One, 8*(2), e56416. doi:10.1371/journal.pone.0056416.

Gilbert, N. (2008). *Agent-based models.* Los Angeles: SAGE Publications.

Gilbert, N., & Troitzsch, K. G. (2005). *Simulation for the social scientist* (2nd ed.). Berkshire, UK: Open University Press.

Grimm, V., & Railsback, S. F. (2005). *Individual-based modeling and ecology.* Princeton, NJ: Princeton University Press.

Lotka, A. J. (1956). *Elements of mathematical biology.* New York: Dover.

Nasritdinov, G., & Dalimov, R. (2010). Limit cycle, trophic function and the dynamics of intersectoral interaction. *Current Research Journal of Economic Theory, 2*(2), 32–40.

Smith, R. L., & Smith, T. M. (1998). *Elements of ecology* (4th ed.). Menlo Park, CA: Benjamin/ Cummings.

Thom, R. (1977). Structural stability, Catastrophe theory, and applied mathematics: The John von Neumann lecture, 1976. *SIAM Review, 19*(2), 189–201.

Wilensky, U. (1997). *NetLogo wolf sheep predation model.* Evanston, IL: Center for Connected Learning and Computer–Based Modeling, Northwestern Institute on Complex Systems, Northwestern University. http://ccl.northwestern.edu/netlogo/models/WolfSheepPredation. Accessed 10 January 2017.

Wilensky, U. (1999). *NetLogo.* Evanston, IL: Center for Connected Learning and Computer–Based Modeling, Northwestern Institute on Complex Systems, Northwestern University. http://ccl.northwestern.edu/netlogo/. Accessed 1 March 2014.

Wolfram, S. (2002). *A new kind of science.* Champaign, IL: Wolfram Media.

chapter

17

기본 원칙들의 복습

■ **약어**

PRC(phase response curve) 위상반응곡선
SETI(Search for Extraterrestrial Intelligence) 외계지적생명체탐사 단체

이 책에서는 건강연구에 대한 전통적인 여러 변수 통계분석방법을 수학, 물리학 및 생태계의 비선형동역학 및 궤적 연구와 결합했다. 비선형 궤적분석과 윌슨(Wilson, 1998)의 개념에 대한 통섭, '지식의 단일성'의 보편성과 다양한 과학 분야의 연구가 건강 주제 및 연구와 병합되었다. 주요 목적은 (1) 생리적 및 행태적인 종적 자료 분석에 대한 비선형동역학, 특히 자코비안 행렬, 리아푸노프 지수 λ, 위상반응곡선(PRC) 및 결맞음 길이 ξ의 적용, (2) 건강상태와 기능에서 연결된 시스템의 관점과 초고속성을 강조, (3) 건강(분자 간 상호작용)의 여러 단계/규모 및 심지어 비생물학적 과정에서 시스템의 변화, 안정성, 에너지 및 파국의 보편성을 입증하는 것이다. 상호작용하는 개인, 사물, 사건 및 전자기 복사 사이의 중첩 또는 상호 관계 때문에 모든 시스템에서 변경은 계속된다. 변화를 피할 수 있는 유일한 방법은 원자와 분자가 이론적으로 모든 운동을 멈추게 하는 온도 $T = 0$ 켈빈[1] 또는 $T = -273.15°C$에 완전히 격리하는 것이다.

이 접근법에 대한 필요성은 물리학 및 생태계에서 비선형 궤적분석의 발전으로 이어진다. 여기서 연속 자료 분석은 궤적을 유도하거나 분산시키기 위해 특정 시점에서 독립변수의 작용으로 주기적인 생존 및 비생존 과정의 경향을 제공한다. 건강 관리의 경우, 이것은 원격 측정법 및 종적 자료의 수집 증가와 경로계수 방법에 따라 직접적이고 간접적인 효과가 있는 포괄적인 변수 시스템 분석을 의미한다. 그것은 변수 간의 역학적인 원인과 결과 기전에 대한 이해를 개선하고 변수 내 특성의 임의 분류와 톰(Thom, 1972, 1977)의 통계분석 '점 구름'을 넘어 건강 과정, 생리적, 기능적, 행태적인 다양체/곡면에 걸친 궤적을 따르는 연속적인 과정으로서의 행동의 4차원(시간 포함) 위상을 향해 이동하는 것을 포함한다. 가장 중요한 것은 연구자, 임상의 및 정책 입안자가 개별화된 유전체학, 후성유전체, 대사체학 및 신체에 서식하는 다양한 미생물과 건강 평가, 중재/치료를 병합해야 하는 미래의 건강 관리에 궤적분석이 필수적이라는 것이다.

---

1 켈빈(kelvin)은 온도의 국제 단위이다. 절대온도를 측정하기 때문에 0K은 절대영도(이상 기체의 부피가 0이 되는 온도)이며, 섭씨 0도는 273.15K에 해당한다.

1 원리들

궤적분석을 구성하는 주요 원리는 다음과 같다.

1. 변화는 본질상 연속적이며 순환하고(cyclic)/주기적(periodic)이며, 각진동수는 건강 과정 또는 상태의 위상을 측정한다.
2. 직접적 및 간접적 영향을 가진 여러 상관관계 변수는 건강상태 또는 행태를 구동 (촉진) 또는 소산(억제)하는 건강결과의 궤적에 기여한다.
3. 변수 효과는 양, 음 또는 중립이 될 수 있으며 행동과 비행동(음의 확률)을 모두 포함할 수 있다.
4. 신체 시스템은 탄력성을 가지지만 특정 환경(예: 면역 기능이 낮고 스트레스가 높음)에서는 건강상태가 변할 수 있으며 초기 조건(또는 새로운 조건)에 민감한 의존성으로 인해 변화가 나타난다.
5. 종적인 건강궤적은 지속적으로 변하지만, 돌아오는 경로는 일반적으로 짧다. 그러나 한정된 시간 안에 정상으로 돌아오거나, 자코비안 행렬과 특성 방정식 리아푸노프 지수가 변화를 측정함으로써 분기하기도 한다.
6. 다양하지만 긍정적인 건강상태에서 부정적인 건강상태로, 또는 그 반대로의 진정한 전환은 위상반응곡선(phase response curve, PRC)에 의해 측정된 유형 0의 위상이동이 필요하다.
7. 모든 건강 과정은 에너지 퍼텐셜을 통해 작동하므로 유형 0의 건강 위상이동을 달성하기 위한 2가지 최적의 전략은 다음과 같다. (a) 에너지 또는 자원의 투여와 그 이후의 지원으로 유도된 랭킨−위고니오 점프(Rankine−Hugoniot jump), (b) 바람직한 조건을 이동시키고 유지하기 위해 건강상태와 관련된 운전 변수의 중첩.
8. 건강이 나쁜 상태는 리아푸노프 지수 $\lambda > 0$, 특히 $\lambda \sim 3$에 가까워지거나 결맞음 길이 ξ가 감소함에 따라 측정된 분자 및 시스템의 불안정/카오스와 관련된다.

헤이플릭(Hayflick, 2007)과 데이비스, 데메트리어스, 투진스키(Davies, Demetrius, Tuszynski, 2012)는 노화와 암의 중심 특성으로 분자 불안정성을 주장했다. 페코라와 캐롤(Pecora & Carroll, 1990)은 그들의 비정상적인 진동을 구동 신호와 동기화시킴으로써 카오스 시스템이 안정화될 수 있음을 보여주었고 카오스 시스템이 도입된 신호와 중첩되어 상호 연관되도록 했다. 유사하게 오트, 그레보기, 요크(Ott, Grebogi, Yorke, 1990)는 카오스 시스템에 대한 작은 교란은 시스템을 다양한 주기적 순환으로 전환시킬 수 있다고 주장했다. 이 관점을 적용시켜 부즈사키와 왕(Buzsa'ki & Wang, 2012)은 감마 진동(35–45 Hz)이 수면/기상 주기를 포함한 다양한 신경학적 조건을 조절하는 데 유용할 수 있다는 증거를 제시했다. 심장 카테터를 이용한 심전도 전기 자극을 통해 심장 부정맥 위상재설정을 응용하는 방법은 14장에서 기술되었다.

위의 8가지 원칙은 생존과 비생존 과정에 보편적이다. 따라서 이러한 접근방식은 건강 연구, 정책 및 임상의 개선을 위해 현재의 역학 방법을 지원하는 실험적 접근방식을 나타낸다. 그것들은 우리에게 심리적인 건강 과정뿐만 아니라 생리적인 것을 개념화하는 접근법을 제공한다.

2 방법들

건강궤적의 변화를 측정하기 위한 중심 접근방식은 추세가 계획되고, 본뜨기되고 분석될 수 있도록 많은 시점을 갖는 연속적인 종적 자료의 수집을 포함한다. 구동력 및 소산력 변수의 기여는 다중회귀통계분석 및 고차 구조방정식모형뿐만 아니라 계층적 선형 모형을 통해 평가할 수 있다. 궤적분석을 위해 주기, 되돌이 사상 및 궤적과의 편차 분석과 함께 더 나아간다. 우리는 미분방정식을 사용했다. 자코비안 행렬 및 리아푸노프 지수 및 시스템 단계의 계산에 초점을 맞추기 위해 단순화되었다.

츠비타노비치 등(Cvitanovic et al., 2004, pp. 132–134)은 리아푸노프 지수 λ를 자코비안 행렬의 양의 대각 요소로 정의했으며, 다음과 같이 계산할 수 있다(12장, 식 12–2 참조).

$$\lambda = (1/t)\ln(|\delta x(t_1)|/|\delta x(t_0)|) \qquad \text{[식 17–1]}$$

글래스와 맥키(Glass & Mackey, 1988, p. 54) λ의 유도와 밀접한 일치를 보인다(식 11–10). 시스템 단계에서 글래스와 맥키(pp. 105-106)는 초기 시스템 상태 또는 위상을 $\theta_0 = 0$으로 정의하고 외란에 뒤이은 이동 위상은 $\theta_n = t_n/t_0$ 으로 위상변화를 정의했다(11장 참조, 식 11–8).

$$\Delta\theta = (t_n - t_0)/t_0 \qquad\qquad \text{[식 17–2]}$$

[식 17–2]를 사용하여 위상변화 곡선(PRC)을 구성하기 위해 위상 $\Delta\theta$ (세로 좌표) 대 시간 t (가로 좌표)에 대한 각 위상 지점의 변화를 본뜨기할 수 있다. 효과적인 유형 0의 위상이동은 곡선의 분리를 보여주지만, 유형 1의 위상이동은 주기적이다.

마지막으로, 궤적의 편차는 임계 전이점에서의 압축 곡선의 쌍곡선 본뜨기를 따르므로 $\lambda = 0$은 원에 해당하는 반면 양의 λ는 위상의 증가하는 팽창된 원의 이심률 ε에 해당한다. λ가 양의 값을 가짐에 따라 원형은 타원형이 되고, 그 다음에는 포물선이 된다. $\lambda \sim 3$ 근처에서 쌍곡선이 되고 카오스의 위상응답 곡선 패턴이 된다. 동시에 λ는 결맞음 길이 ξ에 반비례하며, 안정성에 있는 2개의 공명 시스템은 λ가 0에 가까울 때 더 큰 상관관계 또는 더 큰 결맞음을 가진다. 따라서 궤적 변경을 이해하기 위한 최종적인 관련성을 가지고 있다.

$$\lambda \sim \varepsilon \sim \xi^{-1} \qquad\qquad \text{[식 17–3]}$$

이 관계는 시스템에 대한 콜모고로프(Kolmogorov) 엔트로피와 시스템 내의 다양한 단계에서 반복성의 프랙탈 차원에 비례한다.

현재 건강 관리에서 궤적분석의 적용은 연구 참여자의 대표적이고 일관성 있는 정보 제공에 동의한 경우에만 가능하다. 그래서 개인에 대하여 궤적분석을 적용하기 위한 연속적이고 광범위한 종적 자료가 부족하다. 역학 추세와 시계열 분석이 존재하며, 이는 보건정책 전문가와 임상의에게 매우 유용하다. 그러나 이러한 추세의 주기성과 많은 독립변수의 기여는 이 모형에서 광범위하게 다루어지지 않았다. 모의실험 및 행위자기반모형은 이론 개발 및 모형화 시스템 행태에 대한 풍부한 역사를 가지고 있다(Dresden & Wong, 1975; Grimm & Railsback, 2005). 이러한 접근법이 현재 궤적분석의 주류이지만 우리는 심장학과 신경과학에서 직접적인 응용을 보고 있다(14장).

3 미래

공중보건 및 의학은 더 오래 살게된 새로운 인류의 인구 증가로 인해 많은 어려움에 직면해 있다. [그림 17-1]은 미국 남성(그림 17-1 a)과 여성(그림 17-1 b)의 나이가 증가하는 곰페르츠 사망률 곡선을 보여준다. 사망률은 로그 선형으로 제공되어 관계를 선형화한다(Gompertz, 1825; Riklefs & Finch, 1995). [그림 17-1]의 각 곡선을 살펴보면, 사망률은 20세에서 40세 사이에 약간 증가하고 비교적 평평하게 유지되며, 그 후에는 남성과 여성 모두 약 7년마다 확률이 2배가 된다. 곰페르츠의 작업은 생명보험 회사가 개별 위험 지표 이외에 보험요율을 계산할 때 사용하는 보험 통계표의 기초이다. 이 곡선은 인종, 문화 및 국적에 따라 크게 다르지 않지만 후진국 및 낙후 지역의 경우 연령이 낮을수록 곡선이 더 압축된다(Riklefs & Finch, 1995).

사망률 곡선에서 가장 두드러진 것은 14~24세의 연령대이다. 이 범위는 전체 수명 동안 사망할 확률이 가장 많이 증가한 것으로 나타났으며, 연구된 모든 개체군에 존재한다. 남성의 경우 사망할 확률은 4배로 증가하며 여성의 사망 확률은 이 기간 동안 2배로 증가한다. 가능한 원인으로는 인지 발달 성숙의 변화, 격렬한 호르몬 분비, 생식 경쟁, 특히 위험 행태와 실험에의 참여(다른 사람들에 대한 이러한 행태의 영향 포함) 등이 있다. 이 기간 동안 대부분은 생존하지만 일부는 살아남지 못한다. 이 연령대의 불안정성은 가능한 원인과 함께 명확하게 정의된다. 따라서 종적 개입(교육, 지원 메커니즘)을 통한 궤적분석은 전체 수명뿐만 아니라 인간 개발의 민감한 시기에도 확실히 적용된다. 우리는 신체적 쇠퇴, 질병, 장애에 대한 위험을 증가시키는 변수를 조사하여 7년씩 두 번을 지나 40세가 되었을 때, 더 많은 개인들이 해당 조건들을 축적하는 방법으로 건강하게 나이들어가도록 할 수 있다(Hayflick, 2007).

(a) 남성

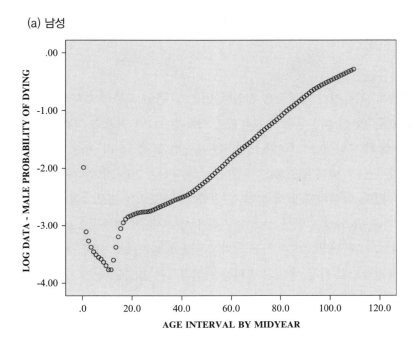

(b) 여성

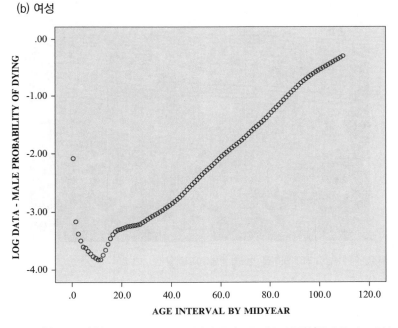

[그림 17-1] 미국 남성(a)과 여성(b)을 연령별로 커브로 나타낸 곰페르츠 대수 사망률(CDC National Health Center 2002 자료, SPSS 버전 18.0을 사용하여 저자가 작성).

4 전후 사정

20세기 초반에 모든 인간 개체군은 전염병, 빈곤 및 관련 고통에 취약했다. [그림 17-2]는 저자의 조상 중 한 사람의 무덤에 표식으로 사용된 111년 전의 부식된 조약돌이다. 무덤의 주인은 4살에 사망했다. 그녀의 어머니는 평평한 돌에 "우리 어린 딸, 여기 잠들다"라고 간신히 알아볼 수 있는 추도문을 새겼다. 이런 사연은 20세기 초의 서구 세계에서도 드문 일이 아니었다. 다행히도 항생제 및 신약 개발, 공중보건 프로그램, 예방 접종, 수자원 위생, 의료 기술 및 최상의 임상 실습 표준화가 서구 및 전 세계적으로 의료 서비스 혁명을 가져왔다. 그러나 건강격차는 서구 국가에서조차 빈곤으로 인해 광범위하게 확산되고 있으며 전 세계적으로 환경 재앙, 광범위한 사회경제적 불평등, 전쟁 및 기타 인류 위기로 인해 광범위하게 남아 있다.

[그림 17-2] 만들어진 지 111년이 지난 잊혀진 아이의 무덤(2017년 촬영)

지구의 고체와 액체로 된 표면을 덮고 있는 깨지기 쉬운 생물권 층에서 약 38억 년 동안 끊임없이 지속되어온 놀라운 생명의 과정은 평형상태와는 거리가 먼 비홀로노믹 유지 시스템[2]을 대표한다(Courbage, 1983; Nicolis & Prigogine, 1981). 지구는 우주의 약 10^{23}개의 별 주위에서 이러한 진행 과정이 알려진 유일한 행성이다(van Dokkum & Conroy, 2010). 이 연속적인 과정은 지구상은 물론 외계에서 기원한 대규모 멸종을 수반하는 수많은 생물지구화학적 위기를 극복하고(Vernadsky, 1997; Brenchley & Harper, 1998; Hoffman, Kaufman, Halverson & Schrag, 1998; Erwin, 2008) 오늘날 종 내에서와 종 간에 엄청난 다양성을 만들어냈다(Darwin, 1859; Wilson, 1975). 생명의 역사에서 대부분은 원핵생물(즉, 박테리아)이 크게 우세했지만, 지난 6억 년 동안은 진핵생물(즉, 원생생물, 균류, 식물과 동물)의 복잡성 높은 다세포 내분비 생물 네트워크 개발의 출현으로 특징지어진다(Maynard Smith & Szathmary, 1999; Seielstad, 1989, Wilson, 1975).

우주의 모든 생명과 모든 물리적 사건은 이러한 퍼텐셜을 유지하기 위한 에너지 퍼텐셜과 구동력을 필요로 한다. 별들 사이의 엄청난 성간 거리와 가까운 진공 상태에도 불구하고 지구와 태양계는 닫힌계가 아니다. 우리 태양계에서 태양(그림 17-3)은 압도적인 구동 에너지원이며, 2.4×1039 MeV $s-1$의 에너지와 1.8×10^{38}개의 S^{-1} 등방성인 중성미자를 방출한다(Rolfs & Rodney, 1988, p.491). 지구상의 모든 생명체를 움직이는 것은 소멸된 에너지임에도 불구하고 매초마다 약 64×10^9개의 중성미자 cm^{-2}가 지구 표면을 통과한다. 더욱이 태양, 행성, 1조 개의 혜성, 그리고 기타 궤도를 도는 물체들은 상대속도인 16.5km s^{-1}로 2.5×10^{17}km 거리의 은하계 중심 블랙홀 특이점을 250×10^6년 이상 공전하며, 66×10^6년(Bash, 1986; Frisch, 1993) 주기로 은하계 평면 위아래로 진동한다. 후자의 현상은 은하계의 과거로부터의 알려지지 않은 외부 구동력에 의해 영향을 받았다.

· · · · · · · · · · · · · · · ·

2 비홀로노믹 구속조건: 홀로노믹 구속(고전역학에서 입자의 운동을 기술할 때 구속조건이 입자의 좌표들 사이의 관계로 표현되는 관계식으로 주어지는 조건을 가질 때를 말한다)으로 표현될 수 없는 구속조건을 말한다.

[그림 17-3] 2016년 2월 8일 4:28:10 GMT의 태양

　　지구 표면에 도달하는 작지만 상대적으로 상당한 비율의 에너지 중 일부는 광합성 박테리아 및 조류/식물 엽록체의 틸라코이드 막에 흡수되며 천연 반도체 엽록소, 카로티노이드 및 크산토필은 일련의 결합된 산화/환원 반응을 일으키고, 이산화탄소/산소, 포도당 및 세포에서의 다른 대사 순환 반응에 추가로 결합하기 위해 궁극적으로 니코틴아미드계 보조 인자를 감소시킨다. 태양 에너지를 포획하기 위한 틸라코이드가 없다면 동물, 원생동물, 균류는 포도당과 신진대사물을 식물로부터, 혹은 서로 빼앗아서 신진대사 활동과 후유핵 미토콘드리아나 박테리아 세포막에서 에너지 방출을 촉진하는 역세포 호흡 활동(산화환원 퍼텐셜)을 한다. 그러므로 생명체는 생존하기 위해 퍼텐셜 기울기를 따라 에너지를 순환시키고(Eigen & Schuster, 1979), 지배적인 동력원인 태양과 함께 서로 자극한다(그림 17-3). 우리는 광합성, 세포 호흡 및 태양 핵합성의 화학적 및 물리적 과정을 통해 직간접적으로 우주 전체에 걸쳐 영향을 미치는 주기적인 사건과 질서의 하이퍼사이클을 가지고 있다. 삶의 과정에서 우리 각자의 미묘한 변화의 연관성과 결과는 충격적이다.

[그림 17-4] 국립 전파천문대(National Radio Astronomy Observatory)의 웨스트 버지니아 그린뱅크(West Bank)에 있는 2개의 전파 망원경

우리는 멀리 떨어진 별, 은하 및 준항성의 미세한 무선 신호를 1960년대 초 천문학자 프랭크 드레이크(Frank Drake)가 SETI 실험에 사용한 [그림 17-4]와 같은 전파 망원경으로 외계 지능(Seielstad, 1989)의 잠재적인 증거까지 탐지한다. 이 거대한 망원경은 수백만 년에서 수십억 년 동안 여행한 전자기 방사선의 작은 광자를 수집한다. 그렇다면 우리가 마음대로 사용할 수 있는 건강 측정 도구는 얼마나 더 쉽게 이용할 수 있겠는가!

궤적분석은 많은 직접 변수와 간접 변수가 미치는 영향을 보여준다. 복잡성이 증가함에 따라 복잡한 고전 시스템조차도 양자 행태를 보이고(Vattay, Kauffman, Niiranen, 2014), 양자 행태는 니콜리스와 프리고진(Nicolis & Prigogine, 1981)의 '시간의 화살' 및 모든 단계에서 변화를 가져오는 관련(결맞음) 시스템의 비가역성과 관련이 있다. 측정할 수 없는 우리의 정신적 측면을 제외하고, 우리는 물리적으로 우주의 일부분이며 그 모든 영향을 받는다. 건강상태는 현재 집중적으로 연구되고 있는 임의의 분류에만 국한되지 않는다. 대신 우리는 이러한 동적인 사건의 본뜨기에 근거하여 조정되거나 조정될 수 있는 많은 조건들, 건강의 변화를 일으키는 다단계의 사건과 과정에 초점을 맞출 필요가 있다.

5 관점

라이트먼과 진저리치(Lightman & Gingerich, 1991, p.255)는 과학적 이상을 '기존 개념적 틀의 관점에서 설명하기 어려운 관찰된 사실'로 정의하고, 새로운 개념적 틀 안에서 설명되지 않은 사실/근거를 다루고 지식의 향상된 이론을 제공하기 위한 심리적 도구로서 역인식의 사용을 제안했다. 건강연구를 수행하면서 다른 시각을 가지고 다른 과학 분야의 도구를 사용하면(즉, 벤치마킹) 새로운 견해로 문제와 잠재적인 해결책을 볼 수 있다. 카너먼(Kahneman, 2003)은 의사결정 및 문제 해결에서의 문제와 오류를 비판적으로 공격하면서 연구자와 임상가에게 유형 2[3] 추론 증가에 참여하도록 요청했다. 궤적분석에는 우주에서 건강이나 어떤 유형의 행동에 영향을 주고 상호작용하는 복잡한 변수 체계를 연구하기 위한 새로운 개념적 틀이 필요하다.

6 요약

우리는 건강 관리에 적용 가능한 궤적분석의 8가지 기본 원칙을 설명했다. 비선형 및 궤적 역학의 과학은 대부분 이론적으로 남아 있지만 급속도로 성장하고 있다. 심장학과 신경과학은 인간의 건강을 향상시키기 위해 이러한 개념을 도입했다. 우리의 다음 단계는 이 과학을 의료 분야로 확장하여 현재의 통계 및 역학 방법을 지원하는 것이다.

---

3 유형 1: 일반적인 상황을 다루며, 위험이나, 일반적이지 않은 상황이 있는지 감지한다. 유형 1은 자동적이고, 빠르게 작동한다.
유형 2: 유형 1의 상황을 벗어나는 경우에 시작되고, 관심과 노력이 필요한, 이성적이고 합리적인 사고이다.

참고문헌

Bash, F. (1986). Present, past and future velocity of nearby stars: The path of the sun in 108 years. In R. Smoluchowski, J. N. Bahcall, & M. S. Matthews (Eds.), *The galaxy and the solar system*. Tucson: University of Arizona Press.

Brenchley, P. J., & Harper, D. A. T. (1998). *Palaeoecology: Ecosystems, environments and evolution*. London: Chapman & Hall.

Buzsa'ki, G., & Wang, X.–J. (2012). Mechanisms of gamma oscillations. *Annual Review of Neuroscience, 35*, 203–225.

Courbage, M. (1983). Intrinsic irreversibility of Kolmogorov dynamical systems. *Physica, 122A*, 459–482.

Cvitanovic, P., Artuso, R., Dahlqvist, P., Mainieri, R., Tanner, G., Vattay, G., et al. (2004). Chaos: Classical and quantum, version 14.4.1 (April 21, 2013). Accessed 01 Feb 2015 at ChaosBook.org.

Darwin, C. R. (1859). *On the origin of species by means of natural selection, or the preservation of favoured races in the struggle for life*. London: John Murray.

Davies, P., Demetrius, L. A., & Tuszynski, J. A. (2012). Implications of quantum metabolism and natural selection for the origin of cancer cells and tumor progression. *AIP Advances, 2*, 011101. http://dx.doi.org/10.1063/1.3697850.

Dresden, M., & Wong, D. (1975). Life games and statistical models. *Proceedings of the National Academy of Sciences USA, 72*(3), 956–960.

Eigen, M., & Schuster, P. (1979). *The hypercycle: A principle of natural self organization*. Berlin: Springer Verlag.

Erwin, D. H. (2008). *Extinction: How life on earth nearly ended 250 million years ago*. Princeton, NJ: Princeton University Press.

Frisch, P. C. (1993). G–star astropauses: A test for interstellar pressure. *The Astrophysical Journal, 407*, 198–206.

Glass, L., & Mackey, M. C. (1988). *From clocks to chaos: The rhythms of life*. Princeton, NJ: Princeton University Press.

Gompertz, B. (1825). On the nature of the function expressive of the law of human mortality, and on a new mode of determining the value of life contingencies. *Philosophical Transactions of the Royal Society of London, 115*, 513–583.

Grimm, V., & Railsback, S. F. (2005). *Individual-based modeling and ecology*. Princeton, NJ: Princeton University Press.

Hayflick, L. (2007). Entropy explains aging, genetic determinism explains longevity, and undefined terminology explains misunderstanding both. *PLoS Genetics, 3*(12), 2351–2354.

Hoffman, P. F., Kaufman, A. J., Halverson, G. P., & Schrag, D. P. (1998). A neoproterozoic snowball earth. *Science, 281*, 1342–1346.

Kahneman, D. (2003). Maps of bounded rationality: Psychology for behavioral economics. *The American Economic Review, 93*(5), 1449–1475.

Lightman, A., & Gingerich, O. (1991). When do anomalies begin? *Science, 255*, 690–695.

Maynard Smith, J., & Szathmary, E. (1999). *The origins of life: From the birth of life to the origin of language.* New York: Oxford University Press.

Nicolis, G., & Prigogine, I. (1981). Symmetry breaking and pattern selection in far–from–equilibrium systems. *Proceedings of the National Academy of Sciences USA, 78*(2), 659–663.

Ott, E., Grebogi, C., & Yorke, J. A. (1990). Controlling chaos. *Physical Review Letters, 64*(11), 1196–1199.

Pecora, L. M., & Carroll, T. L. (1990). Synchronization in chaotic systems. *Physical Review Letters, 64*(8), 821–824.

Riklefs, R. E., & Finch, C. E. (1995). *Aging: A natural history.* New York: Scientific American Library, WH Freeman & Co..

Rolfs, C. E., & Rodney, W. S. (1988). *Cauldrons in the cosmos: Nuclear astrophysics.* Chicago: University of Chicago Press.

Seielstad, G. A. (1989). *At the heart of the web: The inevitable genesis of intelligent life.* Boston: Harcourt Brace Jovanovich.

Thom, R. (1972). *Structural stability and morphogenesis: An outline of a general theory of models.* New York: W.A. Benjamin/Westview.

Thom, R. (1977). Structural stability, catastrophe theory, and applied mathematics: The John von Neumann lecture, 1976. *SIAM Review, 19*(2), 189–201.

van Dokkum, P. G., & Conroy, C. (2010). A substantial population of low–mass stars in luminous elliptical galaxies. *Nature, 468*, 940–942.

Vattay, G., Kauffman, S., & Niiranen, S. (2014). Quantum biology on the edge of quantus chaos. *PloS One, 9*(3), e89017. doi:10.1371/journal.pone.0089017.

Vernadsky, V. I. (1997). *The biosphere* (trans: Langmuir, D.). M. McMenamin (Ed.), New York: Nevraumont/Copernicus.

Wilson, E. O. (1975). *Sociobiology: The new synthesis.* Cambridge, MA: Harvard/Belknap.

Wilson, E. O. (1998). *Consilience: The unity of knowledge.* New York: Alfred A. Knopf.

찾아보기